LAROUSSE
DE LOS
POSTRES

*À Gaston Lenôtre, qui fut mon maître et
qui est resté mon ami.*

*[A Gastón Lenôtre, que fue mi maestro y
se convirtió en mi amigo.]*

Pierre Hermé

LAROUSSE
DE LOS
POSTRES

PIERRE HERMÉ

ES UNA OBRA

LAROUSSE

EDICIÓN ORIGINAL

Dirección editorial: Colette Hanicotte
Edición: Ewa Lochet, con la colaboración
de François Maitre
Adaptación de las recetas: Paule Neyrat
y Yannick Lefort
Dietética y comentarios nutricionales: Paule Neyrat
Fisicoquímica de la cocina: Hervé This
Dirección artística: ELSE
Coordinación técnica y artística: Laurence Lebot

**Fotografías realizadas especialmente
para la edición original:**
Páginas dobles: Jean-Louis Bloch-Lainé
Cocina: Richard Ledu

Páginas enteras: Pierre Ginet y Nicolas Bertherat
Estilismo: Christine Drin y Coco Jobard
Cocina: Richard Ledu y Coco Jobard

Ingredientes y recetas: Studiaphot
Estilismo: Isabelle Dreyfus
Cocina: Richard Ledu

EDICIÓN ESPAÑOLA

Dirección editorial: Núria Lucena Cayuela
Coordinación editorial: Jordi Induráin Pons

Edición: ORMOBOOK, servicios editoriales
Traducción y adaptación: Lluís Ogg Van Emmerik
Redacción de nuevas recetas hispánicas: Graciela Bajraj
Asesoría gastronómica: Ramón Ignacio Aguirre Urruchúa
Diseño y maquetación: ORMOGRAF
Cubierta: Francesc Sala
**Fotografías realizadas especialmente
para la edición española:**
Anna Miralles
El resto de créditos fotográficos se menciona en la página 431.

La lista de establecimientos a los que el editor agradece
su colaboración por haber cedido el material y la vajilla para
los fotografías aparece en la página 431.

ISBN: 84-8332-246-3
Depósito legal: B-11.599-2004
Impresión y encuadernación: Grafos, S.A.
Impreso en España - Printed in Spain

PRESENTACIÓN

Después de la aparición del *Larousse de la cocina* y del *Larousse de la dietética y la nutrición* se ha hecho indispensable crear una obra para satisfacer a los apasionados de la pastelería. En efecto, el patrimonio gastronómico alberga un inmenso tesoro de recetas «dulces» cuyo listado no ha hecho más que ampliarse desde el siglo XIX.

De esta forma, más de 750 recetas han sido compiladas por Pierre Hermé, famosísimo chef pastelero que, respetando la herencia de los grandes clásicos, se ha convertido en un verdadero creador. Postres tradicionales y contemporáneos y especialidades características de muchos países están agrupados según distintas categorías: tartas, bavarois, pudines, viennoiseries, confitería, etc. Una parte importante la constituyen las preparaciones básicas, técnicas indispensables y casi inamovibles e inmutables.

Este libro ha sido concebido como un instrumento práctico, para que permita a todos –principiantes y aficionados de toda la vida– realizar de manera adecuada pasteles, postres y dulces de cocina. El grado de dificultad de cada receta aparece indicado en el índice general, y los pasos de elaboración detallan, paso a paso, todos los procedimientos e ingredientes necesarios para llevar a buen término los platos.

El *Larousse de los postres* es una obra actual que da respuesta a preguntas cotidianas: ¿cómo integrar un postre en un menú?, ¿qué bebida resulta apropiada?, ¿cómo seleccionar buenos ingredientes?, ¿qué material es necesario?, ¿hace engordar el azúcar? Una aproximación dietética seria nos advierte que comer de manera sana no implica forzosamente renunciar al azúcar.

Por último, 10 fotografías a doble página presentan las «inspiraciones» de Pierre Hermé, creaciones originales en las que el autor conjuga perfectamente texturas y sabores: blando y crujiente, caliente y frío, ácido y amargo, etc., para hacer la boca agua a los más golosos.

EL EDITOR

Sumario

Presentación, 5

La práctica de la pastelería

Elegir y hacer bien un postre, 10
El mercado y los ingredientes, 15
Material y utensilios básicos, 57
Dietética y postres, 65

Preparaciones básicas

Masas, 74
Masas para bizcochos
y merengues, 88
Cremas y mousses, 100
El azúcar y el chocolate, 122
Ganaches, 133
Helados, sorbetes y granizados, 137
Coulis, salsas y zumos, 149

Recetas de pastelería

Tartas, tortas y crumbles, 158
Pasteles, 182
Pasteles individuales y tartaletas, 212
Bavarois, 226
Charlotas, diplomáticos, pudines
y panes perdidos, 230
Crêpes, buñuelos y gofres, 247
Viennoiseries, 261
Petits-fours, 270
Cakes y pasteles de viaje, 289

Recetas de postres

Cremas, flanes y postres
de huevo, *300*
Dulces de cocina de arroz,
sémola y cereales, *316*
Postres de frutas, *323*
Suflés, *342*
Postres helados, *351*

La confitería, jarabes de frutas y el chocolate

Confituras, mermeladas
y pastas de frutas, *370*
Jarabes, frutas en almíbar,
confitadas y en alcohol, *385*
Frutas desecadas, frutos «disfrazados»,
bombones y caramelos, *394*
Trufas y friandises
de chocolate, *402*

Las «inspiraciones»
de Pierre Hermé, *407*

Términos de pastelería, *412*

Índices, *419*

CÓMO UTILIZAR EL LAROUSSE DE LOS POSTRES

Título de las recetas
Las recetas están clasificadas, en el interior de cada capítulo, en el orden alfabético de los ingredientes o de los productos.

Valor nutricional de las recetas ligeras
Valor en calorías, en proteínas, glúcidos y lípidos por cada 100 g.

Cocción
El tiempo total de cocción está indicado en la receta: incluye el de las preparaciones básicas que forman parte de la elaboración del postre. Las temperaturas de precalentamiento del horno y de cocción aparecen detalladas a lo largo de la receta.

Proporciones
Para las recetas de pastelería y de postres, las proporciones han sido calculadas según el número de personas indicado. En cambio, para las preparaciones básicas, atendiendo a un volumen determinado (para 500 g de masa, para 50 cl de coulis).

Peso y cantidades
Están enormemente precisados, porque de ello depende el resultado de la receta. Las cantidades pequeñísimas aparecen con una equivalencia en volumen (c o cc) para aquellos que no disponen de una balanza precisa.

Ingredientes
La lista de ingredientes está elaborada en función de su orden de aparición en la receta. Remiten a las preparaciones básicas cuando son necesarias para la elaboración de la receta.

Receta
El texto de las recetas está redactado paso a paso. Cada operación está numerada. Sugerencias, comentarios del gourmet, historias golosas y variantes aparecen al final de la receta.

Comentarios a las recetas
Sugerencias y variantes detalladas complementan la información de las recetas.

Etiqueta de receta ligera
Una etiqueta señala aquellas recetas recomendadas para las personas que están por encima de lo que sería su peso normal. Estas recetas también son recomendables como colofón a una comida copiosa.

Tiempo de elaboración
Los tiempos de preparación, reposo, refrigeración y maceración aparecen junto a las proporciones.

Recetas de postres

Crema quemada
Para 8 personas
Preparación: 25 min
Reposo: de 30 a 40 min
Cocción: 45 min
Refrigeración: 3 h

• 50 cl de leche • 50 cl de crema de leche • 5 vainas de vainilla • 9 yemas de huevo • 180 g de azúcar en polvo • 100 g de azúcar terciado moreno

1. Corte las vainas de vainilla y raspe su interior. Póngalas en un cazo con la leche y la crema de leche. Llévelo a ebullición y apague el fuego. Deje reposar 30 o 40 min. Filtre la mezcla con un colador muy fino o con un chino.
2. Precaliente el horno a 100 °C.
3. Mezcle bien en un cuenco las yemas de huevo y el azúcar con una cuchara de madera. Luego vierta encima poco a poco la mezcla de leche y crema de leche, disolviéndola bien con la cuchara.
4. Vuelva a filtrar la crema. Repártala entonces en 8 recipientes individuales resistentes al fuego y métalos unos 45 min en el horno. Compruebe la cocción moviéndolos: las cremas no deben «temblar» en el centro. Déjelas enfriar a temperatura ambiente y cólóquelas luego 3 h por lo menos en el frigorífico.
5. En el momento de servirlas, séquelas con cuidado por arriba con un papel absorbente y espolvoréelas con azúcar terciado.
6. Caramelícelas muy levemente, pasándolas rápidamente bajo el grill del horno. Evite que las cremas se calienten. Sírvalas de inmediato.

Comentario del gourmet
Está bien hecha cuando el interior permanece todavía muy frío y la superficie caramelizada se encuentra tibia.

VARIANTE

Crema quemada con pistachos
Añada a la crema 80 g de pasta de pistachos. Sustituya el azúcar terciado por una capa fina de crema de chocolate (ver p. 105) de unos 60 g.

Crema de uva
LIGERA
Para 4 o 6 personas
Preparación: 15 min
Cocción: 25 min
Refrigeración: de 2 a 3 h

• 1 l de zumo de uva negra o blanca • 100 g de nueces peladas • 50 g de fécula de maíz • 10 cl de agua fría • 1 cc de caramelo líquido • 1 cc de canela molida

1. Vierta el zumo de uva en un cazo y llévelo a ebullición. Baje entonces el fuego y deje reducir, a fuego muy lento, hasta que sólo queden 75 cl de líquido.
2. Pique un poco las nueces. Disuelva la fécula de maíz en el agua fría y viértala en el zumo hirviendo, batiendo rápidamente con un batidor de varillas o con una cuchara de madera. Después, aun al fuego, añada el caramelo, la canela y la mitad de las nueces.
3. Aparte la preparación del fuego, déjela entibiar y viértala en copas o tazas. Espolvoréelas con el resto de las nueces y guárdela 2 o 3 h en el frigorífico antes de servir.

Valor nutritivo por 100 g
120 kcal; proteínas: 1 g; glúcidos: 19 g; lípidos: 4 g

Flan de caramelo
Para 8 personas
Preparación: 25 min
Cocción: 30 min

• 150 g de caramelo (ver p. 129)
• 900 g de crema inglesa (ver p. 108)

1. Prepare la crema inglesa y guárdela en la nevera.
2. Precaliente el horno a 200 °C.
3. Prepare el caramelo. Viértalo en 8 moldes de porcelana resistentes al fuego. Añada encima la crema inglesa.
4. Ponga los moldes al baño María y hornéelos unos 30 min. Compruebe la cocción con la hoja de un cuchillo, que debe salir húmeda, pero limpia. Sáquelos del horno, deje enfriar y métalos en el frigorífico.

Comentario del gourmet
Puede servir estos flanes con caramelo tal cual o desmoldarlos en platos. Se pueden guardar 2 o 3 días en la nevera tapados con película de cocina.

VARIANTES

Crema invertida
Haga la crema inglesa con 50 cl de leche, 125 g de azúcar, 2 huevos enteros y 4 yemas. Póngala en un molde para charlota de 18 cm de diámetro con 70 g de caramelo en el fondo. Cuézala del mismo modo 40 min a 180 °C. Compruebe la cocción con la hoja de un cuchillo. Desmolde después (en frío) en la fuente donde va a servirla.

Flan de huevo
Haga la crema con 1 l de leche, 125 g de azúcar, 4 huevos y 1 vaina de vainilla. Viértala en un molde para charlota o en flaneras individuales y cuézala al baño María y en el horno, 30 min a 200 °C. Compruebe la cocción con la hoja de un cuchillo.

302

capítulo 1

La práctica de la pastelería

Elegir y hacer bien un postre, *10*
El mercado y los ingredientes, *15*
Material y utensilios básicos, *57*
Dietética y postres, *65*

Pasteles, helados, dulces, frutas preparadas y helados son siempre, al final de una comida, una felicidad compartida. El dulce tiene un valor psicoafectivo más o menos consciente, ligado en parte a los recuerdos de nuestra primera infancia, y la degustación de un postre se vive a menudo como un instante de placer.

Elegir y hacer bien un postre

Desde la Antigüedad, al hombre siempre le ha gustado concluir sus comidas con un sabor dulce. Los romanos, más tarde los galos, rociaban con miel galletas a base de harina decoradas con frutos, frescos o secos, y con especias.

Gracias a los cruzados, que descubrieron en Oriente la caña de azúcar, esa «suave caña» de que habla la Biblia, se desarrolló el comercio del azúcar, mercancía preciosa vendida en botica. A fines de la Edad Media, el gremio de los pasteleros, expertos en pasteles de carne, de pescado y de queso, se especializa en la confección de «masa de pera», pastelitos con crema, craquelins… Aún no se habla de postre. Una disposición de 1563 define tres platos: «a saber, las entradas, luego la carne o pescado, y finalmente el postre».

Se debe la aparición de nuevos platos dulces a Catalina de Médicis y a sus pasteleros de Florencia: pasteles a base de pasta choux, macarrones y helados. La gula por todos esos dulces crecía sin parar. Brillat-Savarin informa que, desde el siglo XVIII, «el espíritu de la buena convivencia» se extendía por todas las clases sociales. Un banquete termina siempre con un postre, «postrer plato de una comida, compuesto de fruta, pasteles, confituras, queso». El chocolate no se utiliza, en Francia, hasta principios del siglo XIX. La creación de numerosos platos dulces, que se convertirán en grandes clásicos, es obra de grandes maestros reposteros de esa época.

Sabores dulces

Más tarde, el repertorio de los postres se amplió considerablemente, y la palabra designa en la actualidad una gama variada de pasteles, dulces, frutas en almíbar, helados, combinaciones dulces, que uno sueña con saber preparar en casa. Durante mucho tiempo, los profesionales de la pastelería, depositarios de un rico patrimonio culinario, se han contentado con reproducir las técnicas empíricas que habían aprendido. Pero, desde hace ya algunos años, los grandes reposteros se replantean día a día las recetas clásicas, y crean por tanto mezclas y composiciones nuevas en cuanto a texturas y sabores.

Algunos gozan de un prestigio reservado hasta entonces a los grandes cocineros. Y Pierre Hermé es uno de ellos. Para este gran maestro de la pastelería contemporánea, el azúcar no debe tener el papel principal y relevante, sino convertirse en un elemento entre otros de la estructura y composición de un postre, sirviendo de soporte de aromas. Transformado por la cocción y asociado a otros ingredientes, el azúcar hace consistentes las tartas, untuosos los helados, tiernos los macarrones, crujientes los barquillos y revela el amargor del chocolate, la acidez de los cítricos y el aroma de las especias. Queda por encontrar el equilibrio, pues si se sobrepasa cierta dosificación, enmascara los sabores; si es insuficiente, los productos asociados resultan insípidos.

Reglas del buen hacer

Hacer bien un postre no requiere necesariamente todos los conocimientos ni el talento de un gran repostero. Sin embargo, antes de decidirse a «meter las manos en la masa», es conveniente saber que, si bien la conjunción de los diversos elementos y la presentación final (armonía de colores, elementos de decoración) dejan espacio suficiente a la imaginación, las preparaciones iniciales necesitan irremediablemente unas técnicas precisas. Hay que cuidar la elección de los ingredientes, pesarlos con precisión, y respetar en todo momento la temperatura y el tiempo de cocción.

Tenga siempre en reserva los ingredientes básicos, que son numerosos en pastelería.

Todos los productos o ingredientes que forman parte de la composición de una receta han de ser de buena calidad y frescos. Verifique siempre su fecha de caducidad. Para los componentes más frágiles, como pueden ser la crema de leche o el chocolate, compre en el último momento las cantidades únicamente necesarias. Conserve arroz, sémolas, etc., en recipientes herméticos, al resguardo del calor y de la humedad. La harina, como el resto de las féculas, es un producto perecedero. Se deshidrata pasado un mes y puede ocasionar algún fracaso. Elija siempre que pueda frutas maduras, sobre todo las de hueso. Este consejo vale igualmente para aquellos casos en que desee hacer confitura. Lea los carteles que precisan la clase y la procedencia, y tenga en cuenta la variedad aconsejada en la receta. Compre los cítricos cultivados sin sustancias químicas si tiene que usar las cortezas. Dé preferencia, finalmente, a las frutas vendidas en su embalaje de origen, pues han sido menos manipuladas.

Productos congelados y pastelería

Si usted dispone de congelador, utilice plenamente sus recursos. Es interesante congelar ciertas frutas, tal cual, en compota o en coulis para salsas y sorbetes. Las frutas rojas se congelan en bandeja, envueltas en azúcar. Las otras (cerezas, albaricoques, melocotones, ciruelas, mangos, etc.), según el caso, se tienen que despalillar, pelar, deshuesar o cortar en trozos.

Las masas para tartas se congelan muy bien crudas (en hogaza, en bola, en su molde), al igual que algunos pastelitos más fáciles de hacer en gran cantidad (las genovesas, por ejemplo).

Los tiempos de conservación van de 6 a 10 meses, según las frutas. En el caso de las masas pueden llegar a los 2 meses.

Se encuentran en el mercado productos congelados tales como masas preparadas (elija preferentemente las masas de mantequilla, más sabrosas) y toda clase de frutas. Compruebe la fecha de caducidad y lea atentamente las instrucciones de empleo, sobre todo en el caso de las masas.

En cada receta es esencial respetar las proporciones ya que, en pastelería, queda clara una cosa: no es cuestión de improvisar. La imaginación y la creación requieren una gran maestría. La balanza y el vaso graduado son instrumentos indispensables (la tabla de la página 12 también le ayudará a calcular las medidas). Una vez que se ha adquirido cierta experiencia, se puede ajustar una receta en función de los ingredientes (por ejemplo, modificar ligeramente la dosis de azúcar en función de la acidez de la fruta). Queda la cocción como etapa final, y conocer bien el propio horno determina en gran medida el éxito de una preparación. Consulte las instrucciones de uso del fabricante. Aunque los aparatos están cada día más perfeccionados, puede haber una diferencia del 20 al 30 % entre la temperatura que señala el termostato y la real. Por eso, en todas las recetas, la temperatura no se da más que a título indicativo. Puede usted contrastar su horno mediante un termómetro espe-

PESOS Y MEDIDAS

1 c sopera = 1,5 cl = 15 cm³ = 3 c de té
= 15 g de mantequilla,
de nata líquida
= 12 g de arroz, de sémola
= 15 g de azúcar glas, de harina
= 8 g de pan rallado
= 8 g de cacao en polvo
o de café molido
= 5 g de queso rallado

1 c de café = 0,5 cl = 5 cm³
= 5 g de sal, de azúcar
= 5 g de tapioca
= 3 g de fécula

1 pizca = de 3 a 5 g

1 vaso = 20 cl de líquido
de agua = 200 g de nata líquida
= 200 g de arroz crudo
= 180 g de lentejas crudas
= 160 g de pasta menuda
= 140 g de azúcar glas o en
terrones
= 100 g de harina o de café
molido

1 vaso = 15 cl = 100 g de harina
de mostaza = 140 g de azúcar
en polvo
= 125 g de arroz
= 110 g de sémola
= 120 g de cacao
= 120 g de uvas pasas

1 vaso = de 20 a 25 cl
de whisky

1 taza de = de 20 a 25 cl
desayuno

1 tazón de = 40 cl
desayuno

1 taza
té = 15 cl
café = 10 cl = 100 cm³
moka = de 8 a 9 cl

1 plato = de 25 a 30 cl
hondo
o sopero

1 envase = 15 cl
de yogur

1 bol = 35 cl = 225 g de harina
= 320 g de azúcar
en polvo
= 300 g de arroz
= 260 g de uvas
pasas
= 260 g de cacao

1 copa
vino = 15 cl
licor = 3 cl = 30 cm³
madeira = de 5 a 6 cl
burdeos = de 10 a 15 cl
oporto = de 6 a 7 cl

1 gran = 25 cl = 150 g de harina
copa = 220 g de azúcar
en polvo
= 200 g de arroz
= 190 g de sémola
= 170 g de cacao

1 botella = 75 cl
de vino

ABREVIATURAS Y SIGLAS UTILIZADAS EN ESTA OBRA

aprox	= aproximadamente	kg	= kilogramo
c	= cucharada sopera	kJ	= kilojulio
°C	= grado centígrado o Celsius	l	= litro
cc	= cucharada de café	mg	= miligramo
cl	= centilitro	MG	= materia grasa
cm	= centímetro	min	= minuto
DO	= denominación de origen	ml	= mililitro
h	= hora	mm	= milímetro
g	= gramo	Ω	= ohmio
J	= julio	s	= segundo
kcal	= kilocaloría	vol	= porcentaje de alcohol en volumen
		W	= vatio

cial: cuélguelo en medio de la parrilla y compare la temperatura señalada con la realmente obtenida al cabo de 15 min. La mayor parte de los aparatos tiene un piloto luminoso que se apaga en cuanto se ha alcanzado la temperatura. También puede remitirse al cuadro indicativo de cocción situado en la página 63 para obtener más información.

La ciencia y las artes culinarias

Al margen de las recetas básicas encontrará las explicaciones de un científico, Hervé This, que estudia desde un punto de vista físico y químico las artes culinarias. Aplicada a la pastelería, dicha perspectiva –reciente– aclara ciertos misterios (¿cómo se montan las claras a punto de nieve?, ¿por qué hay que dejar reposar las masas?).

Ese punto de vista también permite explicar de modo racional los preceptos empíricos transmitidos de generación en generación. Para no estropear una ganache, por ejemplo, hay que verter progresivamente la crema caliente sobre el chocolate fundido sin dejar de batir la mezcla con un batidor de varillas. El resultado obtenido es una emulsión, mezcla de dos líquidos en gotitas microscópicas. En las páginas siguientes recibirá muchas explicaciones referentes en particular a las masas, las cremas, las mousses y la cocción del azúcar.

La elección de un postre

En realidad no hay reglas estrictas para elegir un postre: sólo le tiene que guiar el deseo de complacer. Por ello, encontrará en esta obra una selección incomparable de recetas, que cuentan con la experiencia de profesionales: sencillas o complicadas, clásicas u originales, rápidas o elaboradas. En todo caso, cualesquiera que sean las circunstancias, el sentido común ha de prevalecer en todos los casos en la completa armonía de su menú. Para seguir a platos ricos más vale servir un postre ligero, a base de helado, o una macedonia de frutas, por ejemplo.

Haga el inventario de las frutas de temporada, y comprobará que puede ser una manera de renovar sus recetas preferidas. Encontrará en el capítulo dedicado a los ingredientes las indicaciones relativas al mejor período de producción. Un aspecto importante: no olvide las frutas exóticas y explote sus sabores tremendamente originales.

Al elegir una receta a base de chocolate, no se arriesgue a decepcionar a sus invitados, pues pocos son los que no lo aprecian. Bebida divina entre los aztecas, importada a Europa por los conquistadores españoles, el chocolate es en nuestros días objeto de auténtica pasión. En una semilla de cacao se encuentran aproximadamente quinientas sustancias, por lo que la variedad de sabores es inmensa según las mezclas de orígenes diferentes. Materia prima selecta de la pastelería, el chocolate se presta admirablemente a los pasteles y postres más deliciosos, que exhalan su potente aroma. Este ingrediente permite numerosas combinaciones, y casa muy bien con frutas, especias y aguardientes.

Una tradición: el pastel de cumpleaños
Cuando actualmente es de buen tono fustigar ciertas costumbres alimentarias ligadas a los nuevos modos de vida, es tranquilizador comprobar que la gran mayoría de personas asocian el postre y, en particular la pastelería, a los momentos felices de su existencia, ya se trate de una comida familiar o entre amigos, de una fiesta o de un aniversario. Para celebrar este acontecimiento, muchas personas apagan las velas sobre un pastel.

Si busca sorprender a sus comensales, opte por una de las numerosas recetas extranjeras seleccionadas en este libro, pero no desdeñe la diversidad de recetas regionales que pueda conocer. Ciertas fiestas del calendario, como Navidad o Reyes, imponen el respeto de las tradiciones y, además, siempre existen ocasiones familiares en las que los niños pueden acercarse a la cocina, teniendo un papel protagonista con recetas sencillas. Pastelillos rellenos, tartas, pastas de té o secas, y tartaletas individuales, todos ellos serán muy apreciados por la tarde a la hora del café o del té, esos momentos deliciosos y esperados de la jornada en los que tan difícil resulta refrenar y contener la gula. Esta obra tampoco se olvida de aquellas personas que deban, por razones personales, limitar su consumo de alimentos dulces. Este libro también propone recetas ligeras pero sabrosas. Algunas de ellas son simplemente poco calóricas (encontrará indicada la composición nutritiva) y otras sustituyen el azúcar habitual por un edulcorante.

Bebidas para postres

Durante mucho tiempo, ciertos vinos se han reservado exclusivamente para acompañar a alimentos dulces y se les ha dado el nombre de *vinos de postre*. Se clasifican en varias categorías.

El *champán* y el *cava* se distinguen por su efervescencia. Llevan en la etiqueta el nombre de variedad y el de población (excepto los franceses), y su marca comercial con una serie de adjetivos («brut nature», «brut», «seco» o «semiseco») que califican su contenido en azúcar.

Los vinos de *vendimia tardía* se elaboran con granos sobremaduros, incluso afectados de «podredumbre noble», un moho benéfico que provoca el aumento de su contenido en azúcar y favorece el desarrollo de nuevos aromas característicos. Son principalmente vinos alsacianos y suizos, normalmente de uva gewürztraminer o muscat (moscatel), y consta normalmente «vandage tardive» en la etiqueta, aunque también pueden figurar los términos «auslese» y «beerenauslese».

Los más característicos de los afectados por ese moho son el sauternes y el tokai aszú húngaro, auténticos mitos y un paradigma de aquellos que, siendo abocados, son capaces de conservar sus aromas frutales. En España eran los tostados gallegos los únicos que precisaban ese procedimiento, dada la insolación a la que estaban sometidas las uvas. No obstante, dentro de la innovación de la enología, algunas casas y bodegas recurren a la vendimia tardía, aunque de manera experimetal. Una práctica semejante está dentro de la tradición del jerez, con las uvas pedro ximénez.

Los vinos *doux naturels* o *mutés* son sometidos a una vinificación particular, que consiste en interrumpir la fermentación con aguardiente, a fin de que el azúcar ya no se transforme en alcohol. El sabor es dulce, pero el alcohol aumenta la graduación (16-17, incluso 18 % vol). Entre estos vinos se encuentran los moscateles de Languedoc-Rosellón (banyuls, rivesaltes, frontignan, maury, rasteau, etc.). Estos vinos viejos, dulces, licorosos, son muy apropiados para acompañar el postre. Destacan los moscateles clásicos, los amontillados, los palo cortado, los olorosos y los pedro ximénez. Y no podemos olvidarnos del oporto. Las variedades más apropiadas para un postre son las procedentes de uvas tintas y que ya saben lo que es envejecer en barricas: *ruby*, *tawny*, *vintage*,...

En la actualidad, se ha ido perdiendo la costumbre de beber esos vinos con el postre, salvo, a veces, en las grandes ocasiones. Recordemos, sin embargo, algunos ejemplos de asociaciones que resultan felices y afortunadas. Las tartas de fruta combinan bien con los vinos dulces naturales jóvenes, y con las vendimias tardías de Alsacia y del Loira si se trata de frutas amarillas (melocotones, albaricoques, etc.). Flanes y cremas se complementan perfectamente con vinos dulces envejecidos. Los postres de chocolate pueden degustarse con un vino dulce natural envejecido, tinto, con el sabor rancio; o simplemente con café, bebida recomendada igualmente con los postres a base de ese aroma.

El champán brut siempre da mal resultado con el azúcar, que resalta desagradablemente la acidez de aquél. Es más recomendable preferir el semiseco, más dulce. Puesto que el sabor dulce del postre neutraliza el del champán, al beber un semiseco se recupera la sensación de un brut. Con los helados y los postres helados no se aprecia debidamente vino alguno, ya que el frío anula una parte de las sensaciones. Se puede proponer eventualmente una copita de aguardiente o, en todo caso, de vodka, pero el agua fresca sigue siendo lo más conveniente. Para acompañar pasteles y tartas por la tarde, nada sustituye al té, bebida tranquilizante y apreciada universalmente. Se puede servir cualquier variedad, salvo los más fuertes.

Para acabar, el agua, siempre bienvenida al final de una comida, sigue siendo la bebida más aconsejada por los pasteleros. Natural o con gas, o simple agua del grifo: ¿no es acaso la bebida ideal para apreciar plenamente la delicadeza de un postre?

Aguas embotelladas

Se distinguen las *aguas de manantial*, conformes a las normas sobre el agua potable, y las *aguas minerales naturales*. Para gozar estas últimas de dicha denominación, tienen que reunir una serie de «virtudes terapéuticas» (sales minerales, oligoelementos). Pueden ser naturales, efervescentes naturales o carbonatadas. Los europeos son grandes consumidores de aguas minerales. Al lado de la riqueza y variedad de las grandes fuentes naturales comercializadas por multinacionales, se encuentran pequeñas fuentes regionales que se limitan a una distribución local.

El mercado y los ingredientes

La pastelería y los postres, incluso los más elaborados, sólo exigen productos alimenticios básicos: harina, huevos, mantequilla, azúcar y fruta. Pero hay que escogerlos de buena calidad y utilizarlos oportunamente. El chocolate, el café, la vainilla o la canela forman parte de esos aromas que hoy es fácil tener a mano.

Cereales y sémolas

De la familia de las gramíneas, los cereales todavía constituyen, en ciertos países, el alimento esencial del hombre.

Un grano de cereal se compone de los siguientes elementos: una *cáscara*, llamada «salvado», rica en celulosa, en proteínas, en vitaminas B1 y B2 y en sales minerales; de una *semilla*, compuesta de gránulos de almidón (glúcidos) atrapados en una red de proteínas; y de un *germen*, rico en lípidos y en vitamina E.

Los cereales se llaman integrales cuando sólo se les ha quitado la primera de sus capas. En copos, reventados, hinchados, forman parte de los productos para el desayuno. Machacados, triturados, molidos y refinados se convierten en sémolas, harinas y féculas (*ver p. 19*).

Avena

Cultivada ya por los romanos, germanos y galos la consumían hervida, y fue una de las bases alimenticias de los países nórdicos hasta principios del siglo xx.

Usos

Tratada en forma de harina (*ver p. 19*) o de copos, este cereal permite preparar bizcochos, galletas y numerosas especialidades anglosajonas, entre ellas el porridge.
100 g (en copos) = 367 kcal
Proteínas: 14 g
Glúcidos: 67 g
Lípidos: 5 g

Trigo

El trigo se usa principalmente en forma de harina o de sémola, pero también como grano tratado y modificado.

• El **trigo candeal** o *común* se transforma en harinas panificables, más o menos blancas o integrales según el grado de refinado.

• El **trigo duro**, más rico en gluten, sirve para la fabricación de sémolas, masas y ciertas harinas.

• El **trigo integral** entra en la composición de diversos cereales de desayuno. Precocido se convierte en el **pilpil**, empleado en preparaciones de cocina y pastelería vegetarianas.

• El **trigo germinado**, seco y triturado, se utiliza en ciertas recetas de pastelería de Oriente Medio.

• El **alforfón** o *trigo sarraceno* tiene los granos triangulares y negruzcos. Su harina fue muy importante en la base de la alimentación hasta fines del siglo xix, aunque no fuera panificable.

• El **trigo hinchado** se usa en confitería.
100 g (en grano) = 334 kcal
Proteínas: 11 g
Glúcidos: 67 g
Lípidos: 2 g

Usos

A partir del trigo se elaboran la harina (*ver p. 19*) y las sémolas. Estas últimas se obtienen por una molturación menos potente que para la harina. Sus granos, más o menos finos, corresponden a los del trigo, algo almendrados, pero pueden contener fracciones de la cáscara. Tal es el caso de las sémolas corrientes, cuyo valor nutritivo (minerales y vitaminas) es ligeramente superior al de las sémolas superiores, más refinadas.

La sémolas *finas* sirven para la fabricación de masas; las *medias* y *gruesas* permiten preparar diversos platos dulces: coronas, cremas, pudines, suflés.
100 g = 355 kcal
Proteínas: 12 g
Glúcidos: 73 g
Lípidos: 1 g

copos
de avena

alforfón
o trigo
sarraceno

trigo hinchado

trigo triturado

trigo triturado fino

Maíz

Originario de América, Hernán Cortés introdujo el maíz en Europa. Es preponderante en todo el continente americano.

• El **maíz dulce** tiene granos claros que están dispuestos en una mazorca grande. Si se cosecha antes de su maduración se consume fresco, cocido en agua hirviendo o a la parrilla. También se comercializa en lata o tarro.
100 g (cocido) = 128 kcal
Proteínas: 4 g
Glúcidos: 22 g
Lípidos: 2 g

• Al calentar el maíz en seco o con un poco de aceite, los granos se hinchan y estallan, dando como resultado las conocidas **palomitas de maíz**.
100 g = 534 kcal
Proteínas: 8 g
Glúcidos: 57 g
Lípidos: 30 g

palomitas de maíz

• El **maíz en grano**, de color amarillo oscuro, se transforma en sémola (utilizada para hacer gachas y polenta), harina y fécula (*ver p. 19*). Convertido en copos, se obtienen los corn-flakes.
100 g = 365 kcal
Proteínas: 10 g
Glúcidos: 78 g
Lípidos: 1 g

El gluten

El gluten está en las proteínas de los cereales, que forman una red en presencia de agua. El de trigo retiene el gas carbónico producido durante la fermentación, lo que hace que la masa se hinche dando al pan su aspecto alveolado. Esta plasticidad es menor, o está ausente, en los glútenes de otros cereales. Por eso, el pan de centeno y los panes compuestos de varios cereales tienen la miga menos ligera que la del pan de trigo.

cebada perlada o inglesa

Mijo

Existen muchas especies de mijo. Se emplea mucho en África y Asia. Se utiliza poco en la gastronomía europea, tanto en los platos salados como dulces. Se trata como el arroz.

mijo

Cebada

Pobre en gluten, la harina de cebada es de difícil panificación. La cebada germinada, calentada después para detener la germinación y reducida a polvo, produce la malta, materia prima para la fabricación de la cerveza, el whisky y ciertos polvos instantáneos para desayuno. Sus granos, una vez extraída la cáscara y, pasados entre dos muelas que los transforman en perlitas redondas, dan la **cebada perlada** o *inglesa*, utilizada, sobre todo en Alemania, para la preparación de sopas, papillas y dulces de cocina.
100 g = 356 kcal
Proteínas: 8,5 g
Glúcidos: 78 g
Lípidos: 1,1 g

maíz

17

Centeno

El centeno es un cereal cercano al trigo y se cultiva sobre todo en las regiones nórdicas, en montañas y en terrenos pobres.

Usos

El centeno se usa en forma de harina (*ver p. 19*) y de copos, que son uno de los componentes del muesli.
100 g (en copos) = 338 kcal
Proteínas: 11 g
Glúcidos: 69 g
Lípidos: 2 g

arroz salvaje

arroz integral

Arroz

El arroz es, después del trigo, el cereal más cultivado en el mundo y en todos los continentes. Hay 8 000 variedades agrupadas en dos grandes clases: el *arroz de grano largo*, que se separa bien, y el *bomba*, de granos redondos, que se pegan al cocer. También se usa una terminología diferente según los tratamientos que haya sufrido.

- El **arroz paddy** se compone de granos cosechados después de la trilla, y no es apto para su consumo.
- El **arroz integral** se compone de granos a los que se les ha extraído sus primeras capas, la gluma y la glumilla.
- El **arroz blanco** no tiene germen ni las capas duras de la cubierta del grano (pericarpio).

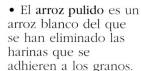

- El **arroz pulido** es un arroz blanco del que se han eliminado las harinas que se adhieren a los granos.
- El **arroz glaseado**, obtenido a partir del arroz blanco tratado con glucosa y/o talco para usos alimenticios.
- El **arroz secado** o *pretratado* es un arroz paddy lavado, calentado, descortezado y blanqueado.
- El **arroz precocido**, después de descortezado y blanqueado, se ha hervido y luego secado a 200 °C.
- El **arroz matizado** o **camolino** es un arroz pulido ligeramente cubierto de aceite.
- El **arroz hinchado** ha sido tratado con calor a alta presión.
- Los **rice-flakes** han sido lavados, descortezados y aplastados para convertirse en un cereal de desayuno.
- El **popped rice** es arroz calentado como las palomitas de maíz. También se diferencian según la procedencia del arroz.
- El **arroz arborio** es un arroz italiano, uno de los mejores.
- El **arroz basmati** es una variedad de origen hindú,

de granos largos muy pequeños.
- El **arroz carolina** fue una clase superior propia de Estados Unidos. Ya no corresponde a una variedad sino a una calidad superior.
- El **arroz pegajoso**, de grano largo, particularmente rico en almidón, se utiliza en la cocina y pastelería chinas.
- El **arroz perfumado** también es de grano largo: se cultiva en Vietnam y Tailandia, donde se reserva para los platos de fiesta.
- El **arroz surinam** procede de la antigua Guayana holandesa; es de grano largo y fino.
- El **arroz salvaje** es una gramínea, la *Zizania palustris,* originaria del norte de Estados Unidos; es de grano negro, fino y muy largo.

Usos

El arroz largo se emplea, sobre todo, en cocina, y el bomba, en pastelería. Este último tiene un gran poder de absorción y se cuece en agua o en leche. Es la base de numerosas recetas de dulces y pasteles.
100 g (arroz cocido) = 120 kcal
Proteínas: 2 g
Glúcidos: 20 g
Lípidos: 0

arroz basmati

arroz pegajoso

arroz de grano largo

arroz arborio

Harinas y féculas

La harina se produce por la molturación de los granos de cereales (alforfón, arroz, centeno, maíz, trigo) o de ciertos frutos harinosos como las castañas (*ver p. 46*). Cuanto más refinadas son las harinas, menor es su riqueza en minerales y vitaminas. Las féculas son harinas refinadas hasta el extremo, en las que ya no queda más que el almidón, el glúcido de los cereales.

Harina de trigo

La harina de trigo entra en la fabricación de todas las masas. Se la califica *de fuerza* cuando es granulosa y seca. Se llama *de flor* cuando es más untuosa y deja un polvillo fino (la flor) en las manos.

Usos

Hay muchas clases de harina según los grados de refinado y también los tipos de trigo con que se han hecho.

- La **harina común** es levemente grisácea. Menos rica en gluten, se hincha poco y se usa en preparaciones sencillas (masa de tartas, pasteles).
- La **harina de pastelería** es más rica en gluten. Ayuda a leudar la masa convirtiéndola en más esponjosa y va bien para cakes, genovesas, cuatro cuartos y bizcochos en general.

- La **harina superior** es muy pura. Cuando es *de flor fina* su poder leudante es muy grande. Fluida o tamizada, permite ligar salsas y hacer barquillos o crêpes. La **harina** *para pasteles* incluye levadura química.
- La **harina integral** es harina blanca a la que se le ha añadido salvado. Sirve para determinados panes.

Los diferentes tipos de harina

Las vitaminas en una harina están en proporción con el grado de la misma. Cuanto mayor es éste, mayor es el índice de proteínas. Los tipos indican cuántos miligramos de materias minerales quedan en las cenizas que provienen de calcinar 100 g de esa harina. No es que se vayan a comer esas cenizas, sino que se queman 100 g de ella para medir el % de los minerales.

Otras harinas

- La **harina de avena** se utiliza, por ejemplo, en los países escandinavos y en Francia, para las preparaciones de gachas saladas o dulces, de bizcochos y galletas.
- La **harina de maíz** se usa para hacer bizcochos, crêpes, galletas y pasteles.
- La **harina de arroz** se obtiene a partir de la molturación de granos partidos muy blancos. Se usa en las reposterías japonesa y china.
- La **harina de alforfón** (o *trigo sarraceno*), se usa en la preparación de crêpes y gachas.
- La **harina de centeno** se utiliza en ciertas recetas de pan de especias, así como en las de barquillos de Flandes y del pan de Linz.

Féculas

Las féculas son polvos muy ricos en almidón (80 a 90 %) extraídos de cereales (arroz, maíz) o de raíces y tubérculos de alimentos ricos en almidón (patata, yuca). Se usan para ligar salsas, cremas, rellenos, potajes, y para preparar papillas o confeccionar ciertos pasteles. Siempre deben mezclarse en frío o después de haberlas disuelto en un líquido frío.

Usos

- La **fécula de maíz** (maicena) sirve para ligar muchas preparaciones culinarias y reposteras.
- La **crema de arroz**, que es almidón casi puro, tiene los mismos usos.
- El **arrurruz** se extrae de los rizomas de plantas tropicales. Fino, brillante y digerible, tiene el mismo empleo que la fécula de maíz.
- La **fécula de patata** se usa para ligar papillas y cremas.
- La **tapioca** es la fécula extraída de las raíces de la yuca. Es muy digestiva y se usa para preparar dulces de cocina.

Materias grasas

Las materias grasas son sólidos o líquidos grasos alimenticios: aceites y grasas de origen vegetal, nata, mantequilla, margarina, manteca de cerdo, grasa de oca. Todas estas sustancias se pueden usar en cocina, pero no en pastelería, donde han de tener un sabor fino o neutro y ser soporte de aromas.

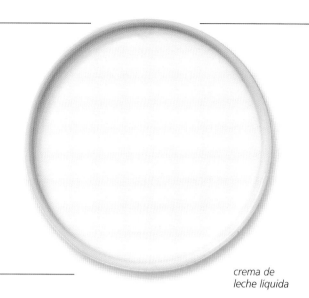

crema de
leche líquida

Nata

La nata (o crema) es la materia grasa de la leche recogida por las descremadoras centrifugadoras de las centrales lecheras. Hay varias clases de crema, cuyos gustos difieren según los tratamientos a que hayan sido sometidas. Salvo la nata doble y la crema ligera, todas contienen un 33 % de materia grasa.

• La **nata cruda** es poco habitual y no ha sufrido tratamiento térmico alguno. Su sabor y su perfume están intactos.

• La **nata fresca espesa** ha sido pasteurizada (calentada a 65 °C-85 °C) y sembrada con fermentos lácticos que le dan su sabor y consistencia.

• La francesa **crema d'Isigny** contiene, por lo menos, alrededor del 35 % de lípidos. Es la única que en ese país goza de una denominación de origen controlada (DOC). Otros estados de la UE (Unión Europea) —es el caso de España— no albergan ninguna nata, crema ni mantequilla con DOC.

• La **nata doble** está enriquecida y sin pasteurizar. Contiene un 40 % de materia grasa.

• La **crema de leche fresca** está solo pasteurizada.

• La **crema ligera** puede ser espesa o líquida. Sólo contiene del 12 al 15 % de materia grasa.

• La **crema líquida esterilizada** ha sido calentada a más de 115 °C y luego enfriada. Su tasa de materia grasa es del 30 al 35 %.

• La **crema líquida fresca** o *UHT* (temperatura ultra alta) ha sido calentada durante 2 segundos a 150 °C y luego enfriada rápidamente.

• La **telilla** se forma en la superficie de la leche cruda hervida. No existe en los comercios, pero se puede hacer en casa.

Usos

La crema líquida fresca, batida con el batidor de varillas o la batidora eléctrica, aumenta de volumen y, gracias a esa aportación de aire, da como resultado la nata montada y, cuando se le añade azúcar, la crema chantilly. La nata fresca espesa soporta bien la cocción; se utiliza en diversas reposterías, a veces en las masas. Para montarla hay que añadirle del 10 al 20 % de leche fría. También puede usarse para hacer helados de nata.
100 g = 320 kcal
proteínas: 2 g
Glúcidos: 2 g
Lípidos: 33 g

Siempre al fresco
Todas las natas llevan una fecha límite de caducidad, que va de 7 días para la nata cruda a varios meses para las natas esterilizadas. Hay que conservarlas en el frigorífico (4 °C) y, una vez abierto el tarro, se conservan, en principio, 48 h. Pasadas éstas empiezan a ponerse rancias.

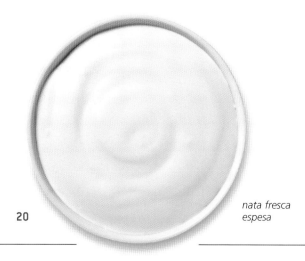

nata fresca
espesa

Aceites

Todos los aceites son de origen vegetal, extraídos de granos o frutos. Su textura es líquida a 15 °C, pero no soportan todos la misma temperatura de cocción. Aquellos calificados de *vegetales* son una mezcla de aceites de orígenes diversos. El resto son puros y su procedencia está indicada. Cualquiera que sea su origen y su aspecto, todos contienen el 100 % de lípidos.

Cualidades

Salvo el aceite de oliva llamado *virgen de primera presión en frío*, los demás están siempre refinados. Los granos o frutos se machacan y se reducen a una masa, luego se calientan y se prensan para extraer su materia grasa. A ésta se la somete posteriormente a varios tratamientos (filtrado o centrifugado, neutralización, despigmentación) destinados a estabilizar y mejorar su perfume y su sabor.

Usos

El aceite se utiliza en pastelería sobre todo en Oriente Próximo y Oriente Medio. En otros lugares sirve sobre todo para freír (buñuelos). Sin embargo, también lo incorporan determinadas recetas de masas.
100 g = 900 kcal
Proteínas: 0
Glúcidos: 0
Lípidos: 100 g

Margarinas

Se trata de sustancias grasas alimenticias que tienen un aspecto y usos cercanos a los de la mantequilla. La margarina fue inventada en el siglo XIX por un farmacéutico francés, y se fabricó durante mucho tiempo con grasas animales, agua y leche. En la actualidad predominan en su composición las grasas y los aceites vegetales. La composición de las margarinas está indicada siempre en su envase. Su contenido de materia grasa es el mismo que el de la mantequilla (es decir, 83 %), salvo para las ligeras (41 %).

Cualidades

Hay varios tipos de margarina: para untar, de cocina y de pastelería. Las primeras están aromatizadas con diacetilo para darles un sabor más parecido al de la mantequilla.

Usos

Las margarinas para untar pueden sustituir la mantequilla en pastelería, en particular en la masa de hojaldre, aunque no tendrá el mismo sabor.
100 g = 753 kcal
Proteínas: 0
Glúcidos: 0
Lípidos: 83 g

Conservar a la sombra

Los aceites no soportan el calor y se oxidan por efecto de la luz. Hay que conservarlos, pues, en un armario cerrado y lejos de toda fuente de calor.

aceite
de cacahuete

aceite
de oliva verde

margarina

aceite
de oliva amarillo

Contenido en materia grasa

La mantequilla debe tener un contenido de humedad constante: 16 % como máximo. El contenido de materia grasa es del 82 % por lo menos, aunque suele tener el 83 %. El resto está constituido por lactosa, proteínas, sales minerales, etc.

Al fresco, pero no demasiado frío

La mantequilla capta fácilmente los olores y se impregna de ellos. Por eso debe estar siempre guardada herméticamente en el compartimiento especial del frigorífico, que mantiene una temperatura adecuada.

Mantequilla

Tras enriquecer la nata de leche, generalmente pasteurizada, con bacterias lácticas y madurada durante 12 h, se la somete al batido (*butirificación*), que la transforma en mantequilla. El sabor de la mantequilla depende de la alimentación de las vacas que suministraron la leche, pero sobre todo de los productos formados por la fermentación láctica durante la maduración de la nata. El componente principal del aroma de la mantequilla es el diacetilo, que le da su sabor de avellana.

• La **mantequilla cruda** o *de nata cruda*, a partir de nata no pasteurizada. Fecha límite de conservación: 30 días a 3 °C-4 °C.

• Las **mantequillas fina** y **extrafina** se definen en función de la calidad de las cremas. Para hacer mantequilla extrafina, la crema debe ser tratada a lo sumo 72 h después de la recogida de la leche y no haber sido congelada ni desacidificada. Pero ambos tipos de mantequilla se suelen congelar a continuación. Fecha límite de conservación: 24 meses a -14 °C; 60 días a 3 °C-4 °C.

• La **mantequilla lechera** procede de una central lechera, a diferencia de la **granjera**, que proviene de una granja.

• La **mantequilla ligera** contiene del 41 al 65 % de materia grasa; está hecha de crema pasteurizada emulsionada, de almidón, gelatina o fécula y mucha agua; soporta sin problemas la cocción.

• La **mantequilla salada** contiene más del 3 % de sal y la mantequilla semisalada, del 0,5 al 3 %.

• Las **especialidades lácteas para untar**, a menudo también llamadas *mantequillas ligeras*, tienen una composición variada, según la marca, pero sus componentes son obligatoriamente de origen lácteo. Contienen del 20 al 41 % de lípidos y no soportan la cocción.

Cualidades

Una buena mantequilla no debe ser ni quebradiza ni grumosa a temperatura ambiente. Contrariamente a una idea tradicional, la mantequilla no es nociva cuando se ha cocido moderadamente (simplemente es más digestiva cuando está cruda o calentada a menos de 100 °C). A 120 °C-130 °C se descompone y contiene entonces elementos indigestos, entre ellos la acroleína, de sabor agrio y amargo, que irritan el estómago. Suministra lípidos ricos en ácidos grasos saturados, pero también vitamina A (708 mg por 100 g) y carotenos (505 mg).

Usos

Es difícil imaginar una repostería de calidad sin mantequilla, ya que es necesaria para preparar todas las masas (a excepción de la masa de pan), diferentes cremas, entre ellas la crema de mantequilla, y confitería (caramelos, trufas, etc.).

100 g (mantequilla normal) = 751 kcal
Proteínas: 0
Glúcidos: 0
Lípidos: 83 g

pella de mantequilla dulce

Productos lácteos

Este término engloba la leche y los productos resultantes de su fermentación: quesos curados -rara vez empleados en pastelería-, quesos frescos y yogures.
Los productos lácteos contienen proteínas, lípidos y glúcidos, vitaminas del grupo B y sales minerales. También son los únicos que aportan una cantidad suficiente de calcio en la alimentación.

Queso fresco

Se trata de leche pasteurizada coagulada (cuajada) producida por las bacterias lácticas y muy poco, o nada, escurrida. Hay múltiples varie-dades, lisas o grumo-sas, y los contenidos en materia grasa (MG) van del 0 al 40 %.

Usos

El queso fresco se usa a menudo para elaborar galletas, tartas, helados, cremas y suflés. Cuanto más pobre sea en materia grasa, más ligeros son dichos postres.
100 g, cualquiera que sea el contenido de MG =
Proteínas: 7 g
Glúcidos: 3 g
100 g de queso fresco de 40 % de MG =
116 kcal
Lípidos: 8 g
100 g de queso fresco de 0 % de MG = 47 kcal
Lípidos : 0 g

Yogur

El yogur (a veces escrito también *yoghourt*) es una leche entera, desnatada o semidesnatada, fermentada por dos bacterias, *Lactobacillus bulgaricus* y *Streptococcus thermophilus*. Todos los yogures tienen una fecha de caducidad y deben ser guardados en el frigorífico. Existen numerosas variedades y tienen contenidos en materias grasas diversas. Todas las leches fermentadas tienen una influencia beneficiosa sobre el sistema digestivo y la salud.

Usos

El yogur se emplea para hacer dulces de cocina helados o fríos, brioches, helados y pasteles. La cocción lo descompone rápidamente y hay que añadirle entonces un poco de fécula de maíz para estabilizarlo.
100 g de yogur natural = 49 kcal
Proteínas: 4 g
Glúcidos: 5 g
Lípidos: 1 g
100 g de yogur de leche entera = 85 kcal
Proteínas: 4 g
Glúcidos: 4 g
Lípidos: 3 g

Leche

En pastelería sólo se usa la leche de vaca. Se distinguen varias categorías según el tratamiento de conservación y el contenido en materias grasas.
• La **leche cruda** se encuentra cada vez menos; hay que hervirla para neutralizar sus gérmenes. Siempre es entera.
• La **leche pasteurizada**, también llamada *leche fresca*, se ha calentado a 72 °C-90 °C durante 15-20 s. No es necesario hervirla. Su sabor es bastante parecido al de la leche cruda.
100 g de leche entera = 64 kcal
Proteínas: 3 g
Glúcidos: 4 g
Lípidos: 3 g
100 g de leche semidesnatada = 45 kcal
Proteínas: 3 g
Glúcidos: 4 g
Lípidos: 1 g
100 g de leche desnatada = 33 kcal
Proteínas: 3 g
Glúcidos: 4 g
Lípidos: 0 g
• La **leche esterilizada** se calienta para que mueran todos los microorganismos y asegurar una larga conservación. El procedimiento corriente es la UHT (temperatura ultra alta), que es el que menos altera su sabor. Esta leche está homogeneizada, calentada durante 2-5 s a 140 °C-150 °C y acondicionada de inmediato en envases estériles. Su composición nutritiva es la misma que la de la leche pasteurizada.
• La **leche concentrada no azucarada** (*leche evaporada*) sólo contiene el 45 % de agua y está esterilizada.
100 g = 130 kcal
Proteínas: 6 g
Glúcidos: 9 g
Lípidos: 7 g
• La **leche concentrada azucarada** sólo contiene el 25 % de agua, pero se le ha añadido del 40 al 45 % de azúcar.
100 g = 338 kcal
Proteínas: 8 g
Glúcidos: 55 g
Lípidos: 9 g
• A la **leche en polvo** se le ha extraído totalmente el agua, pero puede ser completa, semidesnatada o desnatada.

Usos

La leche es necesaria para elaborar todas las cremas, para helados, flanes y gran número de dulces de cocina, así como para las masas líquidas (buñuelos, crêpes o barquillos). Se pueden obtener resultados nutritivamente más ligeros al emplear leche semidesnatada o incluso desnatada.

23

Huevos

La palabra *huevo* se refiere siempre al huevo de gallina. Protegido por una cáscara fina, se compone de una clara, masa traslúcida de agua y proteínas (3 g), y de una yema (33 % del peso), que concentra el resto de las proteínas (3,5 g) y la totalidad de los lípidos (6 g) así como la lecitina, de propiedades emulgentes. La cáscara está forrada por una membrana que, en el extremo más redondeado, deja un espacio llamado *cámara de aire*, cuyo volumen aumenta a medida que el huevo envejece; cuanto más flota un huevo en un recipiente con agua, menos fresco es.

Una protección natural
Nunca hay que lavar un huevo, pues su cáscara está protegida de una capa natural protectora. De no ser así se volvería permeable a los microorganismos y a los olores. Si un huevo tiene la cáscara cascada o agrietada debe tirarse, y no hay que comprar nunca un huevo cuya cáscara esté sucia ya que existe el riesgo de encontrar en él gérmenes insalubres, como la salmonela.

Claras a punto de nieve y *claras cascadas*
Las claras de huevo montadas a punto de nieve, en mousse, deben consumirse crudas, por lo que deben ser extrafrescas. Si se incorporan a una receta destinada a ser cocida, es mejor separar las claras de las yemas 2 o 3 días antes y conservarlas en el frigorífico en un tarro bien cerrado. Éstas, separadas de la yema y conservadas en frío se llaman cascadas, *y producen una nieve lisa que no se deshace con la cocción. Una pizca de sal puede facilitar la operación.*

Cualidades y categorías
Todos los huevos, blancos o rubios, de yema pálida u oscura, tienen las mismas cualidades nutritivas. Los huevos de granja avícola carecen de germen (*galladura*), lo que les asegura una mejor conservación. Los de granja, si la gallina ha estado bien alimentada, puede que tengan un sabor particular.
• Los **huevos extrafrescos** van normalmente señalados con una franja roja y blanca en la caja. La fecha de envasado –que corresponde aproximadamente a la de puesta– así como la fecha de caducidad están impresas en el envase. Se pueden conservar los huevos extra frescos durante tres semanas en un lugar fresco (8 °C a 10 °C), con la punta hacia abajo para no aplastar la cámara de aire. Cuando más envejece un huevo, más líquida se vuelve la clara.
• Para los **huevos frescos**, la caja no lleva franja, pero sus fechas también están indicadas, así como la categoría: A. Los huevos de categoría B han sido refrigerados y conservados.

Peso y clasificación
Los huevos se clasifican por calibre, lo que corresponde a su peso: desde el n° 7 (menos de 45 g) hasta en n° 1 (70 g o más). Los calibres más comunes son los n° 4 (55 g-60 g) y n° 3 (60 g-65 g). En el caso de estos últimos, la yema pesa 20 g y la clara, 34 g.

Usos
Sin huevos no habría pastelería. Son la base de la mayor parte de las cremas (inglesa, pastelera, etc.), de las mousses y de la salsa sabayón. Aportan a las masas textura, riqueza, perfume, untuosidad y sabor. Permiten espesar, ligar, emulsionar. La yema sirve para los dorados. Las claras se montan a punto de nieve.
1 huevo de 55 g (n° 4) = 76 kcal
Proteínas: 6,5 g
Glúcidos: 0,6 g
Lípidos: 6 g

huevo rubio   *huevo blanco*

La miel

La miel es un producto dulce elaborado por las abejas a partir del néctar de las plantas, que se recoge, transforma y almacena en los panales de las colmenas. La miel se extrae de estos últimos mediante centrifugado, luego se filtra y depura. Alimento de los dioses en la Antigüedad, ha sido el principal producto edulcorante hasta que lo sustituyó el azúcar. Recién extraída es líquida, pero cristaliza fácilmente, pues es una solución sobresaturada de glucosa, fructosa y sacarosa. Cuando se calienta vuelve a adoptar un aspecto líquido y transparente.

Miel y salud

Dado que la miel es un producto natural, se le adscriben fácilmente múltiples virtudes terapéuticas que, sin embargo, están lejos de haber sido comprobadas científicamente. No obstante, hace tiempo que ha demostrado su eficacia -debida a la pequeña cantidad de ácido fórmico que contiene- en las afecciones de garganta.

Mieles usadas en pastelería

La calidad de las plantas melíferas, diferentes según las especies y regiones, da a la miel su perfume y color. La miel se usa mucho en confitería y pastelería no sólo para preparar el pan de especias, sino también para hacer galletas, almendrados, hojaldres orientales, pasteles, helados, tortas. Puede sustituir al azúcar en casi todas las ocasiones.

• **Miel de acacia**: clara y fina, proviene de varias regiones francesas, pero también de Hungría, Polonia y Canadá. Es buena como miel de mesa y para endulzar bebidas.

• **Miel de brezo**: roja y bastante espesa. Excelente para las tartas, las galletas y el pan de especias.

• **Miel de alfalfa**: espesa y amarilla, es buena para toda repostería.

• **Miel de azahar**: clara, dorada y muy perfumada, se cosecha en Argelia y España, pero es bastante difícil de encontrar.

• **Miel de abeto**: procedente de los Vosgos y de Alsacia, de color muy oscuro, tiene un sabor malteado y suave. Se emplea en la mesa y en la pastelería alsacianas.

• **Miel de alforfón**: rojo oscura, con sabor fuerte, se produce en Bretaña y en Canadá. Excelente para el pan de especias.

• **Miel de tilo**: recogida en Francia, Polonia, Rumania y Extremo Oriente, es amarilla, espesa, de aromas muy pronunciados. Es buena para la mesa y para determinadas recetas de cocina.

• La **miel de mil flores**, mezcla de mieles diversas, es la más consumida y la más barata. Puede ser de montaña o de llanura.
100 g = 397 kcal
Proteínas: 0
Glúcidos: 76 g
Lípidos: 0

miel de azahar

miel de tilo

miel de brezo

miel de acacia

miel de abeto

El azúcar y los edulcorantes

El azúcar existe desde la más lejana Antigüedad. Tiene siempre el mismo valor nutritivo y el mismo poder endulzante, ya sea de caña o de remolacha. Es un glúcido puro llamado *sacarosa*.

Los edulcorantes son productos diferentes del azúcar pero dotados de un poder endulzante más o menos importante. Algunos de ellos se usan en pastelería.

azúcar cristalizado

Poder endulzante

El azúcar puro (sacarosa) es el patrón de medida del poder edulcorante. Su valor es de 1. El de la fructosa es de 1,1 a 1,3; el de la glucosa, de 0,7, y el de la miel de 1,2 a 1,35. Los polioles tienen un poder edulcorante inferior a 1. Los edulcorantes sintéticos van desde 25 a 30 para los ciclamatos, hasta 300 o 400 para la sacarina. Eso explica que se presenten en píldoras minúsculas.

azúcar glas

Azúcares corrientes

El *azúcar blanco* (también denominado *de flor* o *refino*) está refinado. El *azúcar moreno*, sea de caña o de remolacha, no; conserva impurezas que le dan color y un sabor característicos. Tiene el mismo valor nutritivo que el azúcar blanco.

100 g = 400 kcal
Proteínas: 0
Glúcidos: 100 g
Lípidos: 0

• El **azúcar en terrones**, esencialmente francés, sólo existe desde 1874. Se muele cuando el guarapo aún está caliente y se presenta en forma de cubo o paralelepípedo. Se utiliza para endulzar bebidas calientes, pero también para hacer el jarabe de azúcar o el caramelo.

• El **azúcar cristalizado**, surgido de la cristalización del guarapo, interviene en la preparación de confituras, de masas de frutas y de decoraciones de pastelería. Es el más barato.

• El **azúcar en polvo** o ***azúcar de lustre*** está reducido a partículas muy finas y se disuelve rápidamente, incluso en frío. Se usa para todo: pastelería, postres, dulces de cocina, helados.

• El **azúcar especial para confituras** o ***azúcar gelificante*** es un azúcar en polvo al que se ha añadido un 0,4 % de pectina y del 0,6 al 0,7 % de ácido cítrico. Facilita que liguen las confituras.

• El **azúcar glas** está machacado muy fino y se le añade, en algunos países, un 3 % de almidón. Se utiliza para espolvorear, decorar o cubrir los pasteles cocidos y los confites.

• El **azúcar de vainilla** es un azúcar en polvo al que se la ha añadido un 10 %, por lo menos, de extracto de vainilla natural. Existe en bolsitas y permite aromatizar dulces de cocina o masas.

• Al **azúcar a la vainillina** se le ha añadido *vainillina*, es decir, esencia de vainilla sintética.

azúcar cande o candi

azúcar en granos

azúcar terciado

Otros azúcares

• El **azúcar cande** o *candi*, en sus variedades blanco o moreno, es el resultado de la cristalización del guarapo sobre hilos de lino o de algodón. Sus cristales, muy grandes, se disuelven bastante mal.

• El **azúcar en granos** se obtiene al machacar pedazos de azúcar muy puro, de ahí su transparencia. Se utiliza para decoraciones de pastelería.

• El **azúcar terciado** es un azúcar moreno de caña cristalizado que tiene un sabor muy leve de ron. Da un perfume particular a las tartas y a los pasteles de galleta.

• El **azúcar mascabado** es el azúcar moreno cristalizado de remolacha. Se obtiene del residuo sólido de un primer sirope (mascabado moreno) o de un segundo sirope (mascabado rubio) durante el refinado. Los azúcares mascabados se parecen al azúcar terciado, y se emplean sobre todo en determinadas reposterías y postres del norte de Francia y de Bélgica.

• El **azúcar líquido** o *jarabe de azúcar* es una solución incolora de azúcar muy empleada en la industria alimentaria. Se comercializa en botella, utilizándose en la preparación de ponches y de ciertos postres.

• La **melaza** es un almíbar muy espeso y marrón procedente de la parte no cristalizable del azúcar de caña. Utilizada antiguamente en algunos lugares, aún se usa en lugar del azúcar para determinadas reposterías.

• El **fondant** es un almíbar al que se ha añadido glucosa, cocido (*ver p. 128*) y trabajado hasta convertirse en una masa espesa y opaca, a menudo coloreada y perfumada. Fundido al baño María, permite forrar cerezas con aguardiente, frutas frescas o desecadas y mazapanes y glasear choux, genovesas, hojaldres, etc.

• El **azúcar invertido**, muy utilizado por los pasteleros, pero que no se encuentra en los comercios, puede sustituirse por la glucosa, que es fácil de adquirir en una farmacia.

Edulcorantes naturales

• El **jarabe de arce** o *sirope* procede de la savia del arce dulce, que se recoge únicamente en el noroeste de Canadá, de enero a abril. Se necesitan entre 30 y 40 litros de savia para obtener 1 litro de jarabe, que contiene de modo natural un 65 % de glúcidos; el jarabe de arce es, pues, un producto caro. Se utiliza para cubrir y untar en crêpes, helados y tartas, y para perfumar suflés, mousses y tartas de frutos secos.

• La **glucosa**, glúcido puro, se fabrica a partir del almidón de maíz. Puede sustituir el azúcar invertido. Tiene un poder edulcorante menos alto que el del azúcar.

• La **fructosa** se extrae de las frutas. Se puede adquirir en polvo en las tiendas de dietética.

• Los **polioles**, obtenidos por tratamiento del almidón o de la sacarosa, se usan mucho en confitería (caramelos, chicles); aportan menos calorías que el azúcar y, sobre todo, no son cariógenos.

Edulcorantes sintéticos

Los edulcorantes sintéticos se llaman también *edulcorantes intensos*: aspartamo (E 951), acesulfama K (E 950), sacarina (E 954) y ciclamato (E 952). Tienen un gran poder edulcorante (hasta 400 veces el del azúcar) y no aportan calorías. Sólo los tres primeros suelen añadirse a los alimentos industriales. También se encuentran en los productos denominados *light*. Se presentan en forma de polvo o en comprimidos, y su uso es similar al azúcar, pudiendo ser adecuados para aquellos que quieran reducir su consumo de azúcar. La única que soporta el calor es la acesulfama y puede utilizarse para endulzar una crema, por ejemplo.

azúcar mascabado moreno

jarabe de arce o sirope

El cacao y el chocolate

El cacao procede de los frutos del árbol homónimo, especie de bayas que recuerdan a un melón pequeño y puntiagudo. Las semillas que se extraen de ellas se extienden al sol, se seleccionan, se lavan y secan y, a continuación, se tuestan. Existen diversas variedades de cacao: *criollos* (10 % de la producción, que proviene de México, Nicaragua, Guatemala, Colombia y Madagascar), frágiles y con semillas muy aromáticas; *forasteros*, más robustas, aseguran el 70 % de la producción (Brasil y África Occidental); y *trinitarios*, de rendimiento importante, pero de calidad variable, suministran el resto.

La manteca de cacao

De textura firme y de un blanco amarillento, se extrae a presión de la pasta de cacao. Se reutiliza en parte para la fabricación del chocolate y su uso en pastelería es muy limitado.

La pasta de cacao

Una vez tostadas, se machacan las semillas y se separan de las cáscaras y gérmenes. Tras molerlas en un molino caldeado a 70 °C, se transforman en una pasta de cacao untuosa y amarga, que contiene del 45 al 60 % de materia grasa. Los reposteros y confiteros la utilizan para reforzar el gusto de un chocolate, pero no es habitual en las tiendas.

El cacao en polvo

El cacao en polvo fue inventado en 1828 por Van Houten. Se pulveriza la pasta más o menos desengrasada, para dar un cacao desengrasado (8 % de materia grasa) o un cacao normal (20 % de materia grasa) y amargo. Disuelto en agua, el cacao se utiliza en la preparación de sorbetes de chocolate y toda clase de dulces de cocina y de postres, pero también en la del chocolate para tomar bebido. Se le puede añadir una cantidad variable de azúcar según el grado de amargor que se desee conservar.
100 g = 325 kcal
Proteínas: 20 g
Glúcidos: 43 g
Lípidos: 20 g
• Las aplicaciones del **cacao dulce en polvo, cacao dulce, chocolate en polvo** y del **cacao desengrasado dulce**, mezclas todas ellas de cacao y de azúcar que contienen por lo menos 32 g de polvo de cacao por 100 g, son las mismas que las del cacao en polvo.
100 g de chocolate en polvo = 376 kcal
Proteínas: 6,4 g
Glúcidos: 80 g
Lípidos: 7 g
• Los **polvos** y **granulados de chocolate** son una mezcla de cacao en polvo (20 % como mínimo), de lecitinas (2 %) y de azúcar, que se presentan en forma de gránulos aglomerados. Se utilizan para preparar el chocolate líquido.
100 g = 385 kcal
Proteínas: 4 g
Glúcidos: 88 g
Lípidos: 7 g
• Los **desayunos chocolatados** son mezclas de cacao, azúcar y harinas diversas en proporciones variables que se disuelven en leche.
100 g = aprox 400 kcal
Proteínas: 6 g
Glúcidos: 83 g
Lípidos: 5 g

bayas de cacao

pasta de cacao

cacao en polvo

El chocolate

El chocolate es una mezcla de pasta de cacao y de azúcar en proporciones establecidas por la reglamentación. Puede incluir, además, manteca de cacao, leche, frutas o aromas en cantidades también estipuladas. La pasta de cacao y el azúcar se mezclan y muelen para, posteriormente, llevarse a cabo entre 24 y 72 h el conchage, a 80 °C. Se realiza en aparatos con forma de concha de vieira (o *concha de peregrino*). En él se produce un movimiento de vaivén que estabiliza la masa y permite incorporar una cantidad superior de manteca de cacao, por lo que estos chocolates son más dúctiles. La mayor parte de la manteca de cacao se añade al final del proceso. La calidad del chocolate no sólo depende de la de las semillas, sino también de la del conchage y de su duración. Los chocolates se diferencian por su contenido en cacao, por su calidad y por su presentación.

• El **chocolate de cobertura** contiene obligatoriamente un 16 %, por lo menos, de cacao, pero las buenas coberturas tienen bastante más, hasta el 70,5 %. Este tipo de chocolate es más rico en manteca de cacao, lo que reduce su punto de fusión. Hay diversas variedades, más o menos dulces, negros o con leche. Se vende en bloques de 1 kg a los profesionales y se encuentra en el comercio en tabletas de 100 o 200 g. Las coberturas se usan en pastelería y confitería.

• El **chocolate en tableta** contiene, como mínimo, un 35 % de cacao. Se comercializa en tabletas de 100, 200 o 500 g y puede servir para todo.
100 g = 550 kcal
Proteínas: 5 g
Glúcidos: 65 g
Lípidos: 30 g

• Los **chocolates amargo**, **bitter**, **negro**, **pastelero** o **superior** contienen un mínimo del 43 % de cacao. Sin embargo, la actual afición por el chocolate negro y fuerte conlleva que la mayor parte de ellos contengan bastante más, hasta un 75 %. Presentados en tabletas de 100, 200 o 520 g, se pueden utilizar para preparar pasteles, postres, mousses, cremas, helados, etc.

• El **chocolate con leche** contiene como mínimo un 25 % de cacao; el **chocolate con leche superior** o **extrafino**, un 30 % por lo menos. A la pasta se le ha añadido leche en polvo o concentrada y, a menudo, vainilla. Aunque este chocolate se suele comer tal cual, también puede servir para realizar postres.
100 g = 557 kcal
Proteínas: 8 g
Glúcidos: 59 g
Lípidos: 32 g

El **chocolate blanco** se compone de manteca de cacao (20 % como mínimo), leche, azúcar y está perfumado con esencia de vainilla, pero no contiene pasta de cacao. Se utiliza para comerlo tal cual y puede servir para hacer dulces de cocina o reposterías «multichocolates», así como decoraciones.
100 g = 532 kcal
Proteínas: 6,2 g
Glúcidos: 62 g
Lípidos: 28,5 g

Las virtudes del chocolate

El chocolate contribuye a la secreción, en el cerebro, de moléculas llamadas endorfinas o moléculas del placer, que aportan una sensación de bienestar, y de serotonina, neurotransmisor que regula, entre otros, el equilibrio psicológico. No tiene, sin embargo, poder afrodisíaco conocido, aunque la teobromina, la cafeína, la feniletilamina (cuya estructura química es similar a la de las anfetaminas) contenidas en el cacao tienen efectos tonificantes sobre el organismo.

chocolate blanco

chocolate de cobertura

El café y el té

Tanto el café como el té contienen cafeína, cuyas virtudes estimulantes son conocidas, y se transforman en bebidas agradables y consumidas en abundancia. Uno y otro aromatizan a menudo postres y pasteles.

Café

El cafeto es un arbusto originario de Sudán y de Etiopía, cuyos frutos son pequeñas bayas rojas. Estos granos se limpian y tratan hasta convertirse en el café verde, que a continuación se tuesta a 200 °C-250 °C. El tueste, un calentamiento lento mientras se remueve, es una operación clave que da al café su color, más o menos castaño, su sabor, su aroma y también su contenido en cafeína. El tueste estadounidense es ligero, el italiano es fuerte, y el francés y el español se sitúan entre los dos.

• El **arábica**, de aroma fino, contiene poca cafeína: 60 mg de promedio para una taza. Hay variedades diversas.

• El **robusta**, de sabor más fuerte, es rico en cafeína: cerca de 250 mg para una taza. Se encuentran, en grano o molidos, arábicas y robustas diversos o mezclas de ambos.

También existen cafés:
• **descafeinados**, que contienen un máximo del 0,1 % de cafeína;
• **solubles**, en polvo o **granulados**. Compuestos por robustas o arábicas, o por mezclas de ambos.

Usos

Todos estos cafés sirven para preparar la bebida del mismo nombre y, salvo el descafeinado, se usan ampliamente como aroma en confitería y pastelería. También existe el **extracto de café líquido**, cuyo empleo se limita a la pastelería.

Té y salud

Una taza de té contiene, de promedio, 75 mg de cafeína, teobromina (lo que la hace un tanto diurética) y flúor. El té es rico en ácido oxálico y en taninos (parece ser que los del té verde tienen propiedades

Té

La infusión de té se prepara a partir de los brotes jóvenes de una especie de camelia que crece en altitudes elevadas de climas calurosos y húmedos. Se cosecha la yema (*pekoe*) de los brotes jóvenes con una hoja (*cosecha imperial*), dos hojas (*cosecha fina*) o tres hojas (*cosecha gruesa*). Hay dos variedades: *china*, de hojas pequeñas, y *assam*, de hojas grandes. Éstas se clasifican en tipos y en grados que traducen el tamaño de las hojas y el número de pekoes.

• Los **tés negros** representan el 95 % de la producción mundial. Están sometidos a cinco operaciones: marchitado, enrollado, fermentación, desecado y selección, que los clasifican en categorías.

• Los **tés negros de China** están tostados, enrollados a mano y, a veces, perfumados.

• Los **tés verdes** no están fermentados, proceden de Formosa y de Japón. No se clasifican en categorías.

• Los **tés perfumados** representan una gama inmensa, cuyos perfumes van desde flores (jazmín, rosa) a especias (vainilla), pasando por las frutas (manzana, mora, etc.).

Usos

Los ritos de la infusión difieren según los países. Debe durar entre 3 y 5 min para no liberar el amargor de los taninos. El té, natural o perfumado, aromatiza cremas, postres helados y mousses. También se utiliza para empapar frutos secos.

assam: té negro de la India

darjeeling: té negro de la India

tarry suchong: té negro ahumado de China

té de jazmín

earl grey: té negro perfumado con bergamota

Frutas con hueso

Las frutas con hueso son esencialmente las frutas de verano. Muy ricas en agua (90 % de promedio), calman la sed cuando se consumen frescas y son la base de confituras y postres estivales. Su riqueza en vitaminas y su sabor dependen mucho de su madurez.

Albaricoque

Desde mediados de marzo se encuentran albaricoques de Túnez, España, Grecia e Italia. Es una fruta frágil, que se conserva poco tiempo. Su pulpa anaranjada es densa, dulce y perfumada. Pero, demasiado a menudo, la cosecha antes de la maduración y las estancias en frigorífico le arrancan demasiado sabor, tanto más cuando el fruto ya no madura una vez arrancado. El albaricoque es rico en vitamina A.

Variedades
• El **canino** es bastante grande y naranja. Su sabor es medio.
• El **jumbocot** o *goldrich*, muy grande y firme, es un poco ácido.
• El **bulida**, de tamaño considerable, es de color amarillo y su carne es dulce, bastante jugosa y perfumada.
• El **polonais** u *orangé de Provence* tiene la piel manchada de rojo, la pulpa firme y un poco acídula.
• El **nancy**, muy grande, tiene un color amarillo oro veteado de rojo. La pulpa es fina, fundente y dulce, jugosa y un poca ácida.

• El **paviot** también es muy grande, de color anaranjado y rojo intenso en la insolación. Su carne es agradable, fundente y perfumada.

Temporada
De julio a septiembre.

Usos
El albaricoque se consume tal cual o en macedonias de frutas. Se usa en diversos dulces de cocina y pasteles, pero sobre todo tartas. Se cuece para hacer compotas, mermeladas y confituras. También se puede congelar. Triturado en puré o jugo, se integra en helados y sorbetes. Su almendra perfuma aguardientes, confituras y mermeladas. En conserva, al natural o en almíbar, se utiliza como la fruta fresca.
100 g (un albaricoque pesa alrededor 40 g) = 44 kcal
Proteínas: 0
Glúcidos: 10 g
Lípidos: 0

Cereza

Los cerezos provienen de dos especies de Asia Menor: el *cerezo silvestre*, origen del cerezo dulce, y el *guindo garrafal*, origen de los guindos o cerezos ácidos. Pequeña y más o menos roja, la cereza es rica en glúcidos.

Variedades
• Las **cerezas dulces** agrupan las mollares y las gordales. Las más consumidas son la *burlat*, de pulpa fundente; la *reine Hortense*, muy jugosa; la *ambrunesa*, de consistencia crujiente, y la *reverchon*, firme y crujiente.
• Las **cerezas ácidas** incluyen la *montmorency*, pequeña y muy acídula, y la *guinda*, desde rojo vivo a negro y fundente.
• Las **cerezas inglesas,** procedentes de cruces, pequeñas y rojo claras, tienen un sabor levemente agrio. Crecen en casi toda Europa del Sur.

Temporada
De mediados de junio a mediados de agosto.

Usos
Bien lavadas, todas las cerezas dulces son un postre delicioso. También sirven para preparar compotas, macedonias, suflés, buñuelos, tartas y, sobre todo, clafutis. Deshuesadas y reducidas a puré, producen un jarabe excelente. Confitadas, aroman tartas y pudines y entran en la decoración de numerosos postres. Las cerezas ácidas se conservan bien en aguardiente. Con todas se pueden hacer jaleas, confituras, sorbetes y helados.
Las cerezas se conservan también al natural y son el origen de diversos licores, entre ellos el kirsch de Alsacia, el cherry inglés y el guignolet de Anjou.
100 g (una cereza pesa unos 5 g) = 77 kcal
Proteínas: 1 g
Glúcidos: 17 g
Lípidos: 0

napoleón

duroni

van

guindas

reine hortense

polonais u orangé de Provence

canino

jumbocot o goldrich

burlat

Melocotón, nectarina y griñón

Todas estas frutas son de la misma familia, la de las rosáceas. El melocotón tiene una piel fina, aterciopelada; la nectarina y el griñón tienen la piel lisa. La pulpa del griñón, a diferencia de la nectarina, está adherida al hueso. Hay numerosas variedades, la mayor parte de las cuales han sido mejoradas para resistir el transporte, a menudo en detrimento de su sabor.

Variedades y temporadas

• Los **melocotones de pulpa blanca** (alexandra, María Blanca, anita, daisy, María Delicia, manon, primrose, redrobin, redwing, iris rosos y largue white) son bastante frágiles pero muy perfumados. Llegan a los mercados a partir de julio y están en ellos hasta mediados de septiembre.

• Los **melocotones de pulpa amarilla** son más resistentes pero menos jugosos y a menudo menos sabrosos, al haber sido cosechados antes de su madurez. Destacan los flavorcrest, maycrest, redtop, redhaven y springcrest, cosechados de julio a septiembre.

• Los **melocotones sanguinas**, o *melocotones de viña*, tienen una pulpa de color lía de vino muy perfumada. Las especies auténticas casi no se encuentran y las nuevas son bastante harinosas.

• Los tipo **pavía** tienen la pulpa dura o semidura (andross, catherina, carson, mountaingold, sudanell).

• **Nectarinas y griñones** también tienen la pulpa blanca (jade, big top,... de mediados de julio a fines de agosto) o amarilla (stark redgold, armking,...; de fines de junio a mediados de septiembre).

Níspero

El níspero es de la familia de las rosáceas. Los frutos contienen varias semillas y poca pulpa, pero ésta es muy jugosa. Se usan poco en pastelería, pero dan compotas excelentes.

100 g = 46 kcal
Proteínas: 0
Glúcidos: 10 g
Lípidos: 0

Usos

Melocotones, nectarinas y griñones se consumen al natural, *pochés* o en compota. El melocotón se emplea para confeccionar numerosos postres —el más famoso de los cuales es el melocotón Melba, creado por Auguste Escoffier en 1893—, tartas y dulces de cocina. Se puede confitar, conservar en aguardiente o transformar en helado, en sorbete o en confitura. El zumo sirve para preparar licores y aguardientes. Griñones y nectarinas tienen las mismas utilidades que el melocotón.

100 g (una pieza) = 50 kcal
Proteínas: 0
Glúcidos: 12 g
Lípidos: 0

Problemas de piel

Hay que lavar bien los griñones y las nectarinas. En cuanto a los melocotones, es preferible pelarlos, pues siempre están tratados y los productos empleados pueden provocar alergias. Si el fruto no es lo bastante maduro, es difícil de pelar. Hay que echarlo entonces un segundo en agua hirviendo y la piel se desprenderá con facilidad.

nísperos

melocotón de pulpa amarilla

melocotón de pulpa blanca

nectarina de pulpa amarilla

Ciruela

Hay numerosas variedades de tamaño, color y sabor diferentes. Todas tienen, sin embargo, la piel lisa y una pulpa jugosa, por lo general amarilla, o a veces verde. Las ciruelas violetas, una vez secas, se llaman *pasas* (*ver p. 48*).

Variedades y temporadas

• Las **ciruelas claudias** son redondas, bastante gordas (a veces tanto como un albaricoque) y olorosas. La *claudia blanca* tiene la piel y la pulpa amarillo-verdosas; la *claudia verde* tiene reflejos dorados; y la *friar*, muy grande, se distingue por la piel violácea y la pulpa amarilla. Se encuentran estas frutas de mediados de junio a mediados de septiembre.

• Las **americano-japonesas** son más carnosas y menos olorosas. La japonesa, grande y amarilla, es la más espectacular. Las variedades de Sudáfrica aparecen en los mercados a partir de junio y permanecen hasta el invierno.

• Las **ciruelas mirabel** son pequeñas, verde-anaranjadas y deliciosamente dulces. La cosecha es breve: mediados de julio y septiembre.

• Las **ciruelas damascenas**, oblongas, tienen el exterior azul-negro y violáceo. Su pulpa amarillo-verdosa es, a la vez, acídula y dulce. Se las encuentra a partir de primeros de septiembre.

Usos

Todas las ciruelas se consumen al natural, una vez lavadas. Se las emplea para hacer tartas, clafutis, flanes, y producen excelentes compotas y confituras. Se conservan en aguardiente y también se las destila (mirabel y damascenas). *100 g (una ciruela pesa unos 30 g) = 52 kcal Proteínas: 0 Glúcidos: 12 g Lípidos: 0*

Compra y conservación

Este tipo de frutas sólo se conservan unos pocos días. Cuando hace mucho calor, se las puede guardar en el frigorífico, pero eso irá siempre en detrimento de su sabor. Vale más, por tanto, comprarlas cada día, o cada dos días y, en lo posible, elegirlas bien maduras.

Riqueza en fibra

Todas las frutas con hueso, llamadas drupas, *son ricas en fibra, sobre todo las cerezas. Se encuentra esencialmente en la piel. Cuando se han comido muchas frutas de este tipo (más de 150 g), es mejor abstenerse de beber, pues su pulpa se hincha con el líquido, sobre todo cuando éste contiene gas, lo que puede provocar desagradables hinchazones abdominales.*

ciruela president

ciruela japonesa

claudia friar

claudia verde

claudia blanca

mirabel

damascenas

33

Cítricos

Los cítricos son frutos del género *Citrus* y se caracterizan por su sabor ácido. Originarios de Asia, se cultivan en todos los países mediterráneos, en Florida y en California, y están presentes en los mercados durante todo el año. Se conservan mucho tiempo protegidos por una corteza gruesa, y son ricos en vitamina C y pobres en glúcidos (6 a 12 %).

Bergamota

Los bergamotos se cultivan en Córcega, en China y en el Caribe. Sus frutos se parecen a una naranja amarilla pequeña y son muy ácidos. La corteza contiene un aceite esencial utilizado en confitería. Esta corteza también puede servir para perfumar determinados pasteles.

Naranja amarga

Las naranjas amargas tienen la corteza rugosa, verde o amarilla. Su pulpa, poco jugosa y amarga, se usa para hacer mermeladas y confituras. Además, su cáscara, muy perfumada, se utiliza en la elaboración de ciertos licores (Cointreau, Grand Marnier). Las flores del naranjo amargo se usan para producir el agua de azahar, muy usada en pastelería.

Cidra

La cidra parece un limón muy grande. Se cosecha en invierno en el sur de Europa. Sirve para preparar confituras y mermeladas. Confitada, su corteza se emplea en galletas, tartas y pudines. En Córcega se hace con ella un licor llamado *cédratine,* muy aromático.

cidra

Limón y lima

Son los cítricos más ácidos, por lo que no se consumen en forma de fruta (salvo confitados) sino en forma de zumo. La lima es el limón verde, más pequeño, más redondo y aún más ácido que el amarillo.

Variedades y temporadas

• El **eureka**, de piel verdosa, procede de Estados Unidos durante todo el año.
• El **interdonato** tiene la pulpa fina y sin pepitas. Este limón de Sicilia y del sur de Italia se cosecha en septiembre y octubre.
• El **primofiori** tiene una protuberancia característica. Muy jugoso, se produce en España e Italia de octubre a diciembre.
• El **verdelli**, verdoso, poco jugoso y poco oloroso, es característico de Italia y de España, y puede adquirirse de mayo a septiembre.
• El **verna**, de un amarillo intenso, sin pepitas y muy jugoso, también es propio de Italia y de España, y se encuentra de febrero a julio.

• La **lima**, o *limón verde*, cuyo zumo abundante es mucho más ácido, se cosecha en las Antillas y en América del Sur. El **kumbava**, limón verde particularmente delicado, se importa de Tailandia.

Usos

La fruta entera se sirve escarchada o helada. En rodajas o gajos, permite preparar chutneys, confituras, mermeladas, tartas, etc. El zumo se usa mucho en helados, granizados y sorbetes. Su acidez neutraliza la oxidación: por eso se usa para evitar que manzanas y peras peladas ennegrezcan. El zumo embotellado no tiene nunca el mismo sabor que el recién exprimido. La corteza, rallada o en láminas, aromatiza cremas, flanes, mousses, suflés o tartas. El extracto sirve de aroma natural en confitería y licorería.
100 g = 32 kcal
Proteínas: 1 g
Glúcidos: 8 g
Lípidos: 0

lima o limón verde de las Antillas

limas o limones verdes de Brasil

Kumquat

Originario de China y cultivado en Extremo Oriente, Australia y América, el kumquat es una naranja minúscula de corteza amarilla o naranja, a veces amarga, a menudo tierna y dulce. Su pulpa es acídula. Se la encuentra de diciembre a marzo.

Usos

Se puede consumir tal cual, con la corteza, pero se suele hacer confitado. También sirve para preparar confituras, mermeladas y ciertos pasteles.
100 g = 40 kcal
Proteínas: 0
Glúcidos: 10 g
Lípidos: 0

Mandarina y clementina

La mandarina es originaria de China y crece en los países cálidos. En algunos lugares, la clementina está destronando poco a poco a la mandarina, que se encuentra cada vez menos en esos mercados. Se trata de frutas de invierno. Sus sabores son muy similares, pero la mandarina tiene abundantes pepitas, mientras que la clementina sólo las tiene rara vez.

Variedades y temporadas

Hay numerosas variedades de mandarinas y de híbridos de mandarina, que se clasifican en tres categorías.

• La **mandarina** se cultiva en España, Florida, Italia, Marruecos, Túnez y Sudamérica, desde mediados de septiembre a fines de abril.

• La **tángelo**, cruce de mandarina y pomelo, tiene en España, Israel, Sudáfrica y Estados Unidos a sus principales productores, de mediados de enero a mediados de marzo.

• La **tangor**, cruce de mandarina y naranja, se cultiva en Sudamérica (por ejemplo, la ellendale), España (como la ortanique), Marruecos e Israel; se cosecha de mediados de febrero a mediados de junio. Por lo que respecta a la clementina, se distingue la de Córcega, sin pepitas, que se cosecha tradicionalmente con algunas hojas, y las otras variedades (bekria, clementina Montreal, corriente, finas, nules y oroval), originarias de España y Marruecos, de fines de septiembre a fines de febrero.

Usos

Se conservan en aguardiente y se pueden confitar.
100 g = 46 kcal
Proteínas: 0
Glúcidos: 10 g
Lípidos: 0

Tratamiento y conservación

La mayor parte de los cítricos está tratada con difenil (la etiqueta debería mencionarlo) para evitar los enmohecimientos. Cuando se utiliza la corteza vale más comprar cítricos no tratados o lavarlos y cepillarlos muy meticulosamente. Todos ellos se conservan muy bien durante varios días a temperatura ambiente y durante varias semanas en la parte baja del frigorífico.

kumquats

limones amarillos

*tangor
ellendale
de Sudamérica*

*mandarina
palazelli
de Italia*

*mandarina
fortuna de España*

*mandarina
nova de España* **35**

Naranja

La naranja es una de las frutas más consumidas del mundo y la que se conserva mejor. Su pulpa jugosa, dividida en gajos, que va del anaranjado al rojo, está protegida por una corteza de color naranja, a veces moteada.

Variedades y temporadas

• Las **rubias finas**: *salustiana* (Marruecos y España: de diciembre a marzo), de piel fina; *shamuti* (Israel: de enero a marzo), cuya piel es rugosa y *valencia late* (Israel: de marzo a junio; España y Marruecos: de abril a julio; Uruguay, Argentina y Sudáfrica: de julio a octubre), de piel lisa.

• Las **rubias navel**: *navelina* (España y Marruecos: de noviembre a enero; Sudamérica y Sudáfrica: de julio a octubre); *navelate* (España y Marruecos: de marzo a junio; Sudamérica y Sudáfrica: de julio a octubre), y *washington navel* (España y Marruecos: de diciembre a abril; Uruguay, Argentina y Sudáfrica: de junio a septiembre), menos jugosas, grandes y crujientes.

• Las **sanguinas**: *doble fina* (España, Marruecos e Italia: de febrero a mayo), *maltesa* (Túnez: de diciembre a abril), *moro* (Italia: de diciembre a mayo), las tres muy jugosas; y las *tarocco* (Italia: de diciembre a mayo).

Usos

El fruto entero se degusta tal cual, pero también helado o escarchado. En gajos o en rodajas, interviene en la composición de tartas y macedonias. El zumo se transforma en helado o sorbete. Se utiliza para perfumar buñuelos, galletas, jugos reducidos, cremas, dulces de cocina y suflés. La corteza, rallada o en virutas, aromatiza tartas, cremas, dulces de cocina, suflés, etc. La cáscara confitada sirve también de aroma para bizcochos. Recubierta de chocolate, se convierte en una golosina deliciosa. El extracto de naranja perfuma numerosos productos de confitería y entra en la composición de licores.
100 g de fruta = 39 kcal
Proteínas: 0
Glúcidos: 8 g
Lípidos: 0
100 g de zumo fresco o en conserva = 49 kcal
Proteínas: 0
Glúcidos: 10 g
Lípidos: 0

naranja maltesa

naranja navelate

naranja navelina

Pamplemusa y pomelo

La pamplemusa puede alcanzar 17 cm de diámetro. Su corteza amarilla o verdosa protege una pulpa amarilla ácida. La toronja o *pomelo*, híbrido de pamplemusa y de naranja de China, es algo menor, con la pulpa amarilla rosada.

Variedades y temporadas

• La **marsh seedless**, de pulpa rubia, sin pepitas, es la más amarga. Se cosecha en Israel (noviembre a septiembre), en Sudáfrica y en Argentina (mayo a septiembre).

• La **thompson**, de pulpa rosa, proviene de Florida (diciembre a mayo).

• La **ruby red**, de pulpa rosa, es característica de Florida y de Israel (noviembre a mayo) y del hemisferio sur (mayo a septiembre).

• La **star ruby**, de pulpa roja, se cosecha en Florida, en Texas y en Israel (diciembre a mayo).

Usos

La pamplemusa se degusta, sobre todo, al natural, pero también se emplea para realizar pasteles y diversos dulces de cocina. Se puede confitar su corteza. El zumo perfuma dulces de cocina y pasteles, y permite realizar helados y sorbetes.
100 g de fruta = 43 kcal
Proteínas: 0
Glúcidos: 9 g
Lípidos: 0

pamplemusa ruby red

Bayas y frutas rojas

La grosella negra, la fresa, la frambuesa, la mora y el arándano tienen semillas cuya riqueza en pectina favorece la gelificación de confituras. La uva es una falsa baya que contiene pepitas. Todas estas frutas, salvo la uva, aportan pocas calorías y no tienen lípidos ni, prácticamente, proteínas, aunque son bastantes ricas en vitamina C.

Grosella negra o *cassis*

Fruto del grosellero negro, árbol originario del norte de Europa, la grosella negra se produce, sobre todo, en Francia, en Alemania, en Bélgica y en los Países Bajos. Ese pequeño fruto negro en racimos es jugoso, algo agrio, y particularmente rico en vitamina C y fibra. Se congela muy bien.

Variedades

• La **negra de Borgoña** tiene granos pequeños muy oscuros y brillantes, excepcionalmente aromáticos y sabrosos.
• La **wellington** tiene granos sensiblemente mayores, pero también más acuosos.

Temporada

Finales de verano.

Usos

Debe lavarse rápidamente y secar bien. Se consume en macedonias de frutas rojas, decora un plato de postre y se utiliza para preparar coulis, bavarois, charlotas, sorbetes, suflés y tartas. Da jaleas y confituras excelentes. También produce crema de grosella negra.
100 g = 41 kcal
Proteínas: 1 g
Glúcidos: 9

Fresa

La fresa es una planta rastrera de la familia de las rosáceas. Hay cada vez más variedades resistentes al transporte, pero de poca calidad. Se encuentra casi todo el año, aún cuando es una fruta de verano, frágil y que no se conserva bien.

Variedades

Existe una veintena de variedades de fresa, agrupadas en cuatro categorías: cónicas, acorazonadas, redondas y triangulares, a las que se añaden las fresas de bosque. Algunas de ellas son *remontantes* o *reflorecientes*, y suministran otra cosecha en otoño. Por desgracia, la mayor parte de estas especies son poco perfumadas y tienen una pulpa bastante algodonosa. La *gariguette* es jugosa y bastante perfumada.

Temporada

De marzo (fresas de España) a noviembre.

Usos

Las fresas, salvo las de bosque, se han de lavar en un colador antes de quitarles el rabillo. Bien maduras, al natural, con azúcar o nata, constituyen un postre delicioso. Se las emplea en pastelería (tartas, bavarois, mousses, suflés), así como en confitería. También pueden elaborarse una buena jalea y una excelente confitura, sobre todo cuando se dejan los frutos enteros.
100 g de fruta = 36 kcal
Glúcidos: 7 g

fresas de bosque

grosellas negras

red gauntlet: fresas cónicas

gorella: fresas cónicas

gariguettes: fresas acorazonadas

selva: fresas triangulares

Frambuesa

La frambuesa es una de las frutas más frágiles. La frambuesa silvestre es difícil de encontrar y particularmente perfumada. Se cultiva en las regiones templadas.

Variedades

Las variedades *remontates o reflorecientes* (héritage, rubi, autum bliss) dan una segunda cosecha a fines del verano. Las variedades *no remontantes, estacionales o uníferas* (meeker, huimbo queen, glen cova,...) sólo producen una. Pero su aspecto y sabor son los mismos. La loganberry, híbrido de mora y frambuesa, es grande, roja, redonda, pero insípida.

Temporada

De mediados de mayo (invernadero) a noviembre.

Usos

Los mismos que la fresa. Sobre todo, no hay que lavar las frambuesas. Pueden ser congeladas, pero, una vez descongeladas, quedan remojadas y con mal aspecto; se las usa entonces para otras preparaciones.
100 g = 41 kcal
Glúcidos: 8 g

Grosella

Originaria de Escandinavia, la grosella no se adapta bien a las regiones cálidas. Roja o blanca, se cultiva, principalmente, en varias regiones de Francia, en Polonia y en Hungría.

Variedades

Las *grosellas rojas* (red lake), de frutos muy grandes, y las *stanza*, de frutos pequeños y rojo oscuros, son bastante ácidas. Las *grosellas blancas* son sensiblemente más dulces.

Temporada

Agosto-septiembre.

Usos

Para degustar la grosella natural hay que endulzarla. Despalillada, se utiliza en la composición de macedonias de frutas, dulces de cocina y, por supuesto, tartas. Si se tritura se obtiene un coulis deliciosamente perfumado para recubrir dulces de cocina y genovesas. Pero sus empleos principales son la confitura y la jalea, muy utilizadas en pastelería.
100 g = 28 kcal
Proteínas: 1 g
Glúcidos: 5 g

grosellas

Uva espina

La uva espina es una baya grande, ovoide, violácea, vellosa o redonda, verdosa o blanca y lisa, y poco dulce. Se cultiva mucho en Bélgica y en los Países Bajos.

Variedades

Las principales variedades son la *whinham's industry*, de frutos rojo oscuro, y la *careless*, de frutos verde pálido.

Temporada

Agosto.

Usos

La uva espina se usa, sobre todo, en jalea o en jarabe para coberturas y en ciertos dulces de cocina. Permite hacer unos sorbetes deliciosos.
100 g = 39 kcal
Glúcidos: 9 g

Mora

Es el fruto pulposo de la zarzamora y está formado por granos casi negros, aglutinados entre sí. Es jugosa y tiene un sabor un tanto áspero, muy particular.

Variedades

Las moras de agrupan en dos grandes categorías: la *himalaya giant*, bastante ácida, y la *oregon thornless*, más dulce.

Temporada

Octubre-noviembre.

Usos

La mora se utiliza en la preparación de macedonias de frutas rojas, de compotas, pero sobre todo de confituras, de jaleas y de jarabes, todos excelentes. Existe una gran cantidad de recetas de dulces de escarchados y tartas en las que se incluyen las moras, debido a que proporcionan una masa de fruta notable.
100 g = 57 kcal
Proteínas: 1 g
Glúcidos: 12 g

frambuesas

moras

Arándano o mirtilo

El arándano, también conocido como *mirtilo* o *mirtillo*, es una fruta silvestre de regiones montañosas. Existen actualmente variedades cultivadas, pero sus bayas tienen una consistencia más harinosa.

Variedades

Los arándanos silvestres comprenden la airelle rouge y el *bleuet nain*, una variedad muy apreciada. El *mirtilo de bosque*, muy oscuro, es especialmente aromático. Los cultivados, cuyas bayas son mayores, incluyen la canneberge americana y el *mirtilo arbustivo*, de sabor muy característico.

Temporada

De mediados de julio a noviembre.

Usos

Se utiliza para hacer dulces de cocina, helados, sorbetes y tartas; aromatiza los pudines de América del Norte. Además, también pueden prepararse compotas, confituras, jaleas o jarabes.
100 g = 66 kcal
Glúcidos: 14 g

Uva

La vid existía ya en la Antigüedad. Su fruto, la uva, ha suministrado desde siempre el vino y se ha encontrado en las mesas en forma de fruta fresca o de pasas. En el transcurso de los siglos, las variedades se han multiplicado, y son diferentes las destinadas al vino que a la mesa.

Variedades

Las variedades de uva de mesa se agrupan en dos categorías.
• La **uva blanca**, de granos amarillos o dorados: *chasselas*, de granos medianos amarillo-dorados, agradablemente dulce; *italiana*, de granos muy grandes amarillo-verdosos y con un sabor levemente almizclado; y *moscatel*, de granos alargados

muscat

tirando a redondos, frecuentes manchas oscuras en la piel y sabor muy dulce.
• La **uva negra**, de granos negros o violetas, engloba variedades como la *cardinal*, de grandes granos jugosos; la *muscat de Hamburgo*, de granos un poco alargados y con un sabor almizclado; y la *garnacha,* cuyos granos ovoides y planos por la base producen vinos alcohólicos y potentes.

Temporada

De mediados de septiembre a principios de diciembre; de febrero a mayo para la uva procedente de Chile.

Usos

La uva es, sobre todo, una fruta de postre (composición de macedonias, tartas y dulces de cocina a base de arroz). Para ello hay que quitarle la piel y las pepitas.
100 g = 73 kcal
Glúcidos: 16 g

Elegir una buena uva

En el momento de comprarla, la uva de mesa tiene que estar limpia, bien madura, con granos firmes, uniformemente coloreada, cubierta todavía con la sustancia cerosa que conserva mientras está fresca. El tallo no debe estar seco –signo de que la cosecha no ha sido reciente– sino sólido y quebradizo.

chasselas

arándanos o mirtilos

39

Frutas con pepitas

Las frutas con pepitas sólo tienen en común eso: el hecho de tener pepitas. Proceden de orígenes diversos, y sus temporadas y sabores son diferentes. Todas son ricas en agua y algunas de ellas aportan pocas calorías.

Higo

Los higos son frutas muy dulces con una gran cantidad de pepitas minúsculas dentro de la pulpa. Son frágiles y no hay que conservarlas en el frigorífico. Se encuentran de fines de julio a diciembre.

Variedades

• Los **higos blancos**, en particular la blanche d'Argenteuil, tienen la piel más fina.
• Las **brevas**, entre ellas la violette de Soliès, tienen la pulpa menos jugosa pero sabrosa y se pueden secar (*ver p. 48*).

Usos

Los higos se consumen al natural, *pochés* o asados. Se utilizan para hacer tartas, y para elaborar una compota y una confitura muy buenas.
100 g = 54 kcal
Proteínas: 1 g
Glúcidos: 12 g
Lípidos: 0

Membrillo

El membrillo, fruto del membrillero, árbol de la familia de las rosáceas, es duro y amarillo, y tiene la piel cubierta de pelusilla; la pulpa es muy áspera y el perfume, fuerte. El *membrillo champion* tiene la forma de una manzana, mientras que el de Portugal es más alargado. Esta fruta se encuentra en otoño.

Usos

El membrillo sólo se puede consumir cocido y con azúcar para suavizar el sabor. Entonces permite hacer compotas pero, sobre todo, jaleas soberbias gracias a su riqueza en pectina, así como un dulce delicioso. También se utiliza para elaborar la ratafía.
100 g = 28 kcal
Proteínas: 0
Glúcidos: 6 g
Lípidos: 0

Melón

El melón pertenece a la familia de las cucurbitáceas, y debe tener una pulpa jugosa y aromática. A veces es difícil escogerlo: ha de ser pesado y tener un buen aroma. Existen diversas variedades: los brodés, los cantalupos y los melones de invierno. Entre los cantalupos, cabe citar el *charentais*, liso, bien redondo, que tiene las tajadas bien marcadas en la corteza. Guadalupe (enero a mayo), y Marruecos, España y Francia (junio a octubre) son zonas productoras.

Usos

El melón suele consumirse tal cual, como entrante o como postre, o en una macedonia. Se congela muy bien y puede ser la base de confituras deliciosas.
100 g = 27 kcal
Proteínas: 1 g
Glúcidos: 5 g
Lípidos: 0

charentais Cavaillon
de pulpa amarilla

Sandía

De la misma familia que el melón, la sandía es un gran fruto verde con la pulpa muy rosada y multitud de pepitas, acuoso y refrescante. Las tajadas se consumen tal cual o, troceadas, en macedonia. También puede hacerse confitura.
100 g = 30 kcal
Proteínas: 0
Glúcidos: 6 g
Lípidos: 0

sandía

higo blanco

breva

Pera

Esta fruta, normalmente muy jugosa, debe escogerse bien madura. Es frágil y hay que tratarla con cuidado.

Variedades y temporadas

• Las **peras de verano**: *williams* y *blanquillas*, grandes y amarillas, con una pulpa fina y acaso un poco ácida. De mediados de julio a noviembre.

• Las **peras de otoño**: *almizcleña* y *bergamota*, de sabor muy fino, y la *magallón*, un poco ventruda y menos jugosa. De agosto a diciembre.

• Las **peras de invierno**: la *mosquerola*, que aporta mucho jugo en la cocción. De septiembre a abril.

Usos

Es la fruta de mesa por excelencia, aunque las peras al vino son un postre clásico. En pastelería tiene casi tantos usos como la manzana: tartas, tortas, pasteles, buñuelos, charlotas, etc. Permite hacer compotas deliciosas, una confitura refinada, helados y sorbetes. El aguardiente blanco (*williamine*) y el licor de pera son muy aromáticos. La pera se oxida fácilmente y tiene que rociarse con zumo de limón inmediatamente después de pelar. También puede hacerse en conserva y en almíbar.
100 g = 55 kcal
Proteínas: 0
Glúcidos: 12 g
Lípidos: 0

Manzana

La manzana es la fruta más cultivada del mundo y la más consumida en el sur de Europa y en Estados Unidos. Se encuentra todo el año.

Variedades

Han existido más de doscientas variedades. Las 18 variedades actuales se dividen en seis categorías.

• Las **bicolores**, entre ellas la boskoop, la braeburn y la fuji.

• Las **blancas**: la *calville blanc*, tierna, dulce y jugosa.

• Las **grises**: la reineta gris de Canadá.

• Las **amarillo doradas**: la *golden*, la más común, pero también la reineta.

• Las **rojas**: la *red delicious*, de sabor un poco acídulo y dulzón.

• Las **verdes**: la *granny smith*, apreciada por su acidez.

Usos

Las manzanas se consumen tal cual, cocidas enteras con mantequilla y azúcar, o en compota. Figura en incontables preparaciones, como los buñuelos, empanadillas, flanes, pudines, siendo las más clásicas el apple pie inglés y el strudel austríaco. Pueden estar flameadas, merengadas, cubiertas de jarabe y en empanada. Se puede hacer jalea, dulces y azúcar de manzana. Rica en pectina, el zumo de manzana se utiliza en la jalea de otras frutas demasiado acuosas. Con ella se elabora la sidra.
100 g = 50 kcal
Proteínas: 0
Glúcidos: 11 g
Lípidos: 0

mosquerola

williams

boskoop

reineta

almizcleña

red delicious

calville

granny smith

reineta gris de Canadá

41

Frutas exóticas

Los medios de transporte modernos han facilitado la exportación de frutas exóticas. La demanda, siempre creciente, ha permitido el desarrollo de sus cultivos a mayor escala. Estas frutas proceden de las regiones cálidas y algunas se han convertido en comunes; otras todavía son raras. Llegan en invierno y en primavera, cuando la temporada de las manzanas y las peras se está acabando, y todavía es demasiado temprano para las frutas de verano.

Piña tropical

La piña tropical o *ananá* proviene principalmente de Costa de Marfil; otras zonas exportadoras son Israel y las Antillas. La pulpa, amarilla y muy jugosa, es rica en fibra, en glúcidos y en vitamina C.

La preparación de una piña requiere un buen cuchillo para pelar su corteza, que es muy espesa, erizada de escamas y tocada con un «plumero» de hojas verdes. Está en su punto cuando su textura es suave y uniforme, su plumero bien fresco y emite un aroma agradable pero ligero.

Variedades

• La **cayena lisa**, de pulpa jugosa, ácida y muy dulce, es la más común.
• La **queen** es más pequeña, menos jugosa y menos dulce.
• La **red spanish** tiene la corteza púrpura y la pulpa amarillo pálido.

Temporada

Mediados de marzo a mediados de junio.

Usos

La piña se sirve cortada en rodajas, tajadas o dados, al natural o rociada de ron o kirsch, acompañada de crema o de helado. Puede añadirse a las macedonias y elaborar con ella dulces de cocina, helados, sorbetes, pasteles y tartas. Existe también en conserva (al natural o en almíbar).
100 g = 52 kcal
Glúcidos: 11 g

piña tropical

Plátano

El plátano o *banana* procede principalmente de las Islas Canarias, pero también (todo el año) de las Antillas y de África. Se cosecha verde y se transporta en barcos equipados, pasando obligatoriamente por un maduradero. El plátano es rico en glúcidos. Debe tener la piel enteramente amarilla, que se cubre de manchas marrones al madurar.

Variedades

• El **plátano canario**, muy apreciado, se caracteriza por sus puntos negros, y tiene una pulpa fundente y muy perfumada.
• El **plátano guineo**, muy corto, es particularmente dulce.
• El **doyo**, largo y casi recto, tiene la pulpa delicada.

Temporada

Todo el año.

Usos

Al plátano se le extrae la piel y los filamentos que se adhieren a la pulpa. Puede comerse cortado en rodajas, en macedonias. También se prepara *poché*, frito o gratinado, en suflé, pero sobre todo flameado con ron o kirsch. También se hacen buñuelos, mousses, helados y tartas de plátanos.
100 g = 83 kcal
Proteínas: 1 g
Glúcidos: 19 g

Nunca en frío

La piña soporta mal el frigorífico, al igual que el plátano, que ennegrece rápidamente en él. Es preferible, pues, guardar estas frutas en un lugar fresco.

plátano verde

plátano rosa

plátano amarillo

Aguacate

La pulpa verde del aguacate se suelta con facilidad del hueso grande de su interior, tiene la consistencia de la mantequilla y un leve sabor de avellana. Un aguacate demasiado duro no está lo bastante maduro y demasiado blando está pasado. La piel del aguacate no debe estar manchada.

Variedades

- El **ettinger** es bastante grande y redondo, con la piel lisa y brillante con matices violáceos.
- El **hass**, más pequeño y alargado, tiene la piel rugosa y el color, verde oscuro.
- El **bacon** es ovalado, con la piel color verde oscuro y muy fina.

Temporada

Todo el año.

Usos

Se usa sobre todo en mousses, en sorbetes y en helados.
100 g = 220 kcal
Proteínas: 1 g
Glúcidos: 3 g
Lípidos: 22 g

aguacate ettinger

Dátil

El dátil, fruto de la palmera datilera, crece en racimos. Los dátiles se comercializan en rama, a granel o en tarro. Es un fruto pobre en agua y rico en glúcidos. Un buen dátil debe estar blando.

Variedades

- El **deglet-el-nour**, rico en azúcar, es el más consumido.
- El **muscade de Túnez** se reconoce por su piel fina y lisa.
- El **halawi** tiene la pulpa particularmente dulce.
- El **khaleseh**, de piel marrón anaranjada, es muy oloroso.

Temporada

Sobre todo en octubre, aunque se encuentran todo el año.

Usos

El dátil se saborea tal cual, como una golosina. Se confita, se transforma en fruta «disfrazada», forrada de pasta de almendras o glaseada con azúcar. Se sirve en buñuelos, y con él se elaboran confituras y nougats.
100 g = 300 kcal
Proteínas: 2 g
Glúcidos: 73 g

dátiles frescos

Higo chumbo

Es el fruto del nopal o *chumbera*, una planta crasa originaria de América tropical pero extendida en toda la cuenca mediterránea. Es ovalado y está protegido por una cáscara gruesa (verde, amarilla, naranja, rosa o roja) cubierta de espinas minúsculas, por lo que se precisan guantes para eliminarlas. Su pulpa rosa encierra numerosas pepitas.

Temporada

De septiembre a diciembre.

Usos

El higo chumbo debe pelarse con cuchillo y tenedor. Se consume al natural o rociado con zumo de limón, o incluso en macedonia. Pueden elaborarse sorbetes y confitura una vez está despepitado y convertido en puré.
100 g = 68 kcal
Glúcidos: 17 g

higo chumbo

Maracuyá

El maracuyá o *fruta de la pasión* crece en un bejuco originario de América tropical llamado *pasionaria*, extendido también por África, Australia y Malaysia. Este fruto tiene el tamaño de un huevo, con la cáscara gruesa, amarilla o parda; la pulpa, de color amarillo anaranjado, es acídula y está sembrada de pequeños granos negros.

Temporada

De principios de febrero a mediados de marzo.

Usos

El maracuyá puede comerse al natural, rociado con kirsch o ron, o incorporado a una macedonia de frutas. Sin embargo, se consume, sobre todo, en zumo (los frutos pelados se trituran y luego se filtran para eliminar las numerosas pepitas), que se incorpora en jaleas, cremas heladas y sorbetes.
100 g = 36 kcal
Proteínas: 2 g
Glúcidos: 6 g

maracuyá

43

Guayaba

La guayaba es una fruta bastante grande cultivada en todos los climas tropicales. La piel, delgada y amarilla, se cubre de manchitas negras cuando está madura. La pulpa, de color anaranjado, es muy olorosa y contiene numerosas semillas muy duras.

Variedades

La **pirifera**, llamada también *pera de la India*, tiene forma de pera; la **pomifera**, redonda, forma de manzana. La **guayaba-fresa**, cultivada en China, tiene el tamaño de una nuez.

Temporada

De diciembre a enero (Brasil y Antillas) y de noviembre a febrero (Costa de Marfil y la India).

Usos

La guayaba se consume tal cual o en una macedonia. Se le puede añadir azúcar o ron si no está lo bastante madura. También se puede hacer confitura. Su zumo (que se encuentra en lata) permite preparar un sorbete delicioso.
100 g = 64 kcal
Glúcidos: 15 g

guayaba

kiwis

Kiwi

El kiwi es el fruto de una planta trepadora, la actinidia, cultivada hace tiempo en Nueva Zelanda y luego aclimatada en el sur de Europa. Es de forma oval y tiene la pulpa verde y jugosa, protegida por una piel vellosa pardo-verduzca.

Temporada

Todo el año.

Usos

El kiwi se come al natural, con una cucharilla o en macedonia. Cortado en rodajas, decora postres y pasteles o adorna tartas. Triturado y colado, su zumo se puede utilizar en la composición de bavarois, mousses y sorbetes.
100 g = 57 kcal
Proteínas: 1 g
Glúcidos: 12 g

Granada

De tamaño mediano, la granada tiene una cáscara dura de color rojo anaranjado, cuyos compartimientos están llenos de pepitas grandes rodeadas de una pulpa dulce y olorosa. Se cultiva en todos los países cálidos.

Temporada

De diciembre a febrero.

Usos

La granada no es fácil de comer tal cual. Su zumo se emplea para cremas o sorbetes.
100 g = 64 kcal
Glúcidos: 15 g

granada

Caqui

El caqui, originario de Oriente, crece en la cuenca mediterránea. El fruto es parecido a un tomate naranja. La pulpa, de textura parecida a la confitura, también es naranja y contiene de 6 a 8 semillas negras y grandes.

Temporada

De diciembre a enero los de Italia, España y Oriente Próximo.

Usos

El caqui se degusta al natural, con una cucharilla. Se hacen con él compotas, confitura y sorbetes. Triturado en coulis, puede cubrir bavarois, cremas heladas, crêpes y pasteles.
100 g = 70 kcal
Glúcidos: 19 g

caqui

Mangostán

El mangostán, procedente de Malaysia, tiene el tamaño de una naranja. La cáscara, gruesa y rojiza, contiene una pulpa blanca cuyo sabor es muy delicado.

Temporada
De abril a enero.

Usos
Se come al natural o rociado con un coulis de frutas rojas. Se emplea para pasteles, pudines y sorbetes.
100 g = 68 kcal
Proteínas: 1 g
Glúcidos: 16 g

mangostán

Lichi

El lichi tiene el tamaño de una ciruela pequeña, y su pulpa es translúcida y jugosa.

Variedades
Los lichis de Extremo Oriente tienen un sabor particularmente delicado. Los de las Antillas son, a menudo, más dulces.

Temporada
De diciembre a febrero.

Usos
Se consume natural o en macedonia. También se hacen con él helados y sorbetes.
100 g = 64 kcal
Glúcidos: 16 g

lichis

Alquequenje

Estas bayas, originarias de Perú, crecen en los setos y monte bajo de las regiones costeras cálidas del Atlántico y del Mediterráneo. Amarillas o rojas, encerradas en un cáliz membranoso pardo, son de sabor levemente agrio.

Variedades
Según las zonas, los nombres del fruto y de sus variedades cambian: guchuva, golden fruit (fruta de oro),...

Temporada
Otoño e invierno.

Usos
El alquequenje se come al natural o se añade a una macedonia. También se hacen con él confitura, cremas heladas, sorbetes y jarabe.

alquequenje

Mango

El mango tiene la piel verduzca jaspeada de amarillo, rojo o violeta; la pulpa, anaranjada, está adherida a un hueso plano muy grande. Los sabores son variables y evocan el limón, el plátano o incluso la menta.

Variedades
Los mangos de Brasil llegan a los mercados en invierno. Los de Burkina Faso y de Costa de Marfil se encuentran en primavera, y son muy jugosos.

Temporada
Todo el año.

Usos
El mango se degusta tal cual y en forma de compota, confitura, coulis, jalea, mermelada y sorbete.
100 g = 65 kcal
Glúcidos: 15 g

mango

Papaya

La papaya es una gran fruta ovalada de piel acanalada y amarillenta, con una pulpa anaranjada jugosa y refrescante, que tiene en su centro una cavidad rellena de pepitas negras.

Variedades
• La **solo**, originaria de Hawai, es muy común.
• Las **variedades de Asia**, **de Sudamérica** y **de África** son cada vez más fáciles de encontrar.

Temporada
Todo el año.

Usos
Bien madura, la papaya se utiliza como el melón, con un poco de azúcar, de crema, o un chorrito de ron o de oporto. Da una buena confitura y con su zumo, que se encuentra en lata, se perfuman macedonias de fruta y pueden prepararse sorbetes deliciosos.
100 g = 40 kcal
Glúcidos: 10 g

papaya

Frutos secos

Los frutos secos son todos pobres en agua y ricos en grasas. Están protegidos de las agresiones exteriores por una cáscara dura, pero no por eso se guardan indefinidamente. La pastelería y la confitería hacen un amplio uso de ellos.

avellanas rojas

avellanas verdes

Almendra

El fruto del almendro es ovalado y su cáscara, verde. En el interior se encuentran una o dos almendras blancas cubiertas de una piel igualmente blanca cuando el fruto es fresco. Estas almendras frescas, apenas maduras, sólo se encuentran en verano. Cuando están peladas y secas, la piel es marrón. Se venden tal cual, ralladas o incluso en polvo.

Variedades

Existen diversas variedades de almendra dulce: la **marcona** y la **planeta**. La almendra amarga se utiliza siempre en cantidades pequeñas a causa de su sabor muy pronunciado.

Usos

Entera, rallada, machacada o molida, la almendra entra en la composición de muchísimos bizcochos y pasteles. El polvo de almendra es la base de la pasta de almendras, muy utilizada en confitería, y la *frangipane* o crema de almendras, con la que se forra, entre otras cosas, la torta de Reyes y el pithiviers. También se la mezcla con harina, en proporciones diversas, para hacer masas quebradas y dulces. La leche de almendras, compuesta de almendras machacadas y gelatina, es la base de ciertos postres de siempre como el manjar blanco y las copas heladas.
100 g de almendras secas = 620 kcal
Proteínas: 20 g
Glúcidos: 17 g
Lípidos: 55 g

Castaña

La castaña está recubierta por una funda verde y espinosa. Unas castañas van de tres en tres; otras, de una en una. Se cosechan en otoño.

Usos

Las castañas suelen consumirse asadas. Convertidas en harina se utilizan en la composición de masas y de pasteles. También se pueden elaborar confitura y crema de castañas. Confitadas en azúcar reciben el nombre de *marrons glacés*.
100 g de castañas = 200 kcal
Proteínas: 4 g
Glúcidos: 40 g
Lípidos: 2,4 g
100 g de crema de castaña = 296 kcal
Proteínas: 2 g
Glúcidos: 70 g
Lípidos: 1,2 g
100 g de marron glacé = 305 kcal
Proteínas: 2 g
Glúcidos: 72 g
Lípidos: 1 g

Avellana

Las avellanas comercializadas tienen su origen en plantaciones de España, el sudoeste de Francia, Turquía e Italia. Se pueden encontrar frescas, en su cáscara, en los mercados a partir de septiembre. Sin embargo, pueden adquirirse todo el año, peladas, a granel o en bolsitas.

Variedades

Algunas, como **aveline de Piamonte**, **Santa María de Jesús**, **Balzanotto**, **daviana** y **merveille de Bollwiller** son bastante grandes, redondas o un tanto ovaladas; otras, como la **segorbe**, son más pequeñas. Todas son olorosas.

Usos

No suelen usarse enteras, salvo en confitería. Trituradas, son uno de los ingredientes del nougat. Si se añaden machacadas, convierten en crujiente cualquier postre. Se utilizan molidas para la elaboración de diversos bizcochos y pasteles.
100 g de avellanas secas = 655 kcal
Proteínas: 14 g
Glúcidos: 15 g
Lípidos: 60 g

almendras

castañas

Nuez

La cáscara de la nuez está protegida por una cubierta verde: el cascarón. Una vez abierta, libera dos medios frutos. Su interior, muy blanco, está recubierto de una piel amarillenta y amarga que es imprescindible eliminar cuando se consume una nuez fresca.

Variedades y temporada

Las nueces americanas vienen de California. La **chandler** tiene el sabor más marcado; a su lado aparecen, por ejemplo, la **serr** y la **pioneer**. Entre las variedades francesas destacan la **franquette** y la lara; de España, la **baldo II** y la **villena**; y de Italia, la **feltrina** y la **sorrento**.

Se hallan frescas en los mercados a partir de mediados de octubre y hasta fines de diciembre.

Se encuentran todo el año los frutos pelados listos para consumir. Hay que comprobar su frescor porque la nuez, rica en lípidos, se vuelve rancia en poco tiempo.

Usos

Los frutos enteros sirven para decorar. También se utilizan en confitería para los petits-fours. Picadas o molidas, las nueces sirven para elaborar diversos pasteles, tartas, bizcochos y brioches. La cáscara sirve para hacer ratafía, licores y vinos aromatizados.
100 g de nueces secas = 660 kcal
Proteínas: 15 g
Glúcidos: 15 g
Lípidos: 60 g

nueces

Pistacho

Los alfóncigos o *pistacheros* se cultivan en Irak, Irán y Túnez. El pistacho, verde pálido, está recubierto de una película rojiza y protegido por una cáscara. Se encuentra todo el año a granel, en bolsitas o en lata.

Usos

Picado, se usa con frecuencia en la pastelería griega, turca y árabe. Se utiliza mucho por su color verde (a menudo acentuado artificialmente) en diversas cremas, dulces de cocina helados y helados. Es uno de los ingredientes del nougat.
100 g = 630 kcal
Proteínas: 21 g
Glúcidos: 15 g
Lípidos: 54 g

pistachos

Coco

El coco es un gran fruto tropical cuya cáscara marrón, muy dura, está recubierta en su interior por una pulpa blanca y firme, sabrosa y olorosa. Antes de estar maduro, el coco contiene un líquido blanco y dulce: el agua de coco.

Usos

La pulpa fresca se come tal cual. Sin embargo, se suele encontrar, sobre todo, en bolsitas, picada y seca. Se utiliza en las recetas de bizcochos, pasteles y helados, y sirve también de decoración en pastelería.
La leche de coco, mezcla de pulpa molida y del agua del coco, se envasa en latas y se utiliza en diversas recetas exóticas.
100 g de coco seco = 630 kcal
Proteínas: 6 g
Glúcidos: 16 g
Lípidos: 60 g

Pacana

La pacana abunda en el nordeste de Estados Unidos. Bajo una cáscara lisa y delgada, contiene una almendra de dos lóbulos, cuyo sabor se parece al de la nuez.

Usos

Molida o triturada, la pacana es un ingrediente de numerosas recetas americanas de bizcochos, tartas, pasteles y cremas heladas.
100 g de pacanas secas = 580 kcal
Proteínas: 8 g
Glúcidos: 18 g
Lípidos: 68 g

coco

pacana

Frutas desecadas

Ciertas frutas mantiene su sabor conservadas mediante secado, sea al sol en los países cálidos, sea por exposición a un calor seco en estufas o túneles de secado. Posteriormente se rehidratan mediante remojado. Su valor nutritivo es tres o cuatro veces mayor que el de la fruta fresca, salvo la vitamina C, que se destruye con el calor.

Orejones de albaricoque

Los orejones de albaricoque son ligeramente ácidos y dorados. Los mejores son los de Turquía, Irán, California y Australia. Se encuentran todo el año a granel o en lata.

Usos

Los orejones de albaricoque se comen tal cual. Adornan flanes, pasteles y tartas, previamente remojados en agua tibia durante 2 h por lo menos.
100 g = 272 kcal
Proteínas: 4 g
Glúcidos: 63 g

orejones de albaricoque

Higos secos

La mayor parte de los higos secos proceden de Turquía. Se trata de higos blancos secados al sol, lavados en agua de mar y luego expuestos a la estufa. Llegan al mercado a partir de octubre. Entonces están bien hinchados y blandos; luego, en invierno, se desecan y aplastan. Los italianos son menos finos y los griegos, más duros. Abiertos y aplastados, se venden en paquetes o latas.

Usos

Se comen al natural o cortados en dos con una almendra o una nuez dentro. Cocidos en vino se utilizan para hacer compotas excelentes. Acompañan bien el arroz con leche o una crema de vainilla.
100 g = 275 kcal
Proteínas: 4 g
Glúcidos: 62 g

Ciruelas pasas

Las ciruelas pasas son grandes ciruelas violetas ovales, secadas en un túnel de secado o deshidratadas por inmersión en una solución dulce y caliente. Por ello se hinchan más que los frutos frescos y se pueden comer tal cual. Ya sean secas o semisecas, siempre hay que remojarlas en agua o té tibios antes de utilizarlas. Ricas en fibras, las ciruelas pasas regularizan el tránsito intestinal.

Usos

Cocidas en agua o vino tinto, las ciruelas pasas se sirven en compota, en macedonia o incluso en puré. Figuran en numerosas recetas de pastelería, y se pueden elaborar helados. Recubiertas, se convierten en un confite y se conservan también en armañac.
100 g = 290 kcal
Proteínas: 2 g
Glúcidos: 70 g

ciruelas pasas

Uvas pasas

Las pasas se obtienen a partir de diversas variedades muy dulces de uva de mesa sin pepitas. En la actualidad, los principales países productores son Estados Unidos, Turquía, Grecia y Australia. Las *pasas de Corinto*, de granos oscuros muy pequeños, proceden de Grecia y tienen un sabor particular. Las *pasas de İzmir (Esmirna)*, doradas y transparentes, son menos dulces. En cuanto a las *pasas de Málaga*, sus granos son de color rojo-violeta, bastante grandes y tienen un sabor un poco almizclado. Se encuentran todo el año a granel o en bolsitas.

Usos

Maceradas en agua tibia, vino o ron, sirven de relleno para masas fermentadas (pan de pasas), realzan dulces de cocina, de arroz o de sémola, enriquecen pudines y tartas. Si se rocían con zumo de limón o ron, perfuman agradablemente las macedonias de frutas.
100 g = 325 kcal
Proteínas: 3 g
Glúcidos: 75 g

higos secos

pasas de İzmir

pasas de Corinto

Hortalizas

Las hortalizas se usan esencialmente en cocina, pero algunas, bien a causa de viejas tradiciones, bien por su sabor dulce, se incorporan a las recetas de pastelería y postres.

zanahorias grelot

ruibarbo

Zanahoria

La zanahoria es una raíz rica en glúcidos y, por lo tanto, de sabor dulce. Es más sabrosa de fines de mayo a septiembre.

Usos

Existen muchas recetas de tartas y pasteles que se basan en la zanahoria. Con el zumo puede hacerse un sorbete original mezclado con zumo de naranja.
100 g = 35 kcal
Proteínas: 1 g
Glúcidos: 7 g

Acelga

La acelga tiene grandes hojas verdes bastante insípidas. Es una hortaliza de verano.

Usos

Con las hojas, una vez extraídas las pencas, pueden elaborarse diversos platos.
100 g = 20 kcal
Proteínas: 2 g
Glúcidos: 3 g

Calabaza

Calabaza es un término genérico que designa numerosas hortalizas de la familia de las cucurbitáceas, cuya pulpa es carnosa y bastante acuosa. Existen muchas variedades, algunas de las cuales se utilizan en preparaciones dulces, como la calabaza de cidra cayote.

Usos

En la cocina francesa, con la citrouille, la giraumon vert y la potiron se elaboran confituras excelentes, sobre todo cuando están sazonadas con jengibre. También se las utiliza en numerosas recetas de tartas, pasteles y pudines.
100 g de potiron = 20 kcal
Glúcidos: 4 g

Boniato

El boniato o *batata* es rojizo, violeta o gris y tiene la carne harinosa, bastante más dulce que la de la patata. Se encuentra todo el año en tiendas especializadas.

Usos

Una vez cocido y reducido a puré se utiliza para elaborar algunos tipos de pasteles.
100 g = 90 kcal
Proteínas: 1 g
Glúcidos: 20 g

Tomate

El tomate es, de hecho, un fruto, pero casi siempre se utiliza como hortaliza. Existen numerosas variedades: redondos, ovalados, en racimo o cereza (cherry). Se encuentran todo el año, aunque son más sabrosos en verano.

Usos

Del tomate, rojo o verde, se hace una confitura soberbia. Con los tomates redondos, bien maduros y triturados, se puede hacer un sorbete muy refrescante.
100 g = 12 kcal
Glúcidos: 3 g

Ruibarbo

El ruibarbo, relegado mucho tiempo entre las plantas medicinales, se convirtió en una planta de cocina en el siglo XVIII. Tiene los tallos rojos, a veces más o menos coloreados de violeta, con un sabor muy ácido. Se encuentra en el mercado de mediados de mayo a fines de julio.

Usos

El ruibarbo, cocido y bien endulzado para compensar su acidez, da una compota muy apreciada, sobre todo cuando está sazonada con jengibre, nuez moscada o una corteza de limón. Permite hacer también una confitura muy buena. En algunas recetas internacionales va mezclada con manzanas o bayas rojas en pasteles, muffins, tartas, cremas heladas y sorbetes.
100 g = 12 kcal
Glúcidos: 3 g

boniato

acelgas

tomates

Especias

Las sustancias aromáticas vegetales fueron introducidas en Europa por los bizantinos y se emplean desde la Antigüedad. Utilizadas durante mucho tiempo como conservante debido a sus propiedades antisépticas, sirven actualmente para conferir un sabor particular a ciertos platos. Todas las especias deben conservarse a temperatura ambiente en un tarro cerrado herméticamente, ya que el frío de la nevera mata su perfume.

Las virtudes de las especias

Las especias, en particular las consideradas «picantes» (pimienta, guindilla, pimentón, jengibre) tienen la fama de ser afrodisíacas, cosa que no se ha demostrado nunca científicamente. Mejoran la actividad del tubo digestivo y comportan una dilatación de los vasos sanguíneos de la pelvis. Puede que estos fenómenos fisiológicos sean el origen de su reputación.

Canela

La canela es la corteza de varios arbustos exóticos de la familia de las lauráceas que, al secarse, se enrolla sobre sí misma. Se la encuentra tal cual, en tubitos de color leonado claro (color canela, precisamente) o gris oscuro, y también molida o en extracto líquido. Su perfume es suave y penetrante, su sabor cálido y picante. La canela perfuma el vino, concretamente el vino caliente, aromatiza compotas y postres de cocina. Es un elemento indispensable en la pastelería de la Europa del Este.

Clavo de olor

El clavo de olor, de sabor muy picante, entra en la composición del ras al-hanout magrebí y de las **cinco especias chinas**. Acompaña a la canela para perfumar el vino caliente, da un aroma más sostenido a frutas al aguardiente y se usa mucho en la pastelería con miel y con frutos secos.

clavos de olor

Jengibre

El jengibre es un tubérculo originario de la India y Malaysia, cultivado en los países cálidos. Se utiliza fresco, confitado en azúcar o en polvo, y su sabor es muy picante. Confitado, es una golosina apreciada en los países del sudeste de Asia. Si se guarda demasiado tiempo puede adquirir un sabor de jabón. Se usa en todas sus formas para perfumar bizcochos, pasteles, caramelos y confituras.

Nuez moscada

La nuez moscada es el fruto, muy aromático, de la mirística, una pequeña almendra oval, dura, parda y arrugada de sabor fuerte. Se emplea siempre rallada, aunque también existe en polvo. Sirve para perfumar pasteles de miel o limón, compotas, tartas de frutas, tarta inglesa, *leckerlis* (bizcochos suizos) de Basilea y ciertos dulces de cocina con vainilla. También se usa en licorería.

nuez moscada

canela en rama y molida

jengibre

Pimentón

El pimentón es el pimiento seco y molido, y puede ser dulce o picante. Se usa principalmente en cocina, aunque la variedad dulce también interviene en ciertas recetas de postres. Espolvoreado sobre el plato, añade una nota decorativa original.

sal

pimentón

Cuatro especias

Se llama *cuatro especias* a una mezcla que suele comprender pimienta molida, nuez moscada rallada, clavo de olor y canela en polvo.
En Egipto se añade a la harina para perfumar el pan o la repostería. También aromatiza ciertos panes de especias y dulces de cocina.

Azafrán

Originario de Oriente, el azafrán se presenta en forma de filamentos parduzcos, que son los estigmas de la flor, o de polvo amarillo anaranjado. Su olor es picante y su sabor, amargo.
Se utiliza en ciertas recetas de dulces de cocina, helados y sorbetes.

azafrán

Sal

En pastelería, la sal se usa en cantidades pequeñas, como una especia, para realzar a veces ciertos perfumes o para neutralizar un dulzor excesivo. Todas las masas incluyen una pizca.

Pimienta

Es la especia más difundida y popular en el mundo, y se usa esencialmente en cocina. Desdeñada hasta hace pocos años por la repostería, actualmente se utiliza para confeccionar helados, sorbetes, ciertos dulces de cocina y postres. En ese caso se emplean variedades bastante raras, como la pimienta de Sichuan.

Vainilla

La vainilla es la especia más usada en pastelería. Tiene un sabor suave y perfumado, y se presenta en vainas frescas, en polvo, en extracto (maceración del fruto en alcohol, luego infusión en un almíbar) o en forma de azúcar de vainilla (*ver p. 26*). La vainilla de México, *ley* o *leg*, es la más buscada. La *bourbon*, que procede del océano Índico, es más común. También hay vainillas de La Guayana, de Gaudalupe, de Reunión y de Tahití. La vainilla aromatiza cremas, masas de bizcocho, frutas *pochées*, dulces de cocina y helados, pero también es muy usada en confitería y chocolatería. Es el perfume clásico del ponche, del chocolate a la taza y del vino caliente.

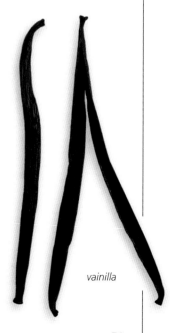

vainilla

pimienta negra

cuatro especias

pimienta larga

Hierbas aromáticas

Las hierbas aromáticas son plantas olorosas de las que se usa la parte (hoja, semilla, fruto o tallo) donde el aroma está más concentrado. Una vez secas, la mayor parte de ellas pierde una parte de su perfume. Conservadas demasiado tiempo, adquieren fácilmente un sabor de heno. Hay que protegerlas del aire guardándolas en tarros herméticos diferentes para cada una.

Angélica

La angélica es una planta umbelífera que se parece un poco al apio. Originaria de los países nórdicos, emite un olor cálido y almizclado. Sus tallos verdes, confitados en azúcar, se usan para aromatizar o decorar tartas, panes de especias, pudines y suflés. Es también un confite muy apreciado, especialidad de la población de Niort. Si se añade a una compota de frutas ácidas, suaviza el sabor.
Sus raíces y sus tallos se emplean en diversos licores: agua de toronjil, chartreuse y gin.

Anís

El anís es originario de Oriente, y fue, en la antigua China, una planta sagrada. Los granos de anís verde se usan desde hace tiempo en panadería, en los bretzel, las hogazas y en bizcochos, pasteles y ciertos panes de especias. Son la base de una confitería particular, como las píldoras de Flavigny y las rosquillas españolas. El anís también se usa mucho en destilería, para fabricar el anís seco, el anís dulce, el pastis y el anisete.

Cardamomo

Los granos de esta planta aromática, originaria de la India, tienen, una vez secos, un sabor apimentado, que difiere según los granos procedan de un cardamomo verde, negro o blanco. Son muy utilizados en el norte de Europa, donde condimentan vinos calientes, compotas, tartas y cremas heladas. También perfuman aquavits.

cardamomo negro

cardamomo verde

Badián o *anís estrellado*

El fruto del badián, arbusto de la familia de las magnoliáceas, en forma de estrella de ocho puntas, se llama *badián* o *anís estrellado* y contiene unas semillas cuyo sabor se parece al del anís. Su perfume es muy fuerte. El badián se emplea en infusión y perfuma muchas cremas, helados, sorbetes, pasteles, sobre todo en la pastelería y bizcochería del norte de Europa. También sirve para la fabricación de anisete, y aromatiza el té y otras infusiones.

alcaravea

Alcaravea

La alcaravea se parece mucho, en cuanto sabor y aspecto, al comino. Sus granos son también oblongos, pero el sabor es menos almizclado. Se emplea en la repostería húngara y alemana, y en ciertos bizcochos ingleses. Aroma las confituras de los Vosgos y se utiliza en la fabricación de diversos licores y aguardientes (kümmel, vespetro, schnaps y aquavit).

Cilantro

El cilantro, llamado a veces *perejil árabe* o también *perejil chino*, ya era usado por los hebreos. Sus granos se venden secos, enteros o en polvo. Tiene un perfume bastante almizclado y alimonado, y un sabor muy particular.
Está muy presente en la repostería de los países mediterráneos, sobre todo en Francia. Se utiliza en licorería en el chartreuse y el izarra.

cilantro fresco

angélica

badián o anís estrellado

granos de anís

Cidronela

Los tallos de esta gramínea aromática se utilizan mucho en la cocina y pastelería asiáticas. La cidronela interviene en ciertas recetas de postres y cremas.

cidronela

Toronjil o *melisa*

El toronjil o *melisa* tiene un olor de limón que hace que se le llame también *cidronela*. Sus hojas se utilizan frescas o secas para perfumar pasteles y dulces de cocina a base de naranja o limón, macedonias y compotas. El agua del Carmen, viejo remedio tónico, se elabora con alcohol de melisa.

Menta

Esta planta es una de las más usadas por su perfume, su sabor y sus virtudes digestivas. Existe en muchas variedades: la *hierbabuena, menta verde* o *menta dulce*, es la más extendida; la *menta pimentada* es más fuerte. En cuanto a la *menta limonada*, o *menta bergamota*, tiene un aroma afrutado. Con la *menta de Japón* se fabrica el mentol. Las hojas frescas se usan mucho para decorar postres y dulces de cocina y, enteras o en trocitos, para realzar las macedonias de frutas o los platos de frutos rojos. Seca, la hierbabuena perfuma el té y da una infusión deliciosa. La *menta piperita* se usa más en confitería para aromatizar caramelos de todas clases y chocolates. Son numerosas las bebidas, alcohólicas o no, a base de menta, entre ellas, por supuesto, el jarabe.

Tomillo

El tomillo se emplea mucho en cocina, pero bastante poco en pastelería, debido a que su olor es muy fuerte. Sirve para preparar una infusión digestiva y ciertos licores artesanales. El tomillo limón, en cantidades muy pequeñas, da buenos resultados en los postres de fruta fresca.

tomillo silvestre

tomillo limón

Adormidera

Hay diversas variedades de adormideras, más o menos opiáceas. Las semillas tienen un sabor de avellana y se emplean mucho en la repostería del Oriente Próximo y de Europa central.

Verbena

Las hojas de la verbena son muy perfumadas y se utilizan frescas o secas, pero pierden su aroma con bastante rapidez. La verbena fresca aromatiza las macedonias, los postres de melocotón o de fresa. Preparada en infusión, puede tomarse tal cual, ya que es muy digestiva, o bien utilizarla para perfumar ciertas cremas vainilladas o el arroz con leche.

toronjil o melisa

menta

granos de adormidera

menta pimentada

verbena

53

Flores

Algunas flores, extraídos su pistilo y sus estambres, se usan desde hace tiempo en pastelería y confitería. Se utilizan frescas o tratadas y, además de tener un suave sabor, son muy decorativas.

acacia falsa

rosa

Acacia falsa

Las flores de acacia falsa, blancas y olorosas, se abren en mayo. En algunas regiones se hacen con ellas buñuelos; maceradas en aguardiente dulce, dan una ratafía excelente y licores artesanales.

Jazmín

Las flores de jazmín tienen un perfume muy fuerte y un sabor suave. Con el jazmín se perfuma el té, ciertos licores y vinos. El jazmín chino se emplea en confituras, cremas, jaleas y sorbetes.

jazmín

Rosa

La rosa es una flor que se utiliza a menudo en confitería por sus pétalos de colores. Se transforma en caramelos laminares, en pasta de rosa, en pétalos confitados o cristalizados. Si se maceran en azúcar, dan una confitura deliciosa. El agua y la esencia de rosas aromatizan cremas, helados y masas, así como licores y vinos de flores. Asimismo, la esencia de rosa también perfuma lukums. Los capullos, hervidos con miel, dan la miel rosada. Si se secan y se reducen a polvo, pueden utilizarse como especia.

Capuchina

Amarillas, anaranjadas o rojas, las capuchinas tienen un sabor picante muy suave. Con ellas se pueden perfumar cremas, dulces de cocina y jaleas, aromatizando licores, vinos y té. También se utilizan para decorar pasteles y macedonias.

violeta

Borraja

Las flores de borraja, estrelladas, están repletas de néctar. Pueden formar parte de la elaboración de buñuelos. Confitadas, son elementos decorativos en pastelería y confitería.

Violeta

Las flores de violeta, cristalizadas y secas, se usan para decorar y aromatizar cremas y dulces de cocina. Algunos caramelos de azúcar cocido están perfumados con esencia de violeta, coloreados y moldeados en forma de flor.

capuchina

Espliego

Las flores de espliego (que en perfumería se llaman *lavanda*) son de color azul violeta y muy olorosas. Se utilizan frescas o secas. Aromatizan confituras, cremas, jaleas y sorbetes, y también licores, vinos o té. La miel de espliego, de tonalidad clara, es muy aromática.

espliego

borraja

Otros ingredientes utilizados en pastelería

No hay nada tan desagradable como querer hacer un pastel o un postre y no tener los productos necesarios a mano. Para elegir los ingredientes básicos (harina, sémola, levadura en polvo, fécula, huevos, mantequilla, leche, crema de leche, azúcar, chocolate, frutas) remítase a las páginas 15 a 54, donde encontrará todas las informaciones referidas a estos productos. Pero hay también ingredientes específicos que conviene tener en casa si se hacen pasteles a menudo. Muchos de ellos se encuentran fácilmente en colmados y supermercados. Otros no se pueden encontrar más que en tiendas de ultramarinos especializadas, tiendas de productos exóticos o dietéticos.

Agua de azahar
El agua de azahar, obtenida a partir de las flores de una variedad de naranjo, aromatiza cremas, masa para crêpes, buñuelos, etc. Tenga siempre una botellita en su armario de cocina.

Aguardientes
Los principales aguardientes utilizados son el armañac, el coñac, el calvados, los aguardientes blancos de frutas (frambuesa, kirsch, pera), el ron, el vodka y el whisky. Si no los consume más que en repostería, es mejor comprarlos en botellines.

Albaricoque
La **cobertura de albaricoque** se emplea frecuentemente para dar el acabado a los postres. Se encuentra con facilidad en tarro, pero también la puede preparar uno mismo calentando levemente mermelada de albaricoque diluida con un poco de agua.
Los **huesos de albaricoque** se usan para impedir que la masa de las tartas suba durante la cocción en seco. Guarde en el transcurso del verano el equivalente a un tarro.
Los **orejones de albaricoque** se encuentran fácilmente en paquetes o a granel. Antes de utilizarlos suele convenir rehidratarlos remojándolos durante algunas horas en agua tibia.

Almendra
Las **almendras** se emplean de muchas formas, según las recetas: enteras (con cáscara o, al menos, con la piel), peladas, en láminas, trituradas y en polvo. Cualquiera que sea la presentación, conviene utilizarlas rápidamente, puesto que se vuelven rancias pronto.
La **pasta de almendras** se encuentra con bastante facilidad, en los supermercados o ultramarinos especializados. La que no está coloreada es muy práctica porque se le puede dar el color que quiera. Pero también se puede adquirir un paquete de pasta de almendras de colores diversos.
La **esencia de almendras amargas** es un aroma utilizado muy a menudo y fácil de encontrar; su sabor es marcado: es imprescindible un cuentagotas para respetar las dosificaciones.
La **leche de almendras**, mezcla de gelatina y de almendras picadas, diluidas en leche, no se compra; tiene que preparársela uno mismo (*ver p. 113*).

Café
Cuando se utiliza café en pastelería, suele ser en cantidades muy pequeñas. Siendo así, es más práctico usar café soluble; elija, preferentemente, un arábica.
El **extracto de café líquido** es un aroma usado algunas veces en pastelería y en confitería. Es muy útil tener siempre una botellita.

Castaña
La castaña se usa en pastelería en formas diferentes, según las recetas. La **crema de castañas** (puré dulce de castañas) es la más utilizada para realizar postres helados (bavarois, helado, vacherin) y para recubrir cierta repostería y dulces de cocina (barquillas, crêpes, piononos); también se puede servir al natural, acompañada de crema chantilly (nata montada dulce). Las **castañas en conserva al natural** y la crema de castañas se venden en los supermercados. La **pasta de castañas** sólo se encuentra en determinados ultramarinos. Puede adquirir los **marrons glacés** y las **ralladuras de marrons glacés** en ultramarinos selectos y confiterías.

Colorantes alimenticios
En los establecimientos selectos encontrará los surtidos necesarios para teñir el fondant, la pasta de almendras, ciertas mousses y helados (el helado de pistacho, por ejemplo, que sin colorante no queda verde). Para respetar las dosificaciones es necesario un cuentagotas.

Confituras y jaleas

Las confituras de frambuesa, fresa o cereza y las jaleas de membrillo, grosella y frambuesa son, por lo general, las más usadas en pastelería, para acompañar determinados postres: arroz con leche, crêpes, barquillos, etc. Guarde los tarros empezados en el frigorífico.

Decoraciones

Para hacer decoraciones, es indispensable tener un paquete de **granos de chocolate** con café y una bolsa de **fideítos de chocolate**, un paquete de **blondas de papel** (redondas o rectangulares), algunos círculos de cartón dorado (para presentar los pasteles) y algunas docenas de moldes de papel ondulado para pastelitos. Todos estos accesorios se encuentran normalmente en los supermercados y en las tiendas especializadas.

Fondant

El fondant es un almíbar al que se ha añadido glucosa, se ha cocido a 130 °C y trabajado con espátula hasta que se convierte en una masa espesa y opaca. Esta masa blanda se utiliza en pastelería, al natural o perfumada (con chocolate, café, fresa, frambuesa, limón o naranja) para glasear choux, pastelillos, genovesas, hojaldres, etc. En confitería se usa fundido para recubrir mazapanes, frutos secos, cerezas en aguardiente, etc. Lo puede preparar uno mismo (*ver p. 128*) o también puede comprarlo preparado en las tiendas de ultramarinos especializadas.

Frutas en almíbar

Albaricoques, melocotones, peras y piña son las principales frutas en almíbar utilizadas para ciertas recetas (charlotas, tartas, etc.). Si le gusta hacer estos postres en invierno o si quiere preparar rápidamente purés de frutas, tenga a su alcance algunas latas en reserva.

Frutas y cortezas confitadas

Los frutos confitados (cereza, angélica, cidra, jengibre), cortados en pequeños dados, sirven para guarnecer la masa de algunos pasteles (brioches, tartas) y helados. Son indispensables para la realización de pudines y para decorar numerosos postres y dulces de cocina. Las cortezas de naranja y de limón confitadas también se usan mucho. Todos estos productos se encuentran con gran facilidad.

Gelatina

La gelatina suele comercializarse en polvo o en hojas translúcidas. Las hojas de gelatina se usan muy a menudo para mousses, charlotas, bavarois y jaleas, entre otras preparaciones. Las encontrará fácilmente en los supermercados. No olvide guardarlas en un tarro hermético para que no corran el peligro de humedecerse.

Glucosa

La glucosa es un azúcar puro que se presenta en forma de jarabe envasado en botella. Se usa para lubricar los azúcares cocidos. En algunas recetas se recomienda su uso; se vende en las farmacias.

Guirlache

El guirlache (para el que, en pastelería, se usa a veces su nombre francés, *praliné, praline o pralin*) es una masa a base de almendras o avellanas (o de ambas), envueltas en azúcar caramelizado y luego machacadas. Sirve para aromatizar cremas y helados, para recubrir caramelos y bombones. Se vuelve rancio muy rápidamente pero se puede guardar algunos días en un tarro hermético. Se encuentra esencialmente en colmados especializados.

Hojas de brik

La brik es una crêpe tunecina de masa muy fina, hecha de sémola hervida en agua. A continuación se cuece con aceite de oliva mediante una técnica muy delicada. Sus hojas las encontrará en las tiendas de productos exóticos.

Lenguas de gato

Estos bizcochos ricos en huevos y azúcar son frecuentes en pastelería, y deben estar bien secos y desmenuzarse con facilidad. Si hace charlotas con frecuencia, tenga siempre una lata de reserva. También los puede comprar al por menor en la pastelería; consérvelos en una lata hermética.

Licores

Los principales licores utilizados en pastelería son el Grand Marnier, el cherry, el Cointreau, el Chartreuse, el curaçao y el marrasquino. Son muy prácticos los botellines (10 a 25 cl).

Masa filo

Es una masa de origen oriental. La encontrará en las tiendas de productos exóticos. Se vende en hojas que sólo se conservan 2 o 3 días en el frigorífico envueltas en papel de aluminio.

Pistacho

En pastelería se usan los pistachos enteros pelados, y también a veces la **pasta de pistachos**, vendida en ultramarinos especializados.

Polvos para flan

Los polvos para flan son un producto muy corriente que se encuentra en cualquier supermercado. Son muy útiles para hacer flanes dulces.

Turrón

El turrón está compuesto de almendras trituradas con clara de huevo y azúcar. También puede incluir pistachos, almendras enteras, nueces o frutas desecadas. Lo utilizan algunas recetas de pastelería. Se encuentra en supermercados y confiterías.

Material y utensilios básicos

La repostería exige el respeto de proporciones, temperaturas y tiempos de cocción. Pero, antes de lanzarse a la realización de un postre, es indispensable poseer un buen material. Aunque se tenga experiencia o sea la primera vez, el éxito pasa por la utilización de utensilios y aparatos apropiados.

Utensilios, accesorios e instrumentos de medida

En pastelería se usan los elementos básicos de una batería de cocina así como utensilios y aparatos de uso específico. La pastelería requiere también una gran precisión en la dosificación de los ingredientes, por lo que son indispensables ciertos instrumentos de medida.

Pequeños utensilios básicos

• **Cuenco para mezclar.** Ha de ser bastante abierto y profundo como para permitir batir con el batidor de varillas, amasar una masa o guardarla mientras crece.
• **Caldero.** Este cuenco, en principio de cobre, es particularmente adecuado para montar claras a punto de nieve. El cobre favorece la operación, la consistencia obtenida es firme y el volumen de las claras alcanza su máximo.
• **Cuchara** y **espátula de madera.** La primera se utiliza para remover y mezclar; la segunda, para desmoldar y raspar. Puesto que la madera no transmite el calor, se pueden usar sin quemarse las manos.
• **Espátula de goma.** Para alisar, mezclar o raspar las masas.
• **Espátula metálica.** Hoja plana y flexible para cubrir o glasear preparaciones.
• **Batidores de varillas** (varias medidas). Para montar claras. Hay batidores de varillas rígidos para las cremas de consistencia firme.
• **Chino.** Colador cónico que retiene las impurezas de salsas, coulis y jarabes.
• **Tamiz.** Para tamizar la harina y eliminar los grumos.

Artículos para pastelería

• **Moldes para recortar.** De formas y tamaños sumamente variados (abetos, animales, corazones, etc.), permiten obtener numerosos recortes diferentes para galletas.
• **Rejilla para pasteles.** Se colocan en ella los pasteles para que se enfríen, sin humedecerse después de desmoldarlos.
• **Mármol para pastelería.** La placa de mármol o de granito, lisa y fría, es ideal para trabajar la masa.
• **Pincel plano** (preferiblemente de cerdas naturales). Sirve para untar de mantequilla los moldes, dorar las masas o pegar los bordes de las empanadillas.
• **Bandeja de pastelería.** Está destinada al horno. Es preferible que tenga un revestimiento antiadherente que facilita su mantenimiento.

• **Mangas y boquillas.** Son indispensables para rellenar choux, decorar pasteles y disponer ciertas masas en la bandeja pastelera. Hay boquillas (de plástico o acero inoxidable) en numerosos calibres y múltiples formas, que permiten variar las decoraciones.
• **Rodillo.** Tradicionalmente de madera, sirve para extender las masas.
• **Pinza para tartas.** Da un bonito acabado a los bordes de las masas.
• **Rueda acanalada.** Permite recortar la masa de modo regular.

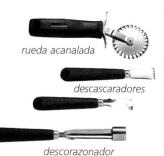

rueda acanalada

descascaradores

descorazonador

Papeles diversos

• **Papel sulfurizado.** Este papel es delgado, revestido de una película impermeable por los dos lados. Se usa para forrar los moldes, pero hay que untarlo de mantequilla antes de recibir una preparación.
• **Papel siliconado.** Muy utilizado en pastelería para cubrir bandejas e impedir así que la masa se pegue. Este material soporta temperaturas elevadas.

• **Papel de aluminio.** Se emplea para envolver ciertos alimentos en el curso de la cocción (el lado brillante debe estar de cara a los alimentos que se cuecen). Mantiene las preparaciones calientes.
• **Película plástica de cocina.** Ultrafina, utilizada sobre todo para proteger los alimentos, también recibe el nombre de *film transparente*. Existe una película más gruesa para el microondas.

batidores de varillas

Útiles de corte

• **Deshuesador.** Especie de tenaza para extraer el hueso de cerezas y ciruelas.
• **Descorazonador.** Cilindro corto de borde cortante que permite extraer el corazón de las manzanas, dejándolas enteras.
• **Descascarador.** Instrumento de hoja metálica para cortar láminas o virutas finas de las cortezas de los cítricos.

espátula de goma

Instrumentos de medida

• **Balanza**. Existen en el mercado tres tipos de balanzas de cocina: mecánica, automática y electrónica. Para pastelería, han de poder medir cantidades inferiores a 30 g y superiores a 2 kg. La *balanza de dos platillos* es el modelo mecánico tradicional. En la práctica es recomendable usar la *balanza automática* –el peso está indicado por la aguja en el cuadrante– que también permite pesar líquidos. La *balanza electrónica de pantalla digital* representa, sin duda, un gran avance: de volumen reducido, su precisión puede llegar al gramo.

• **Vaso graduado** o *dosificador*. Este instrumento de medida puede ser de plástico duro, vidrio o acero inoxidable, y tiene, en ocasiones, un asa y un pico para verter. Con una capacidad de 0,1 a 2 litros, sirve para medir el volumen de líquidos o bien para medir, sin balanza, determinados ingredientes sólidos (harina, azúcar en polvo, sémola, cacao en polvo), cuya correspondencia entre volumen y peso está indicado en la escala. Sin embargo, a veces es más práctico recurrir a un utensilio corriente (tarro de mostaza, cuchara sopera, cucharilla de café, etc. Para más información sobre pesos y medidas, y su correspondencia con diversos productos, *ver tabla en p. 12*).

• **Termómetro**. En pastelería se puede disponer de varios termómetros específicos. El *de cocción* (cuerpo de vidrio y líquido rojo) está graduado de 0 a 120 °C y sirve para controlar la temperatura de un baño María o para cremas preparadas en caliente, por ejemplo. El *termómetro para azúcar* o *de confitero* está graduado de 80 a 200 °C. El *de horno*, de cuadrante redondo, está graduado de 50 a 300 °C. También pueden hallarse termómetros digitales electrónicos de gran precisión, dotados de una sonda.

• **Densímetro de jarabes** o *pesa almíbares*. Este utensilio sirve para medir la concentración de azúcar, en particular para la confección de confituras y confites. Se trata de un flotador con escala graduada que, según sea la densidad del azúcar, se hunde más o menos en un líquido.

• **Sorbetómetro**. Aparato óptico de gran precisión utilizado por los profesionales para controlar la consistencia de helados y sorbetes antes de su preparación definitiva.

• **Reloj de cocina**. Permite programar el tiempo de cocción de las preparaciones.

Pequeños aparatos eléctricos y robots

• **Batidora**. Resulta práctica para trabajar pequeñas cantidades y operar con mezclas sobre el fuego.

• **Trituradora** (**batidora**). El modelo más sencillo se puede introducir en una olla; los otros tienen un recipiente de vidrio, profundo, cuyo fondo está dotado de unas hojas cortantes para triturar y homogeneizar. Recomendado para sopas, compotas y coulis.

• **Robot de cocina**. Está compuesto generalmente de una base sobre la cual se coloca un cuenco. Aparte de tres accesorios básicos indispensables suministrados con el aparato (varillas para emulsionar, ganchos para amasar y batidora para mezclar), existen otros que son opcionales (picadora, trinchadora, colador, etc.), según las necesidades. Aunque su coste es elevado, la elección de un aparato robusto y fácil de usar garantizará una utilización duradera. Algunos modelos, usados por profesionales, permiten prestaciones excepcionales.

• **Sorbeteras**. Los aparatos para confeccionar helados y sorbetes deben amasar la mezcla mientras la refrigeran a una temperatura sensiblemente inferior a 0 °C. La antigua *sorbetera manual* prácticamente ya no se usa. En las *eléctricas*, la cuba está equipada con un amasador accionado por un motor. Suministra el frío un producto refrigerante contenido en las paredes de la cuba o en un disco (colocados previamente en el congelador durante algunas horas). De precio elevado, la *sorbetera automática* es la réplica, a escala reducida, de las turbinas utilizadas por los profesionales. Los mecanismos de amasado y de refrigeración son totalmente automáticos.

termómetro de cocción

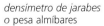
densímetro de jarabes o pesa almíbares

Moldes

La selección de formas, materiales y calidades es inmensa. Moldes para pasteles, platos resistentes al fuego, moldes para chocolate o helado, moldes múltiples o individuales: los hay para todos los usos.

Moldes clásicos

• **Molde para brioche**. Es de metal, a veces recubierto por un material antiadherente, y tiene las paredes acanaladas y troncocónicas. Redondo o rectangular, da forma a brioches y a ciertos dulces de cocina.

• **Molde para cake**. Rectangular, puede ser recto o levemente troncopiramidal. Existe en tamaños diversos. Vale más elegir un revestimiento antiadherente para facilitar el desmoldado.

• **Molde para charlota**. En forma de cubo, levemente troncocónico, está dotado de asas para poder darle la vuelta fácilmente en el momento de desmoldar. También se usa para flanes y pudines.

• **Molde desmoldable**. Puede ser acanalado o liso, redondo o cuadrado. Indicado para la masa de genovesa o la masa de bizcocho.

• **Molde corona para savarin**. Liso o acanalado, se reconoce por su agujero central, que da a los pasteles forma de corona.

• **Molde para suflé**. Redondo, suele ser de porcelana blanca resistente al fuego con bordes plegados, rectos y altos (hay de vidrio). Existen de capacidades diversas.

• **Ramequin**. Es una especie de molde pequeño de suflé para la cocción de cremas volcadas y flanes de huevo. Generalmente de porcelana resistente al horno, puede permanecer en el horno o en el frigorífico y luego llevarlo a la mesa.

• **Tartera**. Se llama así al molde para tartas. De canto liso o acanalado, se fabrica en diversos materiales. Los diámetros varían de 16 a 32 cm (22 cm: 4 comensales; 24 cm: 8 comensales; etc.). La redonda con fondo de quita y pon es recomendable para las tartas de frutas, pues facilita el desmoldado.

Moldes individuales

• **Dariole**. Pequeño molde redondo para pastel de arroz o baba (porciones individuales).

• **Cucurucho**. Cono metálico usado para hacer los cucuruchos de crema.

• **Moldes para pastelillos y tartaletas**. Moldes pequeños de formas y tamaños muy variados. A veces tienen el fondo de quita y pon. También se usan para golosinas.

• **Molde para chocolate** (de plástico). Sueltos o en bandejas de dibujo repetido (animales, huevos, campanas, etc.).

• **Molde en bandeja de 6 a 24 concavidades**. Se trata de una bandeja alveolada en forma de galleta o de pastelillo, que permite cocer hasta 24 unidades a la vez. La más conocida es la bandeja para magdalenas.

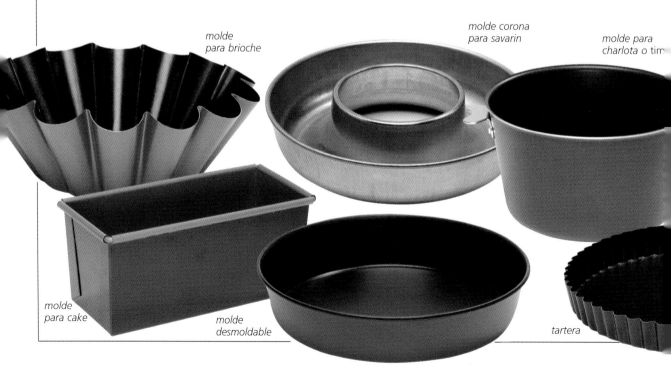

molde
para brioche

molde corona
para savarin

molde para
charlota o tim~

molde
para cake

molde
desmoldable

tartera

Moldes específicos

• **Molde para bizcocho.** Rectangular, utilizado para la cocción de masas de bizcocho que luego se recubrirán y enrollarán.

• **Molde de charnela** o **molde ajustable**. Es metálico, ovalado o rectangular, con el fondo desmontable. La charnela permite retirar las paredes, lo que es muy práctico al desmoldar.

• **Molde para helado.** Son especialmente adecuados los moldes metálicos. Están equipados con una tapa hermética para evitar la formación de cristales. Las paredes lisas facilitan el desmoldado. El fondo a menudo tiene relieve.

• **Molde para kouglof.** Tiene forma de corona, acanalado al bies. Se encuentra tradicionalmente de barro barnizado, aunque es conveniente elegirlo con un revestimiento antiadherente para desmoldar mejor.

• **Círculos y cuadros.** Se trata de formas sin fondo utilizadas por profesionales (la bandeja pastelera sirve de base). Se elimina con ello la preocupación de desmoldar. Se encuentran círculos para tarta y círculos más altos para dulces de cocina y vacherin. El diámetro varía de 10 a 34 cm. Los cuadros pueden ser cuadrados o rectangulares.

• **Caja para genovesa.** Se trata de un molde rectangular de canto alto, recto o abierto, para genovesa, flan, pastel de arroz, etc.

• **Cono para croquembouche.** Utilizado para las piezas montadas, facilita el montaje de los profiteroles.

• **Canalón para tronco** (o leño). Molde para hacer un tronco de Navidad.

• **Barquillero.** Molde de dos placas, articulado, por lo general de fundición, para hacer barquillos. Existen dos tipos: uno para poner sobre la placa o el fogón de la cocina, y otro eléctrico.

cono para croquembouche

molde para kouglof

ramequins

moldes para pastelillos y tartaletas

bandeja para magdalenas

Aparatos de cocción

Cocer un alimento es someterlo a la acción del calor para modificar su textura física, su composición química y su sabor a fin de destacar sus cualidades gustativas. Sólo la experiencia permite dominar el arte de la cocción y adquirir una técnica verdaderamente depurada.
¿Electricidad o gas? La elección de la energía es, sobre todo, cuestión de preferencias personales y de hábitos culinarios, pero puede estar dictada por las condiciones de la vivienda. La ventaja del gas es bien conocida –ascenso y descenso rápidos de las temperaturas– pero la electricidad, gracias al perfeccionamiento de los aparatos, también ofrece en la actualidad una excelente calidad de cocción.

Cocinas

• **Quemadores de gas**. Los quemadores de varias potencias (y de diámetros diferentes) permiten la utilización simultánea de recipientes de varios tamaños. Quemadores sofisticados como el *secuencial*, que se enciende y apaga intermitentemente, permiten dejar cocer a fuego lento un plato sin estar vigilándolo.
• **Placas eléctricas**. Su inercia térmica es relativamente importante. El termostato de sensor corta la corriente cuando se ha alcanzado el calor requerido y la vuelve a conectar cuando éste baja.
• **Placa de vitrocerámica**. Los fogones eléctricos están cubiertos de una superficie lisa muy resistente a los golpes.

La ventaja reside en que se pueden deslizar los recipientes sobre la placa y el mantenimiento es sumamente fácil. La mayor parte de las placas de vitrocerámica tienen uno o dos fogones halógenos que permiten un aumento de temperatura muy rápido.
• **Placa de inducción**. Se trata de una tecnología de cocción eléctrica nueva. Un campo magnético provoca el calentamiento del metal del recipiente. El aumento de temperatura es muy rápido y la regulación, muy precisa. Sin embargo, conviene tener cuidado, ya que algunos materiales (cobre, aluminio, vidrio) son incompatibles con la inducción.

Hornos de microondas

En un horno de microondas, o simplemente *microondas*, un magnetrón emite ondas de alta frecuencia que, directamente o por reflexión en las paredes del aparato, penetran en el alimento, lo calientan o lo cuecen por agitación de sus moléculas. El microondas tiene la ventaja de reducir considerablemente el tiempo de cocción, pero no puede reemplazar un horno clásico. Incluso se desaconseja para la repostería, dado que la masa se cuece pero no crece y, sobre todo, no adquiere color. No obstante, y adoptando ciertas precauciones, este aparato puede proporcionar numerosos servicios. Por ejemplo:
– descongelar rápidamente frutas o una masa;
– ablandar la mantequilla sacada del frigorífico;
– fundir el chocolate sin baño María;
– calentar la leche sin que se queme ni se vierta.

Es importante estudiar bien las instrucciones de uso del fabricante. La programación electrónica permite señalar con precisión el tiempo de descongelación, de calentamiento, de mantenimiento en caliente o de cocción, que varían considerablemente según la potencia de los aparatos. Para calentar o cocer alimentos es indispensable utilizar recipientes «transparentes», es decir, que dejen pasar las ondas sin que las reflejen ni las absorban. La elección del material es bastante amplia: vidrio, vidrio resistente al fuego, loza o porcelana no decorada (con decoración dorada o plateada)… Hay toda una gama de vajillas de plástico concebidas especialmente para microondas. Están prohibidos los recipientes y cubiertos de metal, las barquillas o el papel de aluminio. Sí se puede usar papel sulfurizado y película de cocina (en los que se hayan hecho varios agujeros), que sirven para cubrir los alimentos evitando que se resequen.

Hornos

En pastelería, la cocción en el horno es una de las últimas etapas, por lo que un buen conocimiento del aparato determina en gran medida el éxito de una preparación. Un horno está siempre equipado con un termostato que controla la temperatura. En general, ésta varía de 50 o 100 °C a 250 o 300 °C. A veces, el botón regulador está graduado de 1 a 10.

• En un **horno de gas**, la combustión comporta un flujo de aire caliente que se desplaza intensamente.

• En un **horno eléctrico**, el desplazamiento de aire por convección natural es menos importante. Hay una diferencia de temperatura entre la parte superior y la inferior. Por eso, los fabricantes ofrecen aparatos dotados de sistemas de convección forzada. Mediante un ventilador o una turbina se aceleran la circulación del aire y los intercambios térmicos. Se alcanza más rápidamente la temperatura deseada pero, sobre todo, es homogénea en todos los puntos del horno, lo que permite cocer varios alimentos simultáneamente, siempre que requieran la misma temperatura de cocción.

Los profesionales de la pastelería y la panadería disponen de una función suplementaria en su horno eléctrico: gracias a una pequeña caldera de vapor, el aire que circula está muy humedecido, lo que favorece la cocción y evita la desecación.

Los hornos suelen disponer de un reloj que permite interrumpir la cocción automáticamente. La mayor parte de ellos también posee un programador que permite determinar la hora de inicio y de fin de la cocción. Muchas recetas exigen introducir los alimentos en el horno caliente. En general se cuenta de 10 a 15 min para alcanzar la temperatura deseada. Después hay que evitar abrir la puerta del horno antes de que el pastel haya adquirido un buen color.

Limpieza

Al cocer, los alimentos pueden desbordarse o emitir grasas. Por ello es indispensable la limpieza del horno. Según los modelos se proponen dos procedimientos que dan resultados diferentes.

• La catálisis reduce la limpieza pero no la suprime. Las paredes del horno están recubiertas de un esmalte poroso especial que destruye las grasas pero no las otras suciedades. Atención: este esmalte es frágil y no soporta productos abrasivos ni decapante alguno.

• La pirólisis sólo existe en los hornos eléctricos. Muy eficaz, permite una limpieza integral. Se efectúa con el horno vacío, a una temperatura muy alta que carboniza toda la suciedad y la reduce a ceniza. El tiempo de limpieza depende del grado de suciedad del horno, así como de la frecuencia de utilización del aparato.

TABLA INDICATIVA DE COCCIÓN

Termostato	Temperatura	Calor
1	100 °C a 120 °C	poco tibio
2	120 °C a 140 °C	tibio
3	140 °C a 160 °C	muy suave
4	160 °C a 180 °C	suave
5	180 °C a 200 °C	moderado
6	200 °C a 220 °C	medio
7	220 °C a 240 °C	bastante fuerte
8	240 °C a 260 °C	fuerte
9	260 °C a 280 °C	muy fuerte
10	280 °C a 300 °C	vivo

Estos datos son válidos para un horno eléctrico tradicional. Para aquellos a gas o eléctricos a convección, se tendrá que consultar las indicaciones del fabricante.

Materiales

Para hacer repostería o postres se usan recipientes muy específicos. Han de ser manejables, robustos y de mantenimiento fácil. Es conveniente conocer las características de los diversos materiales de que están hechos, en particular su capacidad de transmitir rápidamente el calor o de conservarlo.

algunos de los materiales usados en pastelería

Materiales

• **Acero**. Es muy resistente pero se oxida fácilmente. Se utiliza sobre todo para la fabricación de sartenes para crêpes y blinis.

• **Acero inoxidable**. A veces llamado abreviadamente *inox,* su precio es algo más elevado, pero queda compensado ampliamente por sus numerosas cualidades. Este material es inalterable, resiste bien los golpes, no absorbe olores y es fácil de mantener. Hay numerosos materiales de inox: moldes, sartenes, cacerolas, cazuelas, descorazonadores (aparatos para sacar corazones de frutas) y diversos aparatos manuales.

• **Aluminio**. Este metal también es de precio razonable, pero su calidad varía según el grosor. Si es demasiado delgado se deforma fácilmente. Se emplea para cazuelas y ollas.

• **Cobre**. El cobre suele tener un precio elevado y un mantenimiento difícil, pues se tiene que estañar regularmente. No obstante, conduce el calor de forma perfecta y constante, por lo que los profesionales le siguen siendo fieles. Se utiliza para cacerolas, calderos, sartenes, cazos para azúcar (para el caramelo y el almíbar).

• **Hojalata**. Muy utilizada en pastelería (moldes, bandejas, descorazonadores), es barata respecto a otros materiales, pero hay que cuidar de secar bien moldes y utensilios a fin de que no se oxiden; no hay que dejarlos jamás en agua.

• **Fundición**. De color negro, es muy pesada, resistente, pero puede desconcharse al recibir golpes. Es ideal para las cocciones lentas.

• **Fundición esmaltada**. Reservada también a las cocciones lentas, se hacen con ella ollas, sartenes, bandejas para gratinar. La capa fina de esmalte que cubre el material facilita el mantenimiento.

• **Plástico**. Material sintético que abarca denominaciones diferentes (melamina, policarbonato, polipropileno). Con él se fabrican cuencos, moldes para chocolate y espátulas de plástico, cuyo mantenimiento es extremadamente fácil.

• **Porcelana resistente al fuego**. No distribuye bien el calor pero, una vez caliente, lo conserva mucho tiempo. Los platos y vasos de porcelana resistente al fuego tienen la ventaja de poder ir directamente del horno a la mesa.

• **Vidrio resistente al fuego**. Este material, generalmente bastante grueso y transparente, tiene una muy buena resistencia a los choques térmicos.

• **PTFE (politetrafluoetileno)**. Se trata de un revestimiento antiadherente que se aplica sobre una base de aluminio. Es más conocido por el nombre de *Teflon* (Tefal). Su mantenimiento es realmente muy sencillo y se utiliza para sartenes que se comercializan con diversas marcas registradas. Hay que vigilar no rayarlo con utensilios metálicos o productos abrasivos. Bajo la marca registrada de *Exopan* (revestimiento antiadherente PTFE sobre una base de hierro) existe una gama completa de moldes adecuados para cakes, brioches, tartaletas, savarins, genovesas y tartas, entre otros.

• **Flexipan** (marca registrada). Material compuesto de vidrio y silicona, muy apreciado por los profesionales. Es muy adecuado para masas, mousses, cremas o líquidos. De entre sus ventajas, destacar que no hace falta engrasarlo y tiene una estructura blanda que facilita el desmoldado. Sin embargo, hay que tener cuidado, ya que no se debe usar jamás ese tipo de molde directamente sobre la llama o una placa de cocción, ni cortar nunca una preparación dentro del molde.

Dietética y postres

Los progresos más recientes de la investigación científica han demostrado que la gula no era enemiga de la dietética, que la privación podría ser tan nociva como el abuso y que los glúcidos no eran forzosamente responsables del aumento de peso. Falta saber cómo establecer el equilibrio alimentario.

Las autoridades oficiales en materia de nutrición han establecido reglas sencillas para el equilibrio alimentario: el 15 % de las calorías cotidianas debe ser aportado por proteínas, del 30 al 35 % por lípidos y del 50 al 55 % por glúcidos. En la práctica se come carne, pescado, pan, hortalizas, pasta y arroz, fruta y postres, pero no se puede vivir con una balanza y una tabla de composición de los alimentos para calcular, en cada comida, su aporte nutritivo. La gran regla del equilibrio es **comer de todo**, repartido en tres comidas:

— **un desayuno** que incluya una bebida (café o té); un lácteo (leche o yogur o queso fresco por las proteínas y el calcio); cereales y/o pan (glúcidos) con un poco de mantequilla y de confitura si apetece; una fruta o un zumo de fruta (glúcidos y vitaminas).

— **un almuerzo** y **una cena** con una carne o un pescado (proteínas y hierro); hortalizas y patatas o pasta o arroz (glúcidos y vitaminas); queso, preferentemente fresco (proteínas y calcio), y fruta (glúcidos y vitaminas) o bien un postre y pan (glúcidos).

En cuanto a las cantidades, varían según la persona y el momento. Las dicta el cuerpo. En efecto, el hambre, el de verdad, sólo se hace sentir cuando el organismo necesita glúcidos, es decir, cuando se han absorbido y metabolizado los de la comida anterior. Desaparece en el curso de la comida, ya que se instala progresivamente la saciedad, al enviar los glúcidos asimilados señales que provocan esa sensación al sistema nervioso. Los lípidos no tienen ese poder. El cuerpo es una máquina extraordinariamente compleja, regida por mecanismos biológicos y químicos. Eso explica las diversas tesis que se han planteado, en el curso de los años, en materia de nutrición.

El cuerpo: miles de millones de células que nutrir

Para un peso medio de 65 kg, el cuerpo está compuesto de 40 kg de agua, 11 kg de proteínas, 9 kg de lípidos, 4 kg de minerales, 1 kg de glúcidos y algunos gramos de vitaminas. Sus miles de millones de células están agrupadas en tejidos distintos que componen los órganos; éstos, a su vez, están agrupados en sistemas (circulatorio, nervioso, óseo, etc.), cada uno de los cuales ejerce una función específica. Todas viven y mueren, crecen, se multiplican, se renuevan siguiendo ritmos diferentes según su naturaleza y las edades de la vida. Para eso se necesitan los elementos nutritivos (los *nutrientes*), contenidos en los alimentos. Estos últimos vivirán una aventura física y química de varias horas para, una vez llegados a su destino, crear de nuevo proteínas, lípidos y glúcidos, es decir, músculo (y otros tejidos), grasa y energía.

De los alimentos a los nutrientes

Se come, en principio, tres veces al día, a menudo más, cosa que no es recomendable. A partir del momento en que el alimento penetra en la boca seguirá todo un recorrido, el de la digestión, que lo transformará en nutrientes utilizables. Desde los primeros segundos se pone en marcha la química digestiva, segregando enzimas cuya misión es descomponer los alimentos; paralelamente, diversos movimientos voluntarios (los de la masticación) y después involuntarios (las contracciones del estómago, las del intestino), los trituran, los ablandan, los reducen a un caldo. Al final de ese largo camino, todas las proteínas se han dividido en aminoácidos, los lípidos en ácidos grasos y los glúcidos en azúcares simples. A través de un complicado mecanismo, unos y otros atravesarán, junto a una parte del agua, las vitaminas y las sales minerales, la pared intestinal para alcanzar la circulación sanguínea y linfática. Serán luego distribuidos a las células según las necesidades del momento de éstas: las proteínas reemplazarán las destruidas, los lípidos se pondrán en reserva a la espera de ser utilizados y los glúcidos aportarán energía.

Lo que queda, los desechos, la fibra y el agua, pasa al intestino grueso. Allá, todo se mezcla con la flora bacteriana, se absorbe entonces la mayor parte del agua y luego se evacuan los residuos.

La función digestiva está controlada por el sistema nervioso y varias hormonas gastrointestinales, que estimulan la secreción de todas las enzimas necesarias para las diversas descomposiciones. Esto explica no sólo todas las dificultades de digestión que se pueden tener, sino también la influencia enorme que el estado psíquico ejerce sobre el modo en que uno se alimenta. ¿Qué ocurre luego con todos esos nutrientes? ¿Cómo se agrupan para aportar a cada célula la energía y la materia que necesita?

Nutrientes

Los *nutrientes* son sustancias alimenticias asimiladas directa y enteramente por el organismo. Se trata del agua, las proteínas, los lípidos, los glúcidos, el alcohol, y las diferentes sales minerales y vitaminas. Todos los alimentos contienen nutrientes, pero ninguno los contiene todos.

Nutrición y metabolismo

Los nutricionistas estudian y determinan los aportes nutritivos en función de las necesidades de materia y energía del organismo. Éstas dependen, a su vez, de los gastos o de las pérdidas relacionadas con la actividad del sujeto. Esos intercambios y esa producción de energía llevan el nombre de *metabolismo*, que es el conjunto de transformaciones operadas gracias a las reacciones de síntesis (*anabolismo*) o de degradación (*catabolismo*).

Necesidades permanentes de energía

Trabajar, dormir, respirar, todo eso se hace gracias a la energía que se manifiesta en el movimiento y en el calor del cuerpo, expresiones propias de la vida. La fuente de esa energía descansa en la oxidación de las proteínas, glúcidos y lípidos. Es un fenómeno de destrucción compleja que conduce a la liberación de gas carbónico, a la producción de agua, a la emisión de calor del cuerpo, es decir, a su funcionamiento. Este fenómeno conduce también al envejecimiento, puesto que los desechos producidos por esa descomposición, los *radicales libres*, atacan las paredes de las células. La oxidación exterior es, por ejemplo, la herrumbre que carcome los metales y los destruye poco a poco si no se les protege. La oxidación que se desarrolla en todo instante en el conjunto de células que el organismo tiene, de algún modo, el mismo efecto. Afortunadamente, existe un sistema enzimático protector que neutraliza esos famosos radicales libres tan destructivos. Pero no siempre basta, si no, no se envejecería.

La energía se cuantifica en kilocalorías (kcal) o en kilojulios (kJ).

Para que el balance esté equilibrado, las aportaciones han de ser iguales a los gastos, lo que no siempre es fácil conseguir. Se puede hacer una comparación con lo que ocurre con una cuenta bancaria, donde, si la columna del haber (ingresos) es muy superior a la del debe (gastos), se produce un excedente de kilos.

Gasto energético

Para comprender las necesidades de energía hay que saber cómo se gasta. Como en un presupuesto, hay diversas partidas, variables de un individuo a otro. La primera de ellas corresponde al **metabolismo de base**, el mínimo vital, lo que uno gasta necesariamente para mantener una vida en reposo. Depende de la estatura, el peso, el sexo y la edad, pero también del estado físico y psíquico. El de un hombre es más elevado que el de una mujer. Esta «partida» también es mayor durante el período de crecimiento. La fiebre, dolor y ansiedad la aumentan. La segunda partida es la **termorregulación**, es decir, el mantenimiento de la tempera-

Calorías y julios

Las kilocalorías son unidades de calor. Esta medida se adoptó hace mucho tiempo. Desde el 1 de enero de 1978 se emplea el *julio*, unidad estándar e internacional de energía.

Las equivalencias son: 1 kilocaloría (kcal) = 4,18 kilojulios (kJ)

1 kilojulio (kJ) = 0,239 kilocalorías (kcal).

No obstante, los nutricionistas siguen expresándose en calorías. Sin embargo, se encuentran julios y kilocalorías en muchas de las etiquetas de productos alimenticios que indican su composición nutritiva.

tura del cuerpo a 37 °C y que provoca la eventual lucha contra el frío o el calor. La energía consumida varía según el clima, las estaciones y el modo de vida.

La tercera es el **acto alimentario**, nutrirse varias veces al día. Los gastos debidos a la acción dinámica específica de los alimentos (ADE) no son nada desdeñables. Proteínas, lípidos y glúcidos necesitan energía en el curso de su transformación y para su almacenamiento.

Pero la partida más elevada es, en principio, la del **gasto relacionado con el trabajo muscular**, que va desde 1,5 a 2 kilocalorías por minuto (6 a 8 kJ) cuando se está sentado, hasta de 4 a 6 (15 a 34 kJ) para una actividad más intensa. Se consumen, por ejemplo, de 250 a 300 kilocalorías en una hora de marcha. Cuando esta partida no es lo bastante importante, se corre el riesgo de que el balance sea positivo a favor de los ingresos, lo que se traduce a menudo en kilos superfluos.

NECESIDADES ENERGÉTICAS MEDIAS		
Individuos	**Kilocalorías**	**Kilojulios**
Niño de 1 a 9 años	1 360 a 2 190	5 700 a 9 200
Muchacho de 10 a 12 años	2 600	10 900
Niña de 10 a 12 años	2 350	9 800
Muchacho de 13 a 15 años	2 900	12 100
Muchacha de 13 a 15 años	2 490	10 400
Adolescente varón de 16 a 19 años	3 070	12 800
Adolescente mujer de 16 a 19 años	2 310	9 700
Hombre sedentario	2 100	8 800
Mujer sedentaria	1 800	7 500
Hombre con una actividad mediana	2 700	11 300
Mujer con una actividad mediana	2 000	8 400

Estas cifras son únicamente medias. Las necesidades energéticas varían en función de los individuos. Los mecanismos de estas oscilaciones empiezan a conocerse y radican esencialmente en predisposiciones genéticas.

Recetas reguladas

El equilibrio alimentario requiere que los nutrientes –proteínas, lípidos y glúcidos–, al igual que las diversas vitaminas y sales minerales, se aporten en proporciones precisas. Si esa contribución es insuficiente o demasiado importante, en particular o globalmente, se instala un desequilibrio que se traduce o bien en carencias o bien en un aumento de peso.

Las proteínas, nutrientes constructores

Las proteínas, que componen todas las células del cuerpo, están constituidas por veintitrés aminoácidos, ocho de los cuales son indispensables y que el organismo no puede sintetizar. Si estos últimos no se encuentran en cantidades suficientes en la alimentación, las proteínas del cuerpo no pueden reconstruirse correctamente. Hay centenares de proteínas distintas, todas con una composición diferente según los tejidos en que se hallan y según los papeles que interpreten. Aún no han sido identificadas todas.

La demanda cotidiana de proteínas es de 1 g por kilo de peso corporal, lo que corresponde, en principio, al 12-15 % de las calorías diarias.

Proteínas alimentarias

Las proteínas alimentarias suministran 4 kilocalorías por gramo. El equilibrio alimentario y la salud exigen que un tercio, por lo menos, de las proteínas absorbidas sean de origen animal, porque contienen todos esos famosos aminoácidos indispensables, mientras que las proteínas vegetales a menudo están desprovistas de ellos. El régimen vegetariano que simplemente excluye carnes y pescados no presenta peligro, pero no ocurre lo mismo con el régimen vegano, que proscribe los alimentos de origen animal.

Sin embargo, ese equilibrio teórico y aconsejado (un tercio de proteínas animales, dos tercios de proteínas vegetales) rara vez se ve respetado por nuestros hábitos alimentarios actuales, que prescinden de los cereales. A menudo llega, incluso, a invertirse esa proporción (dos tercios de proteínas animales, un tercio de proteínas vegetales), lo cual no deja de tener consecuencias para la salud, puesto que la riqueza en grasas de los alimentos de origen animal provoca un desagradable desequilibrio que favorece la obesidad y las enfermedades cardiovasculares.

Alimentos ricos en proteínas

En los quesos curados se encuentra la proporción más alta de proteínas (18 a 25 % en lugar del 8-10 % en los quesos frescos), seguidos de carnes, pescados, moluscos y crustáceos (15 a 25 % de proteínas), huevos (13 %) y harinas (10 %). También podemos hallarlas en las legumbres secas (8 %) y en el pan (7 %).

Los glúcidos, nutrientes energéticos por excelencia

Todos los alimentos que contienen glúcidos tienen un sabor más o menos dulce, y las «dulzuras» de que se habla aquí son inefables. Los glúcidos también se llaman *hidratos de carbono* o *carbohidratos* por su composición química, o *azúcares*, lo que se puede prestar a confusión, sobre todo cuando se los clasifica en *azúcares rápidos* o *lentos*, o incluso en *simples* y *complejos* (entendiendo rápidos como simples, y lentos como complejos). También se acusa a los glúcidos de engordar, cuando son necesarios en el equilibrio alimentario y deben suministrar la mitad de las calorías cotidianas. Es cierto que su exceso puede ser peligroso, pero privarse abusivamente de ellos tiene unas graves repercusiones.

APORTACIÓN DIARIA ACONSEJADA DE PROTEÍNAS

Niño de 1 a 9 años	22 a 66 g
Muchacho de 10 a 12 años	78 g
Niña de 10 a 12 años	71 g
Muchacho de 13 a 15 años	87 g
Muchacha de 13 a 15 años	75 g
Adolescente varón de 16 a 19 años	92 g
Adolescente mujer de 16 a 19 años	69 g
Hombres sedentario	63 g
Mujer sedentaria	54 g
Hombre con una actividad mediana	81 g
Mujer con una actividad mediana	60 g

La aportación de proteínas es muy importante durante el crecimiento. La actividad muscular, así como el embarazo y la lactancia, también aumentan esas necesidades.

Alimentos ricos en glúcidos
El azúcar y los caramelos son glúcidos puros (100 %). Las galletas y frutas secas contienen del 65 al 88 %. El pan tiene el 55 % y debería ser el suministrador principal. La pasta y el arroz, una vez cocidos, contienen el 20 %, como las patatas. Los lácteos aportan del 3 al 6 %; las hortalizas, el 7 % de promedio, lo que es poco. En cuanto a la fruta, entre el 5 y el 20 %.

La glucosa en el organismo
La glucosa es el alimento esencial de todas las células del cuerpo, que les aporta la energía necesaria para funcionar. Se llama *glucosa* a la molécula glucídica más simple, producto de todos los glúcidos alimentarios después de haber sido descompuestos en el tubo digestivo. Llegada a la sangre (que contiene normalmente 1 g por litro), se distribuye permanentemente entre las células. Una hormona dirige la penetración y utilización de la glucosa en la célula: la insulina, segregada por el páncreas. Si las células musculares, después de un esfuerzo muy prolongado, pueden utilizar los ácidos grasos de los lípidos, las del cerebro sólo pueden nutrirse de glucosa. Sin ella, se lesionan y mueren rápidamente. Sin llegar a esos extremos, un mero descenso de la glucemia (la tasa de glucosa en la sangre) tiene efectos inmediatos que se traducen en fatiga, una desagradable impresión de vacío y sensación de hambre.
Mientras en el tejido adiposo (las grasas corporales) el cuerpo tiene una reserva fantástica de energía (que no es ni fácil ni rápida de movilizar), sus existencias de glúcidos son casi mínimas. Se encuentran principalmente en el hígado y en los músculos, en forma de glicógeno, y alcanza un máximo de unos 300 a 400 g, lo que representa una reserva energética de unas 12 h. Por eso es absolutamente necesario consumir alimentos glucídicos en cada comida.

Glúcidos alimentarios
Todos suministran 4 kilocalorías por gramo. Se distinguen los **glúcidos simples** de los **glúcidos complejos** según el numero de sus moléculas. Los «simples verdaderos», compuestos de una sola molécula, son poco numerosos. Se llaman *glucosa*, *galactosa*, *fructosa* y *manosa*. Los tres últimos se transforman en glucosa en el hígado o en las células.

La **sacarosa**, **lactosa** y **maltosa** también se llaman *simples*. De hecho, son dobles, porque están compuestos de dos moléculas, pero se separan rápidamente al inicio de la digestión. La sacarosa es el azúcar, en trozos, en polvo o granos, de remolacha o de caña, compuesta de una molécula de glucosa y una de fructosa. La lactosa, glúcido de la leche, se compone de una molécula de glucosa y una de galactosa. La maltosa procede de la hidrólisis parcial del almidón o de la malta por efecto del calor.
Los glúcidos simples tienen todos las mismas propiedades físicas, entre las que destaca la solubilidad. Gracias a ella se absorben, en principio, muy rápidamente. Por eso reciben el nombre de *glúcidos rápidos.*
Los glúcidos complejos son los **almidones**, que se encuentran en los cereales, las legumbres y los tubérculos, raíces y bulbos. Están compuestos de moléculas de glucosa ligadas entre sí, lo que les lleva, según la naturaleza del almidón, más o menos tiempo en desatarse (*glúcidos lentos*).
Los glúcidos, sobre todo los rápidos (simples), fueron acusados antaño de favorecer el aumento de peso. En la actualidad se ha demostrado que no es cierto. Se ha tenido que revisar además el dogma de los glúcidos lentos y rápidos. Cualquiera que sea su velocidad de absorción, todos los quema normalmente el organismo. Si se consume demasiado, más allá de las necesidades energéticas, se transforman en grasa.

Lípidos: estética y energía
Las grasas tienen varias funciones. Agrupadas en el tejido adiposo que envuelve los músculos, dan al cuerpo su forma.
Los lípidos también son la reserva más importante de energía. Dado que un gramo de lípidos suministra 9 calorías, y que la reserva media de una persona de 65 kg es de 9 a 10 kg de lípidos, hay almacenadas entre 81 000 y 90 000 calorías, lo que permite sobrevivir, por lo menos, cuarenta días. Los lípidos participan asimismo en la estructura de las membranas celulares y de las células nerviosas. Están compuestos de glicerol y de ácidos grasos y se almacenan en las células adiposas. Cuando el organismo lo exige, y ya no hay glicógeno en reserva, los ácidos grasos suministran a las células la energía necesaria merced a un circuito metabólico muy elaborado.

Alimentos ricos en lípidos

Los aceites son lípidos puros (100 %). También se encuentran muchos lípidos en las materias grasas (83 % en la mantequilla y las margarinas) y ciertos embutidos (60 %). Las carnes más grasas aportan el 30 %; los quesos curados, del 15 al 30 %, y la crema de leche (o nata) tiene entre el 15 y el 35 %.

Lípidos alimentarios

Se distinguen tres clases de ácidos grasos: los saturados, los monoinsaturados y los poliinsaturados. Estos términos definen una estructura química muy compleja. Los ácidos grasos se conocen debido al papel nocivo o benéfico que tienen en el sistema cardiovascular.

Los ácidos grasos saturados se encuentran esencialmente en las grasas de origen animal: mantequilla, crema de leche, quesos, carnes, y se descubren fácilmente: cuanto más sólida se vuelve una grasa a temperatura ambiente (18 a 22 °C), más rica es en ácidos grasos saturados.

Los aceites son ricos en ácidos grasos monoinsaturados y poliinsaturados, y tienen diferentes proporciones de unos y otros según el origen del aceite. Pero todos los tipos de aceites aportan el 100 % de lípidos y no hay ninguno ligero, ni siquiera si su aspecto, fluidez o transparencia dan esta impresión. Todos los lípidos se almacenan con gran facilidad en el organismo cuando su proporción en la alimentación es muy importante (más del 30-35 % de las calorías totales) y sobrepasa los 80 g aproximadamente al día. Se produce entonces el riesgo de aumento de peso, sobre todo si se está predispuesto genéticamente.

Las costumbres alimentarias occidentales hacen que, de hecho, del 40 al 45 % de las calorías diarias sean suministradas por los lípidos, en detrimento de los glúcidos (sobre todo de los aportados por los cereales).

Sales minerales y oligoelementos

Todos los minerales existen en cantidades mayores o menores en el cuerpo y tienen una función específica. Con el término *oligoelemento* se designa a los minerales que están en cantidades muy pequeñas tanto en el organismo como en los alimentos.

Principales sales minerales

Calcio y fósforo son, cuantitativamente, las más importantes en el organismo, puesto que entran en la estructura de los huesos, siendo por ello necesario un aporte alimentario importante (de 800 a 1 000 g al día). El calcio y el fósforo tienen otras funciones, en particular en el sistema nervioso y la excitabilidad neuromuscular.

Todos los alimentos contienen fósforo. No ocurre lo mismo con el calcio, que lo aportan esencialmente los productos lácteos. La leche contiene 125 mg; un yogur, 140 mg; la aportación de calcio de los quesos es variable (entre 50 mg por 100 g en los quesos de pasta blanda y 950 mg para los de pasta dura). Por ello es bueno beber leche durante el día, y absolutamente necesario consumir queso o un lácteo o un postre con leche en cada comida.

El colesterol

El organismo lo segrega de modo natural. Es indispensable, pues se encuentra en el origen de muchas hormonas. Entra en la composición de lipoproteínas séricas (HDL y LDL), que transportan los lípidos por el organismo y que, según las predisposiciones genéticas, se eliminan mejor o peor. En el lenguaje corriente, los HDL son el «colesterol bueno» y los LDL el «malo», el que se pega a las paredes arteriales y contribuye a enfermedades cardiovasculares. Los ácidos grasos poliinsaturados tienen un papel positivo y protector en esas dolencias.

Las grasas animales contienen colesterol, mientras que las vegetales no.

El **hierro** es uno de los componentes de los glóbulos rojos de la sangre. Su papel es muy importante en todos los mecanismos de la respiración celular así como en las defensas inmunitarias. Las necesidades (de 18 a 24 mg las mujeres, 19 mg los hombres) no siempre se satisfacen. El organismo absorbe muy mal el hierro y, además, éste no suele encontrarse en la alimentación. Falta a menudo debido a un consumo insuficiente de carne roja. Lo contienen muchas hortalizas, pero en una forma que no utiliza bien el organismo. Existen productos enriquecidos con hierro, que son, pues, muy útiles para evitar toda carencia.

El **magnesio** interviene en las células nerviosas y la excitabilidad neuromuscular. Las necesidades son bastante importantes (300 a 500 mg al día), y a menudo insatisfechas, pues, aparte del chocolate

(290 mg por 100 g), los frutos secos (50 a 250 mg), las legumbres secas (60 a 80 mg) y los cereales integrales, la alimentación es bastante pobre en él. La carencia de magnesio es relativamente frecuente y se traduce en fatiga, problemas musculares, a veces incluso espasmofilia. Entonces es necesario a menudo absorberlo en forma de medicamento.

El **sodio** tiene un papel determinante, ya que dirige todo el equilibrio hídrico del organismo. Nunca se carece de él: más bien al contrario. Es suministrado en abundancia, a menudo incluso en exceso, por la sal (cloruro de sodio). También se encuentra en casi todos los alimentos. Su exceso puede favorecer la hipertensión en ciertas personas predispuestas genéticamente a ello.

El **potasio**, presente en todas las células, tiene un papel metabólico capital. Todos los alimentos lo contienen, sobre todo las frutas y hortalizas. No existe riesgo de carencia.

Oligoelementos

Los oligoelementos son el cobre, cromo, flúor, yodo, manganeso, molibdeno, selenio y cinc. Todavía se conocen mal las necesidades de algunos, como el cobre, cromo, manganeso, molibdeno y selenio.

El **yodo** es indispensable para la síntesis de las hormonas tiroideas. Su carencia todavía existe en las regiones donde el agua potable es pobre en él, o donde es insuficiente el consumo de pescado.

El **flúor** es necesario durante el crecimiento, y también interviene en la composición del esmalte dental. El agua potable contiene la cantidad suficiente para cubrir las necesidades de un adulto.

En cuanto al **cinc**, actúa sobre la composición de numerosas enzimas y también es necesario para la síntesis de las proteínas. Se encuentra en pescados, moluscos, mariscos y carnes. Su carencia, o mala absorción, pueden ser origen de retrasos en el crecimiento o de un mal estado de la piel.

Las vitaminas: esenciales para la vida

Las vitaminas son indispensables para el crecimiento, para la reproducción y para el buen funcionamiento de todos los órganos. Sin embargo, el organismo es incapaz de fabricarlas. Sólo las suministra la alimentación, salvo una, la vitamina D, que viene aportada esencialmente por la acción de los rayos ultravioletas

del Sol. Las doce vitaminas llevan las letras del alfabeto A, B, C, D, E, K, siendo las más numerosas las del grupo B. Algunas son solubles en agua (las diversas B y la C) y el resto en lípidos (A, D, E y K), de ahí la distinción entre vitaminas hidrosolubles y liposolubles. Aún no se conocen todas las acciones de algunas de ellas. Así, los carotenos, que entran en la composición de la vitamina A, y las vitaminas C y E tienen un papel antioxidante importante que podrían proteger de ciertos cánceres y de enfermedades cardiovasculares.

¿Dónde encontrar las vitaminas?
A: en la mantequilla, la crema de leche y todos los productos lácteos no desnatados. Los carotenos, en la base de esta vitamina, se encuentran en frutas y hortalizas.
B: De B1 a B9, están repartidas en cantidades mayores o menores en todos los alimentos. La B12 sólo se encuentra en productos de origen animal.
C: sólo en las hortalizas y, sobre todo, en las frutas (cítricos, frutas exóticas). Es absolutamente necesario, para obtener la cuota diaria (80 mg), comer fruta en cada comida.
E: en los aceites.

Las vitaminas hidrosolubles, en particular la vitamina C, son frágiles, sensibles al calor, al aire y a la luz. No se pueden almacenar en el organismo, así que la alimentación las tiene que aportar cada día. Como contrapartida, las liposolubles se acumulan: el riesgo de carencia es casi nulo (no es el caso de las vitaminas del grupo B y sobre todo de la vitamina C). Todos los alimentos, salvo el azúcar puro, contienen vitaminas, pero ninguno las contiene todas, lo que refuerza la necesidad de una alimentación variada. Las carencias vitamínicas existen, sobre todo en cuanto a las del grupo B y la C cuando la alimentación es desequilibrada: demasiado rica en azúcar y en grasas; pobre en cereales, fruta y hortalizas. No son nunca totales, pero una simple insuficiencia basta para crear problemas que se traducen, de entrada, en fatiga. Esas minicarencias afectan sobre todo a los niños: a los que se deja mordisquear lo que sea durante el día y a aquellos que restringen excesivamente su alimentación por no engordar o porque sean mayores o vivan solos. A los fumadores les falta a menudo vitamina C, pues la nicotina aumenta sensiblemente la necesidad de ella (120 a 150 mg al día).

El agua: una necesidad absoluta

Es el principal constituyente del organismo y se renueva sin cesar. Las células se bañan en este medio y la contienen, y los nutrientes están disueltos en ella. Los cambios metabólicos se llevan a cabo por su mediación y las reacciones celulares tienen necesidad de ella para realizarse. El agua contribuye también a la termorregulación del cuerpo, y a través de ella se conducen los desechos metabólicos. Cada día se eliminan de dos a tres litros de agua, sustituidos por la de las bebidas, así como por la contenida en los alimentos.

El organismo puede soportar un ayuno de varias semanas, pero no puede pasar más de 24 h sin agua. Un simple déficit del 5 al 10 % comporta una gran fatiga; un déficit del 20 % es mortal. Beber un litro de agua al día por lo menos es una necesidad absoluta.

El alcohol: nutriente y tóxico

El alcohol aporta 7 kilocalorías por gramo. Aparte de una parte muy pequeña de esa energía utilizable por el organismo, no tiene utilidad metabólica alguna. Se vive perfectamente sin absorber jamás ni una gota de alcohol. Pero éste tiene una influencia inmediata sobre el sistema nervioso. Provoca euforia, da, de inmediato, un latigazo, estimula las funciones intelectuales. Son estos efectos los que crean justamente su necesidad, añadidos a su función social festiva. Se convierte en tóxico cuando se absorbe en cantidades demasiado grandes. El alcoholismo agudo, la embriaguez, induce a una perturbación momentánea del comportamiento psicomotor. El alcoholismo crónico, que frecuentemente pasa desapercibido, destruye poco a poco las células del hígado y las nerviosas. El organismo puede metabolizar el alcohol, pero en cantidades limitadas: no más de una botella de vino diaria en los hombres ni más de media botella en las mujeres.

Equilibrar sin privarse de postres

Hay dos grandes razones para el desequilibrio alimentario: el picar que perturba el ritmo, aporta calorías superfluas e impide que la señal «hambre» intervenga con normalidad; y el exceso de grasas. Por una parte, éstas se almacenan mientras que todos los glúcidos se queman obligatoriamente; por otra, no provocan saciedad. De hecho, inconscientemente, uno se siente obligado a comer hasta que haya alcanzado su cuota de glúcidos, pues el cuerpo los reclama. Cuanto más grasa se consume, más se come para obtener su ración diaria de glúcidos. Resultado: se aumentan las cantidades globales, que superan los gastos energéticos, los lípidos absorbidos se almacenan y así se engorda.

Una alimentación insuficiente en glúcidos, traducida en insuficiencia de pan, de patatas, de pasta y de arroz, de legumbres y hortalizas, de fruta, pero también de postres, es la razón esencial del exceso de peso. La privación de alimentos glucídicos, simbolizada en nuestro inconsciente por la del postre, no es lo mejor que se puede hacer en beneficio del equilibrio alimentario. Además, esos alimentos, y en concreto los postres, fuente de placer gustativo, contribuyen a la secreción de un neurotransmisor, la serotonina, que interviene en el equilibrio psicológico, el sueño y otras funciones, ya que está bajo el control metabólico de los glúcidos.

Lo que importa tener presente es la economía de las grasas. Evitar en todo lo posible los alimentos que las aporten en exceso, tales como los embutidos, quesos y aceites. Una comida que finalice con un buen pastel no debe comenzar con chicharrones, ni tampoco con una ensalada demasiado bañada en un aliño de aceite.

La gran mayoría de los postres y de la pastelería es rica en lípidos: para no privarse de ellos, basta con que el resto de la comida lo sea lo menos posible. También se puede cuidar de que la comida siguiente sea frugal. Cuando, por las razones que fuera, un día es rico en grasas, siempre es posible, para equilibrar, reducir las del día siguiente. El equilibrio alimentario reside en la compensación y no en la privación.

La fibra: el lastre indispensable

La fibra no es un nutriente, pues no es absorbida y no tiene papel metabólico alguno. Sin embargo, es indispensable para el buen funcionamiento del intestino, con lo que se eliminan mejor y más rápidamente los residuos. Se encuentra en frutas y hortalizas, y no en los alimentos de origen animal.

capítulo 2

Preparaciones básicas

Masas, *74*

Masas para bizcochos y merengues, *88*

Cremas y mousses, *100*

El azúcar y el chocolate, *122*

Ganaches, *133*

Helados, sorbetes y granizados, *137*

Coulis, salsas y zumos, *149*

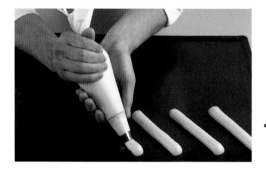

Masas

Estas recetas de masas son útiles para la realización de numerosos postres y productos de pastelería, y por ello se han recogido sus reglas o pasos de elaboración.
Algunas se pueden elaborar con anticipación e incluso se pueden congelar, lo que permite prepararlas en gran cantidad.

500g HARINA
3600g MANTEQUILLA
SAL
2 yemas
10cl leche.

ablandana bien, luego añada sucesivamente el azúcar glas, las almendras molidas, la sal, los granos de vainilla, el huevo y finalmente la harina. Remueva cada vez hasta que el nuevo ingrediente esté bien incorporado.
3. Forme una bola y aplástela entre las manos. Envuélvala en película de cocina y déjela reposar 2 h en la nevera (4 °C).

VARIANTE

Masa dulce con avellanas
Sustituyendo las almendras molidas por avellanas molidas, obtendrá una masa de sabor levemente diferente y muy suave (adecuada para preparaciones básicas).

Masa quebrada (masa para bases)
Para 500 g de masa
Preparación: 15 min
Reposo: 2 h

• *250 g de harina*
• *180 g de mantequilla a temperatura ambiente*
• *4 g (1 cc) de sal fina*
• *5 g (1 cc) de azúcar en polvo (opcional)*
• *1 yema de huevo*
• *5 cl de leche a temperatura ambiente*

1. Tamice toda la harina mediante un colador puesto sobre un cuenco grande.
2. En otro cuenco, ablande la mantequilla con una espátula. Amásela hasta que tenga la consistencia de una crema. Añada entonces la sal, el azúcar, la yema de huevo y la leche, sin dejar de remover. Cuando la mezcla esté bien homogénea, añada poco a poco la harina, removiendo continuamente.
3. En cuanto la masa forme una bola, deje de amasar. Aplástela bien con las manos y envuélvala en película de cocina. Deje reposar la masa 2 h como mínimo en el frigorífico (4 °C) antes de utilizarla.

Comentario del gourmet
La masa quebrada (masa para bases) se distingue de la masa quebrada en que se le añade una yema de huevo, lo que la hace un poco más blanda. El método utilizado para mezclar los ingredientes permite obtener una masa muy adecuada para bases.

Masa quebrada

Para 500 g de masa
Preparación: 10 min
Reposo: 2 h

- *190 g de mantequilla a temperatura ambiente*
- *5 g (1 cc) de sal fina*
- *5 cl de leche fresca completa o de agua*
- *250 g de harina*

1. Corte la mantequilla en pedacitos y póngalos en un cuenco. Aplástelos con una espátula y remueva con rapidez.

2. En un bol, disuelva la sal en la leche y vierta el líquido poco a poco sobre la mantequilla, removiendo con la espátula con regularidad.

3. Tamice la harina con un colador puesto sobre un cuenco grande. Agregue la harina paulatinamente, espolvoreando; tenga presente no trabajar demasiado la masa.

4. Póngala sobre una superficie de trabajo y aplástela con la palma, remontándola. Vuélvala sobre sí misma y empiece otra vez para que su consistencia sea homogénea. Haga de nuevo una bola y aplástela levemente entre las manos.

5. Envuélvala en película de cocina y déjela reposar 2 h en el frigorífico (4 °C) antes de extenderla con un rodillo.

Un reposo indispensable

El reposo de las masas al fresco las ablanda, las hace elásticas y maleables, por lo que se extienden más fácilmente y no se retraen durante la cocción.

¿Se puede congelar?

La masa quebrada soporta bien la congelación. Cuando la quiera utilizar, déjela descongelar lentamente en la nevera antes de extenderla, sin volver a trabajarla, pues perdería la textura adecuada para bases.

El reposo de las masas

La harina contiene granos de almidón, y proteínas, en particular el gluten, que forman una red elástica cuando se trabaja la harina durante un rato con agua. Esa red retiene las burbujas de gas carbónico dentro de la masa de pan, pero provoca la contracción de las masas. El reposo permite que esas proteínas, parecidas a bolas elásticas estiradas, vuelvan a adquirir lentamente una configuración relajada. Además, los granos de almidón sólo se hinchan y sueldan mutuamente de forma muy lenta a temperatura ambiente. El reposo favorece la soldadura, que dará a la masa su definitiva cohesión.

H.T.

Masa «sablée»

Para 500 g de masa
Preparación: 10 min
Reposo: 1 h

• *250 g de harina* • *1 vaina de vainilla*
• *125 g de azúcar en polvo*
• *125 g de mantequilla a temperatura ambiente*
• *1 huevo entero*

1. Abra la vaina de vainilla en dos y extraiga los granos. Mézclelos en un bol junto con el azúcar. Tamice la harina directamente sobre la superficie de trabajo. Corte la mantequilla en pedacitos y trabájela con la yema de los dedos añadiéndole la harina hasta que la preparación adquiera una consistencia arenosa y ya no queden trozos de mantequilla.

2. Haga una cavidad en el montón obtenido. Casque sobre ésta un huevo y añada el azúcar perfumado con vainilla. Mezcle todos los ingredientes con las yemas de los dedos, pero sin amasar demasiado.

3. Aplaste la masa con la palma, extendiéndola y recogiéndola, para hacerla bien homogénea.

4. Haga una bola con la masa, aplástela levemente entre las manos y envuélvala en película de cocina. Déjela reposar como mínimo 1 h en el frigorífico (4 °C) antes de extenderla con el rodillo.

Sugerencia
Para trabajarla a mano es mejor prepararla sobre un mármol o encima de una tabla.

¿Cómo obtener una masa *sablée*?
Los libros de cocina antiguos no diferenciaban con nitidez entre las masas *sablées* y las quebradas, pero es cierto que una masa para hacer de base puede ser más o menos *sablée*. Para obtener esa consistencia, hay que mezclar los ingredientes con las yemas de los dedos y evitar amasarla demasiado. Al incorporar de entrada los huevos al azúcar, éste absorbe el agua, que entonces no puede servir de aglutinante ni a las proteínas del gluten ni a los granos de almidón, evitando así una elasticidad indeseable de la masa.

H.T.

Masa «sablée» a la canela

Para 500 g de masa
Preparación: 15 min
Reposo: de 2 a 3 h

• *2 huevos enteros* • *200 g de harina floja*
• *5 g (1 cc) de levadura en polvo*
• *190 g de mantequilla* • *50 g de azúcar glas*

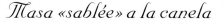

• *35 g de almendras molidas* • *1 g (1 pizquita)*
de sal fina • *8 g (2 cc) de canela de Ceilán en polvo*
• *1 cl de ron oscuro agrícola (opcional)*

1. Cueza en agua hirviendo dos huevos hasta que estén duros, páselos por agua fría, pélelos y déjelos enfriar. Tamice las yemas.

2. En un cuenco, añada la levadura y la harina.

3. Corte la mantequilla en trocitos, póngala en un bol y trabájela con la espátula para hacerla homogénea.

4. Añada sucesivamente el azúcar glas, las almendras molidas, la sal, la canela, las yemas de huevo tamizadas, la mezcla de harina y levadura y, si se desea, el ron. Remuévalo bien, pero sin amasar demasiado.
5. Envuelva la masa bien plana en película de cocina y déjela reposar de 2 a 3 h en el frigorífico (4 °C) antes de extenderla con el rodillo.

Sugerencia
Gracias a las yemas de huevo, esta masa es muy arenosa, pero frágil. Hay que manejarla con gran precaución al extenderla. Una vez cocida, levántela con delicadeza de la bandeja con un cartón o una paleta.

Masa «briochée»
Para 500 g de masa
Preparación: 20 min
Reposo: 4 h como mínimo

• *10 g de levadura de panadería* • *4,5 cl (3 c) de leche entera fresca* • *80 g de mantequilla* • *220 g de harina* • *30 g de azúcar en polvo* • *4 g (1 cc) de sal fina* • *3 huevos enteros*

1. Desmigaje la levadura en un bol y dilúyala con la leche. Corte la mantequilla en pedacitos.
2. Vierta en un cuenco la harina, el azúcar, la sal y 1 huevo. Mezcle todo con una cuchara de madera. Añada a continuación los otros 2 huevos, luego los pedacitos de mantequilla, teniendo cuidado a la hora de incorporar bien cada ingrediente. Vierta finalmente el contenido del bol con la leche y la levadura, y trabájelo hasta que la masa se separe bien de las paredes del cuenco.
3. Proceda a continuación como si se tratara de una masa para brioches clásica.

Masa para brioches
Para 500 g de masa
Preparación: 20 min
Reposo: 4 h como mínimo

• *5 g de levadura de panadería* • *190 g de harina* • *20 g de azúcar en polvo* • *3 huevos enteros* • *4 g (1 cc) de sal fina* • *150 g de mantequilla a temperatura ambiente*

1. Desmigaje la levadura en un cuenco y, con una cuchara de madera, mézclela con la harina, el azúcar y la sal. Añada entonces, los huevos, enteros, incorporándolos uno a uno a la masa.
2. Corte la mantequilla en pedacitos e incorpórelos uno a uno cuando la masa se separe bien de las paredes del cuenco. Amase hasta que vuelva a separarse.

3. Póngala en un bol, tápela con película de cocina y déjela que doble su volumen (3 h, 22 °C).
4. Aplástela luego con el puño para que vuelva a adquirir su volumen inicial y expulse el gas carbónico producido por la fermentación. Métala de nuevo en el bol, cúbrala con película de cocina y déjela otra vez que doble su volumen en 1 h como mínimo, antes de aplastarla por segunda vez.
5. Cuando haya dado forma al brioche, déjelo volver a doblar su volumen antes de meterlo en el horno.

Sugerencia
Para hacer esta masa en un robot de cocina, utilice el brazo armador para amasar e incorpore los huevos uno a uno.

Masa para buñuelos
Para 500 g de masa
Preparación: 5 min
Reposo: 1 h

• *185 g de harina* • *9 g de levadura de panadería* • *1 huevo entero, 1 clara de huevo* • *2,5 g de sal fina* • *4 g de azúcar en polvo* • *15 cl de agua* • *4,5 cl de aceite* • *5 cl de cerveza rubia*

1. Desmigaje la levadura en un cuenco.
2. Añada la harina, la sal, el azúcar, la cerveza, el aceite y el huevo entero. Mézclelo todo bien con una cuchara de madera.
3. Vierta el agua poco a poco, removiendo sin cesar, hasta que la mezcla esté bien homogénea.
4. Deje reposar entonces la masa durante 1 h aprox a temperatura ambiente (20 °C).
5. Justo antes de usarla, monte la clara de huevo a punto de nieve muy firme e incorpórela a la masa con cuidado.

Sugerencia
Puede perfumar esta masa con 1 cc de extracto de vainilla. También es posible hacer una masa para buñuelos de chocolate sustituyendo 1/4 de la harina por cacao en polvo sin azúcar.

Los buñuelos dulces
Según cual sea su composición, la masa de buñuelos se utiliza para cocinar o para repostería. Los buñuelos dulces suelen estar hechos a base de frutas: orejones de albaricoque, trocitos de piña, rodajas de plátano, de manzana, de pera, etc.

Los buñuelos y las calorías
Al freírlos, los buñuelos absorben de un 40 a un 50 % de materia grasa. Este aspecto hace que sean especialmente calóricos.

Masa para buñuelos (para freír)

Para 500 g de masa
Preparación: 10 min

- *150 g de harina*
- *45 g de harina de arroz*
- *30 g de fécula de patata*
- *15 g (1 c) de levadura en polvo* • *10 g de azúcar*
- *4,5 cl (3 c) de aceite*
- *20 cl de agua*
- *5 g de sal*

1. Tamice juntas las harinas y la fécula sobre un cuenco. Añada la levadura en polvo, la sal y el azúcar mezclándolo todo bien.

2. Vierta lentamente un chorrito de aceite, removiendo con una cuchara de madera. Cuando el aceite esté bien incorporado, añada poco a poco el agua hasta obtener una masa lisa, ni demasiado fluida ni demasiado espesa.

Sugerencia
Según el uso al que está destinada esta masa para buñuelos, puede variar el tipo de aceite (cacahuete, oliva o sésamo) o incluso mezclarlos.

Para ganar tiempo
En las tiendas de productos exóticos se encuentran polvos específicos para preparar masas para buñuelos. Basta con rehidratarlas en el momento de su uso.

Masa para crêpes

Para 500 g de masa
Preparación: 10 min
Reposo: 2 h como mínimo

- *2 huevos enteros*
- *10 g de mantequilla*
- *100 g de harina*
- *1/2 vaina de vainilla*
- *2,5 g (1/2 cc) de sal fina*
- *25 cl de leche entera fresca*
- *3 cl (2 c) de agua*
- *1,5 cl (1 c) de Grand Marnier (opcional)*

Parta la 1/2 vaina de vainilla por la mitad y extraiga los granos. Bata, en un bol, los huevos y funda la mantequilla en un cazo.

1. Tamice la harina directamente sobre la superficie de trabajo. Añádale los granos de vainilla, los huevos y la sal.

2. Disuélvala con la leche y el agua.

3. Añada la mantequilla fundida y, en su caso, el Grand Marnier, mezclándolo bien todo. Déjelo reposar 2 h como mínimo a temperatura ambiente (20 °C). Alargue la masa, cuando vaya a usarla, con 1 cl de agua.

VARIANTE

Masa para crêpes de harina de castañas
Sustituyendo la mitad de la harina de trigo por la misma cantidad de harina de castañas y el Grand Marnier por whisky, obtendrá una masa de crêpes con un sabor delicado muy original.

ℳasa para croissants

Para 500 g de masa
Preparación: 20 min
Reposo: 4 h como mínimo
Congelación: 1 h

• *15 g de mantequilla* • *5 g de levadura de panadería*
• *6 cl (4 c) de agua a 20 °C* • *240 g de harina floja*
• *4 g (1 cc) de sal fina* • *30 g (2 c) de azúcar en polvo*
• *5 g (1 cc) de leche entera en polvo (opcional)*
• *125 g de mantequilla a temperatura ambiente*

Funda los 15 g de mantequilla en un cazo. Desmigaje la levadura en un bol y dilúyala en agua. Tamice la harina con un colador puesto sobre un cuenco; añada la sal, el azúcar, la leche en polvo si lo desea, la mantequilla fundida y la levadura disuelta.

1. Trabaje la masa a mano, de fuera a dentro hasta que esté homogénea. Si está demasiado firme, añádale un poco de agua.

2. Cubra el cuenco con película de cocina y deje que la masa doble 1 h-1 h 30 min, en un lugar cálido (22 °C).

3. Aplástela con la mano para expulsar el gas carbónico producido por la fermentación. Volverá entonces a adquirir su volumen inicial. Tape el cuenco con película de cocina y métalo en la nevera (4 °C) durante 1 h. Aplástela una vez más, déjela doblar de volumen otra vez y póngala 30 min en el congelador.

4. Ablande los 125 g de mantequilla trabajándola con una espátula. Extienda la masa con un rodillo en un rectángulo tres veces más largo que ancho. Los ángulos deberán ser bien rectos. Extienda con los dedos la mitad de la mantequilla en los 2/3 inferiores de la masa y déle una vuelta sencilla hasta cubrir la masa untada con la mantequilla. Luego, una segunda vuelta sencilla sobre el resto de masa sin mantequilla (*ver masa de hojaldre para brioches en la página 82*). Métala 30 min en el congelador y, pasado este tiempo, 1 h en la nevera.

5. Vuelva a realizar la operación de dar las vueltas con el resto de la mantequilla y meta de nuevo la masa 30 min en el congelador, y después 1 h en la nevera.

¿Por qué se aplasta dos veces la masa?

La receta indica en dos ocasiones que se aplaste la masa con el puño para expulsar el gas carbónico y volver a darle su volumen inicial. Durante esas operaciones se vuelve a mezclar la masa, lo cual pone a las levaduras en contacto con masa fresca, donde pueden volver a su multiplicación, que es exponencial: una levadura engendra dos, cada una de las cuales engendra dos, etc.; al cabo de sólo 20 divisiones, cada célula de levadura da, pues, vida a más de 30 000 células, cada una de las cuales asume su tarea de fermentación.

H.T.

Masa para gofres

Para 500 g de masa
Preparación: 10 min

• 5 cl de crema de leche • 20 cl de leche entera fresca
• 3 g de sal fina • 75 g de harina
• 30 g de mantequilla
• 3 huevos enteros
• 0,5 cl de agua de azahar

1. Hierva en un cazo la crema de leche y la mitad de la leche. Déjelo enfriar.
2. Haga hervir en otro recipiente el resto de la leche con la sal; espolvoree con harina y añada la mantequilla. Déjelo hervir y reducir 2 o 3 min removiendo con una espátula, como si se tratara de una masa para pasta choux (*ver p. 85*).

3. Vierta esa mezcla en un cuenco, añádale los huevos, uno a uno, luego la crema y leche hervidas, y finalmente el agua de azahar. Déjelo enfriar totalmente.

gofres en
forma de corazón

Masa de hojaldre

Para 1 kg de masa
Preparación: 30 min
Reposo: 10 h

• 20 cl de agua fría • 14 g (1 c) de sal fina
• 500 g de mantequilla de gran calidad
a temperatura ambiente
• 150 g de harina rica en gluten
• 250 g de harina común

1. Ponga el agua fría y la sal en un bol, deje que ésta se disuelva lentamente. Funda en un cazo 75 g de mantequilla. Coloque en un cuenco la harina rica en gluten y la corriente, añada el agua salada y luego la mantequilla fundida, removiendo con regularidad, pero sin amasar demasiado.
2. Forme una bola, aplástela entre las manos, envuélvala en película de cocina y déjelo reposar 2 h en el frigorífico (4 °C).
3. Corte el resto de la mantequilla en trocitos, deposítelos en un cuenco y abládela mediante una espátula, hasta que tenga la misma consistencia que la bola.
Cuando la masa haya reposado lo suficiente, enharine levemente la superficie de trabajo y extienda la bola con el rodillo hasta un grosor de 2 cm, dejando más altura en el centro que en los extremos.
4. Extienda la masa formando un cuadrado de ángulos bien rectos y ponga la mantequilla en el centro.
5. Doble cada esquina de la masa sobre la mantequilla para obtener un «sobre» de pasta de forma cuadrada. Extienda el sobre de masa hasta obtener un rectángulo tres veces más largo que ancho.
6. Pliegue la masa en tres, como para formar un sobre rectangular: ha dado a la masa la primera «vuelta». Deje reposar la masa 2 h en la nevera.

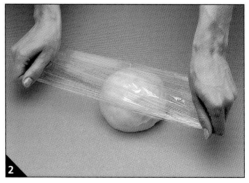

7. Gire la masa 45°, extiéndala en un rectángulo del mismo tamaño que el anterior, pliéguelo en tres como la primera vez: acaba de dar la segunda vuelta. Deje reposar la masa nuevamente durante 1 h como mínimo en la nevera. Proceda del mismo modo hasta haber hecho seis vueltas, de dos en dos, dejándola reposar cada vez 2 h en el frigorífico.

8. En cada vuelta, marque con una presión de los dedos la parte superior de la masa para acordarse del número de vueltas efectuado. Conserve la masa en el frigorífico hasta que haya de usarla.

Sugerencia

No ponga demasiada harina cuando espolvoree con ella la superficie de trabajo para extender los rectángulos, pues es mejor evitar sobrecargar de harina una masa sometida a vueltas.

Para ganar tiempo

La verdadera masa de hojaldre requiere un tiempo de reposo muy largo. Pero la puede preparar en gran cantidad y congelar la que sobre, para utilizarla más adelante.

VARIANTES

Masa de hojaldre con café

Prepare la mantequilla que extenderá sobre la bola estirada. Deje que funda suavemente y añádale unos 10 g de café soluble. A continuación proceda del mismo modo que lo haría con la masa de hojaldre clásica.

Masa de hojaldre con chocolate

Mezcle 50 g de cacao en polvo con la mantequilla que extenderá sobre la masa. Forme un cuadrado, envuélvalo en película de cocina y déjelo 2 h, como mínimo, en el frigorífico.

¿Por qué las hojas?

El modo de preparación de la masa de hojaldre consiste en alternar capas de mantequilla y capas de masa. Durante la cocción, el agua contenida en la masa se evapora, pero se encuentra bloqueada por las capas de materia grasa, que son impermeables. Puesto que el vapor ocupa más volumen que el agua que lo ha formado, las capas de materia grasa se separan. Para obtener un buen resultado es muy importante hacer los bordes bien limpios: si, al dividir el sobre, se soldaran en los bordes las capas de masa (invisibles a simple vista), se formaría una costra espesa, lo que impediría que el hojaldre se hinchara.

H.T.

Masa de hojaldre para brioches

Para 500 g de masa
Preparación: 30 min
Reposo: 3 h
Congelación: 1 h

- *250 g de harina rica en gluten*
- *15 g (1 c) de azúcar en polvo • 3 g (1/2 cc) de sal fina*
- *15 g (1 c) de leche entera en polvo*
- *10 cl de agua muy fría • 1 huevo entero muy frío*
- *20 g de levadura de panadería*
- *100 g de mantequilla fría*

Vierta la harina sobre la superficie de trabajo o en un cuenco. Desmigaje la levadura sobre uno de los lados del montón de harina. Ponga, sobre el otro lado, el azúcar y la sal. Al principio no deben estar en contacto, pues sal y azúcar destruirían la levadura.

Haga una cavidad en el centro de la harina, vierta en ella el agua y el huevo, la leche en polvo y, con los dedos o una cuchara de madera, mezcle rápidamente todos estos ingredientes. Cuando la masa esté homogénea, deje de amasar. Forme una bola, envuélvala en película de cocina y métala en el congelador a fin de enfriarla instantáneamente.

1. Cuando la masa esté fría, trabájela y extiéndala con el rodillo en un rectángulo tres veces más largo que ancho.

2. Ablande la mantequilla con una espátula en un cuenco. Extienda la mitad en los 2/3 inferiores de la masa, estirando hacia abajo, y déle una vuelta sencilla (*ver p. 81*).

3. Compruebe que los ángulos estén bien rectos. Meta la masa 30 min en el congelador y luego 1 h en la nevera (4 ºC).

4. Haga a continuación otra vuelta sencilla sin añadir mantequilla (*ver masa de hojaldre invertida en la página 83*). Extienda de nuevo la masa en un rectángulo.

5. Disponga el resto de la mantequilla en los 2/3 inferiores del rectángulo formado con la masa. Pliegue la parte sin mantequilla sobre la de en medio, y la parte inferior, sobre la plegada. Vuelva a meter la masa 30 min en el congelador y después 1 hora en el frigorífico. Cuando haya formado el brioche, déjelo crecer durante 1 h 30 min a 2 h en la nevera antes de meterlo en el horno.

Utilizar ingredientes muy fríos

Las levaduras son microorganismos, es decir, seres vivos formados por una sola célula, que únicamente proliferan en determinadas condiciones: en presencia de alimentos, como azúcares, y a temperaturas que no los lleven a la inercia ni a una destrucción por desecación. Si se las mezclara simplemente con la harina, el agua, los huevos o el azúcar, se desarrollarían inmediatamente, y la masa, al perder su firmeza, ya no absorbería correctamente la mantequilla durante las vueltas. Además, al enfriar la masa después de preparada, se frena la actividad de las levaduras. En ese caso, desarrollan aromas característicos de brioche.

H.T.

Masa de hojaldre invertida

Para 500 g de masa
Preparación: 30 min
Reposo: 10 h como mínimo

Para la primera mezcla:
- *60 g de harina (mitad floja, mitad de fuerza)*
- *160 g de mantequilla a temperatura ambiente*

Para la segunda mezcla:
- *150 g de harina (mitad floja, mitad de fuerza)* • *5 g (1 cc) de sal fina*
- *50 g de mantequilla*
- *10 cl de agua*
- *1/4 de cc de vinagre de alcohol*

1. En un cuenco, junte la harina y la mantequilla de la primera mezcla hasta que la masa forme una bola. Aplástela con el rodillo en forma de disco de 2 cm de grosor y envuélvala en película de cocina. Póngala 2 en el frigorífico (4 °).

2. Junte, en otro cuenco, todos los elementos de la segunda mezcla, pero no incorpore el agua de golpe: la masa no debe quedar demasiado blanda. Cuando esté homogénea, extiéndala en un cuadrado de 2 cm de grosor; envuélvala en película de cocina y póngala 2 h en la nevera.

3. Extienda la primera mezcla en forma de disco de 1 cm de grosor; ponga la segunda mezcla en el centro y doble encima el borde del disco para encerrarla por completo. Comience a extender este pedazo de masa golpeándolo con el puño en toda su superficie; luego, con un rodillo, aplastándolo suavemente desde el centro hacia el borde, forme un rectángulo tres veces más largo que ancho. Pliegue hacia el centro su cuarto inferior, luego su cuarto superior: sus lados estrechos se encontrarán frente a frente. Doble la masa en dos por la mitad: le acaba de dar una «vuelta en cartera», también llamada *«vuelta doble»*.

4. Gire ese nuevo rectángulo de modo que el pliegue se encuentre a la izquierda y aplástelo levemente. Envuélvalo en película de cocina y póngalo 2 h en el frigorífico.

5. Aplaste un poco la masa fría con el puño, luego extiéndala con el rodillo (con el pliegue siempre a la izquierda) en un rectángulo tres veces más largo que ancho. Pliegue éste en cartera y vuelva a ponerlo, envuelto, 2 h como mínimo en la nevera.

6. Déle finalmente la tercera y última vuelta, una «vuelta sencilla», en el momento de utilizar la masa. Extiéndala de nuevo en un rectángulo, pero, esta vez, doble el tercio inferior y luego el tercio superior sobre el central para obtener un cuadrado; déjelo reposar 2 h, envuelto en película de cocina en la nevera, primero de un lado, luego del otro.

7. Cuando tenga que extender la masa, ablándela. Para lograrlo, habrá de levantarla de la superficie de trabajo y, además, deslizarla sobre la palma de las manos.

8. Póngala sobre una bandeja cubierta con papel sulfurizado humedecido, pínchela repetidas veces con un tenedor y déjela reposar de 1 a 2 h más en el frigorífico antes de cocerla.

Comentario del gourmet
Esa masa hojaldrada se llama *invertida* porque la primera mezcla, que clásicamente queda encerrada en la segunda, se encuentra aquí en el exterior; luego la masa soporta vueltas dobles y se hincha mucho durante la cocción, dando un hojaldre crujiente y suave.

Masa de hojaldre invertida caramelizada

Para 500 g de masa
Preparación: 15 min
Reposo: de 1 a 2 h
Cocción: 20 min

- *430 g de masa de hojaldre invertida (ver arriba)*
- *45 g de azúcar en polvo* • *25 g de azúcar glas*

1. Precaliente el horno a 230 °C. En una superficie de trabajo extienda con el rodillo la masa de hojaldre con un grosor de 2 cm. Córtela a la medida de la bandeja. Cubra ésta de papel sulfurizado, levemente mojado con un pincel, y coloque en él la masa. Póngala 1 o 2 h en el frigorífico (4 °C).

2. Espolvoree la masa uniformemente con azúcar en polvo y meta la bandeja en el horno caliente, bajando la temperatura enseguida a 190 °C. Al cabo de 8 min, cubra la masa con una rejilla para evitar que suba excesivamente; prosiga la cocción 5 min más.

3. Retire la bandeja del horno, quite la rejilla, cubra la masa con un papel sulfurizado, después con una segunda bandeja, idéntica a la primera. Dé la vuelta a las dos bandejas, hacia abajo, manteniéndolas bien juntas, sobre la superficie de trabajo; retire la primera bandeja y su papel.

4. Caliente el horno a 250 °C.

5. Espolvoree toda la masa con el azúcar glas y métala de 8 a 10 min en el horno. Verá cómo el azúcar se fundirá, caramelizándose y dando una tonalidad amarilla.

Comentario del gourmet
Esta masa es ideal para la preparación de hojaldres grandes o pequeños; la caramelización evita que el hojaldre se deshaga con la crema.
Es también una golosina deliciosa: recorte la masa en bastoncitos o en cuadrados y sirva los hojaldres con el café, tal cual o adornados con un copo de crema chantilly o de mousse de chocolate.

Masa de hojaldre vienesa

Para 500 g de masa
Preparación: 10 min
Reposo: 7 h

- *250 g de harina* • *265 g de mantequilla*
- *4 g (1 cc) de sal fina* • *5 g (1 cc) de azúcar en polvo*
- *1 cl (2 cc) de ron (opcional)* • *1 yema de huevo*
- *5 cl de leche* • *3 cl (2 c) de agua*

1. Mezcle en un cuenco 160 g de harina, 15 g de mantequilla, la sal, el azúcar y, si lo desea, el ron.
2. Bata en un bol la yema de huevo con la leche.
3. Añada la mezcla de leche y huevo a la masa, y luego, poco a poco, el agua: la masa debe mantenerse algo firme. Forme una bola, envuélvala en película de cocina y métala 2 h en el frigorífico (4 °C).
4. Extienda la masa. Corte los 250 g restantes de mantequilla en trocitos y trabájelos en otro cuenco con el resto de harina. Forme un cuadrado y colóquelo en medio de la masa.
5. Déle a continuación 1 «vuelta sencilla» (*ver p. 81*), 2 «vueltas dobles» (*ver masa de hojaldre invertida en la página 83*), y 1 «vuelta sencilla», dejando reposar la masa 1 h en la nevera entre cada vuelta y 2 h al final.

Comentario del gourmet
Para las masas de hojaldre se recomienda usar *mantequilla seca*, preparada con leche de vacas alimentadas en invierno con forrajes secos. Esta mantequilla firme, a veces quebradiza, presenta la ventaja de no fundirse demasiado aprisa.

VARIANTE
Masa de hojaldre invertida con pistachos
Prepare la primera mezcla combinando la harina con la mantequilla, y 70 g de pasta de pistachos aromatizada y coloreada. Proceda a continuación del mismo modo que con la masa de hojaldre invertida (*ver p. 83*). Obtendrá así una masa de sabor muy delicado.

Masa semihojaldrada

Para 500 g de masa
Preparación: 20 min
Reposo: 8 h

- *250 g de harina* • *5 g (1 cc) de sal fina*
- *250 g de mantequilla muy fría* • *15 cl de agua*

1. Tamice la harina con un colador puesto sobre un cuenco y espolvoréela con la sal.

2. Corte la mantequilla en trocitos, dejando algunos bastante grandes para que no se integren del todo en la harina, lo que dará una textura más crujiente a la masa. Mézclala con la harina con una espátula.
3. Añada el agua poco a poco amasando hasta que la preparación esté homogénea.
4. Haga con la masa una bola, envuélvala en película de cocina y póngala 2 h en el frigorífico (4 °C).
5. Déle a continuación 3 vueltas (*ver p. 81*), dejándola reposar 3 h al fresco entre cada vuelta.

Masa para mantecados

Para 500 g de masa
Preparación: 15 min

- *190 g de mantequilla a temperatura ambiente*
- *75 g de azúcar glas* • *1 g (1 pizquita) de sal fina*
- *1/2 vaina de vainilla* • *1 clara de huevo*
- *225 g de harina*

1. Parta la 1/2 vaina de vainilla por la mitad y extraiga los granos.
2. Corte la mantequilla en pedacitos, deposítelos en un cuenco, y aplástelos y trabájelos con rapidez con una espátula para ablandarlos.
3. Añada sucesivamente el azúcar glas, la sal, los granos de vainilla, la clara de huevo y finalmente la harina, incorporando bien cada nuevo ingrediente.
4. Cuando la masa esté homogénea, no la trabaje más para que conserve su textura arenosa.

Masa para pan de especias

Para 500 g de masa
Preparación: 15 min
Reposo: 1 h

- *250 g de miel* • *250 g de harina*
- *5 g de levadura en polvo*
- *5 g de granos de anís*
- *3 g de canela molida*
- *3 g de clavo de olor en polvo*
- *1/4 de corteza de naranja o de limón*

1. Haga hervir la leche.
2. Tamice la harina con un colador puesto sobre un cuenco. Haga en ella una cavidad y añádale la miel. Mézclelo bien con una cuchara de madera.
3. Haga una bola con la masa. Envuélvala en un paño limpio y déjela reposar 1 h a temperatura ambiente (20 °C).
4. Pique fina la corteza del cítrico. Añada la levadura y remueva la masa fuertemente para darle firmeza mientras le añade sucesivamente el anís, la canela, el clavo y la corteza.

Masa para pasta choux

Para 500 g de masa
Preparación: 15 min

- *8 cl de agua*
- *10 cl de leche entera fresca*
- *4 g (1 cc) de sal fina*
- *4 g (1 cc) de azúcar en polvo*
- *75 g de mantequilla*
- *100 g de harina*
- *3 huevos enteros*

1. Vierta en un cazo el agua y la leche; añada la sal, el azúcar y la mantequilla. Hágalo hervir todo, removiendo con una espátula.

2. Añada toda la harina de una sola vez y remueva enérgicamente con la espátula hasta que la masa sea lisa y homogénea. Cuando se separe de las paredes y del fondo del cazo, siga removiendo la masa 2 o 3 min más para secarla un poco.

3. Póngala en un cuenco; añádale los huevos enteros, de uno en uno, asegurándose de que cada uno esté perfectamente incorporado a la masa antes de añadir el siguiente.

4. Siga trabajando la masa. Levántela de vez en cuando, hasta que caiga en forma de cinta, indicador de que estará lista.

5. Métala en una manga y colóquela en una bandeja con la forma deseada, de bola, por ejemplo, para los profiteroles.

¿Cómo obtener una buena pasta choux?
Para conseguir una buena pasta choux, pase la harina por el tamiz y respete las proporciones. En pastelería, esta masa es la base de, entre otros postres, el Saint-Honoré.
Si utiliza una manga pastelera, elija una boquilla del n° 11 para las pastas choux pequeñas, del n° 14 para las medianas y de n° 20 para las grandes.

¿Por qué hay que añadir los huevos uno a uno a la masa para pasta choux?
La pasta choux se hincha si se ha trabajado bien. Este trabajo de la masa permite la creación de una infinidad de burbujas microscópicas de aire. Las paredes de éstas favorecen el paso de las moléculas, que hasta ese momento están líquidas en la masa en forma de vapor, hacia el exterior. La formación de este vapor durante la cocción asegura totalmente que la pasta choux se hinche.

H.T.

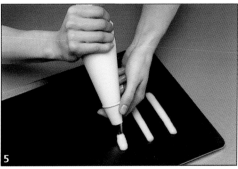

Masa para savarin

Para 500 g de masa
Preparación: 20 min
Reposo: 30 min

- *60 g de mantequilla a temperatura ambiente*
- *15 g de levadura de panadería*
- *160 g de harina floja*
- *2,5 g (1/2 cc) de extracto de vainilla natural*
- *1/4 de corteza de limón*
- *15 g (1 c) de miel de acacia*
- *5 g (1 cc) de sal fina*
- *5 huevos*

1. Comience la elaboración de esta receta picando la corteza de limón muy fina. Corte la mantequilla en trocitos pequeños.
2. Desmigaje la levadura en un cuenco. Añada la harina, la vainilla, la miel, la sal, la corteza de limón y un huevo. Mézclelo con una cuchara de madera y luego añada, uno a uno, los demás huevos. Trabaje la masa hasta que se separe de las paredes del cuenco. Incorpore a continuación la mantequilla y trabaje de nuevo hasta que la masa vuelva a separarse y sea elástica, lisa y brillante.
3. Cuando esté homogénea, no amase más y déjela crecer durante un período de 30 min a temperatura ambiente.
4. Cuando haya llenado el molde hasta la mitad, deje fermentar la masa otra vez hasta que alcance los bordes.

Sugerencia
Para hacer esta masa con la ayuda del robot de cocina, use el brazo amasador. Deposite la harina, la miel, la corteza de limón y 3 huevos en el bol. Haga girar el aparato a velocidad media hasta que la masa se separe de las paredes del bol. Añada los otros huevos, espere de nuevo a que la preparación se separe de la superficie y, entonces, agregue la mantequilla a pedacitos, amasando todo hasta que se separe bien de las paredes.

Masa para streusel o crumble

Para 500 g de masa
Preparación: 5 min

- *125 g de mantequilla fría*
- *125 g de azúcar en polvo*
- *2,5 g (1/2 cc) de sal fina*
- *125 g de harina*
- *125 g de almendras molidas*

1. En primer lugar, corte la mantequilla en trocitos de unos 1,5 cm.
2. Colóquelos en un cuenco con el azúcar, la sal, la harina y las almendras molidas. Mezcle y amase con una cuchara de madera hasta obtener una sémola gruesa que se llama *streusel*.
3. Conserve la masa en un plato y póngala en el frigorífico (4 °C).

Sugerencia
También puede trabajar esta masa con los dedos, pero debe tener en cuenta que el calor de las manos fundirá la mantequilla y la preparación será sensiblemente menos compacta.

Masas con edulcorantes

De los tres tipos de edulcorantes existentes (sacarina, ciclamatos y aspartama), es esta última la que apareció más tarde en el mercado. La aspartama endulza 200 veces más que el azúcar y es totalmente inocua. Fue en los países anglosajones donde estos productos empezaron a extenderse. Si se guardan los edulcorantes en un lugar demasiado caluroso, pierden su poder endulzante, excepto la sacarina.

Masa dulce

Para 500 g de masa
Preparación: 15 min
Reposo: 2 h

- *100 g de mantequilla*
- *200 g de harina* • *1 pizca de sal*
- *40 g de almendras molidas*
- *1 huevo* • *9 c de edulcorante en polvo (aspartama)*

1. Corte la mantequilla en trocitos, deposítelos en un cuenco y amáselos con una espátula de madera para ablandarlos.

2. Mezcle, en un bol grande, la sal, la harina y el edulcorante en polvo.

3. Vierta las almendras molidas poco a poco sobre la mantequilla y remueva hasta que la mezcla sea homogénea. Luego añada el huevo y la mezcla anterior.

4. Mezcle la masa rápidamente con una cuchara de madera o a mano, forme una bola y déjela reposar al fresco durante 2 h.

VARIANTE

Puede perfumar esta masa con un poco de vainilla molida que debe añadir a la mezcla de sal, harina y edulcorante.

Masa quebrada

Para 500 g de masa
Preparación: 15 min
Reposo: 2 h

- *250 g de harina* • *1/2 cc de sal*
- *3 c de edulcorante en polvo (aspartama)*
- *130 g de mantequilla*
- *1 yema de huevo*
- *5 cl de leche desnatada*

1. Mezcle bien, en un cuenco, la harina, la sal y el edulcorante en polvo.

2. Corte la mantequilla en trocitos pequeños, póngalos en un cuenco y, para ablandarlos, amase con una espátula.

3. Añada la yema del huevo, luego la leche y finalmente la mezcla de harina, sal y edulcorante.

4. Mézclelo bien, pero no lo amase. Si le falta suavidad, le puede añadir una gota de leche. Forme una bola y déjela reposar durante 2 h al fresco antes de extenderla.

*palos de canela y estrellas
de badián (anís estrellado)*

Masa «sablée»

Para 500 g de masa
Preparación: 15 min
Reposo: 1 h

- *2 yemas de huevo* • *200 g de harina*
- *1/2 cc de sal* • *1/2 c de levadura en polvo*
- *4 c de edulcorante en polvo (aspartama)*
- *180 g de mantequilla* • *35 g de almendras molidas*
- *2 cl de ron*

1. Cueza los dos huevos hasta que estén duros. Pélelos y triture las yemas a máquina o con un tenedor, hasta que queden muy finas.

2. En un bol, mezcle la harina, la sal, la levadura y el edulcorante en polvo.

3. Ponga la mantequilla en un cuenco y amásela para ablandarla.

4. Añada a la mantequilla, mezclando bien cada vez, las almendras molidas, luego las yemas, el ron y, finalmente, la mezcla de harina, levadura y edulcorante. Cuando la masa sea homogénea, deje de trabajarla y guárdela en un lugar fresco durante 1 h.

VARIANTE

Puede hacer del mismo modo una masa *sablée* a la canela añadiendo 1 c de canela molida.

Masas para bizcochos y merengues

Las masas para bizcochos, para dacquoises y genovesas son preparaciones de estructura aérea y suave, realizadas a partir de los mismos componentes básicos. Las proporciones de los ingredientes y, sobre todo, las diversas maneras de realizar la mezcla aportan las diferencias de sabor y textura.

Bizcochos

Masa de bizcocho con aceite de oliva

Para 500 g de masa
Preparación: 15 min

- *125 g de harina • 1 limón*
- *100 g de mantequilla • 1/2 corteza de limón*
- *120 g de azúcar en polvo • 4 huevos enteros*
- *2 cl (4 cc) de leche entera fresca*
- *4 g (1 cc) de levadura en polvo*
- *7,5 cl (5 c) de aceite de oliva virgen*

1. Tamice la harina con un colador sobre un bol. Exprima el limón y reserve su zumo. Funda la mantequilla en un cazo y déjela entibiar.

2. Pique la corteza muy menuda. Póngala en un cuenco con el azúcar y mézclelo 30 s para que éste se impregne bien de su perfume.

3. A continuación añada los huevos, uno a uno. Bata hasta que estén espumosos y luego vierta, removiendo, la leche.

4. Incorpore la harina, la levadura, 1 cc de zumo de limón, la mantequilla derretida y finalmente el aceite de oliva. Remueva con una espátula y compruebe que cada ingrediente esté bien integrado en la masa antes de añadir el siguiente.

Comentario del gourmet
Con el bizcocho con aceite de oliva se obtienen unos pasteles blandos y afrutados, que pueden servirse tibios o a temperatura ambiente.

Masa de bizcocho con almendras y avellanas

Para 500 g de masa
Preparación: 20 min

- *50 g de almendras molidas*
- *50 g de avellanas molidas*
- *60 g de azúcar en polvo*
- *6 claras de huevo*
- *80 g de azúcar en polvo*
- *Azúcar glas*

1. Mezcle las almendras molidas, las avellanas molidas y los 60 g de azúcar en polvo en un cuenco.

2. Monte las claras de huevo y haga un merengue con los 80 g de azúcar.

3. Agregue a las claras las almendras y las avellanas molidas de la primera mezcla, removiendo de manera delicada.

4. Meta después la masa en una manga con una boquilla lisa del n° 9 y dispóngala en una espiral, partiendo siempre del centro, sobre una bandeja cubierta con papel sulfurizado.

5. Antes de la cocción, espolvoree muy levemente con azúcar glas dos veces, con un intervalo mínimo de 10 minutos.

Masa de bizcocho con almendras y chocolate sin harina

Para 500 g de masa
Preparación: 15 min

- *75 g de chocolate amargo*
- *4 huevos enteros
y 1 clara de huevo*
- *90 g de pasta de almendras*
- *110 g de azúcar en polvo*

1. Parta el chocolate en trocitos y fúndalo suavemente en un cazo al baño María (40 °C) o, si lo prefiere, en el microondas.

2. Casque los huevos y continúe con la separación de las claras y las yemas.

3. Ablande en un cuenco la pasta de almendras y las yemas de huevo con la cuchilla de la batidora eléctrica; cambie luego de utensilio para montar la mezcla con las varillas.

4. Por otro lado, en un cuenco grande, monte a punto de nieve las 5 claras de huevo hasta que consiga elaborar un merengue, es decir, espolvoreándolas muy poco a poco con el azúcar, sin dejar nunca de batir con la batidora.

5. Vierta sobre las yemas el chocolate derretido y después añádale las claras montadas mezclando suavemente la preparación.

6. Meta la masa en una manga con una boquilla del n° 8 o 9 y póngala en espiral, partiendo del centro, en forma de círculo sobre una bandeja cubierta con papel sulfurizado.

Masa de bizcocho de tipo «brownie»

Para 500 g de masa
Preparación: 15 min

- *125 g de mantequilla*
- *70 g de chocolate negro amargo* • *2 huevos*
- *150 g de azúcar en polvo*
- *60 g de harina tamizada*
- *100 g de pacanas*

1. Parta el chocolate en trocitos y derrítalos lentamente en un cazo al baño María (40 °C); resérvelo tibio.

2. Corte los 125 g de mantequilla en pequeños pedazos y fúndala; espere un tiempo, hasta que esté tibia.

3. Mezcle los huevos con el azúcar, y agregue la mantequilla y el chocolate.

4. Mezcle la harina y las pacanas apenas machacadas. Añádalas a la preparación anterior, removiendo con una espátula de madera.

Masa de bizcocho «capucine»

Para 500 g de masa
Preparación: 15 min

- *Varias avellanas enteras*
- *100 g de almendras molidas*
- *25 g de harina*
- *220 g de azúcar en polvo*
- *5 claras de huevo*

1. Tueste las avellanas de 15 a 20 min en el horno a 170 °C y macháquelas.

2. Mezcle en un cuenco las almendras molidas, la harina y 100 g de azúcar.

3. En un bol grande, monte las claras de huevo a punto de nieve, y vaya añadiendo poco a poco el azúcar.

4. A continuación, mézclelas suavemente con las almendras molidas.

5. Meta la masa en una manga con boquilla lisa del n° 9 y dispóngala en espiral, partiendo del centro, en un círculo puesto sobre una bandeja cubierta con papel sulfurizado. Espolvoree encima con las avellanas trituradas.

Masa de bizcocho con chocolate sin harina

Para 500 g de masa
Preparación: 20 min

• *50 g de chocolate negro amargo (60 % de cacao como mínimo)* • *5 huevos enteros* • *200 g de azúcar en polvo*

1. Parta el chocolate en trocitos y fúndalo suavemente en un cazo al baño María (40 °C).
2. Separe las claras y yemas de los huevos. Bata en un cuenco estas últimas con la mitad del azúcar hasta que estén blancas y espumosas.
3. En un bol grande, bata las claras a punto de nieve y añada luego el resto del azúcar, sin dejar de batir, hasta que estén bien firmes.
4. Agregue lentamente 1/3 de las claras a la mezcla de yemas y azúcar; luego vierta el chocolate, removiendo con una espátula. Añada finalmente el resto de las claras, levantando la preparación (de abajo hacia arriba) con suavidad.
5. Meta la masa en una manga con boquilla lisa del nº 9 y dispóngala en espiral, partiendo del centro, en un círculo puesto sobre una bandeja cubierta de papel sulfurizado.

Masa de bizcocho para enrollar y rellenar (brazo de gitano, pionono, etc.)

Para 500 g de masa
Preparación: 10 min

• *6 huevos enteros* • *150 g de azúcar en polvo* • *75 g de harina*

1. Separe las claras de las yemas de los huevos y reserve 3 claras. Sobre un bol tamice la harina con un colador.
2. En un cuenco, bata firmemente las 6 yemas y 3 claras de huevo con la mitad del azúcar, hasta que la mezcla esté blanca y espumosa.
3. Monte a punto de nieve las 3 claras de huevo restantes que había reservado, añadiendo poco a poco el resto del azúcar, sin dejar de batir con el batidor de varillas o la batidora eléctrica.
4. Agréguelas a las yemas, levantando suavemente la preparación con una espátula.
5. Añada finalmente la harina espolvoreando en forma de lluvia.

Masa de bizcocho con chocolate y mantequilla sin harina

Para 500 g de masa
Preparación: 15 min

• *100 g de chocolate negro amargo (60 % de cacao como mínimo)* • *85 g de mantequilla a temperatura ambiente* • *100 g de azúcar en polvo* • *6 g (1 cc colmada) de cacao en polvo* • *3 huevos enteros* • *3 claras de huevo*

1. Parta el chocolate en trocitos y fúndalos suavemente en un cazo al baño María (40 °C).
2. Corte la mantequilla en pedacitos y, en un cuenco, bátalos con el cacao y con 40 g de azúcar, hasta que tenga una textura blanda y ligera.
3. Separe las claras y las yemas de los huevos.
4. Incorpore a la mantequilla 3 yemas de huevo y 1 clara, y después el chocolate.
5. Monte las otras 5 claras de huevo a punto de nieve, agregando poco a poco el azúcar restante y mézclelas luego cuidadosamente con las yemas.
6. Meta la masa en una manga con una boquilla lisa del nº 8 y dispóngala en forma de disco sobre una bandeja cubierta de papel sulfurizado.

Masa de bizcocho con chocolate para enrollar y rellenar

Para 500 g de masa
Preparación: 15 min

• *55 g de mantequilla* • *25 g de harina* • *25 g de fécula de patata* • *30 g de cacao en polvo* • *4 huevos enteros* • *2 yemas de huevo* • *120 g de azúcar en polvo*

1. Funda la mantequilla en un cazo y resérvela tibia.
2. Tamice juntos la harina, la fécula y el cacao con un colador puesto sobre un bol.
3. Separe las claras y yemas de los huevos. Bata 6 yemas con la mitad del azúcar hasta que estén blancas y espumosas.
4. Monte las claras a punto de nieve agregando poco a poco el resto del azúcar, sin dejar de remover con el batidor de varillas o con la batidora eléctrica.
5. Ponga un poco de las yemas con azúcar en la mantequilla derretida y tibia, y mézclelo todo.
6. Vierta la mantequilla sobre el resto de las yemas. A continuación incorpore las claras, añadiendo la harina, la fécula y el cacao, y levante la preparación con delicadeza.

Masa para «bizcocho fallado»

Para 500 g de masa
Preparación: 15 min

- 100 g de harina • 70 g de mantequilla
- 4 huevos enteros • 140 g de azúcar en polvo
- 1/2 bolsita de azúcar de vainilla
- 1,5 cl (1 c) de ron agrícola (opcional)
- 3 g (1/2 cc) de sal fina

1. Tamice la harina con un colador en un bol grande.
2. Funda la mantequilla en un cuenco, sin que tome color, y manténgala tibia.
3. Separe las claras y las yemas de los huevos.
4. Bata vigorosamente, en un cuenco, las yemas con el azúcar en polvo y el de vainilla hasta que estén blancos y espumosos.
5. Añádales la harina espolvoreando, luego la mantequilla derretida y, si lo desea, el ron. Remueva bien a fin de obtener una preparación homogénea.
6. En un bol monte las claras a punto de nieve muy firme con la sal, y agréguelas después a la masa con suavidad.
7. Aromatice el conjunto con el perfume que desee.

Comentario del gourmet
Puede perfumar la masa para «bizcocho fallado» con ingredientes como avellanas picadas, pasas, frutas confitadas, anís, licor, aguardiente, etc.

Masa de bizcocho Gioconda con pistachos

Para 500 g de masa
Preparación: 15 min

- 30 g de harina • 20 g de mantequilla
- 100 g de almendras molidas
- 100 g de azúcar glas
- 3 huevos enteros • 3 claras de huevo
- 15 g de azúcar en polvo
- 25 g de pasta de pistachos aromatizada

1. Tamice la harina con un colador en un bol.
2. Funda la mantequilla en un cazo y después déjela enfriar.
3. Mezcle en un cuenco las almendras molidas y el azúcar glas. Añádale primero 2 huevos enteros, uno a uno, y luego la pasta de pistachos aromatizada y coloreada.
4. Proceda exactamente como lo haría con la masa de bizcocho Gioconda clásica (*ver p. 92*), respetando escrupulosamente el modo de mezclar los ingredientes para que la masa no se hunda.

Masa de bizcocho a la italiana

Para 500 g de masa
Preparación: 15 min

- 5 huevos • 100 g de azúcar glas • 1/2 corteza de limón picada fina • El zumo de 1 limón • 50 g de azúcar en polvo • 60 g de maicena • 60 g de harina

1. Separe las yemas de las claras de los huevos uno a uno. Mezcle las yemas con el azúcar glas y bátalo todo unos 5 min, hasta que la mezcla tome una tonalidad blanca. Añada entonces la corteza y el zumo de limón.
2. Monte en un cuenco las claras a punto de nieve con el azúcar en polvo. Cuando estén firmes, viértalas sobre la mezcla anterior y remuévalo bien.
3. Mezcle la harina y la maicena, y tamícelo junto. Añádalo a la preparación anterior con mucha suavidad.

Masa de bizcocho a la japonesa

Para 500 g de masa
Preparación: 10 min

- 125 g de avellanas molidas • 125 g de azúcar glas
- 20 g de harina • 6 claras de huevo • 25 g de azúcar

1. Mezcle en un cuenco las avellanas molidas, el azúcar glas y la harina.
2. En un bol grande, monte las claras de huevo a punto de nieve merengándolas poco a poco con el azúcar. Agréguelas delicadamente a la mezcla de avellanas molidas, azúcar y harina.
3. Meta la masa en una manga con una boquilla lisa del n° 7 y dispóngala en espiral, partiendo del centro, en un círculo colocado sobre una bandeja cubierta con papel sulfurizado.

Masa de bizcocho con nueces

Para 500 g de masa
Preparación: 10 min

- 30 g de harina • 100 g de nueces machacadas • 50 g de almendras molidas • 90 g de azúcar glas • 60 g de azúcar moreno • 5 claras de huevos cascadas (ver p. 24)

1. Tamice la harina con un colador puesto sobre un cuenco. Añada las nueces, las almendras molidas y el azúcar glas, mezclándolo todo bien.
2. Monte las claras de huevo a punto de nieve añadiendo poco a poco el azúcar moreno hasta obtener un merengue.
3. Agregue con delicadeza la primera mezcla a las claras merengadas.

91

Masa de bizcocho Gioconda

Para 500 g de masa
Preparación: 25 min

• *30 g de harina floja* • *20 g de mantequilla* • *100 g de almendras molidas* • *100 g de azúcar glas* • *3 huevos enteros* • *3 claras de huevo* • *15 g de azúcar en polvo*

1. Tamice la harina con un colador puesto sobre un cuenco. Funda la mantequilla en un cazo y luego déjela enfriar. Mezcle en otro cuenco las almendras molidas y el azúcar glas. Añada 2 huevos enteros, uno a uno.
2. Bata vivamente con el batidor de varillas, o con el eléctrico, para emulsionar la masa incorporándole aire, haciéndola más ligera: debe doblar su volumen. Añada entonces el último huevo y siga batiendo 5 min más.
3. Incorpore un poco de mantequilla fundida y enfriada, mezcle bien, y añada a continuación el resto.
4. Monte las claras de huevo a punto de nieve hasta obtener un merengue, es decir, incorporándoles poco a poco el azúcar en polvo. Agregue primero un poco de clara montada a la masa, para aligerarla. Luego incorpore la totalidad, mezclando la preparación con una espátula, sin revolver, espolvoreando con la harina.
5. Extienda la masa de bizcocho de manera uniforme, mediante una espátula metálica, sobre una bandeja de pastelería cubierta con papel sulfurizado. Hágalo hacia los bordes del papel, apoyándose en los de la bandeja, para igualar el espesor del bizcocho, que debería ser de unos 3 mm.

Comentario del gourmet
Una vez cocida, esta masa absorbe perfectamente jarabes diversos según los dulces de cocina, y se vuelve fundente. Se conserva muy bien en el congelador envuelta en película de cocina.

Sugerencia
Es necesario mezclar las claras con la masa en cuanto están montadas y cocer enseguida porque, si no, la masa se hundiría.

¿Cómo batir una masa de bizcocho?
Batir consiste en introducir burbujas de aire en una preparación. En muchos casos, este paso representa la clave del éxito, pues esa masa de bizcocho estará bien hinchada o tristemente plana según se haya tenido o no la paciencia de introducir muchas burbujas. Antes de adquirir una batidora eléctrica nueva, compruebe que las varillas para batir estén inclinadas. Las verticales dan un resultado mediocre y obligarían a sostener el aparato en una posición poco práctica para batir la masa de bizcocho.

H.T.

Masa de bizcocho para tronco de Navidad

Para 500 g de masa
Preparación: 30 min

- *4 huevos enteros*
- *150 g de pasta de almendras*
- *1 clara de huevo*
- *50 g de azúcar en polvo*
- *75 g de harina*

1. Separe las claras y las yemas de los huevos.
2. Ablande, en un cuenco, la pasta de almendras añadiendo paulatinamente las 4 yemas de huevo y luego 2 claras. Coloque esa mezcla al baño María y bátala calentándola hasta que se espese (55 °C-60 °C, temperatura que su dedo aún pueda soportar). Retírela del fuego y siga trabajando con la batidora eléctrica hasta que se haya enfriado totalmente.
3. Tamice la harina con un colador puesto sobre un cuenco. Monte las 3 claras de huevo restantes a punto de nieve firme, incorporando poco a poco el azúcar.
4. Mézclelo todo delicadamente con la preparación de pasta de almendras mientras le añade la harina espolvoreando.

Masa de bizcocho con chocolate para tronco de Navidad

Para 500 g de masa
Preparación: 20 min

- *55 g de mantequilla*
- *25 g de harina*
- *25 g de fécula de patata*
- *25 g de cacao en polvo*
- *4 huevos enteros*
- *2 yemas de huevo*
- *125 g de azúcar en polvo*

1. Funda la mantequilla en un cazo.
2. Tamice la harina, la fécula y el cacao con un colador puesto sobre un cuenco.
3. Separe las claras y las yemas de los huevos. Monte las primeras a punto de nieve en un bol grande añadiendo poco a poco la mitad del azúcar.
4. En otro cuenco, bata las 6 yemas con el resto del azúcar hasta que estén blancas y espumosas.
5. Ponga 2 c de esta mezcla en el cazo que contiene la mantequilla derretida.
6. Incorpore las claras a las yemas, mezclando la preparación con una espátula; luego agregue la harina al cacao muy delicadamente y, al final, la mantequilla fundida.

Masa de bizcochos de cuchara

Para 500 g de masa
Preparación: 10 min

- *80 g de harina*
- *4 huevos enteros*
- *4 yemas de huevo*
- *110 g de azúcar en polvo*

1. Tamice la harina con un colador puesto sobre un bol.
2. Separe las claras y las yemas de los huevos. En un cuenco, bata las claras a punto de nieve incorporándoles poco a poco 50 g de azúcar.
3. Bata en otro cuenco las 8 yemas con el resto del azúcar hasta que estén blancas y espumosas.
4. Agregue la mezcla de yema y azúcar, muy despacio, a las claras montadas, mezclando la preparación con delicadeza con una espátula de madera. Luego, espolvoree progresivamente la harina, procediendo del mismo modo.

Comentario del gourmet
Esta masa de bizcocho, muy ligera, resulta ideal para la preparación de dulces de cocina a base de frutas para servir muy fríos o bien helados: es blanda y suave, y no se rompe ni se quiebra, ni siquiera cuando está muy mojada.

Masa de dacquoise con avellanas

Para 500 g de masa
Preparación: 25 min

- *135 g de avellanas molidas*
- *150 g de azúcar glas*
- *5 claras de huevos cascadas (ver p. 24)*
- *50 g de azúcar en polvo*
- *Varias avellanas aveline de Piamonte tostadas*

1. Tamice juntos el azúcar glas y las avellanas molidas con un colador puesto sobre un cuenco.
2. Bata aparte las claras de huevo a punto de nieve, añadiéndoles poco a poco el azúcar en polvo.
3. Mézclelas delicadamente con las avellanas molidas, levantando la preparación (de abajo hacia arriba) con una espátula.
4. Meta la masa en una manga con una boquilla lisa del nº 9 y extiéndala en forma de disco sobre una bandeja cubierta con papel sulfurizado. Espolvoree generosamente con las avellanas tostadas.

Masa de dacquoise con almendras

Para 500 g de masa
Preparación: 25 min

• *150 g de azúcar glas* • *135 g de almendras molidas*
• *5 claras de huevo* • *50 g de azúcar en polvo*

1. Mezcle el azúcar glas con las almendras molidas y tamícelo en un colador sobre una hoja de papel sulfurizado.
2. En un cuenco, monte las claras de huevo con la batidora eléctrica. Agregue el azúcar en polvo en tres veces para que no se deshagan formando granitos, mezclándolo con la espátula. Bata la mezcla hasta obtener un merengue suave.
3. Añada a la preparación las almendras molidas azucaradas (espolvoreando y mezclando delicadamente) con una espátula, sin batir.
4. Meta la masa en una manga con una boquilla lisa del nº 9 o 10 y dispóngala en espiral, partiendo del centro, en 2 círculos de 22 cm de diámetro sobre una bandeja cubierta con papel sulfurizado.
5. Antes de la cocción, espolvoree los círculos dos veces con azúcar glas –15 min de intervalo–, para que formen perlas como un merengue (*ver p. 99*).

Sugerencia
Para hacer bizcochos y merengues, los pasteleros a menudo prefieren usar claras de huevo *cascadas* (*ver p. 24*), es decir, conservadas 3 días en la nevera, porque soportan mejor la cocción.

Comentario del gourmet
La dacquoise está mejor 24 h después de su preparación. Generalmente se combina con muselinas de aromas diversos.

¿Cómo montar las claras a punto de nieve?
El *graneado* es el proceso que tiene lugar cuando se bate en exceso las claras de huevo: las claras montadas se hunden en forma de granitos mezclados con agua (recibiendo, por ello, el nombre de *graneado*). La razón: el trabajo de la batidora ha terminado por producir una especie de «cocción» que hay que evitar siempre. El remedio: usar una batidora de baja velocidad, emplear huevos cascados o introducir el azúcar en tres veces. Para comprender la acción del azúcar basta con comparar las claras montadas con azúcar con las claras montadas sin azúcar: las que han estado «tratadas» con azúcar se componen de burbujas mucho más pequeñas, de modo que se obtiene la misma firmeza con menos trabajo de la batidora. Esto significa una ventaja, puesto que se trata precisamente de evitar el trabajo excesivo que conduce al graneado.

H.T.

Masa de dacquoise con coco

Para 500 g de masa
Preparación: 20 min

- 40 g de almendras molidas
- 150 g de azúcar glas
- 100 g de coco rallado
- 5 claras de huevo
- 50 g de azúcar en polvo

1. Tamice el azúcar glas y las almendras molidas con un colador puesto sobre un cuenco. Añada el coco.
2. Bata en otro cuenco las claras a punto de nieve y añada poco a poco el azúcar en polvo. Agréguelas delicadamente a la mezcla anterior, levantando la preparación (de abajo hacia arriba) con una espátula.
3. Meta la masa en una manga con una boquilla lisa del nº 9 y extiéndala en forma de disco sobre una bandeja cubierta con papel sulfurizado.

Masa de dacquoise con pistachos

Para 500 g de masa
Preparación: 20 min

- 25 g de pistachos • 115 g de almendras molidas
- 135 g de azúcar glas • 5 claras de huevo
- 50 g de azúcar en polvo • 20 g de pasta de pistachos aromatizada y coloreada

1. Pele los pistachos, tuéstelos de 10 a 15 min en el horno a 170º C y píquelos.
2. Tamice juntos las almendras molidas y el azúcar glas, y añada después los pistachos picados.
3. Monte las claras de huevo a punto de nieve añadiendo poco a poco el azúcar.
4. Meta la pasta de pistachos en un bol y agregue 1/5 de las claras mezclando con el batidor de varillas.
5. Vierta esta preparación sobre el resto de las claras. Luego añada, espolvoreando, las almendras molidas con los pistachos picados. Mézclelo delicadamente con una espátula.

Masa de dacquoise al praliné

Para 500 g de masa
Preparación: 20 min

- 125 g de avellanas enteras molidas
- 125 g de azúcar glas • 30 g de avellanas tostadas picadas • 45 g de azúcar en polvo • 5 claras de huevo cascadas (ver p. 24) • 20 g de pasta de avellanas

1. En primer lugar, tamice las avellanas molidas y el azúcar glas en un cuenco, y añada después las avellanas picadas.
2. Monte las claras de huevo a punto de nieve agregándoles poco a poco el azúcar en polvo.
3. Ablande la pasta de avellanas mezclándola en un cuenco con 1/5 de las claras.
4. Añada el resto de las claras, incorporándolas a la preparación de avellanas, mezclándolo todo con una espátula.
5. Meta la masa en una manga con una boquilla del nº 9 y colóquela en forma de disco en una bandeja cubierta con papel sulfurizado.

Masa de genovesa con almendras

Para 500 g de masa
Preparación: 15 min

- 40 g de mantequilla
- 75 g de pasta de almendras (50 % como mínimo de almendras molidas)
- 60 g de azúcar en polvo
- 2 yemas de huevo
- 4 huevos enteros
- 125 g de harina

1. Funda la mantequilla en un cazo y déjela que se entibie.
2. En un cuenco bata con la batidora eléctrica la pasta de almendras y el azúcar en polvo, hasta que la preparación quede arenosa.
3. Añada a continuación las yemas de huevo, una a una, y después los huevos enteros, sin olvidarse de remover bien.
4. Coloque el cuenco al baño María hirviendo lentamente y bata la mezcla, hasta que se vuelva blanca y espumosa.
5. Incorpore un poco de esta preparación a la mantequilla tibia.
6. Por último, espolvoree con harina el cuenco y luego añada la mantequilla, levantando la preparación delicadamente (de abajo hacia arriba) con una espátula.

Comentario del gourmet
Esta genovesa sustituye con creces a la clásica, ya que tiene mejor sabor.

VARIANTE

Masa de genovesa con café
Al final de la preparación anterior, añádale unos 5 g de café soluble disuelto en muy poquita agua para obtener una masa aromatizada.

Masa de genovesa

Para 500 g de masa
Preparación: 30 min

- *140 g de harina*
- *40 g de mantequilla*
- *4 huevos enteros*
- *140 g de azúcar en polvo*

1. Tamice la harina con un colador puesto sobre un cuenco. A continuación, funda la mantequilla en un cazo, manteniéndola espumosa, y resérvela tibia. Después casque los huevos en un cuenco; espolvoree por encima con el azúcar mientras remueve. Coloque ese cuenco al baño María hirviendo a fuego lento y comience de inmediato a batir.

2. Siga hasta que la mezcla se haya espesado (55-60 °C, una temperatura que su dedo puede soportar perfectamente).

3. Retire la preparación del baño María y muévala con la batidora eléctrica hasta que se haya enfriado totalmente.

4. Ponga 2 c de esta mezcla en un bol más o menos pequeño y, acto seguido, añádale la mantequilla derretida y tibia.

5. Espolvoree a continuación con harina en el cuenco con los huevos, levantando la masa (de abajo hacia arriba) con una espátula, y luego añádale el contenido del bol, mezclando delicadamente.

Sugerencia

Esta preparación básica, considerada particularmente ligera, se conserva en el congelador, una vez cocida, envuelta en película de cocina.

¿Cómo se montan a punto de nieve los huevos?

Las claras de huevo contienen, sobre todo, agua y proteínas. Éstas son moléculas muy semejantes a pelotitas plegadas sobre sí mismas. Algunas partes son solubles en agua y se encuentran en el exterior de las «pelotitas», en contacto con el agua; otras, en cambio, son insolubles y se encuentran dentro del corazón de las estructuras. Al montar claras de huevo, dichas estructuras se desarrollan, y este proceso conduce a la introducción de burbujas de aire en su interior. Las partes de las proteínas que no se disuelven en agua, se ponen espontáneamente en contacto con el aire de las burbujas evitando así el agua. Las burbujas de aire quedan entonces envueltas de proteínas, formando de esta manera una corteza estabilizadora que encierra el aire en el agua.

Masa de genovesa con chocolate

Para 500 g de masa
Preparación: 15 min

• 40 g de mantequilla
• 120 g de harina
• 20 g de fécula de patata
• 20 g de cacao en polvo
• 4 huevos enteros
• 140 g de azúcar en polvo

1. Funda la mantequilla en un cazo y resérvela tibia.
2. Mezcle en un cuenco el cacao en polvo y el azúcar en polvo.
3. Añada las yemas de huevo, una a una, y luego los huevos enteros, removiendo bien.
4. Coloque el cuenco al baño María hirviendo a fuego lento y bata la mezcla, hasta que se vuelva blanca y espumosa.
5. Ponga 2 c de esta mezcla en un bol pequeño, y agregue la mantequilla fundida y tibia.
6. Tamice juntas la harina y la fécula de patata, y espolvoree todo en el cuenco. Luego añada el contenido del bol, levantando la preparación (de abajo hacia arriba) delicadamente con una espátula.

Masa «à progrès»

Para 500 g de masa
Preparación: 15 min

• 75 g de avellanas molidas
• 35 g de almendras molidas
• 40 g de almendras blancas molidas
• 160 g de azúcar glas • 10 g de harina
• 6 claras de huevo • 2 g (1 pizquita) de sal

1. Mezcle en un cuenco las avellanas y las almendras molidas con el azúcar glas y la harina.

2. En un bol grande, monte con la batidora eléctrica las claras de huevo, con la sal, a punto de nieve firme.
3. Incorpórelas a la mezcla de almendras y avellanas molidas con azúcar y harina, levantando suavemente la preparación (de abajo hacia arriba) con una espátula o con una cuchara de madera.
4. Meta la masa en una manga con una boquilla lisa del nº 9 y póngala en forma de disco sobre una bandeja cubierta con papel sulfurizado.

Comentario del gourmet
La masa à *progrès* sirve para preparar toda clase de pasteles que se adornan con crema perfumada.

Masa «à succès» con almendras

Para 500 g de masa
Preparación: 15 min

• 85 g de almendras molidas
• 85 g de azúcar glas • 6 claras de huevo
• 160 g de azúcar en polvo
• Ralladuras de almendras (opcional)

1. Mezcle las almendras molidas y el azúcar glas, y tamice con un colador puesto sobre un cuenco.
2. Con una batidora eléctrica, monte las claras de huevo a punto de nieve con un poquito de azúcar en polvo. Cuando se hayan hinchado bien, añada, de una vez, el resto del azúcar. Mezcle durante 1 min.
3. Incorpore con una espátula de madera la mezcla de azúcar y almendras molidas y, si lo desea, algunas ralladuras de almendras.
4. Meta la masa en una manga con una boquilla lisa del nº 9 y póngala en forma de disco sobre una bandeja cubierta con papel sulfurizado.

VARIANTE

Masa à succès con avellanas
Para obtener esta masa sustituya las almendras molidas por avellanas molidas.

Numerosos frutos secos y frutas desecadas entran en la elaboración de masas.

Merengues

La masa de merengue, que se prepara a base de claras de huevo y de azúcar, se caracteriza por su ligereza. Dependiendo de su modo de cocción, esta masa puede quedar esponjosa o crujiente y en pastelería se emplea en muchas preparaciones diferentes. En estas páginas presentamos el merengue francés, el merengue italiano y el merengue suizo.

Merengue francés
Para 500 g de merengue
Preparación: 5 min

• *5 claras de huevo*
• *340 g de azúcar en polvo*
• *1 cc de extracto de vainilla natural*

1. Casque los huevos uno a uno y separe bien las claras en un cuenco. Tenga cuidado de que no quede en ellas ni rastro de yema ya que no se montarían bien. Con una batidora eléctrica, monte las claras a punto de nieve incorporándoles, poco a poco, 170 g de azúcar.
2. Cuando hayan doblado de volumen, viértales 85 g más de azúcar y la vainilla. Siga batiendo hasta que estén muy firmes, lisas y brillantes.
3. Añádales el resto del azúcar, espolvoreando. Cuando ésta se haya integrado bien, la masa debe estar firme y sostenerse sólidamente sobre las varillas de la batidora.
4. Meta el merengue en una manga con una boquilla lisa y dispóngalo, en la forma que más desee, sobre una bandeja untada con mantequilla y, además, enharinada.

Sugerencia
Si quiere que los merengues hagan «perlas», es decir, que se cubran de perlitas amarillas, agradables a la vista y al paladar, tamíceles encima un poco de azúcar glas. Espere a que se haya formado una suave corteza y espolvoree por segunda vez justo antes de cocerlos.

Comentario del gourmet
Tradicionalmente, el merengue común, también llamado *merengue francés*, se prepara con mitad de azúcar en polvo y mitad de azúcar glas. El empleo únicamente del primero le da un sabor un tanto caramelizado, una textura a la vez crujiente y blanda, y evita el desagradable regusto seco y como de yeso debido, en parte, al almidón añadido, casi siempre, al azúcar glas.

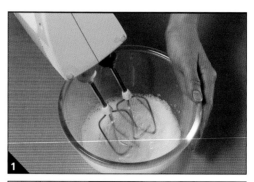

Merengue italiano
Para 500 g de merengue
Preparación: 10 min

- *280 g de azúcar en polvo*
- *8,5 cl de agua*
- *5 claras de huevo*

1. Hierva en un cazo el agua con el azúcar, teniendo en cuenta que debe limpiar regularmente las paredes del recipiente con un pincel mojado. Caliente la mezcla hasta obtener una gran bola o *bola dura* (*ver p. 123*).

2. Con una batidora eléctrica, monte en un bol grande las claras de huevo a punto de nieve de «pico blando», es decir, que no estén demasiado firmes. Con el electrodoméstico a velocidad media, vierta sobre las claras el almíbar preparado con el azúcar, sin dejar de batir, hasta que la preparación consiga enfriarse un poco.

3. Meta el merengue en una manga con boquilla lisa y dispóngala con la forma que desee sobre un pastel. Por ejemplo, puede decidirse por pequeños «botones» que cubran el postre.

Comentario del gourmet
Debe saber que el merengue italiano también permite aligerar otros merengues o mousses, y confeccionar, además, numerosas recetas, como bizcochos glaseados, cremas de mantequilla, sorbetes, suflés helados e incluso petits-fours.

Merengue suizo
Para 500 g de merengue
Preparación: 10 min

- *6 claras de huevo*
- *340 g de azúcar glas*

1. Ponga las claras de huevo y el azúcar en un cuenco al baño María (40 °C) y bata la mezcla hasta que se haya espesado (55 °C-60 °C, temperatura que todavía puede soportar su dedo).

2. Retire la mezcla del fuego y bata vivamente hasta que esté firme.

3. Aromatícela o coloréela a su gusto.

Comentario del gourmet
Puede perfumar este merengue añadiéndole, por ejemplo, 1 cc de extracto líquido de vainilla o de agua de azahar, o incluso una corteza de limón.

Cocer merengues
Cueza los merengues en un horno calentado a 110 °C-120 °C y con la puerta entreabierta. Cuente unos 40 minutos de cocción para los merengues pequeños hechos con la manga pastelera y 1 h 30 min para los discos grandes.

Usos del merengue francés
El merengue francés sirve para preparar toda clase de pequeños pasteles. Júntelos de 2 en 2 con crema de praliné, cúbralos con crema de mantequilla. Y, a continuación, con virutas de chocolate de almendras *pralinées*.

Las cremas tienen un papel de gran importancia en la elaboración de postres y en pastelería. Algunas de ellas se pueden guardar en la nevera y otras se tienen que elaborar en el último momento. Por otra parte, las mousses son preparaciones más ligeras, sabrosas y untuosas.

Cremas
y
mousses

Cremas

Crema almendrada
Para 500 g de crema
Preparación: 10 min

- 120 g de mantequilla
a temperatura ambiente
- 100 g de almendras en polvo
- 150 g de crema pastelera (ver p. 112)
- 110 g de merengue italiano
(ver p. 99)

1. En primer lugar prepare, en un cuenco grande, una crema pastelera; cúbrala y resérvela en frío.
2. Prepare un merengue italiano. Resérvelo en la parte inferior de la nevera.

3. Parta la mantequilla en pedacitos y colóquelos en un cuenco.
4. Bátala fuertemente con un batidor de varillas o con una batidora eléctrica para ablandarla o, si lo prefiere, amásela con una espátula de madera hasta que quede suave y cremosa.
5. Sin dejar de batir, añada poco a poco las almendras en polvo y, en su caso, el aguardiente de frutas que desee.
6. Incorpore, batiendo, la crema pastelera y, después, el merengue italiano que tenía preparados.

Comentario del gourmet
Puede aumentar el sabor de la crema almendrada añadiéndole una buena cucharada (unos 2 cl) de aguardiente de albaricoque o de kirsch.

Crema bavaroise

Para 500 g de crema
Preparación: 10 min

- *2 hojas de gelatina*
- *250 g de crema inglesa a la vainilla (ver p. 108)*
- *250 g de nata montada (ver p. 113)*

1. Ponga la gelatina en remojo en un cuenco con abundante agua fría y luego escúrrala. Prepare, en otro recipiente, la crema inglesa a la vainilla. Justo después de colarla en un cuenco, cuando aún está caliente, añádale la gelatina, removiendo para que se disuelva completamente.

2. Sumerja el cuenco en un recipiente grande lleno de cubitos de hielo y remueva hasta que la mezcla comience a espesarse (20 °C).

3. Incorpore la nata montada, preparada con crema líquida (mejor que con crema espesa). Mezcle la preparación con cuidado. Utilícela enseguida.

¿Por qué hay que remojar la gelatina?
Si se introdujera la gelatina directamente en la preparación caliente, formaría grumos e hilos que ya no se podrían deshacer: el agua caliente forma un gel en la superficie de las hojas, lo que limita la difusión del agua hacia el interior de éstas. En agua fría, por el contrario, no se forma inmediatamente ese gel protector externo, de modo que el agua sigue su lento desarrollo.

H.T.

Crema bavaroise de arroz a la naranja

Para 500 g de masa
Preparación: 15 min
Cocción: 5 min

- *1/2 corteza o piel de naranja*
- *50 g de arroz bomba*
- *50 cl de leche entera fresca*
- *30 g de azúcar en polvo*
- *2 hojas de gelatina*
- *2 yemas de huevo*
- *125 g de crema líquida*

1. Pique fina la piel de naranja.

2. Coloque en un cazo 8 cl de leche, el arroz, la piel o corteza picada y 10 g de azúcar. Cuézalo a fuego medio hasta que el arroz haya absorbido todo el líquido. Déjelo enfriar en un colador, removiendo cada 5 minutos.

3. Ponga la gelatina en remojo en abundante agua fría y luego escúrrala.

4. Cueza en otro cazo las yemas de huevo, el azúcar, la leche restante y la gelatina como si se tratara de una crema inglesa (*ver p. 108*).

5. Añádale el arroz y sumerja el cazo de inmediato en un recipiente lleno de cubitos de hielo, removiéndolo de vez en cuando, hasta que la mezcla empiece a espesarse (20 °C).

6. Incorpore la crema líquida con cuidado a la preparación. Utilícela de inmediato.

Comentario del gourmet
Uno de los mejores arroces es el *arroz bomba*, que se puede encontrar en las tiendas de ultramarinos selectos y en algunas grandes superficies.

Crema bavaroise de canela caramelizada

Para 500 g de crema
Preparación: 20 min
Cocción: 5 min

- *50 g de azúcar en polvo*
- *1 rama de canela de Ceilán*
- *20 cl de leche entera fresca*
- *2 hojas de gelatina*
- *3 yemas de huevo*
- *200 g de nata montada*
(ver p. 113)

1. Deje fundir en seco, en un cazo, la mitad del azúcar, añada la rama de canela desmenuzada y deje que caramelice a fuego lento.
2. A continuación, interrumpa la cocción enseguida vertiendo la leche caliente. Hágalo hervir todo de nuevo, luego fíltrelo por un colador colocado sobre un cuenco.
3. Ponga la gelatina en remojo en abundante agua fría; enjuáguela y escúrrala.
4. Cueza, en una cacerola, las yemas de huevo, el resto del azúcar y la leche aromatizada, como para una crema inglesa *(ver p. 108)*.
5. Añada la gelatina en caliente, removiendo para que se disuelva bien.
6. Filtre la crema mediante un colador puesto sobre un cuenco sumergido, a su vez, en un recipiente lleno de cubitos de hielo, removiendo de vez en cuando hasta que empiece a espesarse (20 °C).
7. Incorpore la nata montada removiendo delicadamente la preparación. Utilícela de inmediato.

Crema bavaroise con leche de almendras

Para 500 g de crema
Preparación: 15 min
Cocción: 5 min

- *200 g de leche de almendras*
(ver p. 113)
- *4 yemas de huevo*
- *3 hojas de gelatina*
- *1 gota de esencia de almendras amargas*
- *250 g de nata montada*
(ver p. 113)

1. La víspera del día en que la quiera utilizar, prepare la leche de almendras. Añada una gota de esencia de almendras amargas.
2. Remoje la gelatina en un recipiente con agua fría: enjuáguela y escúrrala.

3. Cueza en una cacerola las yemas de huevo con la leche de almendras como si se tratara de una crema inglesa *(ver p. 108)*.
4. Añada la gelatina en caliente, removiendo bien para que se disuelva en la leche de almendras. Sumerja la cacerola en un recipiente lleno de cubitos de hielo hasta que la crema empiece a espesarse (20 °C).
5. Añada la nata montada removiendo delicadamente la preparación. Utilícela de inmediato.

Crema bavaroise de pan de especias

Para 500 g de crema
Preparación: 15 min
Cocción: 5 min

- *15 cl de leche entera fresca*
- *1 g (1 pizquita) de especias para pan de especias*
- *15 g de miel de castaño o de abeto*
- *3 hojas de gelatina*
- *65 g de pan de especias blando*
- *3 yemas de huevo*
- *200 g de nata montada*
(ver p. 113)

1. Hierva la leche en un cazo, añada las especias y la mitad de la miel, y deje reposar la mezcla 15 min. Cuélela.
2. Ponga a remojar la gelatina en abundante agua fría y luego enjuáguela y escúrrala.
3. Corte el pan de especias en daditos y póngalos con la leche aromatizada en un cuenco grande; páselo todo por la batidora hasta obtener una mezcla homogénea.
4. Cueza a continuación en una cacerola las yemas de huevo, la miel restante y la leche con el pan de especias como si se tratara de una crema inglesa *(ver p. 108)*.
5. Añada la gelatina en caliente, removiendo para que se disuelva bien. Después sumerja la cacerola en un recipiente lleno de cubitos de hielo completamente, hasta que la mezcla comience a espesarse (una temperatura de 20 °C).
6. Incorpore la nata montada removiendo con cuidado la preparación. Utilícela de inmediato.

Comentario del gourmet
Según las regiones, el pan de especias puede llegar a reunir hasta una decena de especias, entre ellas las siguientes: badián (o anís estrellado), canela, cardamomo, clavo de olor, cilantro, corteza de naranja o de limón seca, jengibre, etc. No obstante, cada pastelero suele tener sus fórmulas secretas.

Crema bavaroise con pétalos de rosa

Para 500 g de crema
Preparación: 15 min
Cocción: 5 min

- *1 rosa* • *20 cl de leche entera fresca*
- *2 hojas de gelatina*
- *2 cl (una buena cucharada sopera)*
  de jarabe de rosa
- *20 g de azúcar en polvo*
- *3 yemas de huevo*
- *250 g de nata montada (ver p. 113)*

1. Separe con cuidado los pétalos de la rosa y píquelos. Hierva la leche en un cazo junto a los pétalos y el jarabe de rosas. Déjelo reposar 15 min. Fíltrelo.
2. Ponga la gelatina a remojar en un cuenco grande lleno de agua fría y luego enjuáguela y escúrrala.
3. Cueza en un cazo los huevos, el azúcar y la leche aromatizada con el agua de rosas que se ha preparado antes, como si se tratara de una crema inglesa (*ver p. 108*).
4. Añada la gelatina en caliente, removiendo para que se disuelva bien. Luego sumerja el cazo en un recipiente lleno de cubitos de hielo hasta que la mezcla empiece a espesarse (20 °C).
5. Incorpore con cuidado la nata montada. Utilícela de inmediato.

Comentario del gourmet
Encontrará jarabe de rosas, de sabor muy delicado, en las tiendas de ultramarinos orientales.

Crema bavaroise a la vainilla

Para 500 g de crema
Preparación: 15 min
Cocción: 5 min

Para la infusión:
- *1/2 vaina de vainilla*
- *20 cl de leche entera fresca*
- *1,5 cl (1 c) de extracto*
  natural de vainilla

Para la crema:
- *3 hojas de gelatina*
- *2 yemas de huevo*
- *50 g de azúcar en polvo*
- *220 g de nata montada (ver p. 113)*

1. Parta la 1/2 vaina de vainilla por la mitad y raspe las semillas.

2. A continuación, coloque en un cazo la leche con la vaina, las semillas y el extracto de vainilla. Hágalo hervir y luego déjelo reposar durante varias horas al fresco. Cuélelo.
3. Ponga la gelatina a remojar en abundante agua fría, enjuáguela y escúrrala.
4. Cueza en otro cazo las yemas de huevo, el azúcar y la leche de vainilla como si se tratara de una crema inglesa (*ver p. 108*).
5. Añada en caliente la gelatina escurrida, removiendo para disolverla totalmente; a continuación sumerja el cazo en un recipiente lleno de agua fría con cubitos de hielo hasta que la mezcla empiece a espesarse (20 °C).
6. Incorpore la nata montada removiendo delicadamente la preparación. Utilícela de inmediato.

VARIANTE

Crema bavaroise con miel y azafrán
Siguiendo el mismo principio, pero sin vainilla, puede sustituir un 15 % del azúcar por la misma cantidad de miel y añadir una pizca de azafrán.

Crema de café

Para 500 g de crema
Preparación: 25 min
Cocción: 5 min

- *30 cl de leche entera fresca*
- *10 g de café molido*
- *4 yemas de huevo*
- *75 g de azúcar en polvo*
- *30 g de mantequilla*
  a temperatura ambiente
- *75 g de crema chantilly*
  (ver p. 105)

1. Coloque la leche y el café molido en un cazo, y póngalo todo al fuego hasta que hierva. Déjelo reposar 30 min y fíltrelo.
2. En un cuenco grande, bata las yemas de huevo junto al azúcar durante 3 min y añádale la leche aromatizada lentamente removiendo con la espátula de batir. Vierta toda esta preparación en el cazo y ponga esta crema inglesa a fuego medio sin cesar de trabajar con la espátula o con una cuchara de madera, evitando sobre todo que llegue a hervir.
3. Sumergir el cazo en un recipiente con agua fría y lleno de cubitos de hielo, hasta que la preparación logre alcanzar una temperatura tibia (unos 50 °C).
4. Corte la mantequilla en pequeños trozos y añádalos a la crema removiendo bien para que se funda; dejar que la mezcla se enfríe completamente.
5. Por último, añadir la crema chantilly levantando delicadamente la preparación (de abajo hacia arriba) con la ayuda de una espátula.

103

Crema de caramelo

Para 500 g de crema
Preparación: 20 min
Cocción: 5 min

- *125 g de merengue italiano (ver p. 99)*
- *125 g de azúcar en polvo*
- *125 g de crema de leche*
- *125 g de mantequilla*

1. Prepare el merengue italiano y resérvelo en la parte inferior de la nevera dentro de un recipiente tapado.
2. Caliente en una cacerola el azúcar en seco. Cuando empiece la cocción interrúmpala, vertiéndole la crema de leche y déjelo enfriar.
3. En un cuenco, bata la mantequilla hasta que esté blanda y ligera. Añada el caramelo, y mezcle bien hasta que la preparación esté a temperatura ambiente (20 °C).
4. Incorpore el merengue italiano levantando suavemente la preparación (de abajo hacia arriba).

Crema de castañas

Para 500 g de crema
Preparación: 10 min

- *125 g de mantequilla*
  a temperatura ambiente
- *250 g de pasta de castañas*
- *15 cl de crema de leche*
- *3 cl (2 c) de ron*

1. Trabaje la mantequilla con una espátula en un cuenco hasta que tenga consistencia de pomada.
2. Añada la pasta de castañas y mézclelo todo hasta que la preparación quede homogénea.
3. Hierva la crema de leche, y añádala a la mezcla de mantequilla y pasta de castañas, removiendo bien.
4. Incorpore finalmente el ron y 4 cc de agua (2 cl).

Comentario del gourmet
Puede enriquecer esta crema de castañas añadiéndole algunas raspaduras de marrons glacés.

Crema chantilly con chocolate con leche

Para 500 g de crema
Preparación: 20 min
Refrigeración: 12 min

- *150 g de chocolate con leche*
- *350 g de crema de leche*

1. Pique o ralle el chocolate y póngalo en un cuenco.
2. En un cazo, haga hervir la crema de leche, vertiéndola después lentamente sobre el chocolate.
3. A continuación, bata vivamente la mezcla y luego sumerja el cuenco en un recipiente grande lleno de cubitos de hielo mientras sigue batiendo.
4. Deje reposar esta crema chantilly 12 h en el frigorífico (a 4 °C) y bátala de nuevo antes de utilizarla.

chocolate negro y chocolate con leche

Crema chantilly con chocolate negro

Para 500 g de crema
Preparación: 20 min
Refrigeración: 8 min

- *110 g de chocolate amargo*
- *6 cl de leche entera fresca*
- *30 cl de crema de leche*
- *25 g de azúcar*

1. Pique o ralle el chocolate y fúndalo al baño María (40 °C).
2. Hierva la leche en un cazo y viértala después sobre el chocolate fundido, removiendo bien.
3. Deje entibiar la mezcla (50 °C).
4. Bata la crema de leche con el azúcar e incorpórela al chocolate con delicadeza.
5. Deje reposar esa crema durante 8 horas en el frigorífico (a 4 °C) y luego vuelva a batirla.

VARIANTE

Crema chantilly aromatizada
Puede aportar una nota de fantasía a sus postres, crear contrastes o armonías, si aromatiza la crema de leche utilizada para confeccionar los 500 g de chantilly. Deje reposar en ella, a su gusto, durante 15 min, 30 g de café molido, 30 g de menta, 3 o 4 vainas de vainilla abiertas sin semillas, un trozo de canela en rama, badián (o *anís estrellado*), esencia de almendra amarga, o cortezas de naranja o limón. Incluso puede disolver en ella, si lo desea, 60 g de pasta de pistachos.

Crema chantilly
(nata montada dulce)
Para 500 g de crema
Preparación: 10 min

- *50 cl de crema de leche pasteurizada*
- *30 g de azúcar en polvo*

1. Guarde la crema de leche 2 h como mínimo en la nevera, ya que debe estar a 4 °C. Viértala en un cuenco sumergido en un recipiente lleno de cubitos de hielo.
2. Bátala enérgicamente con el batidor de varillas; si utiliza la batidora eléctrica, hágala girar a velocidad media. Añada el azúcar, espolvoreando justo cuando la crema empiece a subir.
3. Deje de trabajar en cuanto esté firme, ya que si no se desharía convirtiéndose en mantequilla.

Conservación
La crema chantilly sólo se conserva unas pocas horas en la nevera. Si la quiere hacer más ligera, puede añadirle, en el último momento, una clara de huevo. En ese caso, consúmala de inmediato.

Crema de chocolate
con espliego
Para 500 g de crema
Preparación: 10 min
Cocción: 5 min

- *125 g de chocolate de cobertura*
- *15 cl de leche entera fresca* • *15 cl de crema de leche*
- *1 g (1 pizquita) de espliego seco picado*
- *1 hoja de gelatina* • *2 yemas de huevo*
- *30 g de azúcar en polvo*

1. Funda lentamente el chocolate al baño María (40 °C).
2. En otro cazo, haga hervir la crema y la leche. Añada el espliego, tápelo y déjelo reposar todo 10 min; después cuélelo. Ponga la gelatina en remojo en un recipiente con agua fría, enjuáguela y escúrrala.
3. Cueza en un cazo las yemas de huevo, el azúcar y la leche aromatizada como para una crema inglesa (*ver p. 108*). Añada la gelatina en caliente, removiendo para disolverla, y luego el chocolate, en 3 o 4 veces, levantando la preparación con delicadeza (de abajo hacia arriba).

Crema «diplomática»
Para 500 g de crema
Preparación: 10 min
Cocción: 5 min

- *1/2 vaina de vainilla*
- *35 cl de leche entera fresca*
- *80 g de azúcar*
- *3 huevos*

1. Corte la 1/2 vaina de vainilla por la mitad y extraiga las semillas.
2. Vierta la leche en una cacerola, y añada la vaina y las semillas de vainilla. Hiérvalo todo y déjelo reposar después 30 min. Cuélelo y déjelo enfriar.
3. Bata en un cuenco los huevos y el azúcar con el batidor de varillas.
4. Incorpore la leche, mezclándolo bien. Guarde la preparación en la nevera.

Crema chiboust

Para 500 g de crema
Preparación: 25 min
Cocción: 5 min

- *4 huevos enteros* • *1 clara de huevo*
- *50 g de azúcar en polvo* • *20 g de fécula de maíz*
- *30 cl de leche entera fresca* • *2 hojas de gelatina*

1. Separe las claras y yemas de los huevos. Prepare una crema pastelera (*ver p. 112*) con las yemas, 20 g de azúcar, la fécula y la leche.

2. Ponga la gelatina a remojar en mucha agua fría, enjuáguela y escúrrala. Agréguela a la crema en caliente, removiendo para disolverla bien y retírelo del fuego.

3. Monte las 5 claras de huevo a punto de nieve añadiéndoles, poco a poco, el resto del azúcar.

4. Incorpore un cuarto de las claras montadas a la crema pastelera.

5. Vierta esta mezcla sobre el resto de las claras montadas, trabajando la preparación con delicadeza con el batidor de varillas. Utilícela de inmediato.

Conservación

La crema chiboust debe utilizarse poco tiempo después del momento en que la mezcla se ha realizado. Los dulces que llevan esta preparación tienen que consumirse en 24 h.

Usos

La crema chiboust acompaña normalmente los pasteles o tartas de frutas y ciertos dulces.

¿Cómo actúa la gelatina?

La gelatina se compone de moléculas largas que se encuentran en la piel, los tendones y los huesos de los animales terrestres o en las espinas de los animales marinos, enroscadas de tres en tres. Estas hélices triples están organizadas en fibrillas resistentes. Cuando se calienta la gelatina, las moléculas se dispersan en el agua caliente: separándose rápidamente en todas direcciones. Pero cuando la preparación se enfría, las fuerzas de asociación entre las moléculas son más fuertes que la energía del movimiento. Se vuelven a formar pequeños segmentos de hélices triples y las moléculas de gelatina forman toda una red que encierra el agua: imaginemos una araña que hubiera tejido hilos en todas las direcciones de una habitación; las moscas no podrían volar en ella.

H.T.

Crema «embajador» al Grand Marnier

Para 500 g de crema
Preparación: 10 min

• *1 hoja de gelatina* • *1,5 cl (1 c) de Grand Marnier*
• *250 g de crema pastelera (ver p. 112)* • *75 g de frutas confitadas* • *225 g de crema chantilly (ver p. 105)*

1. Ponga la gelatina en remojo en un recipiente lleno de agua fría, enjuáguela y escúrrala.
2. En un cazo al baño María, caliente el Grand Marnier y derrita en él la gelatina.
3. Añada a esta mezcla un cuarto de la crema pastelera preparada previamente; mézclelo bien, y luego añada el resto de esa crema y las frutas confitadas.
4. Incorpore finalmente la crema chantilly, levantando la preparación suavemente (de abajo hacia arriba) con una espátula.

Crema de limón

Para 500 g de crema
Preparación: 20 min
Cocción: 5 min

• *3 limones* • *2 huevos* • *135 g de azúcar en polvo*
• *165 g de mantequilla a temperatura ambiente*

1. Pele la corteza de los limones y píquela fina. Exprímalos hasta obtener 10 cl de zumo.
2. Mezcle en un cuenco los huevos y el azúcar con las cortezas y el zumo de limón. Cuézalo al baño María, removiendo de vez en cuando, hasta el límite de ebullición (82 °C-83 °C).
3. Cuele la mezcla con un colador en un cuenco y ponga éste de inmediato en un recipiente lleno de cubitos de hielo, removiendo hasta que la preparación esté tibia (55 °C-60 °C, temperatura todavía soportable para el dedo). Corte la mantequilla en pedacitos e incorpórelos alisando con el batidor de varillas.
4. Trabájelo todo durante 10 min, preferiblemente con la batidora eléctrica, hasta que la crema esté perfectamente homogénea.
5. Guárdela 2 h en la nevera (4 °C) antes de utilizarla.

Crema de mantequilla a la inglesa

Para 500 g de crema
Preparación: 25 min
Cocción: 5 min

• *7 cl de leche entera fresca* • *2 yemas de huevo*
• *60 g de azúcar en polvo* • *250 g de mantequilla fría o a temperatura ambiente*
• *120 g de merengue italiano (ver p. 99)*

1. Cueza las yemas de huevo, el azúcar y la leche, sin vainilla, como una crema inglesa (*ver p. 108*). Cuando la preparación esté a punto de hervir, trabájela con una batidora eléctrica a velocidad media hasta que se haya enfriado del todo.
2. Bata la mantequilla en un cuenco hasta que quede suave y ligera, añada la crema y mézclelo bien.
3. Por último, incorpore el merengue italiano removiendo delicadamente la preparación.

Crema de maracuyá

Para 500 g de crema
Preparación: 20 min
Cocción: 5 min

• *300 g de maracuyás* • *1 limón*
• *2 huevos grandes enteros*
• *110 g de azúcar en polvo*
• *180 g de mantequilla*

1. Pele y quite todas las semillas a los maracuyás. Córtelos en trocitos y tritúrelos con la batidora o el pasapurés. Cuélelos con un colador fino puesto sobre un cuenco hasta obtener 10 cl de zumo. Exprima el limón.
2. En un cazo, mezcle sucesivamente los huevos, el azúcar, el zumo de maracuyá y 1 cl (2 cc) de zumo de limón.
3. Cuézalo todo al baño María hasta que la crema se espese.
4. Retírelo del fuego, deje que quede tibio a unos 55 °C (es una temperatura soportable si la prueba con el dedo), y añada luego la mantequilla en pedacitos.
5. Bata 10 min con la batidora eléctrica. Déjelo enfriar totalmente metiendo la crema varias horas en la nevera (4 °C).

Crema de mascarpone

Para 500 g de crema
Preparación: 10 min

• *400 g de mascarpone* • *10 cl de leche entera fresca*
• *1 g (1 pizquita) de vainilla en polvo*

1. Corte el mascarpone en daditos.
2. Póngalos en un cuenco con la leche y la vainilla, y mézclelo todo con el batidor de varillas, hasta que la preparación esté perfectamente homogénea.
3. Guarde la crema varias horas en la nevera antes de utilizarla.

Comentario del gourmet
Puede acompañar esta crema con fresas, frambuesas o una macedonia de frutas.

Crema inglesa a la vainilla

Para 500 g de crema
Preparación: 15 min
Cocción: 5 min

• 2 vainas de vainilla • 15 cl de leche entera • 20 cl de crema de leche • 4 yemas de huevo • 85 g de azúcar en polvo

1. Parta en dos las vainas de vainilla y raspe las semillas. Póngalas en un cazo; añada la leche y la crema de leche; hierva y luego déjelo reposar 10 min. Cuélelo.
2. Bata las yemas de huevo con el azúcar en un cuenco grande durante 3 min; añada después la leche con la vainilla sin dejar de remover.
3. Cueza la crema a fuego medio, sin dejar de remover con una espátula o una cuchara de madera, a 83 °C, evitando sobre todo que hierva; luego apártela del fuego y remuévala más lentamente para que quede bien fina. Si ha quedado así, deberá tener consistencia: al pasar un dedo por la espátula, ésta debe quedar limpia de pasta.
4. Cuélela mediante un colador fino en un cuenco grande.
5. Sumerja el cuenco, de inmediato, en un recipiente lleno de cubitos de hielo: la crema cuya cocción se interrumpe de este modo se conserva mejor. Déjela enfriar, removiendo de vez en cuando. Luego, guárdela 24 h en el frigorífico (a 4 °C).

Ver fotografía en la página 325

VARIANTE

Crema inglesa espesa
Deposite 4 o 5 hojas de gelatina en un recipiente grande con agua fría y luego enjuáguelas y escúrralas. Añádalas a la crema inglesa todavía caliente y remueva para que se disuelvan bien. Pase la crema por un colador chino y bátala hasta que se haya enfriado. Añadiéndole 500 g de nata montada y aromatizada al gusto, sirve para la preparación del bavaroise y de la charlota rusa.

¿Cómo evitar que aparezcan grumos en una crema inglesa?

El microscopio revela los secretos de la crema inglesa. Al calentar la crema, la yema de huevo se coagula progresivamente formando grumos invisibles a simple vista. Cuanto más se caliente, más densos se formarán. Los grumos visibles, esos que se trata de evitar, son acumulaciones: el agua evaporada ha dejado que se agruparan muy densamente. ¿A qué temperatura hay que cocer una crema inglesa? Siempre a más de 68 °C, temperatura de coagulación de la yema de huevo; y a menos de 100 °C, temperatura de ebullición del agua.

H.T.

Crema de mantequilla

Para 500 g de crema
Preparación: 20 min
Cocción: 5 min

- *250 g de mantequilla muy blanda* • *5 cl de agua*
- *140 g de azúcar en polvo* • *2 huevos enteros*
- *2 yemas de huevo*

1. Trabaje la mantequilla con una espátula en un cuenco hasta dejarla bien cremosa.

2. Vierta el agua en un pequeño cazo; añada el azúcar. Hágalo hervir todo a fuego lento, pasando un pincel plano mojado en agua por los bordes interiores del cazo. Cueza ese jarabe hasta que la temperatura alcance 120 ºC en el termómetro para azúcar o de confitero.

3. Ponga los huevos enteros y las yemas en un cuenco. Bátalos con la batidora eléctrica hasta que espumen.

4. Cuando esté listo el almíbar, viértalo en forma de chorro fino sobre los huevos sin dejar de batir, a baja velocidad. Siga así hasta que se haya enfriado totalmente, utilizando un robot de cocina. De ese modo también se realiza más rápidamente el trabajo de enfriado.

5. Luego, incorpore la mantequilla sin dejar de batir. Cuando la crema esté lisa y homogénea, resérvela en la nevera.

Conservación

La crema de mantequilla se puede conservar hasta 3 semanas en la nevera dentro de un tarro cerrado herméticamente.

Usos

La crema de mantequilla se emplea para decorar mokas, pasteles rusos, troncos de Navidad, bizcochos «enrollados» y algunos petits-fours; también se puede usar para hacer adornos.

Comentario del gourmet

Se puede perfumar esta crema con 2 cl (una buena cucharada) de coñac, Cointreau, Grand Marnier, kirsch o ron; con 10 g de café instantáneo disuelto en el agua o, incluso, con 1 c de pasta de pistachos.

¿Por qué hay que pasar un pincel húmedo por el interior del cazo?

El empleo del pincel permite evitar el desagradable fenómeno de la cristalización: cuando el azúcar presente en el cazo contiene demasiado poca agua, el añadido brusco de cristales de azúcar puede provocar una cristalización instantánea. También, cuando se cuece azúcar, las paredes del recipiente que se calientan corren el riesgo de cubrirse de cristales, que podrían volver a caer en la masa del jarabe. Al pasar un pincel húmedo por las paredes del cazo, se evitan esas estructuras.

H.T.

Crema para milhojas

Para 500 g de crema
Preparación: 10 min

- *10 cl de crema de leche*
- *10 g (2 cc) de azúcar en polvo*
- *400 g de crema pastelera*
  (ver p. 112)

1. Guarde la crema de leche 2 horas como mínimo en el frigorífico (4 °C). La razón es que tiene que estar muy fría.
2. Haga crema chantilly, batiendo la crema de leche en un bol grande hasta que esté firme (*ver p. 105*); añada a continuación el azúcar.
3. Coloque en un cuenco la crema pastelera preparada de antemano, e incorpore la crema chantilly levantando delicadamente la preparación (de abajo hacia arriba) con una espátula. Debe utilizarse de inmediato.

Crema muselina con almendras

Para 500 g de crema
Preparación: 15 min

- *150 g de mantequilla* • *125 g de almendras molidas*
  • 190 g de crema pastelera (ver p. 112)
  • 140 g de merengue italiano (ver p. 99)

1. Corte la mantequilla en pedacitos muy pequeños y colóquelos en un cuenco grande. Pásela por la batidora eléctrica hasta que esté blanda y ligera. Añada las almendras molidas sin dejar de batir.
2. Incorpore, con el batidor de varillas, la crema pastelera y luego el merengue italiano. Utilice la preparación de inmediato.

Comentario del gourmet
Puede perfumar esa crema añadiéndole 3 cl (2 c) de aguardiente de kirsch.

Crema muselina con frambuesa

Para 500 g de crema
Preparación: 10 min

- *320 g de crema de mantequilla (ver p. 109)*
- *150 g de crema pastelera (ver p. 112)*
- *3 cl (2 c) de aguardiente de frambuesa*

1. Bata en un cuenco la crema de mantequilla con una batidora eléctrica para que quede blanda y ligera, sin calentarla.
2. Alise en un cuenco la crema pastelera con el batidor de varillas para que no cuaje. Añada el aguardiente, mezclándolo todo bien.
3. Incorpore esta crema a la crema de mantequilla, levantando delicadamente la preparación (de abajo hacia arriba) con una espátula de madera. Utilícela de inmediato.

Sugerencia
Es necesario que la crema de mantequilla y la pastelera estén a la misma temperatura en el momento de utilizarlas.

De la mantequilla mezclada a la líquida
Las muselinas están compuestas de agua (en la crema pastelera), de aire (gracias a la batidora) y de materia grasa. Pero no es soluble en el agua. La mezcla es posible gracias a las moléculas de las proteínas presentes en la mantequilla (*caseínas*), que cubren las burbujas de aire microscópicas y las gotas de agua presentes en la preparación.

H.T.

Crema muselina con marc de champán

Para 500 g de crema
Preparación: 10 min

- *140 g de mantequilla a temperatura ambiente*
- *240 g de crema pastelera (ver p.112)*
- *3 cl (2 c) de marc de champán*
- *80 g de merengue italiano (ver p. 99)*

1. Corte la mantequilla en pedacitos, póngalos en un cuenco y páselos por la batidora eléctrica hasta que quede una sustancia blanda y ligera.
2. Añádale la crema pastelera y el marc, mezclándolo todo bien.
3. Incorpore el merengue italiano con la batidora, levantando suavemente la preparación (de abajo hacia arriba). Debe utilizarse de inmediato.

Sugerencia
Al sacar la crema pastelera de la nevera, tiene tendencia a cuajar, y por ello es necesario alisarla con el batidor de varillas antes de añadirle el marc.

Comentario del gourmet
Esta crema es muy ligera gracias al merengue italiano que se ha añadido.

Crema de naranja

Para 500 g de crema
Preparación: 15 min
Cocción: 5 min

- *1/5 de corteza de naranja*
- *1/4 de corteza de limón*
- *1 naranja • 2 huevos grandes enteros*
- *120 g de azúcar en polvo*
- *170 g de mantequilla a temperatura ambiente*

1. Pique finas las cortezas. Exprima la naranja hasta obtener 10 cl de zumo.
2. Mezcle en un cuenco los huevos, el azúcar, las cortezas y el zumo de naranja. Cueza todo al baño María hasta que se espese.
3. Cuélelo con un colador puesto sobre un cuenco y luego bátalo.
4. Corte la mantequilla en trocitos y añádalos mientras bate 3 o 4 min más.

corteza de limón

Crema muselina con vainilla

Para 500 g de crema
Preparación: 15 min

- *2 hojas de gelatina*
- *100 g de crema pastelera (ver p. 112)*
- *400 g de nata montada (ver p. 113)*
- *5 g (1 cc) de extracto de vainilla*

1. Ponga la gelatina en remojo en un recipiente grande con agua fría, aclárela y escúrrala.
2. Fúndala lentamente en un cazo al baño María (la temperatura no debe superar los 25 °C).
3. Incorpórele un cuarto de la crema pastelera preparada de antemano y el extracto de vainilla, mezclándolo todo bien. Si observa que la mezcla quiere cuajar, vuelva a calentarla un poco.
4. Añada el resto de la crema pastelera y luego la nata montada, mezclando con sumo cuidado la preparación con una espátula. Utilícela de inmediato.

Comentario del gourmet
Puede usar esta crema en un fraisier o un framboisier.

Crema de requesón

Para 500 g de crema
Preparación: 15 min
Cocción: 5 min

- *20 cl de agua*
- *60 g de azúcar en polvo*
- *2 hojas de gelatina*
- *200 g de requesón con el 40 % de grasa, batido • 2 yemas de huevo*
- *230 g de nata montada (ver p. 113)*

1. Hierva el agua en un cazo con el azúcar hasta que el termómetro de almíbares señale la temperatura de 120 °C, estado de cocción que se denomina *bola blanda* (*ver p. 123*).
2. Ponga a remojar la gelatina en agua fría, enjuáguela y escúrrala.
3. Vierta el almíbar caliente en un cuenco sobre las yemas de huevo y bata la mezcla hasta que se haya enfriado totalmente.
4. Agregue la gelatina a la mitad del requesón. Luego añada el resto, la nata montada y finalmente las yemas, levantando suavemente la preparación (de abajo hacia arriba).

Crema pastelera de vainilla

Para 500 g de crema
Preparación: 20 min
Cocción: 5 min

- *1 vaina y media de vainilla*
- *30 g de fécula de maíz*
- *80 g de azúcar en polvo*
- *35 cl de leche entera fresca* • *4 yemas de huevo*
- *35 g de mantequilla a temperatura ambiente*

1. Parta las vainas de vainilla por la mitad y extraiga las semillas. Coloque en un cazo de fondo grueso la fécula y la mitad del azúcar. Vierta la leche removiendo con el batidor de varillas. A continuación añada las vainas y semillas de vainilla, y llévelo a ebullición mientras bate.

2. En un bol grande bata las yemas de huevo durante 3 minutos con el resto del azúcar. Rocíe con un poco de leche sin dejar de batir.

3. Vierta la mezcla en el cazo y haga cocer a fuego bajo mientras sigue batiendo.

4. Aparte la preparación del fuego y saque las vainas de vainilla. Vierta la crema en un bol y colóquelo en un recipiente lleno de cubitos de hielo.

5. En cuanto la crema esté tibia (la temperatura debe rondar los 50 °C), añádale la mantequilla, batiendo vivamente.

Conservación
Siempre es preferible preparar la crema pastelera justo cuando va a necesitarse. Esta crema no se conserva más de 12 h en la nevera porque, pasado ese tiempo, pierde su sabor.

Usos
Esta crema se utiliza en la preparación de otras muchas recetas. También sirve para adornar o rellenar hojaldres, pastelillos, pasta choux, etc.

¿Cómo evitar que se forme una capa de nata en la superficie?
Para evitar que se forme una capa de nata en la superficie mientras se enfría la crema, expolvoréela con azúcar cuando todavía esté caliente.

VARIANTE

Crema pastelera de chocolate
Puede perfumar la crema pastelera añadiéndole, al final de la cocción, y en dos o tres veces, 250 g de chocolate negro rallado. Mézclelo bien hasta que esté totalmente derretido.

Frangipane

Para 500 g de crema
Preparación: 15 min

- *100 g de mantequilla
a temperatura ambiente*
- *100 g de azúcar glas*
- *100 g de almendras molidas*
- *1 cc de fécula de maíz*
- *2 huevos enteros*
- *1 gota de esencia
de almendras amargas*
- *125 g de crema pastelera
(ver p. 112)*

1. Corte la mantequilla en pedacitos, deposítelos en un cuenco y ablándelos con una espátula, sin que llegue a espumar.
2. Añada sucesivamente el azúcar glas, las almendras molidas, la fécula de maíz, los huevos y la esencia de almendras amargas, removiendo con la batidora eléctrica a baja velocidad.
3. Agregue la crema pastelera, que habrá preparado de antemano, mezclándolo todo bien.
4. Tape el cuenco con una película de cocina y guarde la crema en la nevera, si no va a utilizarla de inmediato.

Sugerencia
Es imprescindible que esta crema no espume nada, ya que crecería al cocer y luego se hundiría en contacto con el aire, deformándose.

Comentario del gourmet
La esencia de almendra amarga es necesaria para subrayar delicadamente el sabor de la frangipane. Pero no vierta más que una gota, ya que su amargor podría hacer que la crema quedara incomible.

Leche de almendras

Para 500 g de leche
Preparación: 10 min
Refrigeración: 12 h como mínimo

- *25 cl de agua* • *100 g de azúcar en polvo*
- *170 g de almendras molidas*
- *1 cl (una pequeña cucharada
sopera) de kirsch puro*
- *1 gota de esencia de almendras amargas*

1. Hierva en un cazo el agua y el azúcar. Retírelo del fuego.
2. Incorpore las almendras molidas y el kirsch, mezclándolo bien. Pase la preparación caliente a la trituradora

eléctrica. Pásela por un colador puesto sobre un cuenco. Déjela reposar 12 h como mínimo en la nevera.
3. Al día siguiente, justo antes de su utilización, añádale 1 gota de esencia de almendras amargas; no más, pues le daría un sabor desagradable.

Nata montada (crema batida)

Para 500 g de crema
Preparación: 5 min

- *40 cl de crema de leche pasteurizada*
- *10 cl de leche entera fresca*

1. Guarde la crema y la leche 2 h como mínimo en el frigorífico (a 4 °C).
2. Viértalas en un cuenco puesto en un recipiente lleno de cubitos de hielo y mézclelas bien.
3. A continuación, bátalas enérgicamente con el batidor de varillas; si utiliza una pequeña batidora eléctrica, hágala girar a velocidad media.
4. Deje de trabajar la nata en cuanto esté firme; si no, se deshará convirtiéndose en mantequilla.

Comentario del gourmet
Para la nata montada es mejor la crema de leche líquida, menos amarga que la nata líquida.

Natillas

Para 6 u 8 personas
Preparación: 10 min
Cocción: 45 min

- *1,5 l de leche*
- *6 yemas de huevo*
- *150 g de azúcar*
- *1 trozo de piel de limón*
- *20 g de maicena*

1. Ponga a calentar la leche con la piel de limón y 4 c de azúcar hasta que comience a hervir y retírela del fuego.
2. En un tazón bata las yemas con la maicena y el azúcar restante. Vierta la preparación en un cazo y llévela al fuego muy suave.
3. Vierta la leche, muy poco a poco, sin dejar de batir con una cuchara de madera.
4. Cueza la crema, sin dejar de removerla e impidiendo que hierva, apartándola del fuego si es necesario, hasta que la espuma de la superficie haya desaparecido.
5. Pase la crema por un chino y repártala en cuencos individuales. Déjela enfriar y resérvela en la nevera.

113

Mousses

Mousse de albaricoque

Para 500 g de mousse
Preparación: 15 min

• *400 g de albaricoques muy maduros* • *3 hojas de gelatina* • *1 cl (una pequeña cucharada sopera) de zumo de limón* • *120 g de merengue italiano (ver p. 99)* • *150 g de nata montada (ver p. 113)*

1. Deshuese los albaricoques, córtelos en pedacitos y páselos por el pasapurés hasta obtener 250 g de puré. Fíltrelo por un colador fino puesto sobre un cuenco.
2. Remoje la gelatina en mucha agua fría, enjuáguela y escúrrala.
3. Fúndala lentamente en un cazo al baño María. Añádale 50 g de la pulpa de albaricoque, a la que habrá agregado el zumo de limón.
4. Vierta esa mezcla de una sola vez sobre el resto del puré, batiendo vigorosamente. La temperatura no debe superar los 15 °C para que la preparación se mantenga firme.
5. Incorpore el merengue italiano bien frío y luego la nata montada, mezclando con suavidad la preparación.

Mousse de caramelo

Para 500 g de mousse
Preparación: 15 min

• *3 hojas de gelatina* • *2 yemas de huevo*
• *4 cl de almíbar de densidad 1,2624*
(2 cl de agua hervidos con 25 g de azúcar)
• *190 g de caramelo para mousse (ver p. 128)*
• *240 g de nata montada (ver p. 113)*

1. Remoje la gelatina en abundante agua fría, aclárela y escúrrala.
2. Mezcle en un cazo las yemas de huevo y el almíbar. Póngalo al baño María (40 °C) hasta que la preparación esté bastante espesa. A continuación, bátala vigorosamente con una batidora eléctrica hasta que se haya enfriado completamente.
3. Funda la gelatina al baño María (40 °C), añada un poco del caramelo enfriado y luego todo el resto. Deje reposar hasta que esté a temperatura ambiente (20 °C-22 °C).
4. Incorpore el caramelo a la masa y luego la nata montada, removiendo bien.

Sugerencia
Durante la mezcla final, la mousse debe estar tibia o fría; si no, se deshará muy fácilmente.

Mousse de castañas

Para 500 g de mousse
Preparación: 10 min

• *1 hoja y media de gelatina*
• *35 g de mantequilla a temperatura ambiente*
• *140 g de pasta de castañas*
• *135 g de crema de castañas*
• *1,5 cl (1 c) de whisky puro de malta (opcional)*
• *17 cl de crema de leche*

1. Remoje la gelatina en un cuenco grande con agua fría, aclárela y escúrrala.
2. Bata la mantequilla en otro cuenco hasta que esté blanda y ligera.
3. Incorpórele la pasta y la crema de castañas.
4. Caliente en un cazo pequeño el whisky y añádale la gelatina hasta que se funda lentamente. Mézclelo todo bien y viértalo sobre la mantequilla con la crema y la pasta de castañas.
5. Añada la nata montada, levantando delicadamente la preparación (de abajo hacia arriba) con una espátula.

Comentario del gourmet
Puede consumir esta mousse de inmediato, o dejarla cuajar en una copa grande y tomarla después con crema inglesa y pastas secas.

Mousse de chocolate blanco

Para 500 g de mousse
Preparación: 10 min

• *38 cl de crema de leche*
• *120 g de chocolate blanco*

1. Monte en un bol 33 cl de crema de leche. Reserve el resto.
2. Pique el chocolate y derrítalo lentamente en un cazo al baño María (35 °C).
3. Hierva los 5 cl de crema de leche restantes y viértalos sobre el chocolate fundido; incorpore a continuación primero un cuarto de la nata montada y luego todo el resto, mezclando con suavidad la preparación con una espátula.

Comentario del gourmet
Puede utilizar esta crema inmediatamente o dejarla cuajar en una copa para tomarla con un coulis de frutas rojas.

Mousse de chocolate

Para 500 g de mousse
Preparación: 15 min

• *180 g de chocolate negro* • *2 cl (una buena cucharada sopera) de leche entera fresca* • *10 cl de crema de leche* • *20 g de mantequilla* • *3 huevos enteros* • *15 g de azúcar en polvo*

1. Sobre una tabla de madera, pique con un cuchillo el chocolate y colóquelo en un bol grande. Hierva en un cazo la leche y la crema.

2. Vierta ese líquido hirviendo sobre el chocolate mezclándolo con el batidor de varillas (1 o 2 min), para que la preparación alcance los 40 °C.

3. Corte la mantequilla en trocitos e incorpórela a la mezcla removiendo con el batidor de varillas.

4. Separe las yemas y las claras de huevo. Con una batidora eléctrica, monte las claras a punto de nieve con el azúcar, y luego añada las yemas unos segundos antes de parar el aparato.

5. Agregue 1/5 de las claras a la crema de chocolate y mezcle. A continuación, viértalo todo sobre el resto de las claras, levantando delicadamente la preparación (de abajo hacia arriba). Déjela enfriar en la nevera.

Conservación
Una mousse de chocolate no debe conservarse más de 24 h en la nevera.

Sugerencia
Para obtener una crema bien espumosa, bata las claras muy firmes e incorpórelas al chocolate con gran delicadeza, levantando con la espátula.

Una emulsión de chocolate
La crema de leche es una dispersión de gotitas microscópicas en agua; la leche también. Calentar la mezcla de leche y crema provoca la evaporación de un poco de agua. Sin embargo, todavía queda bastante para conservar la estructura de la mezcla llamada *emulsión*. Cuando se vierte sobre el chocolate, éste se derrite lentamente, y la materia grasa que contiene (la manteca de cacao) se dispersa en gotitas en el agua de emulsión. Así, la crema de chocolate que se forma al mezclar leche, crema y chocolate es pariente cercana de la mayonesa (dispersión de gotas de aceite en el agua de la yema de huevo y del vinagre), de la bearnesa (dispersión de gotas de mantequilla fundida en el agua del vinagre y del huevo), de la crema de leche (dispersión de gotas de materia grasa de la leche en el agua de la leche) o de la fondue de queso (dispersión de la materia grasa del queso en vino).

H.T.

Mousse de chocolate con caramelo

Para 500 g de mouse
Preparación: 15 min

• *90 g de azúcar en polvo* • *30 g de mantequilla semisalada* • *6 cl de crema de leche* • *85 g de chocolate semiamargo* • *230 g de nata montada (ver p. 113)*

1. Ponga en un cazo de fondo grueso el azúcar en seco y caliéntelo hasta que se haya convertido en un caramelo bien dorado.
2. Interrumpa la cocción añadiendo la mantequilla y la crema de leche.
3. Pique o ralle el chocolate. Rocíe poco a poco, removiendo, con el caramelo.
4. Vierta de nuevo la mezcla en el cazo y caliéntela ligeramente (45 °C), incorpore la mantequilla y luego la nata montada, levantando delicadamente la preparación (de abajo hacia arriba).

Mousse de chocolate con mantequilla

Para 500 g de mouse
Preparación: 15 min
Cocción: 5 min

• *165 g de chocolate amargo* • *165 g de mantequilla a temperatura ambiente* • *10 g (2 cc) de azúcar en polvo* • *2 huevos enteros* • *2 claras de huevo*

1. Pique o ralle el chocolate. Fúndalo lentamente en un cazo al baño María, retírelo del fuego y deje que se enfríe un poco (40 °C-45 °C).
2. Corte la mantequilla en trocitos y bátala en un bol para que quede blanda y ligera. Vierta por encima el chocolate, en dos veces, mezclándolo bien.
3. Separe las claras y las yemas. En un cuenco, monte las 4 claras a punto de nieve con el azúcar en polvo.
4. Incorpóreles las yemas hasta que la preparación quede homogénea.
5. Vierta finalmente el chocolate y levante con cuidado la preparación (de abajo hacia arriba).

Mousse de chocolate con moras

Para 500 g de mouse
Preparación: 15 min

• *9 cl de crema de leche* • *1 hoja de gelatina* • *150 g de puré de moras* • *100 g de chocolate amargo* • *300 g de nata montada (ver p. 113)*

1. Hierva la crema de leche y déjela enfriar.
2. Remoje las hojas de gelatina en abundante agua fría, aclárelas y escúrralas.

3. Fúndalas lentamente en un cazo al baño María y añada el puré de moras mezclándolo todo bien.
4. Pique o ralle el chocolate. Derrítalo lentamente al baño María (45 °C) con la crema de leche.
5. Agregue primero la mezcla de gelatina y puré de mora, luego la nata montada y levante delicadamente la preparación.

Mousse de chocolate con naranja

Para 500 g de mouse
Preparación: 10 min

• *8 cl de crema de leche* • *1/4 de corteza de naranja* • *175 g de chocolate medio amargo (60 % de cacao por lo menos)* • *2 huevos enteros* • *4 claras de huevo* • *15 g de azúcar en polvo*

1. Hierva la crema de leche y déjela enfriar.
2. Pique fina la corteza de naranja. Pique o ralle el chocolate.
3. Póngalo en un cazo con la crema de leche y la corteza de naranja, y derrítalo lentamente al baño María (45 °C).
4. Separe la clara de las yemas de los huevos. Monte las 6 claras a punto de nieve con el azúcar. Incorpóreles primero 1/4 de las yemas y luego el resto, mezclando bien.
5. Añada finalmente el chocolate, levantando delicadamente la preparación (de abajo hacia arriba) con una espátula.

Mousse de coco

Para 500 g de mousse
Preparación: 15 min

• *2 hojas de gelatina* • *190 g de puré de coco* • *20 g de leche de coco de lata, preferiblemente sin azúcar* • *100 g de merengue italiano (ver p. 99)* • *190 g de nata montada (ver p. 113)*

1. Remoje la gelatina en un recipiente grande con agua fría, enjuáguela y escúrrala.
2. Mezcle en un cuenco el puré de coco con la leche de coco.
3. Funda lentamente la gelatina al baño María y luego incorpórela a la preparación precedente.
4. Mézclelo todo bien para que la gelatina se disuelva.
5. A continuación añada sucesivamente el merengue italiano y la nata montada preparados previamente, levantando con suavidad (de abajo hacia arriba) con una espátula.

Comentario del gourmet
Puede verter esta mousse en flaneras y decorarla con una capa de fresas o de frambuesas. También puede servirse acompañada de un coulis de maracuyá.

Mousse de frambuesa
Para 500 g de mousse
Preparación: 20 min

• *350 g de frambuesas* • *1 limón* • *4 hojas de gelatina*
• *120 g de merengue italiano (ver p. 99)*
• *16 cl de crema de leche*

1. En un colador puesto sobre un cuenco, chafe las frambuesas con una espátula de madera hasta obtener 200 g de puré. Exprima el limón.
2. Remoje la gelatina en abundante agua fría, aclárela y escúrrala. Fúndala lentamente en un cazo al baño María. Añádale una cuarta parte del puré de frambuesa, bata y vuelva a calentar un poco la mezcla (40 °C). Cuele a continuación esta preparación sobre el resto del puré de frambuesa, removiendo bien para evitar que queden restos de grumos de gelatina.
3. Vierta la crema de leche en un bol sumergido en un recipiente lleno de cubitos de hielo y bátala.
4. Agregue a la mezcla de puré de frambuesa con gelatina el zumo de limón y luego el merengue italiano.
5. Incorpore finalmente la nata montada. Utilice la preparación de inmediato.

Para ganar tiempo
Si no es temporada de frambuesas o si no tiene tiempo de hacer el puré de frambuesa, puede comprarlo ya preparado.

VARIANTE

Mousse de fresa
Siguiendo el mismo principio, puede preparar una deliciosa mousse de fresa, aumentando un poco la cantidad de zumo de limón, ya que aquélla es un poco menos ácida que la frambuesa.

¿Por qué no hay que calentar demasiado el puré de frambuesa?
Pruebe a calentar un día el puré de frambuesa: se llenará la cocina de un olor a frambuesa delicioso. Pero, por desgracia, esos aromas se evaporan rápidamente y ya no se encuentran en el puré, que se queda con un aroma de frambuesas cultivadas en vez de frescas. Para disolver la gelatina hay que calentar las frambuesas; pero para conservar el aroma de las frambuesas frescas es mejor no calentarlas demasiado. Los físicos conocen la temperatura mínima que hay que alcanzar para disolver la gelatina: 36 °C. Por encima de esta temperatura las moléculas de gelatina siguen dispersas en el agua; por debajo, se asocian en un gel. Puesto que el límite es vago, se puede llevar la temperatura, sin riesgos, hasta 50 °C.

H.T.

Mousse de lima

Para 500 g de mousse
Preparación: 10 min

- *250 g de limas*
- *4 hojas de gelatina*
- *190 g de merengue italiano (ver p. 99)*
- *200 g de nata montada (ver p. 113)*

1. Pele y despepite las limas. Pase la pulpa por el pasapurés hasta obtener 110 g de puré.
2. Remoje la gelatina en abundante agua fría, enjuáguela y escúrrala.
3. Fúndala lentamente en un cazo al baño María (40 °C).
4. Añádale un poco de pulpa de lima triturada y luego vierta esta mezcla de una sola vez en el resto de pulpa, batiendo vigorosamente. Cuide de que la temperatura alcanzada por la mezcla no supere los 15 °C.
5. Incorpore el merengue italiano bien frío, después la nata montada (preparados de antemano) y levante con suavidad la mousse obtenida con una espátula (de abajo hacia arriba).

Comentario del gourmet
La corteza de lima tiene un aroma muy delicado. Puede dar un poco más de sabor a esta crema añadiendo un poco de corteza a la pulpa. Utilice, en ese caso, frutas frescas, naturales.

Mousse de limón

Para 500 g de mousse
Preparación: 10 min

- *3 hojas de gelatina*
- *1 limón*
- *220 g de crema de limón (ver p. 107)*
- *70 g de merengue italiano (ver p. 99)*
- *180 g de nata montada (ver p. 113)*

1. Pele primero la corteza de limón y píquela fina. Exprima el cítrico hasta obtener 3 cl (2 c) de zumo.
2. Remoje la gelatina en mucha agua fría, aclárela y escúrrala. Mézclela en un cuenco con la corteza y el zumo de limón.
3. Vierta esta mezcla nueva en la crema de limón preparada con 2 h de antelación, levantando bien para disolver la gelatina.
4. Incorpore primero el merengue italiano, luego la nata montada, y levante suavemente la preparación (de abajo hacia arriba).

Mousse de mango

Para 500 g de mousse
Preparación: 10 min

- *300 g de mangos*
- *1 limón*
- *3 hojas de gelatina*
- *125 g de merengue italiano (ver p. 99)*
- *180 g de nata montada (ver p. 113)*

1. Pele y deshuese los mangos. Tritúrelos con la batidora o el pasapurés hasta que consiga obtener 180 g de puré.
2. Fíltrelo con un colador puesto sobre un cuenco, aplastándolo bien ayudándose de una cuchara de madera.
3. Añádale 1,5 cl (1 c) de zumo de limón.
4. Remoje la gelatina en un recipiente grande de agua fría, aclárela y escúrrala. Derrítala lentamente en un cazo al baño María.
5. Agregue primero un poco del puré a la gelatina fundida; después vierta esa mezcla de una sola vez sobre el resto del puré.
6. Bata vigorosamente esta preparación, cuidando de que la temperatura no sobrepase los 15 °C, para que se mantenga firme.
7. Incorpore el merengue italiano preparado de antemano con el tiempo suficiente para que esté bien frío. Añada finalmente la nata montada, levantando con cuidado la preparación (de abajo hacia arriba) con una espátula.

Mousse de maracuyá

Para 500 g de mousse
Preparación: 10 min

- *3 hojas de gelatina*
- *100 g de albaricoques*
- *180 g de maracuyás*
- *140 g de merengue italiano (ver p. 99)*
- *180 g de nata montada (ver p. 113)*

1. Prepare los purés de frutas triturándolos con la batidora o el pasapurés.
2. Remoje la gelatina en un recipiente grande de agua fría, enjuáguela y escúrrala.
3. Fúndala lentamente en el puré de albaricoque.
4. Incorpore a esta mezcla el puré de maracuyá. Deje enfriar bien hasta que la temperatura sea de 18 °C aprox.
5. Agregue primero el merengue italiano, luego la nata montada (ambos preparados de antemano) y levante delicadamente la preparación con una espátula (de abajo hacia arriba).

Mousse de menta

Para 500 g de mousse
Preparación: 20 min

- *2 hojas de gelatina*
- *10 hojas de menta*
- *3 cl (2 c) de agua*
- *80 g de azúcar*
- *5 yemas de huevo*
- *1 cl (una pequeña cucharada sopera)
de jarabe de menta*
- *270 g de nata montada
(ver p. 113)*

1. Remoje la gelatina en un recipiente grande con agua fría, aclárela y escúrrala.
2. Pique las hojas de menta.
3. Hierva en un cazo el agua y el azúcar. Con el fuego apagado, añada la menta y deje reposar la mezcla, destapada, de 15 a 20 min.
4. Retire la menta del cazo y píquela muy menuda con la batidora.
5. Coloque las yemas de huevo en otro cazo con el jarabe de menta. Cuézalo al baño María hasta que la preparación alcance una textura de pomada.
6. Vierta el resultado en un cuenco y remueva hasta que se haya enfriado totalmente.
7. Funda lentamente la gelatina al baño María e incorpore un poco, batiendo, a la preparación. Añada la menta picada y, finalmente, todo lo demás sin dejar de batir vigorosamente.
8. Incorpore por último la nata montada, preparada justo antes, levantando con suavidad (de abajo hacia arriba) con una espátula. Utilice la mousse de inmediato.

Mousse de plátano

Para 500 g de mousse
Preparación: 15 min

- *400 g de plátano*
- *1 limón*
- *2 hojas de gelatina*
- *75 g de merengue italiano (ver p. 99)*
- *160 g de nata montada (ver p. 113)*
- *1 pizca de nuez moscada
molida (opcional)*

1. Pele los plátanos, córtelos en trocitos y páselos por el pasapurés hasta obtener 250 g de puré. Exprima el limón.
2. Remoje la gelatina en abundante agua fría, enjuáguela y escúrrala.
3. Fúndala en un cazo al baño María. Añada 50 g del puré de plátano, al que se ha agregado una buena cucharada sopera de zumo de limón.

4. Vierta esta mezcla de una sola vez sobre el resto del puré, batiendo vigorosamente. La temperatura no debe superar los 15 ºC, para que la preparación se mantenga firme.
5. Incorpore el merengue italiano bien frío, luego la nata montada y, si lo desea, la nuez moscada, mezclando con cuidado la preparación.

Comentario del gourmet
La nuez moscada permite resaltar delicadamente el sabor del plátano.

Mousse de requesón

Para 500 g de mousse
Preparación: 10 min

- *6 hojas de gelatina*
- *350 g de requesón*
- *150 g de nata montada (ver p. 113)*

1. Remoje la gelatina en un recipiente grande de agua fría, enjuáguela y escúrrala.
2. Fúndala lentamente en un cazo al baño María.
3. Añádale primero un cuarto del requesón, batiendo vigorosamente, y luego el resto.
4. Incorpore finalmente la nata montada preparada justo antes, levantando con suavidad la preparación (de abajo hacia arriba) con una espátula.

Comentario del gourmet
Es conveniente utilizar un requesón con el 40 % de materia grasa.

Mousse de té earl grey

Para 500 g de mousse
Preparación: 10 min

- *10 cl de agua*
- *10 g de hojas de té earl grey*
- *4 hojas de gelatina*
- *175 g de merengue italiano (ver p. 99)*
- *220 g de nata montada
(ver p. 113)*

1. Hierva el agua en un cazo, deposite las hojas de té y déjelas reposar no más de 4 min; a continuación, cuélelo.
2. Remoje la gelatina en un recipiente grande de agua fría, aclárela y escúrrala. Fúndala lentamente al baño María y viértala en el té removiendo para que se disuelva perfectamente.
3. Agregue el merengue italiano y después la nata montada. Levante delicadamente la preparación con una espátula (de abajo hacia arriba).

Mousse de turrón de Jijona

Para 500 g de mousse
Preparación: 25 min

- *1 hoja de gelatina*
- *3 yemas de huevo*
- *4 cl de almíbar de densidad 1,2624*
- *165 g de turrón de Jijona en pasta*
- *350 g de nata montada*
(ver p. 113)

1. Remoje la gelatina en un recipiente grande de agua fría, aclárela y escúrrala.

2. Prepare un aparejo para bomba (*ver p. 137*). Ponga las yemas de huevo y el almíbar en un cazo, y caliéntelo todo al baño María mientras bate. Apártelo del fuego y bata la mezcla con la batidora eléctrica a velocidad rápida, hasta que se haya enfriado totalmente. La preparación tiene entonces un aspecto espumoso y muy ligero.

3. Disuelva la gelatina en una cantidad pequeña de la mezcla y luego incorpore esta última al resto de la masa.

4. Disuelva el turrón con un poco de nata montada; a continuación añada todo el resto.

5. Incorpore la masa levantando la preparación delicadamente (de abajo hacia arriba) con una espátula.

Sugerencia

Si sólo ha podido encontrar el turrón en pastilla, trabájelo con la espátula hasta que se vuelva pastoso.

Sabayón de chocolate

Para 500 g de sabayón
Preparación: 35 min
Cocción: 5 min

- *120 g de chocolate de cobertura*
- *3 yemas de huevo*
- *40 g de azúcar en polvo*
- *30 cl de crema de leche*

1. En primer lugar, corte el chocolate en pedacitos y fúndalos lentamente en un cazo al baño María (40 °C). A continuación, mezcle en un cuenco las yemas de huevo con el azúcar y vierta sobre ello 5 cl de crema de leche, sin dejar de batir.

2. Ponga el cuenco en un baño María de agua a fuego lento y bata la preparación sin cesar para hacerla espesar; debe adoptar la consistencia de una mayonesa. Retírela entonces del baño María. Después bátala de nuevo con el batidor de varillas o con la batidora eléctrica hasta que se haya enfriado totalmente.

Sabayón con dos chocolates

Para 500 g de sabayón
Preparación: 20 min
Cocción: 5 min

- *1 hoja de gelatina* • *50 g de azúcar en polvo*
- *1,5 cl (1 c) de agua* • *2 yemas de huevo*
- *1 huevo entero* • *80 g de chocolate amargo*
- *60 g de chocolate semiamargo*
- *200 g de nata montada (ver p. 113)*

1. Remoje la gelatina en un recipiente grande de agua fría, enjuáguela y escúrrala.

2. Cueza el agua en un cazo de fondo espeso con el azúcar hasta el punto de gran bola o *bola dura* (130 °C).

3. Bata en un cuenco el huevo y las yemas hasta dejarlos suaves y ligeros. Incorpore el azúcar cocido, luego la gelatina, y mézclelo todo bien.

4. Siga batiendo hasta que la preparación se haya enfriado completamente.

5. Funda lentamente los dos chocolates al baño María (40 °C) o en el microondas. Mézclelos con una cuarta parte de la nata montada, luego agregue el resto y, finalmente, la masa enfriada. Mézclelo todo suavemente con una espátula y utilícelo de inmediato.

VARIANTE

Mousse de chocolate y limón
Puede aromatizar esta mousse agregando al chocolate fundido 1 corteza de limón picada muy fina.

3. Vierta la crema de leche restante bien fría en un bol sumergido en un recipiente lleno de cubitos de hielo. Bata enérgicamente con el batidor de varillas; si usa una batidora eléctrica pequeña, hágala girar a velocidad media. Deje de batir en cuanto la crema de leche haya adquirido firmeza.

4. Incorpore un cuarto de la nata montada al chocolate fundido y bata vigorosamente para evitar que se formen grumos.

5. Añada entonces el sabayón (las yemas de huevo, el azúcar, y la crema cocida y enfriada), mézclelo todo suavemente y agregue delicadamente, con una espátula de madera, el resto de la nata montada.

Una variante: el chocolate chantilly

Las mousses de chocolate más comunes se obtienen añadiendo chocolate fundido a claras montadas a punto de nieve o a nata montada. Pero, ¿sabe que el propio chocolate se puede montar en mousse? Caliente suavemente, en un cazo, 20 cl de cualquier líquido que contenga agua (zumo de naranja, café, té de menta,…) y 225 g de chocolate en pastilla: así se obtiene una emulsión de chocolate, análoga a la nata, puesto que se trata de una emulsión de materia grasa en agua o leche. Bata entonces esa preparación mientras se enfría: primero aparecerán algunas burbujas grandes e inestables. Luego, de repente, la mezcla se aclarará mientras el volumen va aumentando.

Como en el caso de una crema chantilly, se obtiene una mousse de chocolate (y no una mousse con chocolate): *chocolate chantilly*.

H.T.

El azúcar
y el chocolate

El azúcar está en la base de todas las preparaciones de postres, pasteles, entremeses, dulces y confituras. También permite realizar glaseados, coberturas y adornos.

El chocolate es uno de los ingredientes más empleados en pastelería y confitería.

El azúcar

Cuanto más alta es la temperatura del agua, más soluble es el azúcar: a título de ejemplo, un litro de agua puede disolver dos kilos de azúcar a 19 °C y cerca de cinco kilos a 100 °C. Si se calienta en seco, el azúcar comienza a fundir a los 160 °C aprox y se convierte en caramelo a partir de 170 °C, siendo su punto de ebullición los 190 °C, más o menos.

La cocción del azúcar debe hacerse de un modo progresivo, preferiblemente en un cazo de fondo grueso, de cobre no estañado o de acero inoxidable. Tiene que estar limpio, pero sin utilizar detergente ni sustancias abrasivas.

Hay que elegir azúcar blanco refinado, porque es más puro y existe menos riesgo de que cristalice. Se puede usar tanto azúcar en terrones como en polvo. Debe mojarse levemente el azúcar antes de iniciar la cocción y prever un mínimo de 300 g de agua por 1 kg de azúcar.

La cocción ha de comenzar a fuego lento. A continuación, se aumenta la temperatura cuando el azúcar está fundido, vigilando atentamente, pues las diferentes etapas están muy cercanas, y cada una de ellas corresponde a distintos usos. El control de la cocción se puede hacer con un pesa almíbares o con un termómetro de cocción de azúcar. Pero también se puede hacer manualmente, ya que las características físicas que adopta el azúcar permiten determinar la temperatura alcanzada (*ver explicaciones en la página 124*).

Etapas de cocción del azúcar

• **A la napa** o *siruposo* (100 °C). El almíbar, perfectamente translúcido, entra en ebullición; cuando se moja muy rápidamente una espumadera, se extiende como una cubierta sobre su superficie.
Usos: baba, frutas en almíbar, savarin.

• **Hebra fina** (103 °C-105 °C). A esta temperatura, el almíbar es más espeso. Si se toma en una cuchara, forma entre los dedos –mojados en agua fría e introducidos luego rápidamente en el almíbar– un filamento muy fino de 2 a 3 mm, que se rompe fácilmente.
Usos: frutas confitadas, pasta de almendras.

• **Hebra gruesa** (106 °C-110 °C). El hilo obtenido entre los dedos, más resistente, alcanza 5 mm.
Usos: glaseados, todas las recetas que indican «almíbar» sin mayor precisión.

• **Perlita** o *perlado fino* (110 °C-112 °C). La superficie del almíbar se cubre de burbujas redondas; si se toma en una cuchara se forma entre los dedos un hilo ancho y sólido.
Usos: fondant, turrón.

• **Gran perla** (113 °C-115 °C). El hilo de azúcar estirado entre los dedos puede alcanzar 2 cm; si cae formando un filamento retorcido (1 °C más), se llama *en cola de cerdo*. Cuando se moja la espumadera en él y se sopla encima, las burbujas se forman al otro lado.
Usos: frutas «disfrazadas», glaseados, marrons glacés, almíbares para confituras.

• **Bola blanda** (116 °C-125 °C). Una gota de almíbar caída en agua fría forma una bola blanda; las burbujas se despegan de la espumadera.
Usos: crema de mantequilla, caramelos blandos, confituras y jaleas, merengue italiano, nougat.

• **Gran bola** o *bola dura* (126 °C-135 °C). La bola de almíbar que se forma en agua fría es más dura; de la espumadera se escapan las burburjas como si fueran copos de nieve.
Usos: caramelo, confituras, decoraciones de azúcar, merengue italiano.

• **Punto de quebrado pequeño** (136 °C-140 °C). La gota de azúcar se endurece de inmediato en agua fría, pero se pega a los dientes. El azúcar no se utiliza en ese estado.

• **Punto de quebrado grande** (146 °C-155 °C). La gota de almíbar caída en agua fría se vuelve dura, quebradiza, no se pega; el azúcar adopta un color amarillo pajizo claro en las paredes del cazo.
Usos: algodón, caramelos de azúcar cocido, decoraciones de azúcar en punto de hebra, flores de azúcar, azúcar *soufflé*.

• **Caramelo claro** (156 °C-165 °C). El almíbar, que ya apenas contiene agua, se transforma en granos de azúcar, luego en caramelo; primero amarillo, se vuelve dorado y castaño.
Usos: aromatización de golosinas y de pudines, bombones y pequeños nougats, caramelización de moldes, cabello de ángel, glaseado.

• **Caramelo oscuro** (166 °C-175 °C). El azúcar se vuelve castaño y pierde su capacidad de endulzar, por lo que debe añadirse azúcar a las preparaciones a base de caramelo más o menos oscuro.
Usos: es la última fase de la cocción antes de la carbonización. Sirve, sobre todo, para colorear salsas y caldos.

¿Por qué a veces el almíbar cuaja en una masa?

Cuando se cuece almíbar a fuego lento, el agua se evapora paulatinamente. Si se hace caer un poco de azúcar en el momento en que la cantidad de agua se ha reducido casi toda, el contenido en el recipiente se cristaliza y forma un bloque. Es decir, que durante la preparación de un caramelo hay que evitar agitar el almíbar: si se forman cristales en la pared del recipiente, donde la evaporación es muy rápida, pueden volver a caer en el almíbar y provocar que cuaje de golpe. Para evitar este fenómeno se recomienda limpiar la pared del recipiente con un pincel húmedo durante toda la operación.

H.T.

azúcar cristalizado

azúcar glas

Cocción del azúcar

El modo más seguro de comprobar la temperatura de cocción es utilizar un pesa almíbares o un termómetro (graduado hasta 200 °C). Sin embargo, los profesionales comprueban a menudo el grado de cocción con los dedos, sobre todo cuando se trata de cantidades pequeñas. Meta los dedos en un bol de agua helada y deposite un poco de almíbar entre el pulgar y el índice mojados, hundiéndolos de nuevo e inmediatamente en el bol. Separe los dedos para probar la consistencia. Esta prueba manual se puede efectuar hasta el punto de quebrado grande; más allá podría ser peligroso.

1. Se dice que el azúcar está cocido *al hilo* cuando al estirarlo entre los dedos, se ahíla.
2. Se dice que el azúcar está cocido en bola blanda cuando al ponerlo en la punta de los dedos, forma una perlita plana.
3. Se dice que el azúcar está cocido en gran bola o *bola dura* cuando forma una bola que no se aplasta.
4. Se dice que el azúcar está cocido en punto de quebrado pequeño cuando al curvarlo entre los dedos se mantiene blando.
5. Se dice que el azúcar está cocido en punto de quebrado grande cuando al estirarlo entre los dedos, se rompe fácilmente.

Sugerencia
Si se prosigue la cocción más allá del punto de quebrado grande, se obtiene un caramelo claro y luego uno oscuro o castaño.

caramelización del azúcar

Azúcar con burbujas

Para 500 g de azúcar
Preparación: 20 min

500 g de azúcar cocido
(ver abajo)

Para elaborar este tipo de azúcar, prepare un azúcar cocido (*ver abajo*). Extienda sobre una bandeja para pastelería una hoja de papel sulfurizado o siliconado y, a continuación, rocíela con unas gotitas de alcohol de 90 °C.

1. Vierta en medio el azúcar cocido, coloreado si lo desea, y extiéndalo más o menos finamente mediante una espátula metálica: el alcohol sobre la bandeja hará que burbujee.
2. Cuando el azúcar aún esté caliente y blando, arrugue el papel, dándole la forma que quiera. Déjelo enfriar tal cual, y luego quite de la bandeja el papel sulfurizado y el azúcar, que ha empezado a endurecerse.
3. Cuando se haya endurecido suficientemente, quítelo con cuidado del papel.

¿Por qué el alcohol hace burbujear al azúcar?
El alcohol hierve a 78 °C; cuando se recubre con un azúcar cocido, cuya temperatura es bastante superior, se evapora y hace burbujear el azúcar.

H.T.

Azúcar cocido

Para 500 g de azúcar
Preparación: 10 min

• *300 g de azúcar en polvo*
• *10 cl de agua* • *100 g de glucosa*

Sirve para la preparación de caramelos, pastillas, piruletas y algodón de azúcar, pero es, sobre todo, la base de numerosas preparaciones que permiten realizar decoraciones: azúcar con burbujas, cabello de ángel, etc.

1. En un cazo, hierva a fuego lento el agua con el azúcar. Aumente la temperatura en cuanto el azúcar se haya disuelto y vigile hasta el punto de quebrado grande (146 °C-155 °C).
2. Déjelo enfriar ligeramente antes de usarlo.

Sugerencia
Se añaden 100 g de glucosa al azúcar para evitar que éste cristalice.

Azúcar en roca

Para 500 g de azúcar
Preparación: 5 min
Cocción: 10 min

• *400 g de azúcar en polvo*
• *10 cl de agua*
• *1 c de glaseado real*
(ver p. 130)

1. Ponga el agua con el azúcar en polvo en una cacerola de fondo amplio y cuézalo hasta llegar al estadio conocido como *punto de quebrado grande* (146 °C-155 °C).
2. Coloree en este caso el almíbar. Incorpórele a continuación el glaseado real, que hace subir, descender y volver a subir el azúcar. Si prueba añadir un poco de alcohol o de zumo de limón, podrá observar cómo lo hará más poroso aún.
3. Utilice este azúcar para realizar zócalos que imiten la arquitectura.

Azúcar estirado

Para 500 g de azúcar
Preparación: 15 min

500 g de azúcar cocido (ver p. 125)

El azúcar estirado es una preparación que sólo sirve para hacer decoraciones, por lo general flores o cintas. Se encuentra listo para su uso en las tiendas de ultramarinos especializadas.

1. Prepare el azúcar cocido (*ver p. 125*), coloreado si lo desea, y viértalo sobre una superficie de trabajo de mármol levemente engrasada con aceite de maíz. Doble los bordes hacia dentro hasta que se haya espesado.
2. Recójalo en forma de bola y dele después forma de «salchicha».
3. Cuando el azúcar ya no se extienda, estírelo y repliéguelo sobre sí mismo de 15 a 20 veces para que quede bien «satinado», muy brillante. Rehaga una bola sobre una hoja de papel sulfurizado.
4. Separe entonces, a mano, pequeñas tiras a las que puede dar forma de flor, arabescos, hoja, cinta, etc.

Sugerencia
Para preparar azúcar estirado es preferible trabajar en una estancia seca y cálida, y se aconseja usar guantes de goma para manipular la preparación cuando esté muy caliente.

Para su elaboración es mejor añadir al azúcar cocido 5 gotas de una mezcla de agua y de ácido tartárico (de venta en farmacias). Si quiere colorear el azúcar cocido, añádale colorante líquido cuando esté a 130 °C, es decir, antes de finalizar la cocción.

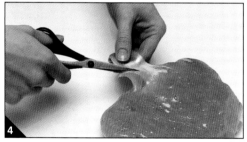

Azúcar «soufflé»

Para 500 g de azúcar
Preparación: 20 min

* *350 g de azúcar en polvo*
* *15 cl de agua*

1. Trabaje el azúcar cocido del mismo modo que lo haría con el azúcar estirado (*ver arriba*).
2. Cuando el azúcar esté «satinado», métalo en una pera para azúcar *soufflé* y forme una bola hueca. Introduzca la cánula por el orificio y suéldelo con un soplete. Insufle el aire poco a poco y modele la forma que quiera, enfriándolo delante de un ventilador.

Caramelizar un molde

1. Prepare en un cazo un caramelo para cubrir (*ver p. 128*), pero no lo deje enfriar.

2. Viértalo caliente en el molde que servirá para la cocción de una masa al baño María.
3. Gire rápidamente el molde hasta que el caramelo deje ya de fluir: el fondo y los bordes tienen que estar cubiertos de una capa cuyo grosor debe ser totalmente uniforme.

Azúcar hilado (o en cabello de ángel)

Para 500 g de azúcar
Preparación: 10 min

500 g de azúcar cocido (ver p. 125)

El cabello de ángel de azúcar forma una decoración muy refinada para helados, postres de piezas montadas, etc. Hay que prepararlo en el último momento, pues no soporta bien el calor y la humedad.

1. Sumerja el cazo con el azúcar cocido en un recipiente lleno de agua fría para interrumpir la cocción y la coloración. Moje en el azúcar un tenedor o un batidor de varillas con el extremo curvo de éstas cortadas. Con el utensilio en alto, muévalo de un lado a otro por encima de un rodillo. Levante los hilos con cuidado antes de que se vuelvan pegajosos.

2. Enróllelos sobre ellos mismos o extiéndalos sobre un mármol para formar una especie de velo o de capa, o cualquier otra decoración.

Azúcar moldeable

Para 500 g de alcorza
Preparación: 20 min

• *400 g de azúcar glas*
• *10 cl de vinagre blanco*
• *2 hojas de gelatina*

El azúcar moldeable permite realizar figuras decorativas. Algunos pasteleros practican incluso la pintura sobre él. Remoje la gelatina en un recipiente grande de agua fría, y luego aclárela y escúrrala. Póngala en un bol y fúndala al baño María o en el microondas. Añádale el vinagre.

1. En un cuenco, añada el azúcar con una batidora o a mano, porque la mezcla será muy firme. Extienda el azúcar sobre la superficie de trabajo enharinada con la palma de la mano, remontándolo para hacerlo lo más homogéneo posible. Extiéndalo con el rodillo en cantidades pequeñas, porque se seca deprisa.

2. Póngale encima formas cortadas de cartón (plantillas) y pase alrededor la punta de un cuchillo.

3. A continuación puede colocar las piezas en moldes pequeños (círculos, semicírculos, etc.).

Sugerencia
Se puede añadir a la pasta un colorante al final de la mezcla, cuando se haya espesado totalmente.

127

Caramelo para cubrir

Para 500 g de caramelo
Preparación: 10 min

- *20 cl de crema de leche*
- *250 g de azúcar en polvo*
- *50 g de mantequilla semisalada*

1. En un cazo, caliente la crema de leche hasta que hierva, y déjela enfriar.
2. Caliente, en otro cazo, el azúcar, a fuego medio, en seco, vertiéndolo en pequeñas cantidades, hasta que el caramelo esté bien dorado. Interrumpa de inmediato la cocción añadiendo la mantequilla, luego la crema de leche, y hágalo hervir de nuevo. Tiene que enfriarse totalmente antes de usarlo.

Caramelo para mousse

Para 500 g de caramelo
Preparación: 10 min

- *100 g de glucosa*
- *130 g de azúcar en polvo*
- *25 g de mantequilla semisalada*
- *25 g de nata montada*
  (ver p. 113)

1. En un cazo, funda lentamente la glucosa, sin dejar que hierva.
2. Añada el azúcar y cuézalo justo hasta que el caramelo esté bien dorado.
3. Interrumpa enseguida la cocción añadiendo la mantequilla semisalada, luego la nata montada, y llévelo de nuevo a ebullición (103 °C).
4. Déjelo enfriar totalmente antes de usarlo.

Caramelo para salsa

Para 500 g de caramelo
Preparación: 10 min

- *350 g de azúcar en polvo*
- *15 cl de agua*

1. Caliente, en un cazo, el azúcar en seco. Mójelo luego con un poco de agua y cuézalo a fuego lento, hasta que el caramelo obtenido sea de un color rojo ambarino.
2. Vierta entonces el resto del agua y hágalo hervir todo a fuego más vivo.
3. Retírelo cuando vea que el caramelo tiene un color bonito.

Fondant

Para 500 g de fondant
Preparación: 10 min
Cocción: 5 min

- *450 g de azúcar de piedra*
- *20 g de glucosa* • *3 cl (2 c) de agua*

El fondant es una pasta blanca, blanda y homogénea que se emplea sobre todo en confitería para rellenar el interior de chocolates y caramelos; en este caso se utiliza coloreado y perfumado.
Fundido al baño María con un poco de agua, de almíbar ligero o de aguardiente, se vierte en cajitas o recubre mazapanes, frutos secos y cerezas con aguardiente.
En pastelería se usa al natural o perfumado (con chocolate, café, fresa, limón o naranja) y sirve para glasear pasta choux, pastelillos, genovesas, hojaldres, etc.

1. En un cazo de fondo muy grueso, caliente a fuego fuerte el agua con el azúcar y la glucosa. Aparte el almíbar del fuego en cuanto alcance la fase de bola blanda (116 °C-125 °C).
2. Viértalo sobre un mármol o una superficie de trabajo bien fría y aceitada, y déjelo entibiar.
3. Trabájelo vigorosamente con una espátula metálica. Extiéndalo y reúnalo varias veces sobre sí mismo hasta que quede perfectamente homogéneo, liso y blanco.
4. Métalo en un tarro hermético o en un cuenco cubierto con película de cocina y guárdelo en el frigorífico (4 °C).

Comentario del gourmet
Se puede adquirir fondant preparado en numerosos establecimientos de ultramarinos especializados.

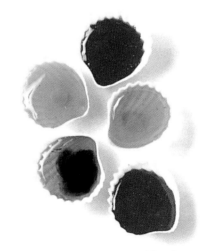

conchitas de caramelo

Caramelo

Para 500 g de caramelo
Preparación: 10 min

• *450 g de azúcar cristalizado*
• *6 cl de agua (4 c)*

1. Mezcle el agua y el azúcar en un cazo de fondo grueso o uno de cobre. Caliente la preparación limpiando regularmente la pared del recipiente con un pincel húmedo, para evitar una cristalización instantánea. Mientras el azúcar se cuece, existe el riesgo de que la pared del cazo se cubra de cristales que podrían caer en el almíbar.

2. En cuanto se haya alcanzado la fase de ebullición, pase de nuevo el pincel por la pared. Compruebe también, de vez en cuando, el color del caramelo sumergiendo en él una espátula de madera.

3. Interrumpa la cocción en función de su utilización. Muy pálido para glasear pastelitos y frutas «disfrazadas» (detenga la cocción en cuanto empiece a tomar color); claro o rubio para acaramelar la pasta choux y unir las piezas de un pastel montado; intermedio, para acaramelar un molde, cubrir un pastel de arroz, perfumar una crema, las claras a punto de nieve, etc.

caramelo claro

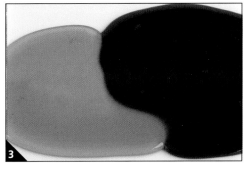

Decoraciones sencillas con caramelo

Preparación: 15 min

Prepare un caramelo (*ver arriba*). Cuando su color sea castaño dorado, sumerja el cazo en un recipiente lleno de agua fría.

1. Cubra una bandeja de pastelería con papel sulfurizado. Sumerja una cuchara sopera en el caramelo caliente y deje que éste caiga en un hilillo sobre el papel dibujando las formas que desee.

2. Puede utilizar también papel sulfurizado para hacer un cucurucho. Córtele la punta y úselo como una manga pastelera para dibujar una decoración. Cuando el caramelo se haya secado, despéguelo del papel.

Glaseado con fondant

Para 500 g de glaseado
Preparación: 5 min

- *400 g de fondant (ver p. 128)*
o de fondant pastelero preparado
- *10 cl de almíbar*
de densidad 1,2624 (30 °C)

Trabaje primero el fondant con las manos para ablandarlo. Fúndalo suavemente en un cazo al baño María (menos de 34 °C) y añádale el almíbar al final, mezclándolo bien.

1. Coloque el pastel para glasear sobre una rejilla pastelera. Vierta el fondant levemente enfriado sobre él.
2. Extiéndalo con una espátula bien plana en una capa fina y de una sola vez. Déjelo escurrir el tiempo que cuaje.
3. Quite el fondant que ha caído debajo del pastel con un cuchillo, empujándolo hacia el interior.

VARIANTE

Glaseado con fondant aromatizado
Puede perfumar este glaseado añadiéndole de 20 a 30 g de extracto de café o 25 g de cacao en polvo y 3 cl (2 c) de almíbar adicionales.

Glaseado real

Para 500 g de azucar
Preparación: 5 min

- *450 g de azúcar glas*
- *2 claras de huevo*
- *1 limón*

1. Exprima el limón en un bol. Vierta el azúcar glas en un cuenco. Añada las claras y algunas gotas del zumo de limón.
2. Bata la mezcla con el batidor de varillas hasta que blanquee y esté bien lisa. Extienda de inmediato ese glaseado por encima del pastel y déjelo secar a temperatura ambiente o en la boca del horno tibio.

Vierta el glaseado en el centro de la tarta, deje que se deslice hacia los bordes y, a continuación, extiéndalo con una espátula.

Comentario del gourmet
Prepare 500 g de glaseado real muy ligero, es decir, con un poco más de clara de huevo. Disuelva en él completamente 1 hoja de gelatina: obtendrá una pasta para cubrir objetos artificiales o soportes de poliestireno, que a continuación, una vez seca, podrá colorear o decorar. Realizará así decoraciones divertidas.

VARIANTE

Glaseado real aromatizado
Puede sazonar esta preparación con el perfume o el colorante que quiera, o con ambos.

Jaula de caramelo
Preparación: 10 min

Esta jaula, realizada con hilos de caramelo, forma una decoración en la cual puede servir helado, frutas *pochées* o postres cremosos. Hay que hacerla lo más tarde posible, porque se reblandece en una o dos horas, y conservarla en un lugar fresco y seco hasta el momento de su utilización.

1. Prepare un caramelo líquido. Aceite levemente el dorso de un cucharón. Sumerja un tenedor en el caramelo y páselo de un lado a otro del cucharón, dejando fluir del tenedor el caramelo.
2. Oriente sus movimientos de modo que los hilos de caramelo se crucen y obtenga una cuadrícula bastante densa.
3. Cuando ésta le parezca suficiente, recorte los hilos que sobresalgan con unas tijeras y levante la jaula para separarla del cucharón. Hágalo con delicadeza para no romperla.

¿Por qué se reblandecen las jaulas de caramelo?
El caramelo ya no contiene agua, por lo que tiende a absorber la humedad presente en el ambiente. Por la misma razón, no hay que servir un plato que contenga una capa crujiente con una campana cubreplatos. Ésta contribuiría a concentrar la humedad en la capa crujiente.

H.T.

El chocolate

Funde a unos 30 °C, pero no soporta el contacto directo con el fuego; se debe calentar al baño María o en el microondas a menos de 600 W.
Si se utiliza para decorar tiene que estar brillante, untuoso y estable: hay que «templarlo», es decir, llevar a 45 °C-50 °C el chocolate con leche, a 50 °C-55 °C el chocolate negro y luego sumergir el cazo en un recipiente lleno de cubitos del hielo mientras se remueve. Cuando la temperatura haya descendido hasta los 28 °C, hay que recalentar a 29 °C-30 °C o 30 °C-31 °C. Ambos reaccionan mal ante los líquidos; forma una masa espesa y dura. Cuando se quiere perfumar, es necesario preparar primero una ganache (*ver p. 133*).

Chocolate jaspeado o «mármol»
Para 250 g de chocolate
Preparación: 5 min

• *125 g de chocolate blanco o de chocolate con leche*
• *125 g de chocolate negro semiamargo*

1. Temple los dos chocolates.
2. Extienda sobre la bandeja muy fría una capa, luego la otra, y mézclelas levemente con una cuchara o un tenedor a fin de obtener el jaspeado.

Comentario del gourmet
El chocolate jaspeado se utiliza para realizar decoraciones y para acompañar postres en el plato.

131

Chocolate pulverizado

Para 250 g de chocolate
Preparación: 5 min

- *175 g de chocolate*
- *75 g de manteca de cacao*

Decoraciones de chocolate

Coloque una bandeja de mármol o acero inoxidable 1 h en el congelador. Sáquela y extienda encima el chocolate «templado». Podrá hacer diversas decoraciones.

Abanicos de chocolate
Proceda como para las virutas, pero apoyando el dedo en uno de los lados de la hoja del cuchillo.

Cigarrillos de chocolate
Pase un cuchillo de untar por encima de la capa de chocolate y enrolle los cigarrillos sobre sí mismos.

Conos de chocolate
Forme un cucurucho de papel, vierta en él el chocolate, póngalo sobre el mármol y déjelo enfriar antes de desmoldarlo.

Glaseado de chocolate

Para 250 g de glaseado
Preparación: 15 min

- *80 g de chocolate negro semiamargo*
- *8 cl de crema de leche*
- *15 g de mantequilla ablandada*
- *80 g de salsa de chocolate (ver p. 153)*

1. Pique o ralle fino el chocolate en un bol. En un cazo, hierva la crema de leche. Retírela del fuego y añádale poco a poco el chocolate. Mezcle delicadamente, empezando por el centro del recipiente.
2. Cuando la temperatura descienda por debajo de los 60 °C, corte la mantequilla en pedacitos e incorpórela, así como la salsa de chocolate, removiendo.

Sugerencia
Se utiliza entre 35 °C y 40 °C y se extiende mejor sobre el pastel si se ha puesto una buena cantidad. Y sin embargo, cuaja fácilmente mientras sigue muy brillante.

1. Meta el pastel que quiere decorar un tiempo en el congelador y no lo saque hasta el último instante.
2. Funda el chocolate y la manteca de cacao a 40 °C. Meta la mezcla en un pulverizador de pintura guardado en un lugar caliente.
3. Ponga una plantilla de la forma que quiera sobre el pastel y pulverice el chocolate con el aerógrafo.
4. Quite la plantilla. El pastel, cubierto con una capa aterciopelada, mantendrá el dibujo de la plantilla que le ha aplicado.

Madera de chocolate
Al aplicar a la capa de chocolate un «tronco» de plástico, le dará un efecto de madera.

Rollos de chocolate
Raspe la capa de chocolate, cuajado pero blando todavía, con una pala dentada.

Virutas de chocolate
Corte la capa de chocolate en rombos y ráspelos hacia usted con un cuchillo de untar.

Ganaches

La ganache es una mezcla de chocolate, crema de leche y mantequilla que se emplea para rellenar, cubrir o glasear un pastel. Hay que usarla en cuanto esté lista. Puede aromatizarla con aguardiente, licor, café, canela, etc.

Ganache con caramelo

Para 500 g de ganache
Preparación: 20 min

- *115 g de chocolate negro semiamargo*
- *85 g de chocolate con leche*
- *85 g de azúcar blanquilla*
- *10 cl de crema de leche*
- *15 g de mantequilla semisalada*

1. Pique o ralle finamente los dos chocolates y colóquelos en un cuenco.
2. En un cazo de fondo grueso cueza el azúcar en seco, vertiéndolo en pequeñas cantidades. En cuanto el caramelo espume, interrumpa la cocción con la mantequilla y luego añada la crema de leche.
3. Hierva el líquido y a continuación vierta la mitad sobre el chocolate. Mezcle delicadamente, mediante una espátula y en pequeños círculos concéntricos, empezando por el centro del recipiente. Añada el resto del líquido en dos veces, procediendo del mismo modo.

Ganache de chocolate

Para 500 g de ganache
Preparación: 10 min

- *300 g de chocolate negro semiamargo*
- *25 cl de crema de leche • 10 g de café molido*

1. Pique el chocolate con un cuchillo sobre una tabla de madera o rállelo fino en un cuenco.
2. Hierva 20 cl de crema de leche en un cazo. Reserve 5 cl para la etapa siguiente.
3. Aparte la crema del fuego y viértale el café. Deje reposar unos 30 min y luego filtre la mezcla. Comprobará que después de esta operación la crema se ha reducido: ya sólo le quedan unos 160 g (16 cl). Complételo, pues,

con los 5 cl de crema de leche restantes para tener, como al principio, unos 20 cl. Caliente de nuevo.
4. Añada finalmente, poco a poco, el chocolate. Mediante una espátula, mézclelo todo delicadamente en círculos concéntricos, empezando por el centro del recipiente.

Sugerencia
No debe batir nunca demasiado una ganache, porque el exceso de aire introducido le impedirá luego poder conservarla.

Comentario del gourmet
Puede hacer una ganache natural fundiendo a fuego lento 250 g de chocolate. Añádale, batiendo, 70 g de mantequilla y luego 25 cl de crema de leche.

Ganache de chocolate blanco

Para 500 g de ganache
Preparación: 15 min

- *300 g de chocolate blanco*
- *15 cl de crema de leche*
- *50 g de manteca de cacao
  o de grasa vegetal*

1. Pique o ralle finamente el chocolate en un cuenco.
2. Hierva la crema de leche en un cazo.
3. Apártela del fuego y añada poco a poco el chocolate. Mézclelo con suavidad, con la ayuda de una espátula y realizando pequeños círculos concéntricos, empezando por el centro del recipiente.
4. Cuando la temperatura de la mezcla esté por debajo de 60 °C, incorpore la materia grasa procediendo del mismo modo.

Ganache de chocolate con leche

Para 500 g de ganache
Preparación: 20 min

- *300 g de chocolate con leche*
- *15 cl de crema de leche • 10 g de glucosa*
- *50 g de mantequilla a temperatura ambiente*

1. Pique o ralle finamente el chocolate en un cuenco.
2. Hierva la crema de leche en un cazo y añádale la glucosa.
3. Vierta la mitad del líquido hirviendo sobre el chocolate. Mezcle delicadamente, una espátula y en pequeños círculos concéntricos, empezando por el centro.
4. Añada el resto de la crema de leche en dos veces, procediendo del mismo modo.
5. Cuando esté a menos de 60 °C, corte la mantequilla en pedacitos y añádalos removiendo delicadamente.

Ganache para cobertura

Para 500 g de ganache
Preparación: 15 min

- *250 g de chocolate en pastilla*
- *15 g de cacao en polvo tamizado*
- *25 cl de crema de leche*

1. Pique o ralle finamente el chocolate y póngalo en un cuenco con el cacao tamizado.

2. Hierva la crema de leche.
3. Viértala poco a poco sobre el chocolate, batiendo con la batidora a poca velocidad.
4. Pásela por el chino para eliminar los últimos granos de chocolate.

Comentario del gourmet
Tiene la textura ideal para cubrir pasteles.

Ganache con tres especias

Para 500 g de ganache
Preparación: 20 min

- *150 g de chocolate negro*
- *150 g de chocolate con leche • 25 cl de crema de leche*
- *30 g de azúcar en polvo • 1 rama de canela*
- *3 o 4 granos de pimienta de Jamaica*
- *4 o 5 granos de pimienta negra*
- *125 g de mantequilla ablandada*

1. Pique o ralle finamente los dos chocolates y póngalos en un cuenco.
2. Hierva la crema de leche en un cazo y añada el azúcar, la canela desmenuzada y los granos de pimienta chafados. Déjelo reposar todo de 15 a 20 min. Cuélelo.
3. Caliente de nuevo y vierta la mitad del líquido hirviendo sobre el chocolate. Mediante una espátula mezcle suavemente, sin incorporar aire.
4. Añada el resto procediendo de la misma manera.
5. Cuando la temperatura de la mezcla se encuentre por debajo de 60 °C, corte la mantequilla en trocitos e incorpórelos removiendo suavemente.

Comentario del gourmet
La pimienta de Jamaica se compone de bayas del tamaño de un grano de pimiento, cosechadas verdes y secadas al sol, lo que las hace de color castaño y comestibles. Conocida en Estados Unidos como *all spice* (todo especias), tiene un sabor levemente apimentado que recuerda a la vez la nuez moscada, la canela y el clavo de olor.

Ganache con espliego

Para 500 g de ganache
Preparación: 20 min

- *300 g de chocolate negro*
- *25 cl de crema de leche • 30 g de azúcar en polvo*
- *125 g de mantequilla ablandada*
- *1 cc de espliego seco*

1. Pique o ralle finamente el chocolate y póngalo en un cuenco.

2. Hierva la crema de leche en un cazo, y añádale el espliego y el azúcar. Deje reposar de 15 a 20 min y luego fíltrelo todo.

3. Caliéntela de nuevo y vierta la mitad del líquido hirviendo sobre el chocolate. Mezcle suavemente, mediante una espátula, evitando introducir aire.

4. Añada el resto procediendo del mismo modo.

5. Cuando la temperatura de la mezcla se encuentre por debajo de 60 °C, corte la mantequilla en pedacitos y añádalos removiendo con suavidad.

Ganache con limón

Para 500 g de ganache
Preparación: 20 min

- *80 g de chocolate negro semiamargo*
- *190 g de chocolate negro amargo*
- *1/5 de corteza de limón picada muy fina*
- *20 cl de crema de leche*
- *50 g de mantequilla ablandada*

1. Pique o ralle finamente los dos chocolates. Colóquelos en un cuenco y añádales la corteza de limón removiendo bien.

2. Hierva, en un cazo, la crema de leche. Vierta la mitad de ella sobre el chocolate y mezcle con cuidado, mediante una espátula y en pequeños círculos concéntricos, empezando por el centro del recipiente.

3. Añada el resto de la crema de leche en dos veces, procediendo del mismo modo que antes.

4. Corte la mantequilla en pedacitos.

5. Cuando la temperatura de la mezcla esté por debajo de 60 °C, incorpore la mantequilla, removiendo suavemente.

Sugerencia
Para poder recuperar una preparación que se haya cortado, tome 100 g de ella e incorpórele 10 cl de crema de leche, sin calentar por encima de 35 °C, antes de devolverlo todo al resto de la ganache.

Ganache con maracuyá

Para 500 g de ganache
Preparación: 20 min

- *320 g de chocolate con leche*
- *125 g de puré de maracuyá (de 5 a 6 unidades)*
- *15 g de glucosa*
- *50 g de mantequilla ablandada*

1. Pique o ralle finamente el chocolate y póngalo en un cuenco.

2. En un cazo, haga hervir el puré de maracuyá y disuelva en él la glucosa.

3. Vierta poco a poco el puré hirviendo sobre el chocolate. Mezcle delicadamente, con una espátula y en pequeños círculos concéntricos, empezando por el centro del recipiente.

4. Corte la mantequilla en pedacitos.

5. Cuando la temperatura de la mezcla se sitúe por debajo de 60 °C, incorpore los trozos de mantequilla removiendo muy delicadamente.

Ganache con miel

Para 400 g de ganache
Preparación: 20 min

- *100 g de chocolate negro semiamargo*
- *100 g de chocolate con leche*
- *110 g de crema de leche*
- *75 g de miel*
- *20 g de mantequilla ablandada*

1. Pique o ralle finamente los dos chocolates y póngalos en un cuenco.

2. Hierva la crema de leche en un cazo y añada la miel.

3. Vierta la mitad del líquido hirviendo sobre el chocolate. Mezcle delicadamente, en pequeños círculos concéntricos y mediante una espátula, empezando por el centro del recipiente.

4. Añada el resto del líquido procediendo del mismo modo.

5. Cuando vea que la temperatura de la mezcla está por debajo de 60 °C, corte la mantequilla en pequeños trozos e incorpórelos sin olvidarse de remover delicadamente.

Ganache con pistachos

Para 500 g de ganache
Preparación: 20 min

- *400 g de chocolate blanco*
- *20 cl de crema de leche*
- *180 g de pasta de pistachos coloreada*

1. Pique o ralle finamente el chocolate y deposítelo en un cuenco.

2. Hierva la crema de leche en un cazo con la pasta de pistachos.

3. Vierta la mitad del líquido hirviendo sobre el chocolate. Mezcle suavemente, mediante una espátula y en pequeños círculos concéntricos, empezando por el centro del recipiente.

4. Añada el resto del líquido procediendo del mismo modo.

135

Ganache con frambuesa

Para 500 g de ganache
Preparación: 20 min

- *240 g de chocolate semiamargo*
- *10 cl de crema de leche*
- *100 g de puré de frambuesa*
- *20 g de azúcar en polvo*
- *1 cl de licor*
- *o de crema de frambuesa*
- *30 g de mantequilla*
  ablandada

Pique o ralle finamente el chocolate y deposítelo en un cuenco. En dos cazos, haga hervir separadamente la crema de leche y el puré de frambuesa preparado de antemano.

1. Vierta la mitad de la crema de leche hirviendo sobre el chocolate. Mezcle delicadamente en pequeños círculos concéntricos, empezando por el centro del recipiente, y siempre ayudándose de una espátula.
2. Añada el resto de la crema, luego el puré de frambuesa, el azúcar y finalmente el licor, procediendo del mismo modo que antes.
3. A continuación corte la mantequilla en pedacitos. Cuando la temperatura de la mezcla se haya situado por debajo de 60 °C, incorpore la mantequilla con la ayuda de un batidor de varillas.

Ganache con té

Para 500 g de ganache
Preparación: 20 min

- *200 g de chocolate negro no demasiado amargo*
- *80 g de chocolate con leche*
- *5 g de té de China* • *25 cl de crema de leche hervida*
- *15 cl de crema de leche*
- *30 g de mantequilla ablandada*

1. Pique o ralle finamente los dos chocolates y póngalos en un cuenco.
2. Haga una infusión con el té en 20 cl de crema de leche hervida durante 4 min, y fíltrelo. Después de esta operación ya no le quedarán más que unos 160 gr de crema (16 cl). Complételos con los 5 cl de crema de leche hervidos que había reservado para tener, como al principio, unos 20 cl. Caliente de nuevo.
3. Hierva los 15 cl de crema de leche y añádale la infusión.
4. Vierta la mitad del líquido hirviendo sobre el chocolate. Mediante una espátula, mezcle delicadamente y en pequeños círculos concéntricos, empezando por el centro del recipiente.

5. Añada el resto de la crema de leche en dos veces, procediendo del mismo modo.
6. Cuando la temperatura de la mezcla se encuentre por debajo de 60 °C, corte la mantequilla en trocitos e incorpórelos removiendo delicadamente.

Ganache al whisky

Para 500 g de ganache
Preparación: 15 min

- *250 g de chocolate negro*
- *65 g de chocolate con leche*
- *8 cl de crema de leche*
- *10 cl de whisky no flambeado*

1. Pique o ralle finamente los dos chocolates y colóquelos en un cuenco.
2. Haga hervir la crema de leche en un cazo.
3. Retírela del fuego y, poco a poco, vierta el chocolate y el whisky. Mezcle delicadamente, mediante una espátula y en pequeños círculos concéntricos, empezando por el centro del recipiente.

Helados, sorbetes y granizados

Estas preparaciones tienen como base una mezcla pasteurizada compuesta de frutas o perfumada con aguardiente, licor, etc. Los helados aquí propuestos contienen crema de leche, leche, y a veces huevos; los sorbetes, almíbar. Los granizados son jarabes de frutas poco endulzados o perfumados.

Aparejo para bomba

Para 1 kg de masa
Preparación: 10 min
Cocción: 5 min

• *10 yemas de huevo* • *30 cl de almíbar de densidad 1,406* • *50 cl de nata montada (ver p. 113)*

1. Ponga las yemas de huevo y el almíbar en un cazo al baño María y bata.
2. Una vez fuera del fuego, bata la mezcla hasta que esté completamente fría. Tiene entonces un aspecto espumoso. Incorpore delicadamente la nata montada.

Comentario del gourmet
Puede añadir el perfume que prefiera (ron, kirsch, verbena, genciana, fresa, chocolate, pistacho, vainilla, etc.). Cuando la preparación está lista, se puede guardar en el congelador en bandejas de aluminio.

Encamisar un molde de helado

1. Meta el molde para bomba 1 h en el congelador. Cubra el fondo de helado y apriételo con una espátula para eliminar las burbujas de aire. Extienda el helado a lo largo de las paredes.
2. El grosor de la capa debe ser uniforme. Termine pasando un rasero por el helado para obtener un borde neto.

Sugerencia
Al recubrir el molde, evita que el helado se pegue a las paredes en el momento de desmoldarlo. También se puede usar para ese fin papel sulfurizado, con el que se forra el fondo.

creaciones con helado

Helados

Helado de aguacate y plátano

Para 1 l de helado
Preparación: 25 min

• *1 aguacate maduro*
• *2 plátanos*
• *1 lata de leche condensada*
• *50 g de nata*
• *100 g de almendras en trocitos*

1. Monte la nata líquida hasta que esté algo espesa.
2. Pele los plátanos y el aguacate. Páselos por un pasapurés.
3. Mezcle la leche condensada con el puré de frutas y la nata. Incorpore 3/4 de almendras y congele.
4. Sirva el helado espolvoreado con las almendras restantes.

Helado de almendra

Para 1 l de helado
Preparación: 20 min

• *50 cl de leche entera fresca*
• *70 g de almendras dulces*
• *4 yemas de huevo*
• *150 g de azúcar en polvo*
• *1 vaina de vainilla cortada y sin semillas*

1. Tueste levemente las almendras de 15 a 20 min en el horno a 170 °C.
2. Déjelas enfriar y píquelas menudas sobre una tabla.
3. Caliente la leche justo hasta que hierva y añádale las almendras tostadas.
4. En un cazo, bata levemente las yemas con el azúcar, y luego vierta la mezcla sobre la leche con almendras.
5. Vuelva a ponerlo todo al fuego hasta que la preparación esté bien homogénea.
6. Tamícela y deje reposar en ella la vaina de vainilla durante unos 30 min. Lleve la preparación al congelador.

Helado de azafrán y agua de rosas

Para 1 l de helado
Preparación: 15 min

• *60 cl de leche entera fresca* • *20 cl de crema de leche*
• *1 cc de extracto de vainilla* • *4 yemas de huevo*
• *100 g de azúcar en polvo* • *1 cc de azafrán en polvo*
• *2 cl de agua de rosas*

1. Hierva en un cazo la leche y la crema de leche. Añada el extracto de vainilla.
2. En otro cazo, bata las yemas de huevo con el azúcar. Vierta la mezcla de crema y leche hirviendo, y cuézalo todo como una crema inglesa, a 83 °C, sin que alcance el nivel de ebullición. Apártelo del fuego.
3. Disuelva el azafrán en un poco de agua caliente e incorpórelo a la preparación con el agua de rosas. Mezcle bien.
4. Déjelo enfriar en un recipiente lleno de cubitos de hielo. Póngalo en el congelador.

Helado de café

Para 1 l de helado
Preparación: 15 min

• *50 cl de leche entera fresca* • *3 c de café soluble*
• *6 yemas de huevo* • *200 g de azúcar en polvo*
• *20 cl de crema chantilly (ver p. 105)*

1. Hierva la leche en un cazo. Añada el café y luego fíltrelo todo.
2. Bata levemente, en otro cazo, las yemas de huevo con el azúcar; añada la mezcla de café con leche hirviendo y cuézalo hasta 83 °C, como si preparara una crema inglesa (*ver p. 108*), sin superar el nivel de ebullición.
3. Deje enfriar totalmente la mezcla en un recipiente lleno de cubitos de hielo e incorpore la crema chantilly, levantando delicadamente la preparación (de abajo hacia arriba).
4. Colóquelo en el congelador.

Comentario del gourmet
Puede decorar este helado con granos de café al licor.

Helado de caramelo

Para 1 l de helado
Preparación: 25 min

• *50 cl de leche entera fresca*
• *15 cl de crema de leche muy fría*
• *5 yemas de huevo* • *260 g de azúcar en polvo*

1. Hierva la leche en un cazo junto con 5 cl de crema de leche.
2. En un bol bata el resto de la crema de leche.
3. En otro cazo, bata levemente las yemas de huevo con 85 g de azúcar.
4. En un tercer cazo cueza en seco el azúcar, vertiéndolo en pequeñas cantidades, hasta que tenga un tono ámbar oscuro.
5. Corte la cocción de inmediato con la nata montada, mezclándola con una espátula, y luego vierta toda esta mezcla de caramelo en la leche.
6. A continuación, incorpore el líquido caliente a las yemas y cuézalo como una crema inglesa, a 83 °C (debe tener mucho cuidado, sobre todo, de que no hierva).
7. Cuando la preparación se adhiera a la cuchara, retírela del fuego y déjela enfriar totalmente en un recipiente lleno de cubitos de hielo.
8. Póngalo en el congelador.

Sugerencia
El empleo de la nata montada evita las *proyecciones* o salpicaduras de azúcar.

VARIANTE

Helado de canela caramelizada
Puede confeccionar este helado añadiendo al azúcar en proceso de caramelización 3 ramas de canela. Añada la crema con canela a la leche hirviendo y luego déjelo reposar todo 1 h antes de retirar las ramas.

Helado de chocolate

Para 1 l de helado
Preparación: 20 min

• *140 g de chocolate negro semiamargo*
• *10 cl de agua*
• *50 cl de leche entera fresca*
• *3 yemas de huevo*
• *110 g de azúcar en polvo*

1. Pique el chocolate en una tabla, o bien rállelo menudo.
2. Después colóquelo en un cazo con los 10 cl de agua y fúndalo suavemente al baño María, manteniéndolo tapado.
3. En otro cazo bata las yemas de huevo con el azúcar hasta que formen una cinta.
4. Hierva la leche e incorpórela al chocolate mezclando bien con una cuchara de madera.
5. Vierta la leche con el chocolate sobre las yemas y cuézalo todo como una crema inglesa, a 83 °C (evitando, sobre todo, que no hierva). Déjelo enfriar totalmente en un recipiente lleno de cubitos de hielo.
6. Póngalo en el congelador.

139

Helado de coco

Para 1 l de helado
Preparación: 20 min

- 60 cl de crema de leche • 115 g de coco rallado
- 10 cl de agua • 7 cl de leche • 140 g de azúcar
moreno • 4 yemas de huevo

1. En un cazo, haga hervir 40 cl de la crema de leche con el coco rallado. Retire la mezcla del fuego y déjela reposar 10 min.
2. Triture el resultado con la batidora añadiendo los 10 cl de agua hirviendo.
3. Fíltrelo con un colador fino y reserve el coco aparte.
4. Caliente la leche y disuelva en ella el azúcar. Vierta la mezcla en un cuenco, sobre las yemas de huevo, mientras lo bate todo. Añada la crema de leche perfumada y los 20 cl restantes.
5. Déjelo enfriar totalmente en un recipiente lleno de cubitos de hielo, agregue la pulpa de coco y mezcle bien.
6. Póngalo en el congelador.

Helado de frambuesa

Para 1 l de helado
Preparación: 10 min
Refrigeración: 6 h

- 400 g de frambuesas • 150 g de azúcar en polvo • 2 cl
de zumo de limón • 1 c de aguardiente de frambuesa

1. Limpie las frambuesas y guarde unas cuantas como decoración.
2. Reduzca las primeras a puré con la batidora. Pase la pulpa obtenida por un colador de plástico para eliminar las semillas.
3. Mezcle el zumo recogido con el aguardiente y el zumo de limón.
4. En un molde para helados, bata la crema resultante hasta que esté espumosa. Incorpore entonces, poco a poco, el azúcar mientras sigue batiendo.
5. Coloque en el congelador esta mezcla durante aproximadamente unas 2 h.
6. Saque la preparación, bátala de nuevo, y póngala otra vez en el congelador, durante 1 h.
7. Repita la misma operación y luego déjela helar completamente.

Helado de fresa

Para 1 l de helado
Preparación: 10 min
Refrigeración: 1 h

- 500 g de fresas • 100 g de azúcar en polvo
- 500 g de helado de vainilla (ver p. 142)

1. Hierva, en un cuenco al baño María, las fresas durante 20 min con el azúcar hasta que reduzcan a puré.
2. Pase la preparación resultante por un colador fino y reserve el zumo.
3. Deje enfriar el puré de fresa, luego métalo durante 1 h en la nevera dentro de un cuenco cubierto con película de cocina.
4. Mezcle el zumo y 300 g de puré con el helado de vainilla.
5. Colóquelo en el congelador. Añada el resto del puré de fresa antes de servir.

Helado de hierbas aromáticas

Para 1 l de helado
Preparación: 15 min

- 15 cl de leche entera fresca • 50 cl de crema de leche
- 20 g de hojas frescas de albahaca, salvia o tomillo,
al gusto • 8 yemas de huevo
- 200 g de azúcar en polvo

1. Haga hervir la leche y la crema de leche en un cazo.
2. Retire la preparación del fuego, añada las hierbas picadas y déjela reposar tapada 20 min. Fíltrela.
3. Bata en otro cazo las yemas con el azúcar.
4. Vierta la leche hirviendo y cuézalo como una crema inglesa, a 83 ºC (evitando, sobre todo, que esta mezcla no hierva). Déjelo enfriar completamente en un recipiente lleno de cubitos de hielo.
5. Póngalo en el congelador.

Helado de menta

Para 1 l de helado
Preparación: 20 min

- 15 cl de leche entera fresca • 50 cl de crema de leche
- 25 g de menta • 8 yemas de huevo
- 10 hojas de menta
- 200 g de azúcar en polvo

1. Hierva en un cazo la leche y la crema de leche.
2. Retire la preparación del fuego, añádale la menta picada y déjela reposar tapada durante 20 min.
3. Bata en otra cacerola las yemas de huevo con el azúcar.
4. Vierta la leche en la cacerola y cueza la mezcla como una crema inglesa, a 83 ºC (ver p. 108), sin que llegue a hervir.
5. Déjela enfriar completamente en un recipiente lleno de cubitos de hielo.
6. Colóquelo en el congelador. Al final de esta operación, incorpore las hojas de menta picadas menudas.

Helado de nuez de macadamia

Para 1 l de helado
Preparación: 15 min

- *100 g de azúcar en polvo*
- *150 g de nueces de macadamia*
- *20 g de mantequilla*
- *75 cl de helado de vainilla (ver p. 142)*

1. En un cazo de fondo grueso cueza el azúcar en seco, vertiéndolo en pequeñas cantidades. Cuando esté bien caramelizado, añádale las nueces de macadamia enteras y mezcle vivamente para que queden bien cubiertas.
2. Interrumpa la cocción del caramelo con la mantequilla. Vierta la preparación sobre una bandeja y déjela enfriar. Acto seguido, machaque las nueces de macadamia.
3. Incorpórelo todo al helado de vainilla revolviendo para que quede bien repartido.

Helado de pan de especias

Para 1 l de helado
Preparación: 15 min

- *60 cl de leche entera fresca*
- *10 cl de crema de leche*
- *60 g de pan de especias*
- *5 g de especias para pan de especias*
- *3 ciruelas pasas*
- *7 yemas de huevo*
- *150 g de azúcar en polvo*
- *1 cc de aperitivo anisado*

1. Corte las ciruelas pasas en daditos.
2. En un cazo, hierva conjuntamente la leche y la crema de leche.
3. Póngalo todo en un cuenco grande y mézclelo con el pan de especias (también cortado en pequeños dados), las especias (granos de anís, canela, clavo de olor, etc.) y los trozos de ciruelas. Remuévalo vigorosamente con una espátula de madera o bien páselo por la batidora hasta que la preparación quede totalmente lisa.
4. En otro cazo, bata las yemas de huevo con el azúcar, añada la preparación anterior y cuézalo como una crema inglesa, a 83 °C, teniendo en cuenta que no debe alcanzar el nivel de ebullición.
5. Déjelo enfriar totalmente en un recipiente lleno de cubitos de hielo e incorpore a continuación el aperitivo anisado.
6. Póngalo en el congelador.

Helado de pimienta de Jamaica

Para 1 l de helado
Preparación: 20 min
Reposo: 24 h

- *12 cl de leche entera fresca • 5 g de pimienta de Jamaica machacada (ver ganache con tres especies en la página 134) • 45 cl de leche entera fresca • 10 cl de crema de leche • 200 g de azúcar en polvo • 8 yemas de huevo*

1. Hierva en un cazo los 12 cl de leche. Añada la pimienta y déjelo reposar 2 h.
2. Cuele la preparación y agregue 1/3 de la pimienta.
3. Añada los 45 cl de leche y la crema de leche; a continuación, hiérvalo.
4. En otro cazo, bata levemente las yemas de huevo y el azúcar; luego añada la leche aromatizada hirviendo y cuézalo todo como si de una crema inglesa se tratara, a 83 °C, sin que llegue a hervir.
5. Déjelo enfriar completamente en un recipiente lleno de cubitos de hielo y luego tendrá que hacerlo reposar 24 h en la nevera antes de ponerlo en el congelador.

Helado de pistacho

Para 1 l de helado
Preparación: 25 min
Reposo: 12 h

- *50 g de pistachos de Sicilia pelados • 50 cl de leche entera fresca • 10 cl de crema fresca • 60-70 g de pasta de pistachos puros • 25 g de glucosa • 1 gota de esencia de almendras amargas • 6 yemas de huevo • 100 g de azúcar en polvo*

1. Haga tostar los pistachos muy ligeramente pasándolos por el horno a 170 °C de 15 a 20 min; déjelos enfriar, pélelos y trocéelos.
2. En una cazuela, haga hervir la leche y la crema. Añada la pasta de pistachos, removiendo para disolverla completamente, y después la glucosa, los pistachos y la esencia de almendras amargas. Retire la infusión a los 15 min.
3. En otra cacerola, bata ligeramente las yemas de huevo y el azúcar. Añada la leche perfumada y hágala cocer como una crema inglesa, a 83° C, vigilando que no llegue a hervir.
4. Deje enfriar completamente en un recipiente lleno de trozos de hielo y manténgalo al fresco 12 h antes de removerlo.

Comentario del gourmet
Es fundamental no verter más que una sola gota de esencia de almendras amargas. Si no, le daría un sabor desagradable al helado.

141

Helado de requesón

Para 1 l de sorbete
Preparación: 10 min

• *40 cl de agua* • *240 g de azúcar en polvo* • *1 corteza de limón* • *350 g de requesón* • *2 cl de zumo de limón*

1. En un cazo, hierva el agua, el azúcar y la corteza de limón. Déjelo enfriar.
2. Añada, poco a poco, el requesón y el zumo de limón, removiendo bien para que la mezcla sea homogénea.
3. Colóquelo en el congelador.

Comentario del gourmet
Para realizar este helado es recomendable utilizar un requesón que tenga el 40 % de materia grasa.

Helado de té

Para 1 l de helado
Preparación: 20 min

• *60 cl de leche entera fresca* • *12 cl de crema de leche* • *14 g de té* • *Pimienta blanca* • *6 yemas de huevo* • *140 g de azúcar en polvo*

1. En un cazo, hierva la leche y la crema de leche. Añada el té (earl grey, assam o ceilán) y déjelo reposar, sin sobrepasar los 4 min.
2. Cuélelo y añada la pimienta (2 vueltas de molinillo).
3. En otro cazo, bata las yemas de huevo con el azúcar. Viértale la mezcla de crema y leche. Cuézalo como una crema inglesa, a 83 °C, sin que llegue a hervir.
4. Déjelo enfriar totalmente en un recipiente lleno de cubitos de hielo y llévelo al congelador.

Helado de trufa

Para 1 l de helado
Preparación: 15 min

• *35 cl de leche entera fresca* • *35 cl de crema de leche* • *10 g de trufa picada* • *10 yemas de huevo* • *120 g de azúcar en polvo* • *1 cl de jerez dulce*

1. Hierva, en un cazo, la leche y la crema de leche, añadiéndole la trufa. Déjelo reposar 15 min y cuélelo, conservando los trocitos de trufa.
2. En otro cazo, bata las yemas de huevo con el azúcar. Añada el líquido aromatizado y, a continuación, cuézalo como una crema inglesa, a 83 °C, sin que llegue a hervir.
3. Cuando la mezcla se haya enfriado, incorpore el jerez y los trozos de trufa.
4. Póngalo en el congelador.

Helado de tutti-frutti

Para 1 l de helado
Preparación: 25 min

• *70 g de fruta confitada*
• *3 cl de ron*
• *65 cl de crema de leche*
• *100 g de almendras dulces peladas*
• *3 g de almendras amargas peladas*
• *70 cl de leche entera fresca*
• *4 yemas de huevo*
• *100 g de azúcar en polvo*

1. Corte las frutas confitadas en daditos y póngalas a macerar en el ron.
2. Hierva la crema de leche en un cazo.
3. Ponga las almendras en una batidora y tritúrelas añadiendo poco a poco la leche. Agregue la crema de leche y mezcle bien.
4. Cuélelo todo, exprimiéndolo al máximo.
5. Bata en un cuenco las yemas de huevo con el azúcar. Hierva la leche de almendras y viértala sobre las yemas; hágalo como una crema inglesa, a 83 °C, sin que alcance el nivel de ebullición.
6. Déjelo enfriar totalmente en un recipiente lleno de cubitos de hielo e inmediatamente póngalo en el congelador.
7. Cuando el helado esté todavía bien blando, añádale las frutas confitadas escurridas.

Helado de vainilla

Para 1 l de helado
Preparación: 15 min

• *15 cl de leche entera fresca*
• *50 cl de crema fresca*
• *1 vaina de vainilla*
• *7 yemas de huevo*
• *150 g de azúcar en polvo*

1. Hierva, en un cazo, la leche y la crema de leche.
2. Añada la vaina y los granos de vainilla. Déjelo reposar todo 30 min; luego cuélelo.
3. En otro cazo, bata con energía las yemas de huevo con el azúcar. Vierta encima la leche aromatizada y cueza la preparación como una crema inglesa, a 83 °C, sin que alcance el nivel de ebullición.
4. Déjelo enfriar completamente en un recipiente lleno de cubitos de hielo.
5. Póngalo en el congelador.

Comentario del gourmet
Para reforzar el perfume de este helado, se puede dejar reposar la vaina y los granos de vainilla toda una noche, guardando la mezcla en la nevera.

Sorbetes

Sorbete de aguacate

Para 1 l de sorbete
Preparación: 10 min

- *700 g de aguacates* • *5 cl de zumo de limón*
- *30 cl de agua* • *270 g de azúcar en polvo*

1. Parta los aguacates en dos, deshuese y pélelos. Córtelos en trocitos, póngalos en la batidora y redúzcalos a puré hasta obtener 370 g.
2. Ponga ese puré en un cuenco e incorpórele el zumo de limón para que no ennegrezca.
3. Hierva en un cazo el agua con el azúcar para obtener un almíbar ligero. Déjelo enfriar.
4. Incorpore el puré de aguacate al almíbar.
5. Colóquelo en una sorbetera.

Sorbete de albaricoque

Para 1 l de sorbete
Preparación: 20 min

- *1,2 kg de albaricoques bien maduros*
- *2 limones* • *30 cl de agua*
- *200 g de azúcar en polvo*

1. Parta los albaricoques por la mitad y deshuéselos. Distribúyalos en una sola capa sobre una bandeja para gratinar con 200 g de azúcar y páselos por el horno 20 min a 180 °C-200 °C.
2. Redúzcalos a puré en la batidora o con el pasapurés, luego añada 4 cl de zumo de limón y 30 cl de agua; mézclelo bien.
3. Ponga la preparación en una sorbetera.

Comentario del gourmet
Puede darle a este helado un sabor delicado, si añade a la preparación las almendras de 6 huesos de albaricoque.

Sorbete de champán

Para 1 l de sorbete
Preparación: 10 min

- *22 cl de agua* • *220 g de azúcar*
- *1/2 corteza de naranja*
- *1/2 corteza de limón*
- *1/4 vaina de vainilla*
- *50 cl de champán* • *1 limón*
- *30 g de merengue italiano (ver p. 99)*

1. Parta la vaina de vainilla en dos. Extraiga los granos.
2. En un cazo, hierva el agua con el azúcar, las cortezas, la vaina y los granos de vainilla. Deje reposar 15 min y pase la mezcla por un colador puesto sobre un cuenco.
3. Exprima el limón. Vierta 2 cc de su zumo y el champán en el almíbar y mezcle bien. Déjelo enfriar.
4. Incorpore el merengue italiano, preparado de antemano, levantando delicadamente la preparación (de abajo hacia arriba).
5. Coloque la preparación en una sorbetera.

Comentario del gourmet
El merengue proporciona soporte a este sorbete ya que, sin aquél, sería muy líquido.

Sorbete de chocolate

Para 1 l de sorbete
Preparación: 10 min

- *60 cl de agua* • *220 g de azúcar en polvo*
- *220 g de chocolate negro amargo (70 % de cacao)*

1. Hierva, en un cazo, el agua con el azúcar para obtener un almíbar ligero.
2. Pique o ralle el chocolate. Incorpórelo poco a poco al almíbar, removiendo bien para que se disuelva.
3. Hágalo hervir de nuevo.
4. Déjelo enfriar totalmente.
5. Póngalo en una sorbetera.

Sorbete de frambuesa

Para 1 l de sorbete
Preparación: 15 min

- *1 kg de frambuesas bien maduras*
- *250 g de azúcar en polvo*

1. Limpie las frambuesas. Póngalas en un colador de plástico muy fino puesto sobre un cuenco; cháfelas bien con una cuchara de madera para obtener 800 g de puré liso. Las semillas deben quedarse en el colador.
2. Añada el azúcar y remueva bien con una espátula para que se disuelva.
3. Coloque la preparación en una sorbetera.

Sugerencia
No utilice un colador metálico, porque no hay que poner estas frutas muy ácidas en contacto con utensilios oxidables, ya que les darían un sabor desagradable.

Sorbete de fresa

Para 1 l de sorbete
Preparación: 10 min

- *1 kg de fresas bien maduras*
- *250 g de azúcar en polvo • 1 limón*

1. Corte delicadamente los rabillos de las fresas y redúzcalas a puré en la batidora o con el pasapurés hasta obtener 750 g. Tamícelo con un colador puesto sobre un cuenco.
2. Exprima el limón.
3. Meta el puré en una cacerola, y caliéntelo con el azúcar y 5 cl del zumo de limón hasta que hierva.
4. Déjelo enfriar totalmente antes de meterlo en una sorbetera.

Comentario del gourmet
Puede realizar la misma preparación con fresas de bosque o mezclando las dos variedades.

Sorbete de frutas exóticas

Para 1 l de sorbete
Preparación: 20 min

- *1 kg de piña bien madura • 1 mango grande*
- *1 plátano • 1 limón • 225 g de azúcar en polvo*
- *1 bolsita de azúcar de vainilla*
- *2 g (1 pizquita) de canela en polvo*

1. Pele la piña y córtela en cuatro. Retire el corazón y corte la pulpa en dados, recogiendo el zumo en un bol.
2. Parta en dos el mango, deshuéselo y sáquele la pulpa con una cucharilla.
3. Pele el plátano y córtelo en pequeñas rodajas.
4. Exprima el limón.
5. Ponga la pulpa de todas las frutas con el zumo de limón y el de piña en un cuenco. Pase esa mezcla por la batidora eléctrica para triturarla y obtener 750 g de puré.
6. Viértalo en un cuenco e incorpórele el azúcar, mezclando bien con el batidor de varillas.
7. Añada el azúcar de vainilla y la canela, removiendo con una cuchara de madera.
8. Coloque la mezcla en una sorbetera.

Sorbete de grosellas negras

Para 1 l de sorbete
Preparación: 15 min

- *400 g de grosellas negras • 40 cl de agua*
- *250 g de azúcar • 1/2 limón*

1. Prepare las bayas de grosella negra y cuézalas para reducirlas a puré.
2. A continuación, en un cazo, hierva el agua con el azúcar hasta que el almíbar tenga una densidad de 1,140. Déjelo entibiar.
3. Exprima el medio limón.
4. Incorpore su jugo al almíbar y luego añada el puré de grosellas negras, mezclándolo todo bien.
5. Ponga la mezcla en una sorbetera.

Sorbete de guayaba

Para 1 l de sorbete
Preparación: 15 min

- *700 g de guayabas*
- *35 cl de agua*
- *180 g de azúcar en polvo*
- *30 g de zumo de limón*

1. Pele las guayabas. Córtelas en dos y retire las pepitas. Meta las pulpas en la batidora o un pasapurés puesto sobre un cuenco y redúzcalas a puré, hasta obtener 350 g. Añada el zumo de limón.
2. En un cazo, hierva el agua con el azúcar hasta que se haya disuelto totalmente. Deje enfriar bien la preparación.
3. Mezcle en un cuenco el almíbar con el puré de fruta, removiendo con una cuchara de madera.
4. Métalo en una sorbetera.

Sorbete de guindas con los huesos triturados

Para 1 l de sorbete
Preparación: 25 min
Reposo: 12 h como mínimo

- *1,2 kg de guindas*
- *300 g de azúcar en polvo*
- *100 g de grosellas*

1. Deshuese las guindas y guarde 50 g de huesos. Despalille las grosellas.
2. En una cacerola, cueza durante 5 min la mitad de las guindas con el azúcar. Cuando acabe esta ebullición, vierta la pulpa en una terrina sobre el resto de las guindas y añada las grosellas.
3. Ponga todas las frutas en una batidora eléctrica para reducirlas a puré, hasta obtener 900 g. Tamícelo con un colador puesto sobre un cuenco.
4. Envuelva los huesos en una muselina, macháquelos y sumerja la bolsita en el puré de 12 a 15 h.
5. Retírela antes de meter la preparación en una sorbetera.

Sorbete al perfume de lichis

Para 1 l de sorbete
Preparación: 15 min

- *1 kg de lichis bien maduros*
- *200 g de azúcar en polvo*

1. Descortece y deshuese los lichis. Deposítelos en una batidora o un pasapurés puesto sobre un cuenco y redúzcalos a puré; son necesarios 700 g.
2. Añádale el azúcar.
3. Póngalo en una sorbetera.

Comentario del gourmet
Puede utilizar lichis en almíbar pero, en ese caso, reduzca la cantidad de azúcar (150 g)

Sorbete de lima y albahaca

Para 1 l de sorbete
Preparación: 15 min

- *8 hojas de albahaca • 40 cl de agua*
- *350 g de azúcar en polvo*
- *1/2 corteza de naranja • 4 limas*

1. Pique 3 hojas de albahaca.
2. En un cazo, hierva el agua con el azúcar y la 1/2 corteza de naranja. Retírelo del fuego, añada la albahaca picada y déjelo reposar 15 min.
3. Cuando el almíbar esté frío, cuélelo con un colador muy fino puesto sobre un cuenco.
4. Pique las otras 5 hojas de albahaca. Exprima las limas hasta obtener 25 cl de zumo.
5. Agregue ese zumo al almíbar con la albahaca y mezcle bien.
6. Coloque la mezcla en una sorbetera.

Sorbete de limón

Para 1 l de sorbete
Preparación: 10 min

- *50 cl de agua*
- *250 g de azúcar en polvo*
- *4 limones*
- *20 g de leche en polvo*

1. En un cazo, hierva el agua con el azúcar para hacer un almíbar ligero.
2. Vierta en un cuenco y deje enfriar totalmente.
3. Exprima los limones para obtener 25 cl de zumo.
4. Viértalo en el almíbar, con la leche, y mezcle bien.
5. Coloque el resultado en una sorbetera.

Sugerencia
Puesto que el zumo de limón hace que la leche se corte, en este sorbete se usa leche en polvo, que se agrega al almíbar en el último momento.

Sorbete de mandarina

Para 1 l de sorbete
Preparación: 15 min

- *250 g de azúcar de piedra*
- *17 mandarinas*
- *10 cl de agua*
- *70 g de azúcar en polvo*

1. Frote el azúcar de piedra con la corteza de las mandarinas. Debe escoger frutas frescas, naturales.
2. En un cazo, hierva con agua ese azúcar perfumado y luego añada el azúcar en polvo.
3. Exprima las frutas; debe conseguir 700 g de zumo.
4. Viértalo en el almíbar y mezcle bien.
5. Déjelo enfriar totalmente antes de meterlo en una sorbetera.

VARIANTE

Sorbete de naranja
Se realiza respetando las mismas proporciones, pero reemplazando el zumo de mandarina por el de naranja (unas 9 unidades).

Sorbete de mango

Para 1 l de sorbete
Preparación: 10 min

- *1,2 kg de mangos bien maduros*
- *1 limón*
- *150 g de azúcar en polvo*

1. Pele y deshuese los mangos. Córtelos en trozos.
2. Colóquelos en una batidora o en un pasapurés colocado sobre un colador y redúzcalos a puré hasta obtener 800 g.
3. Exprima el limón.
4. Con un batidor de varillas, mezcle el puré con el azúcar y 5 cl de zumo de limón.
5. Póngalo en una sorbetera.

Comentario del gourmet
Una corteza de lima perfumará agradablemente este sorbete.

Sorbete de manzana verde

Para 1 l de sorbete
Preparación: 25 min
Cocción: 25 min

• *4 manzanas granny smith*
• *25 cl de un zumo de manzana muy bueno*
• *25 g de azúcar en polvo*
• *2,5 cl (1/2 cc) de zumo de limón*

1. Corte las manzanas en cuatro, sin pelarlas, y descorazónelas.
2. Póngalas en un cazo, y cuézalas 25 min con el zumo de manzana y el azúcar.
3. Póngalo todo en un cuenco con el zumo de limón. Páselo por la batidora hasta que el puré (necesita obtener 750 g) esté liso y homogéneo.
4. Déjelo enfriar totalmente antes de meterlo en una sorbetera.

Sorbete de maracuyá

Para 1 l de sorbete
Preparación: 15 min

• *25 cl de agua* • *300 g de azúcar en polvo*
• *800 g de maracuyás bien maduros*
• *1 limón*

1. Pele los maracuyás, córtelos en trocitos, páselos por un pasapurés, y luego por un colador fino hasta obtener 500 g de puré liso.
2. Hierva, en un cazo, el agua con el azúcar.
3. Exprima el limón.
4. Añada sólo unas gotas de zumo de limón al puré con el almíbar, mezclando bien.
5. Póngalo en una sorbetera.

Sorbete de melocotón

Para 1 l de sorbete
Preparación: 35 min

• *1,5 kg de melocotones bien maduros*
• *120 g de azúcar en polvo*
• *1 limón*

1. Pele y deshuese los melocotones. Córtelos en trocitos. Colóquelos en un cuenco, y páselos por una batidora para reducirlos a puré (900 g).
2. Hierva el puré en una cacerola con el azúcar y el zumo de limón.
3. Déjelo enfriar totalmente antes de ponerlo en una sorbetera.

Sorbete de melón

Para 1 l de sorbete
Preparación: 30 min
Refrigeración: 12 h como mínimo

• *1,5 kg de melón* • *200 g de azúcar en polvo*

1. Pele y vacíe el melón. Corte la pulpa en trocitos.
2. Colóquelos en un plato cubierto con papel absorbente, cúbralos bien y déjelos en el frigorífico (4 °C) 12 h como mínimo para que pierdan el agua.
3. Póngalos en un cuenco con el azúcar y páselos por la batidora hasta obtener 800 g de puré, bien liso.
4. Deposítelo a continuación en una sorbetera.

Sorbete de membrillo

Para 1 l de sorbete
Preparación: 20 min
Cocción: 45 min

• *1,5 kg de membrillo* • *10 cl de agua*
• *250 g de azúcar en polvo* • *1 limón*

1. Pele y vacíe los membrillos. Córtelos en trozos, métalos en una cacerola y cuézalos 45 min en agua hirviendo.
2. Redúzcalos a puré, en caliente, con un pasapurés puesto sobre un cuenco; son necesarios 800 g.
3. Exprima el limón.
4. En un cazo, hierva el agua con el azúcar y 5 cl del zumo de limón. Incorpore el puré a ese almíbar.
5. Déjelo enfriar antes de meterlo en una sorbetera.

Sorbete de pamplemusa

Para 1 l de sorbete
Preparación: 15 min

• *1,5 kg de pamplemusas* • *350 g de azúcar en polvo*
• *1 limón* • *6 hojas de menta*

1. Exprima las pamplemusas hasta obtener 75 cl de zumo. Exprima el limón.
2. En una cacerola, hierva el zumo de pamplemusa con el azúcar y 1 c de zumo de limón.
3. Déjelo enfriar antes de meterlo en una sorbetera.
4. Mientras tanto, pique finas las hojas de menta.
5. Incorpórelas al sorbete cuando empiece a cuajar; póngalo en el congelador.

Comentario del gourmet
Puede sustituir las hojas de menta por 150 g de corteza de naranja confitada y cortada en dados minúsculos.

Sorbete de pera

Para 1 l de sorbete
Preparación: 30 min

- *1,2 kg de peras* • *1 l de agua*
- *520 g de azúcar en polvo*
- *7,5 cl de zumo de limón*
- *1 vaina de vainilla*
- *2 cl de aguardiente de pera*

1. Pele y vacíe las peras.
2. En una cacerola, hierva el agua con 500 g de azúcar, 5 cl de zumo de limón, la vaina y las semillas de vainilla.
3. Deje macerar las peras bien sumergidas en ese almíbar durante 12 h como mínimo, tapándolas con un plato.
4. Redúzcalas a puré y agrégueles los 20 g de azúcar restantes, los otros 2,5 cl de zumo de limón y el aguardiente.
5. Ponga la preparación en una sorbetera.

Sorbete de piña

Para 1 l de sorbete
Preparación: 10 min

- *1,5 kg de piña*
- *15 cl de agua*
- *2 cl de zumo de limón*
- *200 g de azúcar en polvo*
- *1,5 cl (1 c) de kirsch (opcional)*

1. Pele la piña y corte la pulpa en dados, eliminando la parte central del fruto, métala en la batidora y redúzcala a puré hasta obtener 650 g. Tamícelo con un colador fino puesto sobre un cuenco.
2. Hierva en un cazo el agua con el azúcar para hacer un almíbar ligero.
3. Incorpórelo al puré de fruta, mezclándolo bien.
4. Devuélvalo todo al cazo y hágalo hervir de nuevo. Déjelo enfriar totalmente. Añada el azúcar y, en su caso, el kirsch y el limón.
5. Póngalo en una sorbetera.

Sorbete de plátano

Para 1 l de sorbete
Preparación: 10 min

- *2 naranjas*
- *2 limones medianos*
- *6 plátanos bien maduros*
- *50 g de azúcar glas*

1. Primero exprima por separado las naranjas y los 2 limones.
2. Pele los plátanos. Córtelos en trozos y redúzcalos a puré en la batidora o con el pasapurés puesto sobre un cuenco; debe obtener 850 g.
3. Incorpore al puré, en primer lugar el zumo de naranja, mezclando bien, y a continuación el zumo de limón.
4. Añada el azúcar y remueva para que se disuelva completamente.
5. Colóquelo todo en una sorbetera.

Sorbete de té

Para 1 l de sorbete
Preparación: 15 min

- *60 cl de agua*
- *50 g de hojas de té*
- *450 g de azúcar en polvo*
- *6 cl de zumo de limón*

1. Caliente el agua en un cazo. Cuando esté hirviendo a fuego lento, ponga el té y déjelo reposar, sin sobrepasar los 4 min.
2. Cuélelo y déjelo enfriar.
3. Vierta poco a poco el azúcar en la infusión, removiendo bien con una espátula de madera para que se disuelva totalmente. Añada finalmente el zumo de limón.
4. Póngalo en una sorbetera.

Sorbete de vodka

Para 1 l de sorbete
Preparación: 15 min

- *60 cl de agua* • *125 g de azúcar*
- *La corteza de 1/2 naranja y de 1/4 de limón*
- *15 cl de vodka*
- *15 g de merengue italiano (opcional)*

1. Caliente en un cazo el agua y el azúcar hasta que hierva.
2. Retire entonces el recipiente del fuego e incorpore las cortezas de los cítricos.
3. Añada, si lo desea, el merengue italiano preparado de antemano.
4. Déjelo enfriar bien. Añada el vodka y coloque la preparación en una sorbetera.

Sugerencia
No añada el vodka hasta que la mezcla esté bien fría; si no, podría perder su delicado sabor de alcohol.

Granizados

Granizado de café

Para 1 l de granizado
Preparación: 5 min

* *50 cl de café expreso*
* *100 g de azúcar en polvo* • *40 cl de agua*

1. Mezcle bien, en un cuenco, café, azúcar y agua.
2. Métalo en el congelador.
3. Al cabo de 1 h 30 min, saque la preparación y mézclela con una espátula.
4. Vuelva a meterla en el congelador hasta que se haya helado totalmente.

Comentario del gourmet
Puede sazonarlo con unas gotas de whisky puro de malta justo antes de servirlo.

Granizado de limón

Para 1 l de granizado
Preparación: 15 min

* *2 limones* • *70 cl de agua*
* *200 g de azúcar en polvo*

1. Pique fina la corteza de 1 limón. Exprima los cítricos hasta obtener 10 cl de zumo y guarde la pulpa.
2. Ponga el agua en un cuenco, disuelva en ella el azúcar, removiendo, y añada la corteza, el zumo y la pulpa de limón.
3. Mézclelo bien y métalo en el congelador.
4. Al cabo de 1 h 30 min, saque la preparación y mézclela con una espátula.
5. Vuelva a meterla en el congelador hasta que se haya helado totalmente.

Granizado de menta fresca

Para 1 l de granizado
Preparación: 10 min

* *50 g de hojas de menta fresca* • *80 cl de agua*
* *160 g de azúcar en polvo*

1. Pique fina la menta.
2. En un cazo con agua caliente, deje 40 g de menta en infusión durante 15 min. Fíltrelo con un colador puesto sobre un cuenco.
3. Métalo en el congelador.

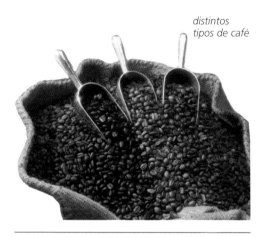

distintos tipos de café

4. Al cabo de 1 h 30 min, saque la preparación y mézclela con una espátula.
5. Vuelva a meterla en el congelador hasta que se haya helado totalmente.
6. En el momento de servirlo, espolvoree con el resto de la menta picada.

VARIANTE

Granizado de hierbas aromáticas
Siguiendo los mismos pasos, puede sustituir la menta por la planta aromática fresca que prefiera, e incluso mezclarlas si sus sabores se complementan bien.

Granizado de té

Para 1 l de granizado
Preparación: 10 min

* *80 cl de agua*
* *160 g de azúcar en polvo*
* *10 g (2 cc) de hojas de té*

1. Ponga el agua y el azúcar en un cazo.
2. Hierva la mezcla, añada el té y vuelva a hervir (a fuego lento) no más de 4 min. Cuélela con un colador muy fino puesto sobre un cuenco.
3. Métala en el congelador.
4. Al cabo de 1 h 30 min, saque la preparación y mézclela con una espátula.
5. Vuelva a meterla en el congelador hasta que se haya helado totalmente.

Comentario del gourmet
Este granizado es muy agradable con una macedonia de pamplemusa.

Coulis, salsas y zumos

Los coulis son preparaciones hechas a base de frutas levemente cocidas en un almíbar o simplemente trituradas. Sazonan dulces de cocina, charlotas, sorbetes, helados, requesón, etc. Los zumos son más líquidos y se obtienen de frutas frescas, pudiendo también hacerlos de especias y plantas aromáticas.

―Coulis―

Coulis de aguacate y plátano

Para 50 cl de coulis
Preparación: 20 min

- *1 aguacate grande bien maduro*
- *1 plátano mediano*
- *1 naranja*
- *2 limones*
- *60 g de azúcar en polvo*
- *2 g (1/2 cc) de pimienta recién molida*
- *10 cl de agua*

1. Pele y deshuese el aguacate. Pele también el plátano.

2. Exprima la naranja, y 1 limón y medio.

3. Corte las frutas en pequeños trozos y páselos por el pasapurés o la batidora con el zumo de los cítricos, el azúcar y la pimienta. A continuación añada un poco de agua. Tenga en cuenta que debe obtener 300 g de puré bien homogéneo.

4. Alárguelo poco a poco con agua hasta conseguir la consistencia deseada.

Comentario del gourmet
Para dar un poco de sabor exótico a este coulis de aguacate y plátano, puede añadirle una pizca de nuez moscada en polvo o, si lo prefiere, de canela.

149

Coulis de pimiento rojo y frambuesa

Para 50 cl de coulis
Preparación: 25 min
Cocción: 20 min
Refrigeración: 12 h como mínimo

- *1 pimiento rojo pequeño (100 g)*
- *100 g de azúcar en polvo*
- *20 cl de agua*
- *400 g de frambuesas*

1. Corte el pimiento por la mitad y despepítelo cuidadosamente.
2. Métalo en un cazo y cúbralo de agua; hiérvalo y luego escúrralo.
3. Repita de nuevo esta operación hasta tener 80 g de pulpa.
4. Coloque ésta en otro cazo con el azúcar y el agua. Hiérvalo 20 min.
5. Déjelo macerar 12 h, como mínimo, en la nevera.
6. Limpie cuidadosamente las frambuesas.
7. Escurra el pimiento y páselo por la batidora con las frambuesas hasta que el coulis esté liso.

Comentario del gourmet
Para hacer el coulis, también puede usar frambuesas congeladas.

Coulis de ruibarbo

Para 50 cl de coulis
Preparación: 10 min
Cocción: 30 min
Refrigeración: 12 h como mínimo

- *450 g de ruibarbo*
- *80 g de azúcar en polvo*
- *1 limón • 5 cl de agua (opcional)*

1. Corte el ruibarbo en trozos, sin pelarlo.
2. Exprima el limón hasta conseguir 5 cl de zumo.
3. Coloque el ruibarbo en un cuenco con el azúcar y el zumo de limón.
4. Déjelo macerar 12 h como mínimo en la nevera.
5. Cueza el ruibarbo 30 min en un cazo a fuego lento.
6. Páselo en caliente por la batidora para reducirlo a puré.
7. Alargue el coulis con un poco de agua según la consistencia deseada.
8. Añada un poco de azúcar si es necesario.

VARIANTE

Coulis de ruibarbo y fresa
Se prepara mezclando a partes iguales ruibarbo y fresas. No ponga éstas a macerar y cuézalas, como mucho, 5 min.

Salsas

Salsa de cacao

Para 50 cl de salsa
Preparación: 10 min

- *25 cl de agua*
- *50 g de cacao en polvo sin azúcar*
- *80 g de azúcar en polvo*
- *10 cl de nata líquida*

1. En primer lugar, hierva en un cazo el agua, el cacao y el azúcar.
2. A continuación añada la nata y deje que se reduzca, mientras remueve hasta que la salsa se adhiera a la cuchara de madera.

Comentario del gourmet
Puede preparar esta salsa de antemano y guardarla en la nevera durante un período de tiempo que va de 2 a 3 días. Vuelva a calentar esta receta lentamente en el momento de servirla.

Salsa de caramelo

Para 50 cl de salsa
Preparación: 15 min

- *25 cl de crema de leche • 200 g de azúcar en polvo*
- *45 g de mantequilla semisalada*

1. Hierva la crema de leche en un cazo.
2. En otro, cueza el azúcar en seco sin cesar de remover con una cuchara de madera, hasta que el caramelo esté bien dorado.
3. Interrumpa la cocción añadiendo la mantequilla y luego vierta poco a poco la crema de leche, mezclando bien.
4. Hágalo hervir de nuevo algunos instantes y sumerja el cazo en un recipiente lleno de cubitos de hielo.

Comentario del gourmet
El color del caramelo tendrá una incidencia directa en el sabor; cuanto más oscuro sea, más pronunciado será.

Salsa de chocolate negro (o blanco)

Para 50 cl de salsa
Preparación: 15 min

• 500 cl de leche
• 150 g de chocolate
negro o blanco
• 1 vaina de vainilla cortada
y sin semillas

1. Pique fino el chocolate.
2. En un cazo, hierva la leche y añada a continuación la vainilla.
3. Interrumpa la cocción y vierta la preparación poco a poco sobre el chocolate.
4. Mézclelo todo bien hasta obtener una salsa bien homogénea.

Comentario del gourmet
Esta salsa de chocolate se utiliza caliente para acompañar determinados postres, como por ejemplo, unos profiteroles o unas peras Helena.

Salsa inglesa de café

Para 50 cl de salsa
Preparación: 10 min

• 35 cl de leche entera fresca
• 10 g de café
de Colombia molido
• 85 g de azúcar en polvo
• 4 yemas de huevo

1. Hierva la leche en un cazo y añada el café. Déjelo reposar todo 3 min. Cuélelo con un colador muy fino puesto sobre un cuenco.
2. Prepare la salsa tratando las yemas, el azúcar y la leche aromatizada con café igual que para una crema inglesa (ver p. 108), evitando alcanzar el nivel de ebullición.
3. Guárdela un tiempo en la nevera antes de utilizarla.

Salsa inglesa de naranja

Para 50 cl de salsa
Preparación: 5 min

• 1 naranja
• 500 g de crema inglesa (ver p. 108)

1. Prepare una crema inglesa bastante clara.
2. Pele la corteza de la naranja y píquela fina.
3. A continuación incorpórela a la crema inglesa, mezclando bien.
4. Guarde la preparación en la nevera 4 o 5 h para que la corteza de naranja tenga tiempo de liberar plenamente su aroma.

Comentario del gourmet
Para ese tipo de preparaciones es mejor elegir frutos, cien por cien frescos y naturales, es decir, que no hayan sido cultivados con productos químicos.

Salsa inglesa de pistachos

Para 50 cl de salsa
Preparación: 15 min

• 35 cl de leche entera fresca
• 35 g de pasta de pistachos
aromatizada y coloreada
• 4 yemas de huevo
• 20 g de azúcar en polvo

1. Caliente en un cazo la leche con la pasta de pistachos para ablandarla, y luego bata la mezcla para disolverla bien.
2. Prepare una crema inglesa (ver p. 108) con las yemas de huevo, el azúcar y la mezcla de leche con pasta de pistachos, procurando no alcanzar el nivel de ebullición.

Comentario del gourmet
Puede sazonar esta salsa con algunos pistachos triturados y, si lo prefiere, levemente tostados.

Salsa inglesa de turrón

Para 50 cl de salsa
Preparación: 15 min

• 30 cl de leche
• 75 g de turrón
• 40 g de azúcar
• 4 yemas de huevo

1. Corte el turrón en trocitos para facilitar su disolución. Caliéntelo con la leche en un cazo, batiendo para que se disuelva bien.
2. Prepare una crema inglesa (ver p. 108) con las yemas de huevo, el azúcar y la mezcla de leche y turrón, sin que alcance el nivel de ebullición.

Zumos

Zumo de albahaca con aceite de oliva

Para 50 cl de zumo
Preparación: 10 min

- *24 hojas de albahaca fresca*
- *2 limones*
- *30 cl de aceite de oliva*
- *45 g de azúcar en polvo*
- *5 g (1 cc) de pimienta recién molida*

1. Pique las hojas de albahaca.
2. Exprima los limones para obtener 15 cl de zumo.
3. Coloque en un cuenco la albahaca, el zumo de limón, el aceite de oliva y el azúcar. Añada la pimienta y mezcle bien.

Comentario del gourmet
Este zumo es perfecto para cocer melocotones al horno.

Zumo de albaricoque y albahaca

Para 50 cl de zumo
Preparación: 15 min
Refrigerción: 12 h como mínimo

- *1 lima* • *4 hojas de albahaca*
- *1 vaina de vainilla*
- *35 cl de agua*
- *50 g de azúcar en polvo*
- *10 cl de zumo de albaricoque acabado de preparar*

1. Pique fina la corteza de media lima.
2. Pique las hojas de albahaca
3. Abra por la mitad la vaina de vainilla y extraiga los granos.
4. Mezcle, en un cuenco, el agua con el azúcar; a continuación añada la vaina y los granos de vainilla, la corteza de lima y la albahaca.
5. Deje reposar la preparación 12 h como mínimo en la nevera.
6. Incorpore el zumo de albaricoque.

Comentario del gourmet
Este zumo es muy adecuado para sazonar macedonias de frutas. Puede prepararlo, si lo desea, con un poco menos de azúcar.

Zumo de cardamomo

Para 50 cl de zumo
Preparación: 15 min

- *40 cl de agua*
- *65 g de azúcar en polvo*
- *15 g (1 c) de almidón de maíz*
- *1 g (1 pizquita) de cardamomo molido*

1. Ponga en una cacerola el agua, el azúcar, el almidón de maíz y el cardamomo molido.
2. Mézclelo todo bien y hiérvalo.
3. Déjelo enfriar antes de usarlo.

Comentario del gourmet
El zumo de cardamomo acompaña deliciosamente platos como las manzanas al horno, las compotas de fruta, los postres y los pasteles al chocolate, así como las tartas de naranja.

Zumo de cilantro

Para 50 cl de zumo
Preparación: 15 min

- *1/2 corteza de limón*
- *20 g de hojas de cilantro fresco*
- *45 cl de agua*
- *80 g de azúcar en polvo*

1. Pique muy fina la corteza de limón.
2. Pique las hojas de cilantro.
3. Coloque en un cazo el agua, el azúcar y la corteza de limón. Hiérvalo.
4. Retire la preparación del fuego, añada la mitad del cilantro y déjela reposar de 10 a 15 min. Cuélela.
5. Añada el resto de cilantro y pase la mezcla por la batidora, hasta que el zumo tenga una textura muy fina.

Comentario del gourmet
Este zumo realza deliciosamente una macedonia de piña.

VARIANTE

Zumo de plantas aromáticas
Puede hacer del mismo modo zumos de toronjil, de mejorana y de verbena.

Zumo especiado

Para 50 cl de zumo
Preparación: 20 min
Reposo: 12 h

- *1 limón • 1 naranja*
- *1/2 vaina de vainilla*
- *4 g de pimienta negra en grano*
- *1 trozo de raíz de jengibre*
- *35 cl de agua • 140 g de azúcar*
- *1 estrella de badián o anís estrellado*
- *1 clavo pequeño*

1. Pele las cortezas de la naranja y el limón, y pique fina la mitad de ellas.
2. Exprima el limón hasta obtener 4 cl de zumo.
3. Abra la 1/2 vaina de vainilla por la mitad y extraiga los granos.
4. Descortece los granos de pimienta y recorte 5 láminas finas de jengibre.
5. Hierva el agua en un cazo con el azúcar. Añada todos los demás ingredientes y mezcle bien.
6. Apártelo del fuego y déjelo reposar 12 h como mínimo. Cuele la preparación.

Comentario del gourmet
Realza los dátiles, los mangos y las naranjas, aportándoles un cierto sabor picante.

Zumo de frambuesa

Para 50 cl de zumo
Preparación: 10 min
Cocción: 30 min

- *700 g de frambuesas*
- *80 g de azúcar en polvo*

1. Ponga las frambuesas en un cuenco con el azúcar y cuézalo 30 minutos al baño María.
2. Cuele este puré con un colador puesto sobre un cuenco y guárdelo en la nevera (4 °C).

Comentario del gourmet
Acompaña manzanas o peras rehogadas.

Zumo de fresa

Para 50 cl de zumo
Preparación: 15 min
Cocción: 45 min
Refrigeración: 5 o 6 h

- *800 g de fresas bien maduras*
- *50 g de azúcar en polvo*

1. Córteles el rabillo a las fresas. Póngalas en un cuenco con el azúcar y cuézalas 45 min al baño María.
2. Cuele este puré con un colador puesto sobre un cuenco, hasta conseguir 50 cl de zumo. Reserve las fresas cocidas aparte.
3. Ponga la preparación 5 o 6 h en el frigorífico (4 °C) y clarifíquela.

Comentario del gourmet
Este zumo supone un delicioso acompañamiento de un helado de vainilla, de todas las frutas rojas y de los sorbetes de frutas. También puede utilizarse para cocer la fruta.

Zumo de fresa caramelizado

Para 50 cl de zumo
Preparación: 15 min

- *800 g de fresas bien maduras*
- *1 limón • 50 g de azúcar en polvo*

1. Exprima el limón hasta que logre conseguir 5 cl de zumo.
2. En un cazo, cueza el azúcar en seco hasta que el caramelo esté bien dorado.
3. Interrumpa la cocción añadiendo el zumo de limón y después añada el zumo de fresa, mezclando bien.

Comentario del gourmet
Este zumo puede acompañar manzanas o peras rehogadas, y también frutos cocidos.

Zumo de menta fresca

Para 50 cl de zumo
Preparación: 15 min

- *20 g de hojas de menta fresca*
- *40 cl de agua*
- *120 g de azúcar en polvo*

1. Pique fina la menta.
2. Hierva en un cazo el agua con el azúcar.
3. Apártelo del fuego, añada la mitad de la menta y déjelo reposar destapado de 15 a 20 min, para que la preparación no tome un sabor de moho. Cuélela.
4. Añada el resto de la menta y pase la mezcla por la batidora.

Sugerencia
Si desea un zumo un poco más espeso, añada al azúcar 10 g de fécula de patata antes de cocerlo.

Zumo Suzette

Para 50 cl de zumo
Preparación: 15 min

• *1 naranja* • *1 limón* • *250 g de azúcar en polvo*
• *5 cl de agua* • *2,5 cl (2 c pequeñas) de Grand Marnier*

1. Pique fina 1/2 corteza de naranja. Exprima la naranja y el limón hasta obtener 15 cl de zumo de la primera y 2,5 cl del segundo.
2. En un cazo, cueza el azúcar en seco hasta que el caramelo esté bien dorado.
3. Interrumpa la cocción vertiendo sucesivamente los zumos de fruta y el Grand Marnier.
4. Incorpore la corteza de naranja.

Comentario del gourmet
Este zumo es muy apropiado para una macedonia de naranja o para crêpes.

Zumo de vainilla

Para 50 cl de zumo
Preparación: 10 min

• *2 vainas de vainilla*
• *80 g de azúcar en polvo*
• *10 g de fécula de patata*
• *40 cl de agua*

1. Abra por la mitad las vainas de vainilla y extraiga los granos.
2. Mezcle en un cazo el azúcar con la fécula.
3. Vierta el agua sobre esta mezcla y hiérvala.
4. Añada las vainas y los granos de vainilla, y déjelo cocer todo a fuego lento durante 2 min. Cuélelo.

Comentario del gourmet
Este zumo acompaña de maravilla las frutas *pochées* y el arroz con leche.

capítulo 3

Recetas de pastelería

Tartas, tortas y crumbles, *158*

Pasteles, *182*

Pasteles individuales y tartaletas, *212*

Bavarois, *226*

Charlotas, diplomáticos, pudines y panes perdidos, *230*

Crêpes, buñuelos y gofres, *247*

Viennoiseries, *261*

Petits-fours, *270*

Cakes y pasteles de viaje, *289*

Tartas,
tortas
y crumbles

Las tartas y las tortas se componen de un fondo de masa quebrada, hojaldre, masa sablée *o* dulce, *guarnecida por lo general de fruta, chocolate, crema perfumada, azúcar, arroz...*
La torta está cubierta con otra base que forma una tapa. La masa de crumble está desmigajada debajo de la fruta.

————— *Tartas* —————

Kuchen de nueces
Puerto Montt

Para 6 personas
Preparación: 40 min
Refrigeración: 30 min
Cocción: 25 min

Para la masa:
• *250 g de harina* • *100 g de mantequilla*
• *75 g de azúcar* • *1 huevo*

Para el relleno:
• *150 g de azúcar* • *35 g de mantequilla*
• *65 cc de leche* • *200 g de nueces picadas*

1. Mezcle con una cuchara de madera la harina con el azúcar, la mantequilla y el huevo. Amase hasta formar un bollo homogéneo. Envuélvalo en película transparente y déjelo descansar en la nevera 30 min.
2. Estírelo y forre un molde de 24 cm ligeramente untado con mantequilla.
3. Ponga el azúcar en un cazo y dórelo a fuego medio.
4. Incorpore la leche y la mantequilla. Cueza, sin dejar de remover, hasta que el azúcar se haya disuelto completamente.
5. Agregue las nueces picadas. Mezcle bien y vierta sobre la masa del molde. Hornee a 180 °C durante 25 min aprox; el relleno deberá estar firme y algo dorado. Desmolde y sirva el postre frío.

Linzertorte (tarta de frambuesas)

Para 6 u 8 personas
Preparación: 10 min, 15 min
Reposo: 2 h
Cocción: de 35 a 40 min

- *500 g de masa* sablée *a la canela (ver p. 76)*
- *200 g de confitura de frambuesa*

1. Prepare la masa *sablée* y déjela reposar 2 h.
2. Precaliente el horno a 180 °C. Mientras tanto, extienda la masa con un grosor de 3 mm y póngala en un molde de 22 cm de diámetro untado con mantequilla, aplicándola bien en el interior y recortando el sobrante a ras del borde. Pínchela con un tenedor en distintos lugares y extiéndale por encima la confitura.
3. Reúna en una bola los recortes de masa y extiéndala en rectángulo con un grosor de 2 mm. Corte tiras de 8 mm de ancho para colocar en retícula sobre la confitura; pegue los extremos al borde de la masa.
4. Hornéelo de 35 a 40 min. Desmolde y deje enfriar.

Pasta frola

Para 4 o 6 personas
Preparación: 1 h
Reposo: 30 min
Cocción: de 35 a 40 min

- *300 g de harina*
- *10 g de levadura en polvo*
- *150 g de mantequilla a temperatura ambiente*
- *125 g de azúcar*
- *1 huevo* • *2 yemas* • *1/2 cl de leche*
- *La ralladura de 1/2 limón*
- *500 g de dulce de membrillo*

1. Mezcle la harina con la levadura en polvo. Bata el huevo con las yemas y la leche. Mézclelos con el azúcar, la ralladura de limón, la mantequilla y la harina, y forme una masa tierna y homogénea. Déjela descansar en el frigorífico 30 min.
2. Estírela, hasta conseguir unos 3 o 4 mm de grosor y forre un molde para tarta de 22 cm. Con los sobrantes de masa corte tiras de 1 cm de ancho y resérvelas.
3. Diluya el dulce de membrillo en un cazo con 3 c de agua y deje templar.
4. Cubra la tarta con el dulce y adorne la superficie con las tiras de masa reservadas.
5. Hornee a 170 °C durante unos 35-40 min, hasta que la masa esté dorada. Desmolde y sirva el postre tibio o frío.

Ver fotografía en la página 161

Tarta de albaricoque

Para 6 u 8 personas
Preparación: 40 min
Reposo: 10 h, 30 min, 30 min
Cocción: de 12 min, 25 min

- *250 g de masa de hojaldre (ver p. 80)*
- *180 g de frangipane (ver p. 113)*
- *900 g de albaricoques*
- *20 g de azúcar en polvo*
- *20 g de mantequilla blanda*
- *4 c de mermelada o cobertura de albaricoque*

1. Prepare la masa de hojaldre y déjela reposar 10 h. Extiéndala con el rodillo con un grosor de 2 mm y póngala 30 min en el frigorífico. Unte con mantequilla y espolvoree con azúcar en polvo un molde de 22 cm de diámetro, y disponga la masa en el molde. Corte los bordes con el rodillo y fíjelos bien, aplastándolos entre pulgar e índice. Pinche el fondo con un tenedor y póngalo 30 min en el frigorífico.
2. Prepare la frangipane.
3. Precaliente el horno a 185 °C. Cubra el fondo de la tarta con un disco de papel sulfurizado de 23 cm con los bordes en flecos, añada los huesos de albaricoque y cuézalo todo 12 min. Quite el papel y los huesos, y vuelva a meterlo otros 5 min en el horno.
4. Extienda la frangipane sobre la masa. Parta los albaricoques por la mitad y deshuéselos. Dispóngalos en círculos, con la piel hacia abajo, solapándose. Espolvoree bien con azúcar esta preparación y siémbrela de pellizcos de mantequilla.
5. Métala de 22 a 25 min en el horno hasta que caramelicen los albaricoques.
6. Sáquela del horno y déjela enfriar un poco. Cúbrala de mermelada de albaricoque con un pincel. Consúmala tibia.

Tarta de arándanos

Para 4 o 6 personas
Preparación: 10 min, 20 min
Reposo: 2 h
Cocción: 30 min

- *350 g de masa quebrada (ver p. 75)*
- *400 g de arándanos (o de acianos)*
- *60 g de azúcar en polvo*
- *10 g de azúcar glas*

1. Prepare una masa quebrada y déjela reposar durante 2 h.
2. Unte con mantequilla y enharine un molde para tarta de 28 cm de diámetro. Extienda la masa con un grosor de 3 mm y ponga el disco en el molde. Pinche

el fondo con un tenedor. A continuación precaliente el horno a 220 °C.

3. Limpie los arándanos. Espolvoréelos con el azúcar en polvo y mezcle bien. Distribúyalos sobre la masa.
4. Baje el horno a 200 °C y cuézalo durante 30 min. Deje enfriar la tarta antes de desmoldarla sobre la fuente. Espolvoree con azúcar glas.

Ver fotografía en la página 163

VARIANTE

Tarta de acianos
En algunos países, en lugar de arándanos se emplean unas bayas silvestres llamadas *acianos*. La tarta de acianos se suele decorar tradicionalmente con botones de crema chantilly.

Tarta de arroz

Para 6 u 8 personas
Preparación: 10 min, 40 min
Reposo: 1 h
Cocción: 25 min, 40 min

• *500 g de masa* sablée *(ver p. 76)*
• *200 g de frutas confitadas*
• *3 c de ron*
• *40 cl de leche*
• *1 vaina de vainilla*
• *100 g de arroz bomba*
• *1 pizca de sal*
• *75 g de azúcar en polvo*
• *1 huevo* • *2 c de crema de leche*
• *50 g de mantequilla*
• *5 terrones de azúcar*

1. Corte las frutas confitadas en daditos y póngalas a macerar en el ron.
2. Prepare una masa *sablée* y déjela reposar 1 h.
3. Hierva la leche con la vaina de vainilla. Lave el arroz, viértalo en la leche hirviendo, y añada la sal y el azúcar. Mezcle y deje cocer 25 min a fuego lento.
4. Precaliente el horno a 200 °C. Aparte el arroz del fuego. En cuanto se haya enfriado un poco, añada el huevo batido removiendo enérgicamente. Agregue a continuación la crema de leche y las frutas confitadas con el ron de maceración.
5. Extienda la masa con un grosor de 3 mm, póngala en un molde para tarta, pinche el fondo con un tenedor en distintos lugares y viértale encima el relleno.
6. Derrita la mantequilla en un cazo. Triture los trozos de azúcar. Rocíe la mantequilla derretida y espolvoree el azúcar triturado.
7. Cueza la tarta en el horno unos 40 min. Sirva este postre frío.

Tarta de azúcar

Para 4 o 6 personas
Preparación: 20 min, 30 min
Reposo: 40 min, 2 h
Cocción: 12 min, 10 min

• *250 g de masa* briochée *(ver p. 77)*
• *10 g de mantequilla*
• *1 huevo* • *80 g de azúcar en polvo*
• *30 g de crema de leche espesa*

1. Prepare una masa *briochée* y déjela reposar 40 min en la nevera. Unte con mantequilla un molde de 26 cm de diámetro. Dé a la masa forma de bola y aplástela. Extiéndala hasta obtener el tamaño del molde y póngala dentro. Déjela crecer hasta doblar su volumen durante unas 2 h a temperatura ambiente (22 °C-24 °C).
2. Precaliente el horno a 220 °C. Bata el huevo y, con un pincel, dore la superficie de la masa y espolvoréela con azúcar.
3. Baje la temperatura del horno a 200 °C y cueza durante 12 min.
4. Saque la tarta y extienda la crema de leche espesa por toda la superficie. A continuación, cuézala de 8 a 10 min más para glasear levemente la superficie del pastel, ya que el azúcar caliente absorbe la crema.
5. Sirva esta tarta el mismo día, tibia o fría.

Ver fotografía en la página 165

Tarta de azúcar terciado

Para 6 u 8 personas
Preparación: 10 min, 20 min
Reposo: 2 h
Cocción: 10 min, 30 min

• *375 g de masa quebrada (ver p. 75)*
• *150 g de almendras peladas*
• *200 g de nata líquida*
• *300 g de azúcar terciado* • *3 huevos*

1. Prepare la masa quebrada. Forme una bola con ella y déjela reposar 2 h en un lugar fresco.
2. Precaliente el horno a 200 °C. Unte con mantequilla un molde para tarta de 25 cm. Extienda la masa con un grosor de 3 mm y dispóngala en el molde. Pínchela con un tenedor y cubra el fondo de tarta con papel sulfurizado cubierto de legumbres secas. Cuézala 10 min.
3. Triture las almendras con la batidora. Casque los huevos uno por uno y separe las yemas de las claras.
4. Vierta las almendras en un cuenco, añada la nata, el azúcar terciado y las yemas de huevo uno a uno, mezclando bien con una espátula.

5. Bata las claras de huevo a punto de nieve muy firme e incorpórelas cuidadosamente a la mezcla, levantando (de abajo hacia arriba) con una espátula sin cesar y siempre en el mismo sentido, para que no se corten.

6. Viértalo todo sobre el fondo de tarta y póngalo a cocer 30 min en el horno. Sírvalo frío.

Tarta de brevas y frambuesas

Para 4 o 6 personas
Preparación: 10 min, 30 min
Reposo: 2 h
Cocción: 40 min

• *250 g de masa quebrada (ver p. 75)*
• *180 g de frangipane (ver p. 113)*
• *600 g de brevas* • *1 bandejita de frambuesas*

Para el azúcar con canela:
• *50 g de azúcar en polvo*
• *1/3 de cc de canela molida*

1. Prepare la masa quebrada y la frangipane.
2. Extienda la masa con un grosor de 2 mm y cubra un molde de 26 cm de diámetro con revestimiento antiadherente. Pinche el fondo con un tenedor.
3. Reparta la frangipane sobre el fondo de la tarta.
4. Precaliente el horno a 180 °C. Lave las brevas y córtelas verticalmente en cuatro o en seis, según su tamaño. Dispóngalas cuidadosamente en círculo, con puntas hacia arriba y la piel contra la frangipane. Cueza la preparación 40 min.
5. Sáquela del horno y déjela entibiar 5 min antes de ponerla sobre una rejilla. Mezcle el azúcar con la canela y espolvoree la tarta en cuanto esté fría. Añada a continuación las frambuesas.

Tarta caribe «crema de coco»

Para 6 u 8 personas
Preparación: 15 min, 30 min
Reposo: 2 h, 30 min
Cocción: de 35 a 40 min

• *500 g de masa dulce (ver p. 74)*

Para la «crema de coco»:
• *70 g de mantequilla* • *85 g de azúcar glas*
• *40 g de almendras molidas* • *5 g de maicena*
• *45 g de coco molido* • *1/2 c de ron dorado agrícola*
• *1 huevo* • *170 g de crema de leche*

Para la decoración:
• *1 piña grande bien madura*
• *2 limas* • *4 racimos de grosellas*
• *4 c de jalea de membrillo*

1. Prepare la masa dulce y déjela reposar 2 h. Extiéndala con el rodillo, hasta obtener un grosor de 2 mm. Recorte un círculo de 28 cm de diámetro. Póngalo sobre una bandeja y métalo 30 min en el frigorífico.
2. Unte con mantequilla un molde para tarta de 22 cm de diámetro. Coloque la masa. Pínchela con un tenedor y déjela reposar nuevamente 30 min al fresco.
3. Prepare la «crema de coco»: mezcle el azúcar glas, las almendras molidas, el coco molido y la maicena, y tamícelo todo con un colador. Amase la mantequilla en un cuenco con una espátula, para ablandarla. Añada la mezcla de almendras, coco, azúcar y maicena y después el huevo, sin dejar de remover. Vierta a continuación el ron y la crema de leche. Cuando la crema esté bien homogénea, póngala al fresco.
4. Precaliente el horno a 220 °C. Vierta la «crema de coco» en el molde hasta media altura y cuézalo de 35 a 40 min. Déjelo enfriar antes de añadir la decoración.
5. Quite con un cuchillo de sierra toda la corteza de la piña. Recorte rodajas de 1 cm de grosor, quíteles la parte central y luego córtelas en láminas. Déjelas escurrir 30 min sobre un papel absorbente.
6. Con un pelapatatas pele muy finas las limas, evitando que en las cortezas quede pulpa; luego córtelas en tiras muy finas.
7. Cubra la tarta con láminas de piña; espolvoree por encima las cortezas de lima. Despalille 4 racimos de grosellas y repártalas sobre la tarta.
8. Derrita en un cazo la jalea de membrillo y extiéndala sobre las frutas con un pincel. Guarde la tarta al fresco durante 2 h antes de servirla.

Sugerencia
Puede preparar la masa dulce y la «crema de coco» la víspera (en un cuenco tapado con película de cocina) y dejarlas reposar al fresco.

Tarta de cerezas a la alemana

Para 4 o 6 personas
Preparación: 30 min, 30 min
Reposo: 10 h, 1 h
Cocción: de 30 a 35 min

• *250 g de masa de hojaldre (ver p. 80)*
• *20 g de azúcar en polvo*
• *1 pizca de canela en polvo*
• *600 g de cerezas*
• *4 c de confitura de cereza*
• *Miga de pan*

Tarta de arándanos

Esta tarta, un poco espolvoreada con azúcar glas, es un muy buen acompañamiento del café o del té.

1. Prepare la masa de hojaldre y déjela reposar 10 h al fresco. Deshuese las cerezas. Extienda la masa con un grosor de 2 mm. Unte con mantequilla un molde para tarta de 22 cm de diámetro y coloque el disco de masa, humedeciendo los bordes y replegándolos para formar un reborde. Deje reposar 1 h.

2. Precaliente el horno a 200 °C. Pinche la base de la tarta con un tenedor. Triture la miga de pan con la batidora, tamícela y dórela levemente en el horno.

3. Mezcle el azúcar y la canela, y espolvoree con ello la base de la tarta. A continuación reparta por encima las cerezas.

4. Meta la tarta unos 30 min en el horno y luego déjela enfriar.

5. Cubra la superficie con la mermelada de cereza y espolvoree con la miga de pan dorada.

Tarta de cerezas a la alsaciana

Para 4 o 6 personas
Preparación: 40 min
Reposo: 2 h, 1 h
Cocción: 20 min, 15 min

- *300 g de masa quebrada (ver p. 75)*
- *250 g de frangipane (ver p. 113)*
- *500 g de cerezas negras burlat o gorge de pigeon*
- *500 g de guindas*
- *50 g de azúcar en polvo*
- *180 g de masa para streusel (ver p. 86)*

1. Prepare la masa quebrada y déjela reposar al fresco durante 2 h. Deshuese las guindas y póngalas en un cuenco. Espolvoréelas con azúcar en polvo y déjelas macerar durante unas 2 h aprox. Póngalas después durante 1 h en un colador para que se escurran.

2. Precaliente el horno a 180 °C. Extienda la masa con un grosor de 2 mm. Póngala en un molde para tarta de 26 cm de diámetro con revestimiento anti-adherente. Pinche el fondo con un tenedor en diferentes lugares a fin de que no forme burbujas durante la cocción. Decórela con las guindas, cúbralas con la frangipane y luego reparta por encima las cerezas negras sin deshuesar. Meta todo en el horno durante 20 min.

3. Prepare el streusel. Cuando la tarta esté cocida, espolvoréela con streusel y métala de nuevo en el horno 15 min. Espere 10 min antes de desmoldarla, y póngala a enfriar sobre una rejilla. Sírvala un poco tibia o fría.

Sugerencia
El hueso de las cerezas negras perfuma deliciosamente su pulpa. Si no encuentra guindas frescas, no dude en emplear congeladas.

Tarta de chocolate

Para 6 u 8 personas
Preparación: 15 min, 40 min
Reposo: 2 h
Cocción: 20 min, 20 min

- *250 g de masa dulce (ver p. 74)*
- *80 g de masa de bizcocho con chocolate sin harina (ver p. 90)*
- *300 g de ganache de chocolate (ver p. 133)*

1. Prepare la masa dulce y déjela reposar al fresco durante 2 h.

2. Precaliente el horno a 170 °C. Extienda la masa con un grosor de 1,5 mm; colóquela en un molde para tarta de 26 cm de diámetro con revestimiento antiadherente. Pinche varias veces el fondo con un tenedor y trace en él rayas con un cuchillo para que no se hinche durante la cocción. Luego cúbralo con un disco de papel sulfurizado de 30 cm de diámetro y ponga encima huesos de albaricoques o legumbres secas.

3. Métalo 12 min en el horno. Retire el papel y los huesos (o legumbres secas) y prosiga la cocción de 8 a 10 min más. Desmolde la tarta y déjela enfriar.

4. Prepare la masa de bizcocho con chocolate sin harina. Ponga en una bandeja cubierta con papel sulfurizado un círculo de 24 cm. Vierta la masa en una manga con una boquilla lisa de 8 cm y extiéndala en el círculo. Métala en el horno durante 20 min, dejando la puerta entreabierta. Déjela que enfríe sobre una rejilla.

5. Prepare la ganache de chocolate y póngala en una manga con una boquilla mediana. Extienda una capa fina sobre el fondo de tarta.

6. Ponga el bizcocho sobre la primera capa de ganache y, a continuación, recúbrala con el resto de ésta.

7. Deje que la tarta se enfríe bien durante 1 h en el frigorífico, y sírvala a temperatura ambiente.

Sugerencia
Puede decorar esta tarta con copos de chocolate negro o finas tejas de caramelo clavadas en la ganache.

Ver fotografía en la página 167

Tarta de ciruelas

Para 6 u 8 personas
Preparación: 10 min, 35 min
Reposo: 2 h
Cocción: 30 min

LIGERA

- *300 g de masa quebrada (ver p. 75)*
- *500 g de ciruelas*
- *110 g de azúcar en polvo*

1. Prepare la masa quebrada y déjela reposar 2 h.

2. Lave las ciruelas y deshuéselas cortándolas por un lado, sin llegar a separar las dos mitades. Precaliente el horno a 200 ºC.

3. Extienda la masa con un grosor de 4 mm y póngala en un molde para tarta de 22 cm de diámetro untado con mantequilla. Elimine el sobrante y enrase el borde. Pinche el fondo con un tenedor en distintos lugares y espolvoréela con 40 g de azúcar.

4. Coloque las ciruelas con el lado abombado contra la masa. Espolvoréelas con 40 g de azúcar.

5. Meta la preparación 30 min en el horno y déjela enfriar completamente. Cuando vaya a servir la tarta, espolvoréela con 30 g de azúcar en polvo.

Valor nutritivo por 100 g
250 kcal; proteínas: 2 g; lípidos: 11 g; glúcidos: 34 g

Tarta de frambuesas

Para 6 u 8 personas
Preparación: 30 min, 25 min
Reposo: 10 h, 1 h
Cocción: 25 min

- *300 g de masa de hojaldre (ver p. 80)*
- *300 g de crema para milhojas (ver p. 110)*
- *500 g de frambuesas*
- *6 c de jalea de grosella o de frambuesa*

1. Prepare la masa de hojaldre y déjela reposar 10 h.

2. Prepare la crema para milhojas y déjela enfriar.

3. Precaliente el horno a 200 ºC. Extienda la masa (debe tener 3 o 4 mm de grosor) y colóquela en un molde para tarta de 24 cm de diámetro untado con mantequilla. Pinche el fondo con un tenedor y tápela con un papel sulfurizado cubierto de legumbres secas. Baje la temperatura del horno a 180 ºC y espere 25 min.

4. Derrita la jalea de frambuesa o grosella a fuego lento. Cubra el fondo de la tarta enfriado con la crema para milhojas, reparta por encima las frambuesas y cúbralo todo, utilizando un pincel, con la jalea. Sírvala fría.

Tarta de fresas

Para 6 u 8 personas
Preparación: 15 min, 30 min
Reposo: 2 h
Cocción: 25 min

- *250 g de masa dulce (ver p. 74)*
- *200 g de frangipane (ver p. 113)*

- *40 fresones grandes gariguette o mara des bois (unos 800 g)*
- *150 g de jalea de fresa*
- *Pimienta negra recién molida*

1. Prepare la masa dulce y déjela reposar 2 h. Elabore la frangipane.

2. Extienda la masa con el rodillo, hasta conseguir un espesor de 1,5 mm. Coloque el disco de masa de 22 cm de diámetro en un molde para tarta untado con mantequilla y pinche el fondo con un tenedor.

3. Precaliente el horno a 180 ºC. Extienda la crema de almendras sobre el fondo de la tarta y cuézalo durante 25 min.

4. Limpie los fresones. Diluya la jalea, si fuera necesario, con un poco de agua.

5. Deje enfriar la tarta y unte toda la superficie con la jalea. Disponga entonces los fresones en corona, espolvoréelos con un poco de pimienta negra recién molida y a continuación, con un pincel, cúbralos con el resto de la jalea. Puede acompañar esta tarta con crema chantilly.

VARIANTE

Tarta hojaldrada de fresas

Extienda 300 g de masa de hojaldre (*ver p. 80*) hasta obtener un grosor muy fino. Recorte un círculo de 30 cm de masa, que colocará sobre una bandeja cubierta con papel sulfurizado. Ponga en el centro un aro y pinche con un tenedor en su interior, para que la masa suba por los bordes, pero no en el centro. Cuézala a 250 ºC y añada un poco de azúcar glas para caramelizarla al final de la cocción. Déjela enfriar; después, decórela con 150 g de crema para milhojas (*ver p. 110*) y con 800 g de fresones cubiertos de 100 g de jalea de fresa.

Tarta de limón

Para 4 o 6 personas
Preparación: 10 min, 15 min
Reposo: 2 h
Cocción: 20 min, 15 min

- *250 g de masa quebrada (ver p. 75)*
- *3 huevos*
- *100 g de azúcar*
- *80 g de mantequilla derretida*
- *5 limones frescos, naturales*

1. Prepare la masa quebrada y déjela reposar 2 h en el frigorífico.

2. Precaliente el horno a 190 ºC. Extienda la masa

**Tarta
de chocolate**

*Se puede decorar esta
tarta con finas tejas de
caramelo y almendras
machacadas.*

para obtener un grosor de 3 mm y póngala en un molde de 18 cm de diámetro. Pinche el fondo con un tenedor y ponga encima un disco de papel sulfurizado recubierto de huesos de albaricoque o legumbres secas. Baje la temperatura del horno a 180 °C y hornéela 20 min.

3. Ralle la corteza de los limones y, a continuación, exprímalos.

4. En un cuenco mezcle los huevos, el azúcar, la mantequilla, el zumo y, finalmente, la corteza de limón. Bata con fuerza todos estos ingredientes.

5. Saque la tarta del horno y agréguele esta preparación. Cuézala de nuevo durante 15 min. Sirva frío este postre.

OLYMPE VERSINI

VARIANTE
Puede preparar del mismo modo una tarta de naranja (con 3 unidades) o de mandarina (con 7 unidades).

Tarta merengada de limón

Para 6 u 8 personas
Preparación: 15 min, 40 min
Reposo: 2 h, 30 min
Cocción: 25 min, 10 min

- *300 g de masa dulce (ver p. 74)*
- *700 g de crema de limón (ver p. 107)*
- *3 claras de huevo*
- *150 g de azúcar en polvo*
- *10 g de azúcar glas*

1. En primer lugar, prepare la masa dulce y déjela reposar durante 2 h.

2. Precaliente el horno a 190 °C. Unte con mantequilla un molde de 25 cm de diámetro. Extienda la masa con el rodillo y obtenga un grosor de 2,5 mm. Póngala en el interior del molde de modo que se adapte perfectamente a la forma de éste. Déjela reposar 30 min en el frigorífico.

3. Cubra el molde con papel sulfurizado y éste con legumbres secas. Métalo en el horno durante 25 min, y retire aquéllas al cabo de 18 min.

4. Decore la preparación con la crema de limón bien fría, alisándola con una espátula, y métala en el frigorífico. Mientras tanto, prepare el merengue: bata las claras a punto de nieve firme, incorporándole poco a poco el azúcar. Extiéndalo en forma de botones sobre la crema con una espátula o con una manga pastelera. Espolvoree con una capa fina de azúcar glas y déjela dorar en el horno a 250 °C durante 8-10 min. Sirva la tarta fría.

Tarta de manzana de Lieja

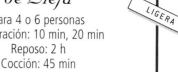

Para 4 o 6 personas
Preparación: 10 min, 20 min
Reposo: 2 h
Cocción: 45 min

- *300 g de masa quebrada (ver p. 75)*
- *1 kg de manzanas*
- *1 huevo • 2 pizcas de canela molida*
- *200 g de azúcar en polvo • 50 g de harina*

1. Prepare la masa quebrada y déjela reposar 2 h.

2. Extiéndala para obtener un grosor de 3 mm y colóquela en un molde de 25 cm de diámetro untado con mantequilla.

3. Precaliente el horno a 200 °C. Prepare la decoración: casque el huevo en un cuenco y bátalo con una pizca de canela y 1 c de azúcar en polvo. Pele las manzanas, córtelas en cuartos, vacíelos y córtelos en láminas delgadas.

4. Unte el fondo de masa con el huevo con canela. Mezcle 150 g de azúcar, el resto de la canela y la harina, y espolvoree con ello la masa. Coloque las manzanas encima.

5. Hornéelo durante 45 min.

6. Cuando la tarta se haya enfriado un poco, desmóldela en una fuente y espolvoréela con el azúcar restante. Debe consumirse tibia.

Valor nutritivo por 100 g
190 kcal; proteínas: 1 g; lípidos: 6 g; glúcidos: 30 g

Tarta hojaldrada de manzana

Para 6 u 8 personas
Preparación: 30 min, 35 min
Reposo: 10 h, 1 h
Cocción: 25 min, 25 min

- *350 g de masa de hojaldre (ver p. 80)*
- *300 g de compota de manzanas*
- *500 g de manzanas granny smith o cox orange*
- *30 g de mantequilla • 20 g de azúcar en polvo*
- *20 g de azúcar glas*

1. Prepare la masa de hojaldre y déjela reposar 10 h.

2. Extiéndala hasta conseguir un grosor de 2 mm. Córtele un rectángulo de 30 cm de largo x 13 cm de ancho, y dos tiras de 2 cm de ancho.

3. Con un pincel, unte el borde de la masa por el lado largo y ponga encima las tiras, fijándolas con el pulgar. Deje reposar 1 h.

4. Precaliente el horno a 200 °C. Cueza la tarta unos 25 min, teniendo en cuenta que debe conservar su color dorado. Espere que se enfríe.

5. Pele las manzanas y córtelas en dos. Despepítelas y haga con ellas láminas como si después fuera a reconstruir cada una de las partes. Decore el centro de la masa con la compota de manzana y coloque las mitades en láminas por encima. Espolvoree con el azúcar en polvo y ponga una pequeña nuez de mantequilla sobre cada una de las mitades.

6. Meta la tarta en el horno a 180 °C durante 25 min. Déjela enfriar y luego espolvoree los bordes con azúcar glas ayudándose de un colador pequeño. Sírvala el mismo día.

Tarta de menta y frutas rojas

Para 6 u 8 personas
Preparación: 10 min, 40 min
Reposo: 2 h, 1 h
Cocción: 26 min

• 250 g de masa quebrada (ver p. 75)
• 400 g de arroz con leche (ver p. 317)
• 200 g de fresas • 1 bandejita de frambuesas
• 1 bandejita de fresas de bosque
• 1 bandejita de grosellas • 1/2 manojo de menta
• 5 c de jalea de grosella • Pimienta recién molida

1. Prepare la masa quebrada y déjela reposar 2 h. Elabore, mientras tanto, el arroz con leche.

2. Precaliente el horno a 180 °C. Extienda la masa con un grosor de 2 mm y colóquela en un molde de 22 cm de diámetro untado con mantequilla. Pínchela con un tenedor antes de cubrirla con un papel sulfurizado y de huesos de albaricoque (o con legumbres secas). Cueza la preparación durante 18 min (la masa tiene que estar dorada), y retire el papel y los huesos de albaricoque.

3. Rellene el fondo de masa con el arroz con leche y luego métalo 8 min en el horno a 180 °C. Déjelo enfriar.

4. Derrita, en un cazo, la jalea de grosella. Unte el arroz con la jalea mediante un pincel. Pique las hojas de menta fresca y espolvoree la tarta. Añada con el pincel unos pequeños toques más de jalea de grosella.

5. Mezcle delicadamente en un cuenco todas las frutas rojas y colóquelas encima. Espolvoréelas con pimienta negra recién molida (cuatro vueltas de molinillo). Guarde la tarta durante 1 h en el frigorífico antes de servirla.

VARIANTE
Cuando no es temporada de frutas rojas, se pueden usar rodajas de pamplemusa o, incluso, de naranja.

Tarta de pera Bourdaloue

Para 6 u 8 personas
Preparación: 10 min, 30 min
Reposo: 2 h
Cocción: 30 min

• 300 g de masa quebrada (ver p. 75)
• 10-12 medias peras en almíbar (según el tamaño)
• 280 g de frangipane (ver p. 113)
• 4 c de cobertura de albaricoque

1. Prepare la masa quebrada y déjela reposar 2 h. Haga la frangipane y guárdela al fresco.

2. Escurra las peras. Precaliente el horno a 190 °C. Extienda la masa con 2 mm de grosor y póngala cuidadosamente en un molde para tarta de 22 cm de diámetro untado con mantequilla haciendo, con el pulgar y el índice, una pequeña cresta sobre los bordes.

3. Vierta la frangipane hasta media altura y alísela bien. Corte las peras en rodajas de 2 mm de grosor y póngalas encima en forma de corona.

4. Cuézalo todo 30 min en el horno.

5. Cuando esté tibia, desmolde la tarta sobre una rejilla y aplique con un pincel la cobertura de albaricoque.

Tarta de piña

Para 6 u 8 personas
Preparación: 10 min, 25 min
Reposo: 1 h, 1 h
Cocción: 35 min

• 250 g de masa quebrada
(masa para bases, ver p. 74)
• 2 huevos
• 110 g de azúcar en polvo
• 1 cc de harina • 1 vaso de leche
• El zumo de 1/2 limón
• 4 c de almíbar de piña reducido
• 6 rodajas de piña en almíbar
• 30 g de azúcar glas

1. Prepare la masa quebrada (masa para bases) y déjela reposar 1 h. Extiéndala con un grosor de 2 mm. Unte con mantequilla un molde para tarta de 22 cm de diámetro y cúbralo con el disco de masa. Pinche el fondo con un tenedor y déjelo reposar 1 h al fresco.

2. Precaliente el horno a 200 °C. Meta el molde y cuézalo 20 min a 180 °C.

3. Prepare la decoración: separe las claras y las yemas de los huevos. Mezcle estas últimas con 80 g de azúcar en polvo, harina y leche.

Tarta de castañas y peras

Vierta sobre un fondo de masa quebrada una mezcla para pastel de cerezas compuesta de masa de castañas, whisky, azúcar y huevo, decorada con castañas desmigajadas y dados de pera. Adorne el conjunto con una lámina «arrugada» de masa filo.

Ver receta en la página 411

4. Espese la mezcla a fuego lento, sin dejar de remover con una cuchara de madera. Luego, añada el zumo de limón y el almíbar de piña reducido.
5. Deje entibiar el fondo de tarta. A continuación, viértele encima la crema y coloque sobre ella las rodajas de piña bien escurridas. Bata las claras de huevo a punto de nieve firme con 30 g de azúcar en polvo, cubra con ellas las frutas y espolvoree con 30 g de azúcar glas.
6. Vuelva a meterlo 10 min en el horno para que se dore el merengado. Sirva fría esta receta.

Tarta con praliné
Para 4 o 6 personas
Preparación: 30 min
Reposo: 2 h
Cocción: 30 min

• 250 g de masa quebrada (ver p. 75)
• 150 g de praliné
• 150 g de crema de leche

1. Prepare la masa quebrada y déjela reposar 2 h.
2. Meta el praliné en un paño de cocina limpio, pliéguelo y macháquelo con el rodillo para reducirlo a trocitos.
3. Caliente el horno a 180 °C. Unte con mantequilla un molde de 18 cm de diámetro. Extienda la masa (con un grosor de 2 mm) y póngala en el molde. Pinche el fondo con un tenedor y recúbralo con un papel sulfurizado poniendo encima los huesos de albaricoque o de alubias secas. Métalo 10 min en el horno.
4. Mezcle en un cuenco el praliné machacado con la crema de leche. Saque el molde del horno, vierta en él la mezcla anterior y vuelva a meterlo en el horno durante 18-20 min. Deje enfriar antes de servir.

Tarta de requesón

Para 4 o 6 personas
Preparación: 10 min
Reposo: 2 h, 30 min
Cocción: 45 min

• 250 g de masa quebrada (ver p. 75)
• 500 g de requesón bien escurrido
• 50 g de azúcar en polvo
• 50 g de harina
• 50 g de crema de leche
• 2 huevos

1. Prepare la masa quebrada y déjela reposar 2 h. Precaliente el horno a 200 °C.

2. Extienda la masa con un grosor de 2 mm y colóquela en un molde para tarta de 18 cm de diámetro untado con mantequilla. Guárdela en el frigorífico durante 30 min.
3. Caliente el horno a 180 °C. En un cuenco, mezcle el requesón, el azúcar, la harina, la crema de leche y los huevos batidos.
4. Vierta esta preparación en el molde y métalo durante unos 45 min en el horno. Sírvala fría.

Valor nutritivo por 100 g
240 kcal; proteínas: 7 g; lípidos: 14 g; glúcidos: 20 g

Tarta de requesón de Metz
Para 4 o 6 personas
Preparación: 10 min, 10 min
Reposo: 2 h
Cocción: 35 min

• 250 g de masa quebrada (ver p. 75)
• 200 g de requesón
• 100 g de crema de leche
• 3 huevos
• 20 g de azúcar en polvo
• 1 pizca de sal
• 1 sobre de azúcar de vainilla
o unas gotas de vainilla líquida

1. Prepare la masa quebrada y déjela reposar durante 2 h.
2. Extienda la masa con un grosor de 2 mm y póngala en un molde de 18 cm de diámetro untado con mantequilla. Caliente el horno a 200 °C.
3. Mezcle el requesón bien escurrido, la crema de leche, los huevos batidos como para tortilla, el azúcar, la sal y luego el azúcar de vainilla o la vainilla.
4. Vierta esta mezcla en el molde y cuézalo todo en el horno durante 35 min. Sirva y deguste la tarta a temperatura ambiente.

Tarta de ruibarbo
Para 6 u 8 personas
Preparación: 15 min, 30 min
Reposo: 8 h, 2 h, 30 min
Cocción: 15 min, 15 min

• 250 g de masa quebrada (ver p. 75)
• 60 g de azúcar en polvo
• 600 g de ruibarbo
• 60 g de azúcar cristalizado

Para la mezcla de almendras:
- *75 g de azúcar en polvo*
- *1 huevo*
- *25 g de leche*
  (2 c y media)
- *25 g de crema de leche*
  (2 c y media)
- *25 g de almendras molidas*
- *55 g de pequeñas pellas*
  de mantequilla frías

1. *La víspera*: limpie el ruibarbo, corte las pencas en trozos de 2 cm, póngalos en un cuenco y espolvoréelos con azúcar en polvo. Tápelo y déjelo macerar 8 h por lo menos.
2. Prepare la masa quebrada. Déjela reposar durante 2 h.
3. Ponga el ruibarbo en un colador y déjelo escurrir 30 min.
4. Precaliente el horno a 180 °C.
5. Extienda la masa quebrada con un grosor de 2 mm. Póngala en un molde de 26 cm de diámetro con revestimiento antiadherente. Pinche el fondo con un tenedor varias veces.
6. Cubra la masa con un papel sulfurizado con los bordes recortados en flecos y cubra éste de huesos de albaricoque (o, si lo prefiere, legumbres secas) para que la masa no se hinche en ningún momento durante la cocción.
7. Proceda luego a cocer la masa durante 15 min en el horno.
8. Para preparar la mezcla de almendras, bata el huevo con azúcar en un bol, añada la leche, la crema de leche, las almendras molidas y las pellas de mantequilla. Mézclelo todo bien.
9. Retire el papel y los huesos de la tarta. Coloque sobre la masa los trozos de ruibarbo. A continuación, vierta la mezcla de almendras y meta la tarta en el horno durante 15 min o quizás un poco más. Sirva la tarta de ruibarbo fría o un poco tibia, después de haberla espolvoreado generosa y abundantemente con azúcar cristalizado.

Comentario del gourmet
Puede acompañar esta tarta con un coulis de fresa; o incluso decorarla con un merengue italiano (*ver p. 99*) y luego meterla 5 min al horno para que se dore. El ruibarbo se puede sustituir por arándanos (prever 700 g de fruta) o por ciruelas mirabel (600 g).

VARIANTE

Tarta de ruibarbo a la alsaciana
Al cabo de 15 min de cocción, puede cubrir la tarta con 200 g de streusel (*ver p. 86*) y hornearla 20 min más. Sírvala una vez que se enfríe.

Tarta de Santiago
Para 1 tarta de 24 cm de diámetro
Preparación: 45 min
Reposo: 30 min
Cocción: 35 min

Para la masa:
- *50 cc de aceite de girasol*
- *5 cl de leche • 100 g de harina*
- *25 g de azúcar • 3 g de sal*

Para el relleno:
- *4 huevos • 200 g de almendras molidas*
- *200 g de azúcar • La ralladura de 1/2 limón*
- *5 g de canela molida*
- *Azúcar glas*

1. Mezcle el aceite con la leche, la harina, el azúcar y la sal; debe formar una masa suave y homogénea. Tápela con un paño y déjela reposar 30 min.
2. Extiéndala con un rodillo hasta conseguir un grosor de unos 3 mm y forre un molde desmoldable para tarta.
3. Bata los huevos con el azúcar, la canela y la ralladura de limón, hasta que estén bien espumosos.
4. Incorpore las almendras molidas y mezcle bien. Vierta sobre la masa y nivele la superficie.
5. Hornee a 180 °C durante unos 35 min. Consiga que la superficie esté dorada.
6. Recorte en un papel el contorno de una concha de Santiago o una cruz de Santiago y apóyela en el centro de la tarta. Espolvoree con azúcar glas y retire la plantilla de papel para que quede el dibujo. Desmolde y sirva.

Ver fotografía en la página 173

Tarta Tatin
Para 4 o 6 personas
Preparación: 20 min, 30 min
Reposo: 10 h
Cocción: 50 min, 30 min

- *250 g de masa de hojaldre (ver p. 80)*
- *1,5 kg de manzanas golden u otra variedad*
  que resista bien la cocción
- *200 g de azúcar en polvo*
- *130 g de mantequilla*

1. Prepare la masa de hojaldre y déjela reposar 10 h.
2. Pele las manzanas, pártalas en dos antes de vaciarlas y de cortarlas nuevamente en dos.
3. Precaliente el horno a 180 °C. Caramelice el azúcar en un cazo. Añada la mantequilla y mézclelo todo.

Luego vierta el caramelo en un molde de fondo esmaltado, en una sartén o en una caja para genovesa de 25 cm. Coloque encima las manzanas, unas contra otras, bien derechas y apretadas. Métalo de 50 min a 1 h en el horno, según la calidad de las manzanas. Sáquelo y déjelo enfriar.

4. Extienda la masa de hojaldre hasta obtener un grosor de 2,5 mm. Recorte un disco de las dimensiones del recipiente y recubra la fruta. Meter en el horno durante 30 min, hasta que la masa esté cocida.

5. Deje enfriar 3 h y desmolde la preparación, sumergiendo el molde en agua caliente y luego volcándolo en la fuente de servicio. Métala en el horno para servir la tarta Tatin tibia.

Ver fotografía en la página 175

Tarta de vino

Para 6 u 8 personas
Preparación: 10 min, 20 min
Reposo: 1 h
Cocción: 25 min, 40 min

• *500 g de masa quebrada*
(masa para bases, ver p. 74)
• *15 g de fécula*
• *220 g de azúcar en polvo*
• *Una buena pizca de canela*
• *15 cl de vino blanco*
• *20 g de azúcar glas*
• *20 g de mantequilla*

1. Prepare una masa quebrada (masa para bases) y déjela reposar 2 h.

2. Después de esta primera operación, precaliente el horno a 240 °C.

3. Extienda la masa con el rodillo hasta obtener un grosor de 2 mm. Unte con mantequilla un molde para tarta de 22 cm.

4. Coloque la masa en el molde.

5. Mezcle la fécula con el azúcar y la canela. Recubra con ella el fondo de masa y mójelo a continuación con el vino blanco.

6. Cueza la preparación durante un período de 20 min en el horno.

7. Saque la tarta, espolvoréela con azúcar glas, siémbrela con pellitas de mantequilla y cuézala 15 min más. Sírvala tibia.

Tortas

Apple pie

Para 6 u 8 personas
Preparación: 40 min
Reposo: 2 h
Cocción: 50 min

• *300 g de masa quebrada*
(masa para bases, ver p. 74)
• *40 g de harina*
• *30 g de azúcar terciado*
• *1 pizca de vainilla en polvo*
• *1/2 cc de canela molida*
• *1 pizca de nuez moscada rallada*
• *800 g de manzanas reinetas*
• *1 limón*
• *1 huevo batido*

1. Prepare la masa quebrada (masa para bases). Déjela reposar 2 h en el frigorífico.

2. Divídala en dos pedazos desiguales. Extiéndalos con un grosor de 2 mm. Ponga el mayor en un molde de porcelana para tartas de 22 cm.

3. Prepare la decoración: mezcle en un cuenco la harina, el azúcar terciado, la vainilla, la canela y la nuez moscada. Distribuya la mitad de esta mezcla sobre la masa.

4. Precaliente el horno a 200 °C.

5. Pele las manzanas, descorazónelas, córtelas primero en cuartos y luego en rodajas finas. Póngalas en corona en el molde, de manera que formen una cúpula en el centro. Rocíe con el zumo de limón, luego espolvoree con el resto de la mezcla de harina y azúcar con especias.

6. A continuación, cúbralo todo con el segundo disco de masa. Con un pincel, suelde bien los bordes con huevo batido. Haga una chimenea en el centro. Dore con el huevo.

7. Cueza la torta 10 min en el horno. Úntela de nuevo con el huevo batido y prosiga la cocción, ahora 40 min más.

Comentario del gourmet
Puede servir el apple pie al natural y tibio, o acompañado de crema de leche, un coulis de mora o, incluso, una bola de helado de vainilla (*ver p. 142*).

Pastel Champigny

Para 6 u 8 personas
Preparación: 30 min, 30 min
Reposo: 10 h
Cocción: 20 min, 25 a 30 min

• *400 g de masa de hojaldre (ver p. 80)*
• *800 g de albaricoques*
• *150 g de azúcar cristalizado*
• *1 copita de aguardiente de frutas*
• *Semillas de huesos de albaricoque*
• *1 huevo* • *2 c de leche*

1. Prepare la masa de hojaldre y déjela reposar 10 h en el frigorífico.
2. Deshuese los albaricoques y casque algunos huesos para extraer las semillas. Cueza la fruta en una cacerola de revestimiento antiadherente durante 20 min con el azúcar y un poco de agua, hasta que empiece a deshacerse. Sáquela con una espumadera. Deje reducir el almíbar, luego añada el aguardiente de fruta y algunas semillas de albaricoque. Vuelva a poner la fruta y deje enfriar la mermelada resultante.
3. Precaliente el horno a 230 °C. Extienda la masa de hojaldre (2 mm de grosor) en forma de rectángulo largo. Recorte cuatro tiras de 1,5 cm de ancho y dos rectángulos iguales. Bata el huevo como para tortilla y unte con él la cara superior de uno de los rectángulos.
4. Aplique las tiras de masa alrededor de éste y suéldelas bien para hacer bordes netos. Vierta la mermelada de albaricoque en medio y extiéndala regularmente hasta el reborde de masa, que impedirá que rebose durante la cocción.
5. Aplique el segundo rectángulo encima, apriete con los dedos para que se adhiera a la mermelada y para cerrar el pastel. Añada la leche al resto del huevo batido y unte la superficie del champigny. Trace las aspas con la punta de un cuchillo.
6. Cuézalo de 25 a 30 min en el horno. Sírvalo frío.

Pastel landés

Para 2 o 3 pasteles, según el molde
Preparación: 20 min
Reposo: 20 min
Cocción: 45 min

• *1 kg de harina de fuerza*
• *30 g de levadura de panadería*
• *7 huevos* • *200 g de azúcar de vainilla*
• *200 g de mantequilla* • *1 l de leche*
• *30 cl de ron dorado* • *Sal*

1. Prepare una masa con 200 g de harina, la levadura de panadería y 30 cl de agua tibia. Mezcle todo

rápidamente y forme una bola. Póngala en un cuenco y déjela reposar unos 20 min en un lugar caliente.
2. Bata los huevos enteros con el azúcar de vainilla, 1 pizca de sal y la mantequilla (derretida tibia). Añada la harina, la leche, la masa fermentada y luego el ron. Mezcle bien todos estos ingredientes.
3. Unte con mantequilla los moldes para charlota; luego llene cada uno con la masa, hasta la mitad.
4. Caliente el horno a 170 °C. Cuézalo en el horno durante 45 min. Espere otros 5 min antes de desmoldar. Sírvalo acompañado de una crema inglesa (*ver p. 108*).

ANDRÉ GAÜZÈRE

Pithiviers

Para 6 u 8 personas
Preparación: 15 min, 15 min, 35 min
Reposo: 10 h
Cocción: 45 min

• *500 g de masa de hojaldre (ver p. 80)*
• *400 g de frangipane (ver p. 113)* • *1 huevo*

1. Prepare la masa de hojaldre y déjela reposar 10 h en el frigorífico.
2. Prepare la frangipane.
3. Extienda la mitad de la masa de hojaldre con el rodillo y recorte un disco de 20 cm de diámetro. Cúbralo con la frangipane, dejando alrededor un margen de 1,5 cm. Precaliente el horno a 250 °C.
4. Extienda el resto de la masa de hojaldre de tal manera que obtenga un disco de un diámetro idéntico al primero. Unte el perímetro del primer disco con un pincel mojado en agua. Ponga el segundo sobre la crema y suelde bien los bordes.
5. Haga adornos parecidos a festones en el perímetro del Pithiviers y dórelo con el huevo. Trace dibujos en rombo o en roseta sobre la superficie superior con la punta de un cuchillo.
6. Cuézalo 45 min en el horno. Sírvalo tibio o frío.

Torta de jarabe de arce

Para 4 personas
Preparación: 10 min
Reposo: 1 h
Cocción: 5 min, 35 min

• *300 g de masa quebrada (ver p. 75)*
• *10 cl de jarabe de arce*
• *3 cc de fécula de maíz* • *50 g de mantequilla*
• *50 g de almendras picadas*

177

1. Prepare la masa quebrada y déjela reposar 1 h en el frigorífico.

2. Disuelva el jarabe de arce en un poco de agua y hiérvalo 5 min. Añada la fécula previamente diluida en agua fría, y luego la mantequilla. Deje enfriar. Precaliente el horno a 220 °C.

3. Extienda la mitad de la masa quebrada y cubra con ella el fondo de una tartera de 18 cm de diámetro untada con mantequilla.

4. Vierta la crema sobre el fondo de torta y añada las almendras picadas. Extienda bastante fino el resto de la masa. Ponga el disco encima del molde, apriete alrededor y realice una chimenea en medio.

5. Cuézalo todo de 30 a 35 min en el horno. Sirva la tarta fría.

Torta de naranjas

Para 8 o 10 personas
Preparación: 30 min, 30 min
Reposo: 10 h, 2 h
Cocción: 45 min

- *800 g de masa de hojaldre (ver p. 80)*
- *70 g de mantequilla blanda*
- *85 g de azúcar glas • 85 g de almendras molidas*
- *3 g de maicena • 1/2 c de Cointreau*
- *La corteza de 1/4 de naranja fresca, natural*
- *25 g de corteza de naranja confitada*
- *1 huevo • 15 cl de crema de leche*

1. Prepare la masa de hojaldre.

2. Prepare la frangipane picando fina la corteza de naranja. Luego, ponga la mantequilla en un cuenco y trabájela con la espátula. Añada sucesivamente las almendras en polvo, el azúcar glas, la maicena, la corteza de naranja, la corteza confitada en daditos, el Cointreau, el huevo y la crema de leche.

3. Parta la masa en dos partes iguales. Extiéndalas con un grosor de 2 mm y recorte dos discos de 28 cm cada uno. Coloque el primero sobre una bandeja cubierta con papel sulfurizado mojado. Con un pincel humedecido en agua, humedezca todo el perímetro de la base en una anchura de 3 cm. Vierta la frangipane en el interior.

4. Recubra la preparación con el segundo disco y suelde bien los bordes. Márquelos al bies con un cuchillo. Póngalo 2 h en el frigorífico.

5. Precaliente el horno a 200 °C. Prepare el glaseado real (ver p. 130).

6. Cubra la superficie de la torta con una capa fina de glaseado real. Trace 8 o 10 partes con un cuchillo. Espolvoree con azúcar glas.

7. Baje la temperatura del horno a 180 °C y meta la torta durante 45 min. Si se pone demasiado oscura, protéjala con papel de aluminio. Déjela enfriar y consúmala preferiblemente tibia.

Torta de reyes de hojaldre

Para 4 o 6 personas
Preparación: 30 min, 20 min
Reposo: 10 h, 30 min
Cocción: 40 min

- *600 g de masa de hojaldre (ver p. 80)*
- *1 haba • 1 huevo*

1. Prepare la masa de hojaldre y déjela reposar 10 h en el frigorífico.

2. Extiéndala con el rodillo para obtener un disco regular de 5 mm de grosor. Iguale bien el perímetro e introduzca el haba a pocos centímetros del borde.

3. Coloque la torta en una bandeja humedecida. Bata el huevo en una taza y dore toda la superficie con un pincel. Con un cuchillo pequeño, trace líneas paralelas, espaciadas, primero en un sentido, luego en otro, para formar rombos. Déjela reposar 30 min en el frigorífico. Precaliente el horno a 250 °C.

4. Introduzca la torta en el horno, baje la temperatura a 200 °C y siga la cocción durante 40 min. Sírvala caliente o tibia.

VARIANTE

Torta de reyes con frangipane
Prepare 300 g de frangipane (*ver p. 113*). Parta la masa en dos y extienda cada parte con un grosor de 2,5 mm. Unte de huevo el contorno de uno de los discos obtenidos. Extienda la frangipane sobre éste y añada el haba. Ponga el otro disco encima y suelde bien los bordes. Cuézalo 40 min en el horno a 200 °C.

Volteado de piña

Para 6 u 8 personas
Preparación: 20 min
Reposo: 15 min
Cocción: 45 min

- *200 g de mantequilla*
- *150 g de azúcar*
- *3 huevos*
- *1 lata pequeña de leche condensada*
- *240 g de harina*
- *20 g de levadura en polvo*
- *100 g de azúcar moreno*
- *1 lata de piña en rodajas*
- *6 cerezas confitadas*

1. Cubra el fondo de un molde redondo de 24 cm de diámetro con papel sulfurizado y úntelo con mantequilla. Esparza el azúcar moreno y extienda las rodajas de piña previamente escurridas, una al lado de la otra. En el centro de cada rodaja ponga una cereza confitada. Reserve.
2. Bata la mantequilla con el azúcar hasta formar una crema. Agregue los huevos, uno a uno, batiendo bien entre cada adición.

3. Incorpore la leche condensada y bata bien. Añada la harina cernida con la levadura en polvo y mezcle suavemente; la harina desaparecerá.
4. Vierta la preparación en el molde preparado y hornee unos 45 min a 170 °C, hasta que al pinchar el centro con un palillo, éste salga limpio.
5. Deje reposar 15 min. Desmolde y sirva el postre tibio o frío.

Crumbles

Apple crumble

Para 6 u 8 personas
Preparación: 5 min, 30 min
Cocción: 15 min, 15 min

- *300 g de masa para crumble (ver p. 86)*
- *1 kg de manzanas*
- *30 g de mantequilla*
- *60 g de pasas • 1 pizca de canela*
- *30 g de azúcar terciado*
- *250 g de crema de leche*

1. Prepare la masa para crumble y métala en el frigorífico en un plato, mientras prepara los elementos de la decoración.
2. Pele las manzanas, córtelas en ocho trozos y quíteles las pepitas. Póngalos en un cuenco, añada las pasas, la canela y el azúcar; mézclelo todo bien.
3. Derrita la mantequilla en una sartén grande con revestimiento antiadherente y ponga en ella la mezcla anterior. Rehóguelo, removiendo con regularidad hasta que las manzanas estén bien doradas. Precaliente el horno a 200 °C.
4. Ponga las manzanas en una bandeja para gratinar untada con mantequilla. Añada la masa para crumble por encima. Meta la bandeja en el horno, bajando la temperatura a 150 °C. Cuézalo 15 min. Sirva el apple crumble tibio, con la crema de leche bien fría aparte.

Crumble de albaricoques y frambuesas

Para 6 u 8 personas
Preparación: 10 min, 30 min
Cocción: 20 min

- *250 g de masa para crumble (ver p. 86)*
- *1 kg de albaricoques frescos*
- *125 g de frambuesas*
- *80 g de azúcar en polvo*

- *1 pizca de flores de espliego*
- *40 g de mantequilla*
- *1 zumo de limón*
- *Pimienta negra recién molida*

1. Prepare la masa para crumble y guárdela en el frigorífico, mientras se dedica a preparar el resto de los ingredientes.
2. Derrita la mantequilla en una sartén grande con revestimiento antiadherente. Ponga en ella los albaricoques deshuesados y el azúcar. Cuézalo 3 min. Añada el espliego, el zumo de limón, échele la pimienta y mézclelo todo bien.
3. Ponga los albaricoques en una bandeja para gratinar de 20 cm de largo. Espolvoréelos con frambuesas y luego con trozos de masa para crumble. Cuézalo todo 20 min en el horno. Sirva esta receta tibia o fría, acompañada de helado de vainilla (ver p. 142) o de sorbete de frambuesa (ver p. 143).

Crumble de guindas y helado de requesón

LIGERA

Para 6 personas
Preparación: 5 min, 1 h
Reposo: 1 h
Cocción: 20 min, 5 min

- *140 g de masa para crumble (ver p. 86)*
- *3 pizcas de canela molida*
- *500 g de helado de requesón (ver p. 142)*
- *500 g de guindas*
- *10 g de mantequilla*
- *10 g de aceite de oliva*
- *1 c de vinagre blanco*
- *Pimienta negra recién molida*
- *50 g de azúcar en polvo*

1. Haga la masa para crumble añadiendo la canela y guárdela en un plato en un lugar fresco, durante 1 h. Prepare el helado de requesón.

179

2. Precaliente el horno a 170 ºC. Extienda la masa, póngala sobre una bandeja y cuézala 20 min. Deshuese las guindas.

3. En una sartén grande con revestimiento antiadherente, derrita a fuego lento la mantequilla y el aceite. Añada las guindas y el azúcar, y rehogue la preparación a fuego vivo durante 3 o 4 min. Rocíela con el vinagre blanco, sazónela con la pimienta y retírela del fuego. Espolvoree el centro de seis platos soperos con el crumble desmigajado, disponga una bola de helado de requesón encima y las cerezas calientes alrededor. Sírvalo de inmediato.

Valor nutritivo por 100 g
215 kcal; proteínas: 3 g; lípidos: 7 g; glúcidos: 32 g

Ver fotografía en la página 181

Crumble de peras y marrons glacés

Para 6 u 8 personas
Preparación: 10 min, 30 min
Cocción: 10 min, 20 a 25 min

* *250 g de masa para crumble (ver p. 86)*
* *150 g de nata líquida espesa*
* *60 g de azúcar en polvo*
* *2 vainas de vainilla*
* *1 huevo*
* *1 kg de peras maduras*
* *160 g de marrons glacés*
* *50 g de pasas de Corinto*
* *40 g de nueces frescas*
* *1 cl de aguardiente de peras williams (opcional)*

1. Prepare la masa para crumble y guárdela en el frigorífico, mientras prepara el resto de los ingredientes.

2. Bata juntos la crema de leche, el azúcar, el huevo y, si lo desea, el aguardiente de pera. Parta longitudinalmente las vainas de vainilla y raspe el interior con la punta de un cuchillo, para añadir los granos a la preparación.

3. Precaliente el horno a 180 ºC. Corte las peras por la mitad, extraiga las pepitas, córtelas en dados y póngalos en una bandeja ovalada de 20 cm de longitud. Desmigaje los marrons glacés en trocitos sobre toda la superficie de la bandeja y vierta la mezcla elaborada en el paso 2.

4. Introduzca la bandeja en el horno durante 10 min. Luego sáquela y ponga en ella la masa para crumble. Métala de 20 a 25 min en el horno.

5. Déjelo enfriar y sírvalo tibio con un sorbete de pera (*ver p. 147*), un helado de caramelo (*ver p. 139*) o de chocolate (*ver p. 139*).

Crumble de ruibarbo y naranja

Para 6 u 8 personas
Preparación: 5 min, 30 min
Reposo: 12 h
Cocción: 10 min, 25 min

* *250 g de masa para crumble (ver p. 86)*
* *1 naranja grande o 2 pequeñas frescas, naturales*
* *150 g de azúcar • 320 g de agua*
* *800 g de ruibarbo • 180 g de nata líquida espesa*
* *60 g de azúcar en polvo • 1 huevo*
* *1 pizca de clavo de olor*

1. *La víspera*: corte las naranjas en rodajas finas sin pelar. Hierva el azúcar y el agua. Sumerja en ella las rodajas y cuézalas a fuego muy lento durante 5 min. Después déjelas macerar durante 12 h.

2. *La víspera*: corte el ruibarbo y póngalo a macerar con el azúcar.

3. El mismo día que quiera servir este plato haga la masa para crumble. Guárdela en el frigorífico mientras prepara la decoración.

4. Escurra las naranjas y córtelas en pedacitos. Escurra el ruibarbo.

5. Prepare la decoración: bata la nata, el azúcar, el huevo y el clavo de olor.

6. Precaliente el horno a 180 ºC. Ponga el ruibarbo en una bandeja ovalada para gratinar de 20 cm, espolvoréelo con trocitos de naranja, vierta la decoración y cuézalo 10 min en el horno.

7. Saque la bandeja, espolvoréela con trocitos de crumble y vuelva a meterla 25 min más en el horno. Deje entibiar el crumble antes de servirlo.

Comentario del gourmet
Puede acompañar este crumble con crema de leche o con un sorbete de fresa (*ver p. 144*).

**Crumble
de guindas
y helado de
requesón**

*Tiene que prepararse
en el último
momento,
para que el jugo
de las frutas no
empape el crumble.*

Pasteles

Se utilizan muy pocos tipos de masas y preparaciones básicas para elaborar pasteles. Sin embargo, estos postres varían infinitamente por la forma, el tamaño, la naturaleza de los ingredientes y la decoración. Los pasteles siempre son bastante ricos en calorías, por lo que es mejor servirlos después de una comida ligera.

Açûre

Para 8 o 10 personas
Preparación: 30 min
Remojo: 12 h
Cocción: 5 h

- *250 g de trigo triturado*
- *60 g de garbanzos*
- *60 g de alubias blancas secas*
- *60 g de arroz*
- *1 corteza de naranja fresca, natural*
- *50 g de nueces peladas*
- *6 higos secos*
- *1 kg de azúcar en polvo*
- *1 granada*
- *50 g de pistachos*

1. Remoje toda una noche, por separado, el trigo triturado, los garbanzos y las alubias. Escúrralos con cuidado.

2. Hierva agua en una cacerola. Vierta en ella el trigo y el arroz. Cuando haya recuperado el hervor, baje el fuego y cuézalo 4 h a fuego muy lento, controlando la cocción de vez en cuando.

3. Al cabo de 3 h de cocción, ponga los garbanzos y las alubias en otra cacerola. Cúbralos de agua y, cuando ésta empiece a hervir, viértalos en la primera cacerola. Cuézalo todo 1 h más, siempre a fuego muy lento.

4. Al acabar este proceso, pele la corteza de naranja, machaque la mitad de las nueces, corte los higos en cuartos y añada todo a la cacerola. Mézclelo todo bien. Incorpore a continuación el azúcar, mezclando de nuevo, y deje cocer 5 min. Escurra y vierta todo en un gran plato hondo.

5. Corte la granada en cuatro y sáquele los granos. Póngalos alrededor de la fuente con los pistachos y el resto de las nueces para decorar. Sirva este plato tradicional tibio o frío.

Arrolladitos de dulce de leche

Para 8 personas
Preparación: 25 min
Cocción: 7 min

- *4 huevos*
- *150 g de azúcar*
- *150 g de harina*
- *250 g de dulce de leche*
- *Azúcar glas*

1. Bata los huevos con el azúcar en una batidora eléctrica de varillas, hasta conseguir una crema espesa y de color amarillo claro.

2. Añada la harina pasándola por un tamiz y remueva suavemente con una espátula de madera; la harina debe desaparecer.

3. Vierta la mezcla sobre una chapa de horno forrada con papel parafinado y hornee a 200 °C durante 7 min; la superficie quedará dorada.

4. Vuelque la masa sobre un paño de cocina ligeramente espolvoreado con azúcar y enrolle la masa con el paño. Deje enfriar.

5. Desenrolle y esparza el dulce de leche por toda la superficie. Enrolle nuevamente y espolvoree la superficie con azúcar glas. Corte en rodajas de 1 cm de grosor aprox y sirva.

Arrollado helado de chocolate y vainilla

Para 4 o 6 personas
Preparación: 40 min
Cocción: 7 min

- 4 huevos
- 100 g de azúcar
- 100 g de harina
- 1/2 l de helado de vainilla (ver p. 142)
- 200 g de chocolate fondant
- 2 cl de coñac

1. Derrita 50 g de chocolate con 1 c de agua y otra de coñac, al baño María. Bata los huevos con el azúcar, hasta conseguir una crema espesa y bien espumosa.

2. Añádale el chocolate derretido y mezcle bien. Incorpore la harina con un cernidor y remueva muy suavemente, con movimientos envolventes para que el batido no se baje.

3. Extienda la masa sobre una placa de horno forrada con papel sulfurizado y hornee 7 min a 200 °C. Desmolde sobre un paño de cocina espolvoreado con azúcar. Enróllelo enseguida y déjelo enfriar.

4. Desenrolle y rellénelo con el helado. Enróllelo nuevamente y guarde en el congelador, para que no se derrita.

5. En el último momento, derrita el chocolate restante con 3 c de agua al baño María. Sirva el postre cortado en rodajas y salseado con el chocolate caliente.

Sugerencia
Si lo desea, puede espolvorear cada porción con almendras fileteadas.

Ver fotografía en la página 185

Barm brack

Para 6 u 8 personas
Preparación: 40 min
Reposo: 1 h, 30 min
Cocción: 1 h

- 400 g de harina
- 120 g de azúcar en polvo
- 1/2 cc de sal fina
- 1 cc de canela molida
- 1 pizca de nuez moscada
- 60 g de mantequilla ablandada en trozos
- 20 cl de leche
- 10 g de levadura de panadería
- 1 huevo
- 60 g de cortezas de naranja y limón confitadas
- 150 g de pasas de İzmir (Esmirna)
- 120 g de pasas de Corinto

1. Mezcle en un cuenco la harina, 90 g de azúcar, la sal, la canela y 1 pizca de nuez moscada rallada. Añada la mantequilla en trocitos, incorporándolos con los dedos. Cuando la preparación sea homogénea, desmigájela con las manos.

2. Hierva la leche. Desmigaje en un cuenco la levadura y disuélvala en 1 c de leche caliente. Agregue una buena pizca de azúcar, luego el huevo y bata enérgicamente.

3. Pique las cortezas confitadas. Añádalas al cuenco y vierta la leche caliente, la levadura disuelta con el huevo y las pasas. Trabaje la masa con una espátula de madera hasta que logre conseguir una consistencia homogénea.

4. Tape el cuenco con un paño y déjelo reposar 1 h a temperatura ambiente, para que la masa doble su volumen.

5. Divídala en 2 partes iguales. Ponga cada una en un molde redondo de 20 cm de diámetro, y de 4 o 5 cm de altura. Cúbralos y deje reposar la masa 30 min a temperatura ambiente. Precaliente el horno a 180 °C.

6. Meta los moldes 1 h en el horno, controlando la cocción.

7. Prepare un almíbar con el resto del azúcar y 2 c de agua. Hierva esta preparación y apártela después del fuego.

8. Saque los pasteles. Cúbralos de almíbar con un pincel y devuélvalos 3 min al horno. Déjelos enfriar antes de servirlos.

Comentario del gourmet
En Irlanda, el barm brack (*barin breac* en gaélico) se come el día de Halloween, el 31 de octubre. La tradición impone que se oculte un anillo en la masa. Se dice que quien lo encuentre se casará antes que pase un año.

Bizcocho de almendras

Para 8 o 10 personas
Preparación: 15 min
Cocción: 40 min

• *14 yemas de huevo* • *400 g de azúcar en polvo*
• *15 g de azúcar de vainilla*
• *1 c de agua de azahar* • *185 g de harina tamizada*
• *185 g de fécula tamizada*
• *200 g de almendras molidas*
• *1 gota de esencia de almendras amargas*
• *3 claras de huevo* • *12 c de confitura de frambuesa con semillas* • *100 g de glaseado con fondant (ver p. 130)* • *Almendras picadas*
• *Cobertura de albaricoque*

1. Mezcle las yemas de huevo con 300 g de azúcar en polvo, el azúcar de vainilla y el agua de azahar, batiéndolo todo hasta que la mezcla blanquee. Tamice juntas la harina y la fécula, y añádalas mezclándolo bien. Agregue a continuación las almendras molidas y la esencia de almendras amargas.
2. Monte las claras de huevo a punto de nieve con el azúcar restante. Incorpore esta mezcla con cuidado a la primera preparación.
3. Precaliente el horno a 180 °C. Unte con mantequilla un molde para bizcocho de 28 cm de diámetro, y 4 o 5 cm de altura. A continuación, espolvoréelo con azúcar en polvo y vierta en él la masa.
4. Cueza la preparación 40 min en el horno. Compruebe la cocción con la punta de un cuchillo, que debe salir limpia.
5. Desmolde el bizcocho sobre una rejilla y déjelo enfriar totalmente.
6. Córtelo en 3 discos de igual grosor. Con una espátula, rellene el primero de confitura de frambuesa con semillas, ponga el segundo encima y haga lo mismo. Luego vuelva a cubrir, esta vez con el tercero.
7. Ayudándose de un pincel, pinte el pastel y sus costados con 2 c de cobertura de albaricoque. Luego glasee la superficie con glaseado con fondant perfumado a la vainilla y decore con almendras picadas.

Bizcocho para enrollar

Para 4 o 6 personas
Preparación: 25 min
Cocción: 10 min

• *450 g de masa de bizcocho para enrollar y rellenar (ver p. 90)*
• *15 g de mantequilla* • *100 g de azúcar*
• *1 cc de ron* • *125 g de ralladuras de almendras*
• *6 c de mermelada de albaricoque o de jalea de frambuesa* • *Cobertura de albaricoque*

1. Prepare la masa para enrollar y rellenar. Precaliente el horno a 180 °C.
2. Funda la mantequilla sin cocerla. Cubra la bandeja del horno con papel sulfurizado y, con un pincel, úntelo con mantequilla derretida. Luego extienda regularmente la masa, con una espátula metálica, hasta obtener un grosor de 1 cm.
3. Cocer 10 min en el horno, vigilando que la parte superior apenas se dore.
4. Mezcle el azúcar con 10 cl de agua y haga un almíbar. Añádale el ron.
5. Tueste levemente las almendras en el horno a 180 °C.
6. Coloque el pastel sobre un paño y, con un pincel, empápelo de almíbar. Con una espátula, cúbralo con mermelada de albaricoque o con jalea de frambuesa. Enrolle el bizcocho con la ayuda del paño. Corte al bies los dos extremos. Pase, con un pincel, 2 c de cobertura de albaricoque por todo el bizcocho y espolvoréelo con almendras.

Bizcocho muselina de naranja

Para 4 o 6 personas
Preparación: 20 min
Cocción: 40 min

• *600 g de masa de bizcochos de cuchara (ver p. 93)*
• *15 g de mantequilla*
• *30 g de azúcar glas*
• *10 cl de jarabe de naranja*
• *5 cl de agua* • *300 g de mermelada de naranja*
• *180 g de fondant* • *2 cl de curaçao*
• *Cortezas de naranja confitadas o rodajas de naranja fresca*

1. Prepare una masa de bizcochos de cuchara.
2. Precaliente el horno a 180 °C. Unte con mantequilla, con el pincel, un molde para charlota de 20 cm de diámetro. Luego espolvoréelo generosamente con azúcar glas. Vierta la masa en el molde: sólo debe llenarlo dos tercios.
3. Cuézala 40 min al horno. Compruebe la cocción con la punta de un cuchillo, que debe salir limpia. Desmóldela sobre una rejilla y déjela entibiar.
4. Corte el bizcocho en 2 discos del mismo grosor. Alargue el jarabe de naranja con agua. Empape el primer disco con un poco de jarabe y, a continuación, aplíquele una buena capa de mermelada de naranja. Cúbralo con el segundo disco. Vuélvalo a empapar, en esta ocasión ligeramente. Mezcle el fondant con el curaçao y cubra con ellos la superficie del bizcocho. Decore con dibujos de corteza confitada de naranja o de rodajas de naranja fresca.

Ver fotografía en la página 187

**Arrollado helado
de chocolate
y vainilla**

En la ilustración,
dos porciones
individuales de
arrollado están
servidas con gotitas
de chocolate.

Bizcocho de Saboya

Para 8 personas
Preparación: 15 min
Cocción: 45 min

- *14 huevos* • *500 g de azúcar en polvo*
- *1 sobre de azúcar de vainilla*
- *185 g de harina tamizada*
- *185 g de fécula* • *1 pizca de sal*
- *Mantequilla y fécula para el molde*

1. Casque los huevos, y separe las claras de las yemas. Precaliente el horno a 170 °C.
2. Ponga en un cuenco el azúcar en polvo, el azúcar de vainilla y las yemas. Mézclelo todo, hasta que la preparación esté bien lisa y blanquee.
3. Bata las claras a punto de nieve muy firme con una pizca de sal. Incorpórelas a la mezcla anterior con la harina y la fécula. Siga removiendo girando siempre en el mismo sentido para no hundir las claras, hasta que la masa esté homogénea.
4. Unte con mantequilla un molde para bizcocho de Saboya o para genovesa de 28 cm y espolvoréelo con fécula. Vierta la masa en él y compruebe que sólo dos tercios del molde estén llenos.
5. Cuézalo 45 min en el horno a 170 °C.
6. Compruebe la cocción con la punta de un cuchillo, que debe salir limpia. Desmolde el bizcocho sobre una fuente en cuanto lo saque del horno. Sírvalo frío.

Brazo de gitano

Para 6 personas
Preparación: 50 min
Cocción: 7 min

- *4 huevos* • *100 g de azúcar*
- *100 g de harina*
- *500 g de crema chantilly (ver p. 105)*
- *Mantequilla, para untar el molde*
- *4 cerezas confitadas o en almíbar*

1. Bata los huevos con el azúcar, hasta formar una crema espesa y de color amarillo claro.
2. Añada la harina a través de un tamiz y remueva suavemente con una espátula de madera. La harina quedará integrada en la crema.
3. Viértala en una placa para horno forrada con papel sulfurizado, untado con mantequilla, y espárzala con una espátula de metal. Hornee a 200 °C durante unos 7 min, hasta que la superficie esté ligeramente dorada.
4. Desmolde enseguida sobre un paño de cocina salpicado con azúcar y enrolle el bizcocho junto con el paño. Deje enfriar.

5. Desenvuelva y rellene con la crema chantilly. Vuelva a enrollar y adorne la superficie con cerezas confitadas o en almíbar.

Ver fotografía en la página 189

Catalf

Para 6 u 8 personas
Preparación: 30 min
Reposo: 15 min, 45 min
Cocción: de 30 a 40 min

- *60 g de mantequilla* • *10 huevos*
- *40 g de harina* • *200 g de avellanas molidas*
- *100 g de azúcar en polvo*

Para el caramelo:
- *1/2 vaina de vainilla partida*
- *4 cl de agua*
- *100 g de azúcar en polvo*

1. Deje que la mantequilla se ablande.
2. Casque primero 9 huevos, separando las claras de las yemas. Casque el último y añádalo a las 9 yemas. Bátalo todo con el batidor de varillas como para tortilla. Añada poco a poco la mantequilla y la harina sin dejar de remover. Amáselo bien para obtener una bola compacta.
3. Extienda la masa con el rodillo y déjela reposar 15 min en un lugar fresco.
4. Enróllela en forma de salchicha y luego córtela en rodajas muy finas. Déjelas secar unos 45 min a temperatura ambiente.
5. Precaliente el horno a 180 °C. Unte con mantequilla un molde o caja para genovesa de 25 cm. Coloque en él, en capas sucesivas, las rodajas de masa, las avellanas y el azúcar.
6. Prepare el caramelo. Saque la vainilla y vierta el caramelo en el molde.
7. Hornéelo todo de 30 a 40 min. Sirva el catalf frío.

Celosías de manzana

Para 4 o 6 personas
Preparación: 30 min, 40 min
Reposo: 10 h
Cocción: 20 min, 30 min

- *1 kg de manzanas* • *1 limón*
- *1 sobre de azúcar de vainilla* • *1 cc de canela molida*
- *500 g de masa de hojaldre (ver p. 80)*
- *1 huevo* • *5 a 6 c de cobertura de albaricoque*
- *50 g de azúcar en granos*

1. Prepare la masa de hojaldre y déjela reposar 10 h.

2. Prepare la mermelada de manzana: pele, corte, despepite las frutas y córtelas en láminas. Rocíelas con zumo de limón y cuézalas unos 20 min, a fuego muy lento, con el azúcar de vainilla. Remueva al final de la cocción para secar la mermelada; añada la canela y mézclelo todo bien. Retire la preparación del fuego.

3. Precaliente el horno a 200 °C. Extienda la masa de hojaldre con forma de un rectángulo grande de 3 mm de grosor. Corte 2 tiras iguales, de 10 cm de ancho. Humedezca la placa o bandeja del horno y ponga en él una de las dos tiras.

4. Bata el huevo en un bol y, con un pincel, unte el perímetro de esta tira de masa. Extienda a continuación la mermelada de manzana en una sola capa gruesa en el interior de la parte untada.

5. Con un cuchillo haga incisiones regulares (espaciadas 5 mm y al bies) en la superficie de la segunda tira de masa de hojaldre, sin llegar a los extremos.

6. Coloque esta tira sobre la primera. Apriete bien los bordes alrededor, para que queden soldadas. Iguale el borde y unte la superficie con el resto del huevo batido. Cueza la masa 30 min en el horno. Cuando esté lista, unte la superficie de cobertura de albaricoque con ayuda de un pincel. Espolvoree con los granos de azúcar. Corte la celosía en trozos de 5 cm de ancho y sírvalos tibios.

Croquembouche

Preparación: 1 h 30 min, 1 h
Cocción: 10 min, 18 a 20 min

• *800 g de masa para pasta choux (ver p. 85)*
• *180 g de masa dulce (ver p. 74)*
• *1 kg de crema pastelera (ver p. 112)*
• *50 g de ron, de kirsch o de Grand Marnier*
• *700 g de terrones de azúcar*
• *2 cc de vinagre* • *200 g de peladillas*

1. *La víspera*: prepare la masa para pasta choux, la masa dulce y la crema pastelera perfumada al gusto. Forme con la manga pastelera 75 choux y cuézalos 10 min a 200 °C.

2. El día que vaya a servir este plato: meta la crema pastelera en una manga con una boquilla muy fina, que perfore la base de choux y rellénelos de crema.

3. Precaliente el horno a 180 °C. Extienda la masa dulce hasta un grosor de 4 mm. Corte un disco de 22 cm de diámetro, póngalo sobre una bandeja cubierta con papel sulfurizado y cuézalo 20 min. Prepare un caramelo claro con la mitad del azúcar de piedra y 20 cl de agua. Añada la mitad del vinagre para evitar que el azúcar cristalice.

4. Moje primero la parte superior de cada choux en el caramelo y póngalos todos en una bandeja.

5. Coloque en la fuente en la que va a servir el croquembouche el disco de masa dulce, unte con aceite

un cuenco de 14 cm de diámetro y vuélquelo sobre el disco. Moje la base de cada choux en el caramelo y pegue una corona de choux caramelizados alrededor del cuenco, con la parte superior caramelizada hacia el exterior del pastel.

6. Retire el cuenco y siga subiendo hileras de choux retrasando un poco hacia el interior cada una de aquéllas. Termine la decoración pegando las peladillas con caramelo en las cavidades más importantes que hayan quedado entre los choux. Sirva dentro de los tres cuartos de hora siguientes.

Dacquoise de café

Para 6 u 8 personas
Preparación: 40 min
Cocción: 35 min

• *480 g de masa de dacquoise*
con almendras (ver p. 94) • *400 g de crema*
de mantequilla con café (ver p. 109)
• *Ralladuras de almendras ligeramente tostadas*
• *Azúcar glas*

1. Prepare una masa de dacquoise con almendras.

2. Precaliente el horno a 170 °C. Dibuje dos círculos de 22 cm de diámetro en una hoja de papel sulfurizado puesto sobre una (o dos) bandejas. Vierta la masa en una manga pastelera con una boquilla del n° 9; forme los círculos de masa partiendo desde el centro y formando una espiral hacia el exterior. Cocer 35 min y dejar enfriar.

3. Prepare la crema de mantequilla con café. Métala en una manga con boquilla grande lisa y extienda una capa espesa sobre el primer disco. Ponga el segundo disco sobre el primero y apriete para que se fije bien. Espolvoree las almendras tostadas sobre la dacquoise y espolvoréela un poco con azúcar glas. Sírvala fría.

Delicia de chocolate

Para 4 o 6 personas
Preparación: 20 min
Cocción: 20 min

• *4 huevos* • *150 g de azúcar en polvo*
• *150 g de mantequilla*
• *200 g de chocolate negro amargo*
• *2 c de harina* • *100 g de almendras molidas*

1. Caliente previamente el horno a 220 °C. Casque los huevos separando las claras de las yemas. Bata vivamente estas últimas con el azúcar en un cuenco, hasta que la mezcla esté espumosa.

Brazo de gitano

La característica crema
chantilly convierte
al brazo de gitano
en un postre suave.

2. Deje que la mantequilla se ablande. Derrita el chocolate en trocitos en un cuenco puesto al baño María. Añádalo a la mezcla de yemas y azúcar. Agregue, removiendo, la harina, las almendras molidas y la mantequilla.

3. Bata las claras a punto de nieve e incorpórelas a la mezcla, sin trabajarla demasiado para que no se hundan.

4. Unte con mantequilla un molde corona para savarin y vierta la masa en él. Cocer durante 20 min en el horno. Compruebe este proceso con una aguja, cuya punta debe salir un poco húmeda.

5. Déjelo enfriar y desmóldelo. Sirva el pastel frío con una crema inglesa o con mermelada de albaricoque.

Ver fotografía en la página 191

𝓕𝓻𝓪𝓲𝓼𝓲𝓮𝓻

Para 8 o 10 personas
Preparación: 1 h 30 min
Reposo: 8 h
Cocción: 10 min

- *800 g de masa de genovesa (ver p. 96)*
- *1 kg de fresones*
- *500 g de crema de mantequilla (ver p. 109)*
- *100 g de crema pastelera (ver p. 112)*
- *180 g de azúcar en polvo*
- *2 claras de huevo • 5 c de kirsch*
- *3 c de licor de frambuesa*

Para decorar:
- *100 g de pasta de almendras*
- *6 fresones*
- *30 g de cobertura de albaricoque*

1. Prepare la masa de genovesa. Coloque dos rectángulos de 18 cm x 22 cm sobre una bandeja untada con mantequilla. Métala 10 min en el horno (230 °C). Prepare la crema de mantequilla y la crema pastelera.

2. Lave, limpie y seque cuidadosamente los fresones.

3. Hierva 150 g de azúcar en polvo con 12 cl de agua, añádale el licor de frambuesa y 3 c de kirsch.

4. Ponga en una bandeja cubierta con papel sulfurizado uno de los dos rectángulos de genovesa. Empápelo con un tercio del almíbar con la ayuda de un pincel.

5. Bata la crema de mantequilla para aligerarla e incorpórele, con una espátula de madera, la crema pastelera. Extienda un tercio de esta preparación sobre la masa empapada. Ponga los fresones encima, con la punta hacia arriba y muy apretados, hundiéndolos bien. Rocíelos con 2 c de kirsch y espolvoréelos con azúcar en polvo. Iguale las puntas con un cuchillo de sierra. Cubra con el resto de crema y alise la superficie y los lados con la espátula. Tape con el segundo

rectángulo de genovesa y mójelo con el resto del almíbar. Extienda sobre el pastel una capa fina de pasta de almendras.

6. Deje reposar el fraisier 8 h como mínimo en el frigorífico. Antes de servirlo, repase los bordes con un cuchillo mojado en agua caliente. Decore con fresones cortados en abanico y untados con el pincel de cobertura de albaricoque.

VARIANTE

Framboisier
Puede hacer un framboisier siguiendo la misma receta, pero sustituyendo los fresones por frambuesas.

Ver fotografía en la página 193

𝓜𝓮𝓰è𝓿𝓮

Para 6 u 8 personas
Preparación: 40 min
Reposo: 2 días
Cocción: 1 h 30 min

- *250 g de merengue francés (ver p. 98)*
- *300 g de glaseado de chocolate (ver p. 132)*
- *o 120 g de copos de chocolate negro*

Para la mousse:
- *260 g de chocolate muy amargo*
- *3 yemas de huevo • 5 claras de huevo*
- *185 g de mantequilla a temperatura ambiente*
- *45 g de salsa de chocolate (ver p. 153)*
- *15 g de azúcar en polvo*

1. Precaliente el horno a 110 °C.

2. Prepare el merengue francés.

3. Elabore la salsa de chocolate y viértala en una manga con una boquilla acanalada del n° 9. Coloque un aro de 22 cm de diámetro sobre una bandeja cubierta con papel sulfurizado. Enharine alrededor, retire el aro y ponga el merengue en el lugar marcado a fin de formar un disco. Repita la operación 2 veces para obtener 3 discos de merengue. Cuézalos durante 1 h 30 min.

4. Para preparar la mousse derrita el chocolate al baño María. Ponga la mantequilla en un cuenco y pásela por la batidora eléctrica, o a mano, para aligerarla e incorporarle el máximo de aire. Añádale el chocolate derretido tibio (40 °C) en tres veces, sin dejar de batir, para airear bien la preparación.

5. Mezcle en un bol las yemas de huevo y la salsa de chocolate. Monte, en un cuenco, las claras a punto de nieve con el azúcar: deben estar todavía espumosas y curvarse «en picos blandos» cuando se mete y se saca el dedo en ellas. Añada un cuarto de esa claras al bol

de las yemas y la salsa de chocolate. Mézclelo y añada el contenido del bol a las claras del cuenco, removiendo con cuidado mediante una espátula.

6. Extienda con una espátula 2/5 de esta mousse sobre el primer disco de merengue. Ponga encima el segundo y cúbralo también con 2/5 de mousse. Coloque, finalmente, el tercer disco y cubra los tres con la mousse restante. Luego meta el megève dos días en el frigorífico.

7. Antes de servirlo, cúbralo con cobertura de chocolate tibia o decórelo con copos de chocolate negro.

Moka

Para 6 u 8 personas
Preparación: 40 min
Refrigeración: 1 h, 2 h
Cocción: 35 min, 5 min

- *650 g de masa de bizcocho Gioconda (ver p. 92)*
- *60 g de avellanas molidas*
- *600 g de crema de mantequilla (ver p. 109)*
- *1 cc de esencia de café*

Para el almíbar:
- *130 g de azúcar* • *100 cl de agua*
- *80 g de ron*
- *150 g de avellanas peladas*
- *Granos de chocolate al café*

1. Prepare la masa de bizcocho Gioconda sustituyendo la mitad de las almendras molidas por las avellanas molidas.

2. Precaliente el horno a 180 °C. Unte con mantequilla un molde desmoldable de 20 cm de diámetro; vierta en él la masa y métalo 35 min en el horno. Desmolde el bizcocho sobre una bandeja, déjelo enfriar completamente, después cúbralo con un paño limpio y métalo 1 h en el frigorífico.

3. Prepare la crema de mantequilla perfumada con esencia de café. Elabore el almíbar hirviendo juntos azúcar y agua. Déjelo enfriar y añada el ron.

4. Machaque finas las avellanas y tuéstelas 5 min en el horno. Corte el bizcocho en tres discos. Divida la crema de mantequilla en cinco partes.

5. Con un pincel, empape el primer disco de almíbar de ron y luego, con una espátula, cúbralo con 1/5 de la crema y espolvoree con 1/4 de avellanas. Coloque encima el segundo disco y haga lo mismo. Luego repita la misma operación con el tercero. Recubra todo el pastel con crema y siémbrelo con las avellanas restantes.

6. Ponga el resto de la crema en una manga pastelera con boquilla acanalada y dibuje rosetas sobre el pastel. En el centro de cada una de ellas, incorpore un grano de chocolate al café. Ponga el moka 2 h en el frigorífico y sírvalo muy frío.

Montmorency

Para 4 o 6 personas
Preparación: 40 min
Cocción: 30 min

- *350 g de masa de genovesa con almendras (ver p. 95)*
- *400 g de cerezas en almíbar*
- *200 g de fondant (ver p. 128)*
- *1 copita de kirsch*
- *3 gotas de colorante rojo*
- *12 cerezas confitadas*
- *Trocitos de angélica*

1. Caliente previamente el horno a 200 °C. Lave, escurra y deshuese las cerezas. Prepare la masa de genovesa con almendras y añada las cerezas. Mézclelo todo bien.

2. Unte con mantequilla un molde o caja para genovesa de 20 cm de diámetro, vierta en él la masa. Cocer 30 min en el horno. Desmóldelo sobre una rejilla y déjelo enfriar.

3. En un cazo, entibie a fuego lento el fondant removiéndolo. Añada el kirsch junto con 2 o 3 gotas de colorante rojo y mezcle. Ayudándose de una espátula, cubra el pastel con esta preparación, alisándola bien, y decórelo con las cerezas confitadas y algunos trocitos de angélica.

VARIANTE
El montmorency también se puede cortar en dos discos empapados de kirsch, cubiertos de crema de mantequilla (*ver p. 109*) y con cerezas en aguardiente.

Montpensier

Para 4 o 6 personas
Preparación: 20 min
Cocción: 30 min

- *50 g de frutas confitadas*
- *50 g de pasas de İzmir (Esmirna)*
- *10 cl de ron* • *80 g de mantequilla*
- *7 yemas de huevo* • *3 claras de huevo*
- *125 g de azúcar*
- *100 g de almendras molidas*
- *125 g de harina*
- *50 g de ralladuras de almendras*
- *150 g de cobertura de albaricoque*

1. Remoje las frutas confitadas y las pasas en ron.

2. Precaliente el horno a 200 °C. Ablande la mantequilla. Mezcle las yemas de huevo con el azúcar en polvo y trabájelo con el batidor de varillas hasta que

Fraisier

*Este pastel debe reposar,
al menos, 8 h
en el frigorífico
antes de servirlo.*

blanqueen. Luego añada las almendras molidas, la mantequilla ablandada y, finalmente, la harina. Remuévalo bien hasta que la masa esté homogénea.

3. Monte las claras a punto de nieve firme con una pizca de sal e incorpórelas suavemente para que no se hundan, con una cuchara de madera.

4. Escurra las frutas confitadas y las pasas. Añádalas a la preparación.

5. Unte con mantequilla un molde para genovesa de 22 cm de diámetro y espolvoréelo con ralladuras de almendras. Vierta la masa en él y cueza 30 min en el horno. Desmolde sobre una rejilla y deje enfriar.

6. Extienda, con un pincel, la cobertura de albaricoque sobre la superficie del pastel. Sírvalo, preferiblemente, frío.

Orangine

Para 6 u 8 personas
Preparación: 30 min
Reposo: 1 h
Cocción: 45 min

- *650 g de masa de genovesa (ver p. 96)*
- *250 g de crema pastelera (ver p. 112)*
- *8 cl de curaçao*
- *300 g de crema chantilly (ver p. 105)*
- *200 g de fondant (ver p. 128)*
- *Trocitos de angélica*
- *La corteza de naranja confitada*

Para el almíbar:
- *60 g de azúcar de vainilla*
- *5 cl de agua*
- *5 cl de curaçao*

1. Prepare la crema pastelera y aromatícela con 5 cl de curaçao.

2. Elabore el almíbar: hierva el agua y el curaçao con el azúcar de vainilla.

3. Precaliente el horno a 200 °C.

4. Prepare la masa de genovesa. Unte con mantequilla un molde de 26 cm de diámetro, vierta la masa en él y cuézala 45 min.

5. Prepare la crema chantilly con el azúcar de vainilla y añádale con suavidad la crema pastelera aromatizada con curaçao. Guardar 1 h en el frigorífico.

6. Mezcle el fondant con 3 cl de curaçao. Corte el bizcocho en 3 discos iguales. Con un pincel empape el primero de almíbar aromatizado con curaçao y luego cúbralo de crema pastelera con la crema chantilly.

7. Ponga encima el segundo disco y repita la misma operación. Luego coloque el tercero y, con una espátula, extienda cuidadosamente el fondant con curaçao, alisándolo bien.

8. Decore el pastel con trozos de corteza de naranja confitada y de angélica. Sírvalo frío.

Paris-brest

Para 4 o 6 personas
Preparación: 40 min
Cocción: de 40 a 45 min, 10 min

- *300 g de masa para pasta choux (ver p. 85)*
- *50 g de azúcar cristalizado*
- *50 g de almendras picadas*
- *25 g de mantequilla blanda*
- *Azúcar glas*

Para la crema:
- *300 g de crema de mantequilla (ver p. 109)*
- *90 g de praliné de avellanas*
  o almendras en pasta
- *225 g de crema pastelera (ver p. 112)*

1. Prepare la crema de mantequilla y la pastelera. Guárdelas en un lugar fresco.

2. Prepare la masa para pasta choux y métala en una manga pastelera provista de una boquilla acanalada del n° 12.

3. Precaliente el horno a 180 °C.

4. Unte con mantequilla el interior de un aro de 22 cm de diámetro y póngalo sobre una bandeja cubierta con papel sulfurizado. Coloque una corona de masa en el interior del aro, luego una segunda contra la primera y una tercera a caballo entre las dos. Espolvoree con azúcar cristalizado y con almendras picadas o en ralladuras. Cocer así en el horno de 40 a 45 min, entreabriendo la puerta al cabo de los 15 primeros min de cocción para que la masa se seque bien.

5. Ponga en otra bandeja cubierta con papel sulfurizado una cuarta corona de un diámetro inferior a la del paso 4. Cuézala de 8 a 10 min.

6. Prepare la crema: coloque la crema de mantequilla en un cuenco y bátala para aligerarla. Añádale el praliné que prefiera, mezclando con la batidora, y luego la crema pastelera.

7. Cuando la corona grande se haya enfriado, córtela en dos horizontalmente mediante un cuchillo de sierra. Meta la crema en una manga con boquilla acanalada. Cubra la parte inferior con una capa de crema. Ponga encima la corona cocida aparte y, encima de ésta, un cordón de crema en forma de festón que desborde un poco la masa.

8. Espolvoree con azúcar glas la parte superior y colóquela sobre la crema. Guarde el Paris-brest en un lugar fresco, pero sáquelo 1 h antes de servirlo.

Sugerencia
Puede añadir a la crema 80 g de avellanas caramelizadas y trituradas. También puede sustituir la corona pequeña por un aro de pasta choux de 1,5 o 2 cm de diámetro, que realizará mediante una manga con boquilla del n° 8 y cocerá durante 20 min.

Paris-brest

*Este pastel,
que en la ilustración
aparece en forma
de porción individual,
se puede decorar
con avellanas
y con nougat
machacado.*

de azúcar, 1 pizca de sal, la levadura, la mantequilla y 2 yemas de huevo. Mézclelo todo bien y amáselo hasta que obtenga una pasta homogénea, añadiendo 10 cl de vino blanco para ablandarla.

4. Parta la bola de masa en dos. Unte con mantequilla un molde de tarta de 28 cm de diámetro. Extienda cada pedazo de masa con un grosor de 3 mm y forme dos discos. Ponga uno de los dos en el molde.

5. Precaliente el horno a 160 ºC.

6. Escurra los orejones de albaricoque y píquelos. Vierta el requesón en un cuenco grande y añada el azúcar de vainilla y el resto del azúcar en polvo, los orejones picados y 3 yemas de huevo. Mézclelo bien todo. Viértalo en el molde y alise bien la superficie con una espátula de madera. Con un pincel, humedezca con un poco de agua el borde del segundo disco, colóquelo sobre la mezcla de requesón y suelde bien los bordes.

7. Cocer 40 min en el horno. Desmolde cuando el pastel esté tibio y sírvalo frío.

Comentario del gourmet
Puede sustituir los orejones de albaricoques por frutas confitadas o uvas pasas.

Pastel ruso

Para 6 u 8 personas
Preparación: 1 h
Reposo: 10 min
Cocción: de 25 a 30 min

Para el bizcocho de almendras y avellanas:
- *45 g de almendras molidas*
- *40 g de avellanas molidas*
- *150 g de azúcar en polvo*
- *5 claras de huevo*
- *1 pizca de sal*

Para la crema muselina de pistacho:
- *400 g de crema de mantequilla (ver p. 109)*
- *80 g de pasta de pistachos*
- *200 g de crema pastelera (ver p. 112)*
- *Azúcar glas*
- *80 g de pistachos*

1. Prepare la crema de mantequilla y la pastelera. Guárdelas en un lugar fresco.

2. Mezcle las almendras y las avellanas molidas con 65 g de azúcar en polvo. Monte las claras de huevo a punto de nieve con la pizca de sal añadiendo, poco a poco, 85 g de azúcar en polvo. Añada la mezcla de almendras removiendo suavemente con una espátula de madera.

3. Precaliente el horno a 180 ºC.

4. Dibuje en una hoja de papel sulfurizado dos círculos de 22 cm de diámetro.

5. Ponga la masa en una manga con boquilla del nº 9. Colóquela sobre cada círculo, empezando por el centro, formando una espiral que se detenga a 2 cm del borde. Espolvoree cada uno de los discos de masa una primera vez muy levemente con azúcar glas; espere 10 min y espolvoree de nuevo.

6. Cocer en el horno de 25 a 30 min. Deje enfriar los bizcochos y luego despéguelos del papel sulfurizado con una espátula.

7. Machaque 60 g de pistachos y tuéstelos en el horno.

8. Prepare la crema de muselina con pistachos: bata vivamente la crema de mantequilla con la batidora eléctrica, o a mano, hasta que esté bien ligera. Sin dejar de batir, añada la pasta de pistachos y luego la crema pastelera bien lisa. Introduzca el resultado en una manga pastelera con boquilla del nº 9.

9. Ponga el primer disco de bizcocho sobre un plato. Coloque en todo su perímetro bolas apretadas de crema. Luego rellene el centro del bizcocho y espolvoree con pistachos tostados.

10. Ponga encima el segundo disco apretándolo suavemente para fijarlo. Una vez dispuesto así el pastel, se ven las bolas por los lados. Métalo 1 h en el frigorífico. Parta por la mitad los pistachos restantes. En el momento de servir, espolvoree con azúcar glas y los medios pistachos.

Ver fotografía en la página 203

Pastel de zanahorias

Para 4 o 6 personas
Preparación: 10 min
Cocción: 40 min

- *250 g de zanahorias*
- *2 huevos*
- *50 g de harina*
- *100 g de azúcar en polvo*
- *10 g de levadura en polvo*
- *125 g de avellanas molidas*
- *25 cl de aceite*
- *1 pizca de sal*

1. Lave las zanahorias, pélelas y rállelas. Precaliente el horno a 180 ºC.

2. Casque los huevos en un cuenco y bátalos con el azúcar.

3. Tamice juntas la harina, la levadura y las avellanas molidas. Añádales luego, poco a poco, los huevos batidos, removiendo sin cesar con una cuchara de madera. Agregue a continuación el aceite y las zanahorias ralladas. Mezcle bien hasta que obtenga una masa homogénea.

Pastel de mandarina

Preparado en porciones individuales, este pastel puede ir acompañado de un coulis de frambuesa y una quenelle *(o porción) de sorbete de mandarina.*

4. Unte con mantequilla un molde para tarta y vierta en él la preparación. Cocer 40 min en el horno.
5. Deje enfriar el pastel en el molde. Desmóldelo a continuación y córtelo en rebanadas.

Ver fotografía en la página 205

Progrès de café
Para 6 u 8 personas
Preparación: 45 min
Cocción: 45 min
Refrigeración: 1 h, 1 h

• *400 g de masa à progrès (ver p. 97)*
• *150 g de ralladuras de almendras*
• *600 g de crema de mantequilla (ver en p. 109)*
• *20 g de café soluble • Azúcar glas*

1. Prepare la masa *à progrès.*
2. Precaliente el horno a 130 °C.
3. Unte con mantequilla 2 bandejas de pastelería y ponga encima 3 platos de 23 cm de diámetro; espolvoree las bandejas con harina y quite los platos: así se obtienen 3 discos. Introduzca la masa *à progrès* en una manga pastelera con boquilla del n° 8 y cubra los 3 discos dibujados, trazando una espiral a partir del centro hacia los extremos.
4. Cocer unos 45 min en el horno. Deje enfriar los discos sobre una rejilla.
5. Dore las almendras en el horno todavía caliente. Disuelva el café soluble en 1 c de agua hirviendo.
6. Prepare la crema de mantequilla perfumándola con el café. Reserve la cuarta parte. Divida el resto en tres partes. Con una espátula, cubra el primer disco, añada el segundo encima y cúbralo. Haga lo mismo con el tercero y luego decore todo el pastel con el cuarto de crema restante.
7. Espolvoréelo con las ralladuras de almendras y póngalo 1 h en el frigorífico.
8. Recorte tiras de papel grueso, de 1 cm de ancho y 25 cm de largo. Póngalas sobre el pastel, separadas unos 2 cm, pero sin apretar. Espolvoree con azúcar glas, retire las tiras y vuelva a poner el progrès 1 h en el frigorífico.

Rêtès a la manzana
Para 6 u 8 personas
Preparación: 45 min
Reposo: 15 min, 30 min
Cocción: 20 min

Para la masa:
• *600 g de harina tamizada • 1 huevo*
• *1 c de vinagre • 50 g de mantequilla ablandada*

Para la decoración:
• *500 g de manzanas reina de reinetas*
• *50 g de mantequilla • 100 g de pan rallado*
• *100 g de pasas de İzmir (Esmirna)*
• *2 c de canela molida • 100 g de azúcar en polvo*
• *Azúcar glas*

1. Vierta la harina en un cuenco o sobre la superficie de trabajo y haga una cavidad. Casque un huevo en el medio, añada el vinagre y 30 cl de agua tibia; mézclelo todo con la punta de los dedos. Corte la mantequilla en trocitos e incorpórelos; luego amase durante 20 min hasta que obtenga una pasta muy fina. Cúbrala con un paño limpio y déjela reposar 15 min por lo menos en el frigorífico.
2. Extiéndala hasta que quede tan fina como una crêpe o un gofre. Tápela de nuevo y déjela reposar 30 min para que se seque un poco. Precaliente el horno a 200 °C.
3. Pele las manzanas, córtelas en cuatro, descorazónelas y haga rodajas finas.
4. Derrita la mantequilla en un cazo y repártala sobre la masa con un pincel. Espolvoréela con pan rallado, y coloque las manzanas en la parte superior. Añada, por encima, las pasas. Mezcle la canela con el azúcar y espolvoree toda la superficie.
5. Enrolle la masa como para hacer un tronco. Póngala en la bandeja del horno, cubierta con papel sulfurizado, y póngala 20 min en el horno. Espolvoree con azúcar glas y sírvala tibia.

VARIANTE
Puede rellenar las rêtès con una crema de adormidera. Mezcle 300 g de semillas de adormidera molidas con 20 cl de leche y 200 g de azúcar en polvo; cueza 10 min. Corte 1 manzana en rodajas finas, ralle la corteza de un limón y mézclelo todo.

Sachertorte
Para 6 u 8 personas
Preparación: 35 min
Cocción: 45 min
Refrigeración: 3 h

• *200 g de chocolate amargo • 8 yemas de huevo*
• *10 claras de huevo • 1 pizca de sal*
• *125 g de mantequilla*
• *140 g de azúcar en polvo levemente vainillado*
• *125 g de azúcar tamizado*
• *350 g de glaseado de chocolate (ver p. 132)*
• *8 c de cobertura de albaricoque*

1. Precaliente el horno a 180 °C y prepare dos moldes de 26 cm de diámetro con papel sulfurizado untado con mantequilla.

2. Corte el chocolate amargo en trocitos y fúndalos al baño María o en el microondas. Derrita la mantequilla. Con una cuchara de madera o un batidor de varillas, mezcle las yemas de huevo. Añádales la mantequilla y el chocolate derretidos.

3. Monte las claras a punto de nieve firme con la sal. Después agrégueles el azúcar, sin dejar de batir hasta que la espuma forme picos entre las varillas de la batidora. Incorpore primero un tercio de la mezcla de huevos, mantequilla y chocolate y, poco a poco, el resto. Añada la harina espolvoreándola y siga mezclando hasta que la masa sea homogénea.

4. Vierta la masa en los moldes. Métalos 45 min en el horno para que los pasteles estén bien hinchados y totalmente secos. Prepare a continuación el glaseado de chocolate.

5. Desmolde los pasteles sobre una rejilla y déjelos enfriar totalmente.

6. Con un pincel, cubra la superficie de uno de los pasteles con cobertura de albaricoque. Ponga el segundo encima. Con una espátula, reparta el glaseado por toda la superficie y los lados. Ponga la sachertorte sobre la bandeja y luego 3 h en el frigorífico, a fin de que el glaseado endurezca. Sáquela media hora antes de servir.

primer tercio de la cocción (8 o 9 min después de haber comenzado).

5. Mediante una boquilla del n° 5, haga agujeros cada 2 cm en la corona y superponga los choux pequeños. Cuando todo se haya enfriado, meta la crema para milhojas en una manga con una boquilla redonda del n° 7 y, hundiendo bien la boquilla en los agujeros y apretando fuerte para hacer entrar la crema, rellene la base y los choux.

6. Ponga en un cazo el azúcar, la glucosa y el agua. Cueza hasta 155 °C y sumerja el fondo del cazo en agua fría para detener la cocción del caramelo. Moje, uno por uno, la mitad de los choux y colóquelos, por el lado caramelizado, sobre una bandeja con revestimiento antiadherente. A continuación moje de nuevo los choux por el lado opuesto, girándolos de tal manera que el caramelo cubra también los lados. Póngalos de inmediato, uno junto a otro, sobre la corona de masa para pasta choux, bien apretados. Deje enfriar.

7. Por último, montar la crema chantilly. Métala en una manga pastelera con boquilla acanalada y rellene el centro del pastel. Es aconsejable servir el saint-honoré lo más rápidamente posible después de su confección.

Saint-Honoré
Para 6 u 8 personas
Preparación: 30 min, 50 min
Reposo: 10 h
Cocción: 25 min, 18 min

- *120 g de masa de hojaldre (ver p. 80)*
- *250 g de masa para pasta choux (ver p. 85)*
- *250 g de crema para milhojas (ver p. 110)*
- *250 g de azúcar en polvo*
- *60 g de glucosa*
- *8 cl de agua*
- *200 g de crema chantilly (ver p. 105)*

1. Prepare la masa de hojaldre y déjela reposar 10 h.
2. Prepare la masa para pasta choux y la crema para milhojas.
3. Extienda la masa de hojaldre muy fría, de manera que obtenga un grosor de 2 mm. Recorte un disco de 22 cm. Póngalo sobre una bandeja cubierta con papel sulfurizado húmedo. Introduzca la masa para pasta choux en una manga con boquilla lisa del n° 9 o 10 y colóquela en forma de corona a 1 cm del borde; luego dibuje una espiral en el interior. Espolvoree con azúcar la masa de hojaldre.
4. Precaliente el horno a 200 °C. Coloque, sobre otra bandeja cubierta con papel sulfurizado, con la masa restante, 24 choux de 2 cm de diámetro. Meta las dos bandejas en el horno. Cueza 25 min la base de hojaldre y 18 min los choux, abriendo la puerta al final del

Savarin de crema pastelera
Para 4 o 6 personas
Preparación: 15 min
Reposo: 30 min
Cocción: de 20 a 25 min

- *400 g de masa para savarin (ver p. 86)*
- *700 g de crema pastelera (ver p. 112)*

Para el almíbar:
- *250 g de azúcar*
- *50 cl de agua*
- *1 vaina de vainilla*

1. Prepare la masa para savarin. Unte con mantequilla un molde corona para savarin de 20 a 22 cm de diámetro. Vierta en él la masa y déjela reposar 30 min en un lugar tibio. Precaliente el horno a 200 °C.
2. Cocer de 20 a 25 min en el horno. Desmolde a continuación sobre una rejilla y deje que el savarin se enfríe.
3. Prepare la crema pastelera. Guárdela en el frigorífico.
4. Abra y raspe la vaina de vainilla. En un cazo, derrita el azúcar en el agua, añada la vainilla y caliente hasta obtener un almíbar. Cuando esté tibio, empape con él el savarin con una cuchara.
5. Decore el centro del pastel con crema pastelera y sírvalo muy frío.

Pastel de zanahorias

Un té earl grey supone un buen acompañamiento de este postre.

Hojaldre de frambuesas al anís

Este hojaldre se compone de dos capas de crema perfumada con anís y frambuesas frescas, puestas entre tres capas de masa de hojaldre invertida caramelizada. Gracias a la caramelización, la crema no se ablanda y el hojaldre se mantiene crujiente.

Ver receta en la página 409

Selva Negra

Para 6 u 8 personas
Preparación: 40 min
Refrigeración: de 2 a 3 h
Cocción: de 35 a 40 min

- *700 g de masa de bizcocho con almendras y chocolate sin harina (ver p. 89)*
- *200 g de azúcar en polvo • 10 cl de kirsch*
- *800 g de crema chantilly (ver p. 105)*
- *2 sobres de azúcar de vainilla*
- *60 cerezas en aguardiente*
- *250 g de chocolate amargo rallado en copos gruesos*

1. Prepare la masa de bizcocho con almendras y chocolate sin harina. Precaliente el horno a 180 °C. Unte con mantequilla un molde de 22 cm de diámetro y enharínelo. Luego vuélquelo para eliminar la harina sobrante. Meta en él la masa y cuézala de 35 a 40 min. Compruebe la cocción con la punta de un cuchillo. Desmolde y deje enfriar. A continuación corte, con un cuchillo de sierra, el bizcocho en 3 discos iguales.
2. Prepare el almíbar con el azúcar en polvo, 35 cl de agua y el kirsch.
3. Prepare la crema chantilly, añadiéndole el azúcar de vainilla.
4. Empape el primer disco de bizcocho de almíbar con kirsch, después recúbralo con crema chantilly y hunda en ésta de 25 a 30 cerezas en aguardiente. Haga lo mismo con el segundo disco, y póngalo sobre el primero. Empape de almíbar el tercero y colóquelo encima. Cubra el pastel con crema chantilly. Decórelo con copos de chocolate y guárdelo 2 o 3 h en el frigorífico.

Semifreddo

Para 4 o 6 personas
Preparación: 45 min
Cocción: 40 min
Congelación: 30 min

- *400 g de masa para pan di Spagna (ver p. 296)*
- *1 punta de cuchillo de azafrán molido*
- *4 manzanas (preferiblemente boskoop)*
- *65 g de azúcar en polvo • 1 limón fresco, natural*
- *12 cl de vino blanco • 3 c de agua*
- *20 cl de crema de leche • 4 yemas de huevo*
- *100 g de azúcar en polvo*
- *150 g de amaretti o de macarrones almendrados*

1. Caliente previamente el horno a 200 °C. Prepare la masa para pan *di Spagna* añadiéndole el azafrán molido. Vierta en un molde de 22 cm de diámetro y cueza 40 min.

2. Pele las manzanas, quíteles las pepitas y córtelas en rodajas. Cuézalas 10 min a fuego lento en una cacerola con 65 g de azúcar, la corteza de limón, el vino blanco y el agua. La fruta tiene que estar bien cocida y haber absorbido el líquido.
3. Monte la crema de leche con una batidora. En un cazo, mezcle las yemas de huevo y los 100 g de azúcar hasta que blanqueen, y póngalas al baño María. Bátalas algunos instantes más y luego, fuera del fuego, vuélvalas a batir hasta que se hayan enfriado. Añádale entonces con cuidado la nata montada.
4. Chafe las manzanas con un tenedor hasta convertirlas en puré. Desmenuce los amaretti. Mezcle el conjunto con la nata. Corte la genovesa del paso 1 en 3 discos. Corte un papel sulfurizado del mismo tamaño. Ponga encima el primer disco y recúbralo, con una espátula, con una capa de relleno. Ponga encima el segundo disco y haga lo mismo; luego, el tercero.
5. Coloque el semifreddo 30 min en el congelador. A continuación guárdelo en el frigorífico hasta el momento de servirlo.

Singapur

Para 6 u 8 personas
Preparación: 1 h
Cocción: 1 h 30 min, 40 min

- *725 g de azúcar*
- *1 lata de rodajas de piña en almíbar*
- *500 g de masa de genovesa (ver p. 96)*
- *200 g de mermelada de albaricoque*
- *150 g de almendras*
- *300 g de azúcar*
- *15 cl de agua*
- *5 cl de kirsch*
- *Cerezas gordales y angélica confitadas*

1. Hierva 75 cl de agua y 600 g de azúcar. Ponga las rodajas de piña a confitar en este almíbar durante 1 h 30 min a fuego muy lento. Déjelo entibiar y escúrralo.
2. Precalentar el horno a 200 °C. Prepare la masa de genovesa. Póngala en un molde de 22 cm. Cuézala 40 min. Desmóldela y déjela enfriar.
3. Dore las almendras en el horno.
4. Hierva el agua y el azúcar. Deje entibiar y añada el kirsch.
5. Corte las rodajas de piña en dados. Reserve 12. Corte la genovesa en 2 discos. Empápelos de almíbar. Ponga cobertura de mermelada de albaricoque sobre la primera y reparta los dados de piña. Recubra con el segundo disco y extienda la cobertura de albaricoque por toda la superficie. Espolvoréela por alrededor con almendras tostadas y decore la parte superior con los dados de piña restantes, las cerezas y los trozos de angélica confitada. Sirva el singapur muy frío.

Tiramisú

Para 6 u 8 personas
Preparación: 30 min
Refrigeración: 2 h

• 160 g de azúcar en polvo • 50 cl de agua
• 8 huevos • 1 kg de mascarpone
• 250 g de bizcochos de cuchara
• 20 cl de café muy fuerte
• 8 cl de marsala • Cacao sin azúcar

1. Elabore los bizcochos de cuchara, si no los utiliza ya preparados.
2. Haga el café y déjelo enfriar.
3. Casque los huevos y separe las claras de las yemas.
4. Prepare la crema de mascarpone: mezcle el azúcar y el agua y cueza a 120 °C. Vierta el almíbar sobre las claras batiendo sin parar, hasta que se haya enfriado completamente. En un cuenco, mezcle con una cuchara de madera el mascarpone y las yemas, y luego añada las claras montadas y enfriadas.
5. Ponga en una bandeja rectangular para gratinar de 19 cm x 24 cm (u ovalada del tamaño equivalente) la mitad de los bizcochos después de haberlos mojado rápidamente, uno por uno, en el café. Rocíe con el marsala.
6. Con una cuchara, recúbralos con la crema de mascarpone hasta la mitad de la altura del molde. Ponga encima la otra mitad de bizcochos después de mojarlos en el café y ponga luego otra capa de mascarpone.
7. Meta la bandeja durante 2 h por lo menos en el frigorífico.
8. Espolvoree el tiramisú con cacao antes de servirlo.

Comentario del gourmet
Lo ideal es preparar este pastel la víspera. También puede sustituir el marsala por el amaretto, tal como se hace en algunas regiones italianas.

Ver fotografía en la página 210

Tronco de Navidad con castañas

Para 8 o 10 personas
Preparación: 1 h
Refrigeración: 6 h como mínimo
Cocción: 10 min

• 400 g de masa de bizcochos de cuchara (ver p. 93)

Para el almíbar:
• 7 cl de agua • 75 g de azúcar en polvo
• 75 cl de ron dorado agrícola añejo

Para la crema ligera de castañas:
• 2 cl de crema de leche hervida
• 40 g de mantequilla
• 140 g de pasta de castañas
• 120 g de puré de castañas
• 2 g de gelatina (1 hoja)
• 30 cl de ron dorado agrícola añejo
• 200 g de nata montada
• 5 o 6 marrons glacés
• 120 g de grosella negras en granos en almíbar, en conserva o en tarro

Para la crema de mantequilla con castañas:
• 300 g de crema de mantequilla (ver p. 109)
• 80 g de pasta de castañas

1. Escurra las grosellas negras en un colador durante 2 h. Prepare la crema de mantequilla y guárdela en un lugar fresco.
2. Precaliente el horno a 230 °C. Prepare la masa de los bizcochos. Extiéndala en una bandeja de 40 cm x 30 cm cubierta con papel sulfurizado. Cuézala 10 min.
3. Para preparar el almíbar, hierva el agua y el azúcar en una cacerola, y remueva con una cuchara de madera. Deje enfriar el almíbar y añada el ron añejo cuando el líquido esté totalmente frío.
4. Prepare la crema ligera de castañas hirviendo la crema de leche. Remoje la gelatina en agua fría y escúrrala. Monte la nata. Pase por una batidora, eléctrica o de varillas, la pasta y el puré de castañas hasta que quede suave. Mezcle la gelatina con la crema de leche caliente y vierta sin dejar de batir. Añada el ron y luego la nata montada, mezclándolo con suavidad.
5. Desmenuce los marrons glacés. Con un pincel, empape levemente el bizcocho con el almíbar.
6. Con una espátula, extienda la crema ligera de castañas por toda la superficie del bizcocho. Espolvoree con granos de grosella negra y migas de marrons glacés. Enrolle el tronco en el sentido de la anchura. Envuélvalo en una película de cocina, bien apretada, para que conserve la forma. Métalo 6 h en el frigorífico.
7. En un cuenco y al baño María, trabaje la crema de mantequilla con una espátula, para darle una consistencia cremosa. Cuando esté homogénea y lisa, añádale la pasta de castañas y trabájela un poco más con el batidor de varilla, hasta que tenga una textura lisa.
8. Desenrolle la película de cocina y ponga el tronco en una fuente rectangular. Corte al bies los dos extremos y póngalos sobre el tronco para decorarlo. Cúbralo todo con una capa de crema de mantequilla con castañas y alise bien con una espátula. Trace rayas con un tenedor para imitar la corteza de un tronco. Vuelva a meterlo en el frigorífico para endurecer la crema de mantequilla. En el momento de servir, cambie de fuente, póngalo sobre una blonda y decórela con piñas de abeto y hojas de acebo doradas.

Tiramisú

El tiramisú,
antes de servirlo
debe espolvorear
con cacao en
la bandeja.

Vatrouchka

Para 6 u 8 personas
Preparación: 40 min
Reposo: 1 h
Cocción: 15 min, 50 min

- *200 g de frutas confitadas*
- *5 cl de coñac (ron o armañac)*

Para la masa:
- *1/2 limón fresco, natural*
- *1/2 naranja fresca, natural*
- *125 g de mantequilla*
- *3 yemas de huevo*
- *200 g de azúcar en polvo*
- *1 pizca de sal*
- *1 sobre de azúcar de vainilla*
- *40 g de crema de leche*
- *350 g de harina*

Para el relleno:
- *100 g de mantequilla*
- *200 g de azúcar*
- *2 yemas de huevo*
- *500 g de requesón*
- *200 g de crema de leche*
- *30 g de fécula*
- *1 clara de huevo*
- *1 huevo • Azúcar glas*

1. Corte en daditos las frutas confitadas y macérelos en coñac. Ponga el requesón a escurrir en un colador.

2. Prepare entonces la masa ablandando la mantequilla. Ralle las cortezas de naranja y limón. Ponga en un cuenco las yemas y el azúcar, y bata hasta que la mezcla blanquee. Añada la mantequilla, la pizca de sal y el azúcar, luego las cortezas y la crema de leche, mezclándolo todo bien cada vez. Vierta a continuación la harina de una vez y siga mezclando sin amasar demasiado. Ponga la masa, hecha una bola envuelta en película de cocina, en el frigorífico y déjela reposar.

3. Precaliente el horno a 200 °C.

4. Extienda la masa, recorte un disco de 3 mm de grosor y 28 cm de diámetro. Póngalo sobre un papel sulfurizado del mismo tamaño y luego sobre una bandeja. Pínchelo con un tenedor y cuézalo 15 min en el horno. Haga una bola con los recortes de masa.

5. Prepare la decoración: trabaje la mantequilla con un tenedor hasta que tenga consistencia de pomada. Añada el azúcar, luego las yemas de huevo (una a una y mezclando bien), el requesón escurrido (en pequeñas cantidades) y la crema de leche. Agregue también la fécula y las frutas confitadas escurridas. Trabaje esta masa hasta que esté homogénea. Monte las claras a punto de nieve bien firme e incorpórelas.

6. Vierta esta preparación sobre el fondo de tarta enfriado y alise con una espátula. Extienda el resto de la masa para conseguir un rectángulo de 3 mm de grosor y córtela en tiras estrechas. Colóquelas en cruz por encima del pastel y suelde bien los extremos al borde.

7. Bata el huevo y, con un pincel, dore el relleno y las tiras de masa. Métalo 50 min en el horno a 200 °C.

8. Al sacarlo, espolvoréelo con azúcar glas y déjelo enfriar.

Restaurante Dominique, París

Pasteles individuales y tartaletas

Los postres individuales emplean una gran variedad de masas: masa hojaldrada para los hojaldres y las conversaciones, masa quebrada o masa dulce para las barquitas, pasta choux para las religiosas y los profiteroles, etc.
Las tartaletas y las barquitas son más fáciles de hacer.

Almendrados duquesa

Para 8 tartaletas
Preparación: 40 min
Reposo: 2 h
Cocción: 20 min

- 300 g de masa dulce (ver p. 74)
- 400 g de frangipane (ver p. 113)
- 10 cl de kirsch
- 300 g de grosellas en almíbar
- 100 g de jalea de grosellas

1. Prepare la masa dulce y déjela reposar 2 h en un lugar fresco.
2. Prepare la frangipane añadiéndole el kirsch.
3. Precaliente el horno a 200 °C.
4. Extienda la masa hasta obtener un grosor de 3 mm. Recorte, con un descorazonador o con un molde para tartaletas, 8 discos. Ponga los discos en los moldecitos untados con mantequilla. Pinche el fondo con un tenedor.
5. Escurra las grosellas en almíbar. Reserve algunas unidades para decorar. Reparta las otras por los moldes. Luego, con una cuchara, cúbralas con la frangipane que ha elaborado.
6. Ponga los almendrados 20 min en el horno. Déjelos enfriar completamente antes de desmoldarlos con cuidado.
7. Entibie la jalea de grosellas en un cazo pequeño. Unte con ella, ayudándose de un pincel, cada uno de los almendrados.
8. Decore la parte superior con algunas grosellas en almíbar y consérvelos al fresco hasta el momento de servirlos.

Comentario del gourmet
Con la misma receta puede hacer almendrados con cerezas, sustituyendo las grosellas por 300 g de cerezas confitadas.

Baba al ron

Para 8 bizcochos
Preparación: 20 min
Reposo: 30 min
Cocción: 15 min

Para la masa:
- *100 g de mantequilla*
- *La corteza de 1/2 limón*
- *250 g de harina*
- *25 g de miel de acacia*
- *25 g de levadura de panadería*
- *8 g de sal fina*
- *1 cc de vainilla en polvo*
- *8 huevos*

Para los moldes:
- *25 g de mantequilla*

Para el almíbar:
- *1 l de agua*
- *500 g de azúcar en polvo*
- *La corteza de 1/2 limón*
- *La corteza de 1/2 naranja*
- *1 vaina de vainilla*
- *50 g de puré de piña*
- *10 cl de ron pardo agrícola*

Para la cobertura:
- *100 g de cobertura de albaricoque*
- *10 a 20 cl de ron pardo agrícola*

Para elaborar esta receta, lo ideal es dejar transcurrir 48 h entre las dos etapas de preparación.

1. Corte la mantequilla a trocitos y déjelos a temperatura ambiente. Ralle la corteza de limón.
2. Ponga en el cuenco de un robot amasador equipado de batidor de varillas la harina, la miel, la levadura desmigajada, la sal fina, la vainilla, la corteza de limón y 3 huevos. Haga girar el aparato a velocidad media, hasta que la masa se separe de la pared del cuenco. Añada entonces 3 huevos y trabájelos del mismo modo. Cuando la masa se separe otra vez de la pared del cuenco, agregue los 2 huevos restantes y trabájelo 10 min más. Sin dejar de hacer girar el aparato, incorpore entonces la mantequilla cortada en daditos. Cuando la masa sea homogénea —es muy líquida—, viértala en un cuenco y déjela crecer 30 min a temperatura ambiente.
3. Unte con mantequilla los 8 moldes individuales para baba. Meta la masa en una manga pastelera y llene los moldes hasta la mitad. Deje crecer nuevamente la masa, hasta que alcance el borde del molde.
4. Precaliente el horno a 200 °C. Cueza los babas 15 min. Tienen que enfriarse; luego desmóldelos sobre una rejilla. Déjelos reposar uno o dos días, ya que se empaparán mejor del almíbar.

5. Para preparar el almíbar, ralle las cortezas de limón y naranja, y corte y raspe la vaina de vainilla. Hierva juntos el agua, el azúcar, las cortezas, la vainilla y el puré de piña. Después de que haya hervido, añada el ron y apague el fuego. Déjelo entibiar hasta 60 °C.
6. Remoje uno a uno los babas en el almíbar. Para asegurarse de que estén bien borrachos, hunda la hoja de un cuchillo, que no debe encontrar resistencia alguna.
7. Hierva en un cazo la cobertura de albaricoque. Rocíe los babas de ron y luego, con un pincel, úntelos de cobertura de albaricoque hirviendo. Decore los babas de crema chantilly natural o aromatizada con canela o con chocolate (*ver página 104*) que coronará, según la estación, de frutas rojas enteras o de dados de frutas exóticas.

Sugerencia
La elaboración de esta receta es mucho más fácil de hacer con un robot de cocina, pero también se puede usar una batidora manual.

Ver fotografía en la página 214

Barquitas de castañas

Para 10 barquitas
Preparación: 1 h
Reposo: 2 h, 1 h
Cocción: 15 min

- *300 g de masa dulce (ver p. 74)*
- *400 g de crema de castañas (ver p. 104)*
- *100 g de glaseado de café (ver p. 130)*
- *100 g de glaseado de chocolate (ver p. 132)*
- *25 g de mantequilla*

1. Prepare la masa dulce y déjela reposar 2 h en un lugar fresco.
2. Extienda la masa hasta un grosor de 3 o 4 mm. Luego, con uno de los moldes o un molde para recortar acanalado, corte 10 trozos de masa ovalados.
3. Unte con mantequilla los moldes de barquita y coloque en ellos los trozos de masa. Pinche el fondo con un tenedor y déjelos reposar 1 h.
4. Precaliente el horno a 180 °C e introdúzcalos en él 15 min.
5. Prepare la crema de castañas.
6. Desmolde cuando estén fríos y, con una cuchara, rellénelos generosamente de crema de castañas, de modo que forme una especie de cúpula. Alise con una espátula.
7. Cubra con el glaseado de café uno de los lados de cada barquita, y el otro, con glaseado de chocolate. Meta la crema de castañas en una manga pastelera y trace una línea con ella por encima. Sírvalas frías.

Baba al ron

Este baba se ha servido con una crema inglesa a la vainilla y unas cuantas frambuesas.

Barquitas de frambuesas

Para 10 barquitas
Preparación: 10 min, 30 min
Reposo: 2 h, 1 h
Cocción: 15 min

• *300 g de masa quebrada (ver p. 75)*
• *150 g de crema pastelera (ver p. 112)*
• *200 g de frambuesas*
• *5 c de jalea de grosellas (o de frambuesa)*
• *25 g de mantequilla para los moldes*

1. Prepare la masa quebrada y déjela reposar 2 h al fresco.
2. Elabore la crema pastelera y póngala a continuación en el frigorífico.
3. Extienda la masa con un grosor de 3 mm. Corte con un molde o con un molde para recortar 10 pedazos. Colóquelos en los moldecitos untados con mantequilla. Pinche el fondo con un tenedor. Déjelo reposar durante 1 h.
4. Precaliente el horno a 180 °C y cueza los moldes con la masa durante 15 min.
5. Desmolde las barquitas y déjelas enfriar. Ponga con una cuchara en el fondo de cada uno de ellas un poco de crema pastelera. Limpie las frambuesas y repártalas por encima.
6. Entibie en un cazo la jalea de grosellas (o de frambuesa) y, con un pincel, cubra delicadamente las frambuesas.

Bocaditos de albaricoque

Para 20 bocaditos
Preparación: 30 min
Cocción: 20 min

Para la masa:
• *200 g de mantequilla derretida*
• *1 copita de ron*
• *250 g de azúcar*
• *8 huevos*
• *200 g de harina*
• *1/2 sobre de levadura en polvo*

Para la decoración:
• *10 c de mermelada de albaricoque*
• *5 cl de ron*
• *Ralladuras de almendras*
• *20 cerezas confitadas*

1. Caliente previamente el horno a 180 °C. Funda la mantequilla y añádale el ron. Ponga en un cuenco el azúcar en polvo y los huevos, y bátalos hasta

ver que la mezcla blanquee. Incorpore entonces la harina tamizada y la mantequilla derretida y perfumada con ron.
2. Llene con esta masa moldes pequeños redondos u ovalados untados con mantequilla, pero sólo tres cuartos. Métalos 20 min en el horno. Desmolde los bocaditos sobre una rejilla y déjelos enfriar. Dore en el horno las ralladuras de almendras.
3. Mezcle 5 c de mermelada de albaricoque con la mitad del ron. Corte cada bocadito en dos en sentido horizontal. Decore una mitad con la mezcla de mermelada y ron y ponga la otra parte encima.
4. Reduzca el resto de la mermelada de albaricoque, añádale el resto del ron y cubra con ello la parte superior y el contorno de los bocaditos. Decore con las almendras y ponga encima una cereza confitada.

Brioches polacos

Para 6 brioches
Preparación: 20 min, 30 min
Reposo: 4 h
Cocción: 35 min, 10 min

• *300 g de masa para brioches (ver p. 77)*
• *200 g de crema pastelera (ver p. 112)*
• *150 g de frutas confitadas*
• *5 cl de kirsch*
• *200 g de merengue (ver p. 98)*
• *50 g de ralladuras de almendras*

Para el almíbar:
• *150 g de azúcar*
• *250 g de agua*
• *30 cl de kirsch*

1. Prepare la masa para brioches y déjela reposar 4 h en un lugar fresco.
2. Forme bolitas de 50 g y póngalas en los moldes para brioche untados con mantequilla. Déjelas crecer.
3. Precaliente el horno a 200 °C. Cueza los brioches 10 min a 200 °C, luego baje a 180 °C y prosiga la cocción durante 25 min.
4. Prepare el almíbar: hierva el agua y el azúcar. Déjelo enfriar y añada 30 cl de kirsch. Prepare la crema pastelera e incorpórele las frutas confitadas cortadas en daditos y 5 cl de kirsch.
5. Desmolde los brioches. Córteles el «sombrero» a cada uno y a continuación el cuerpo en 3 rebanadas horizontales. Con un pincel, pinte cada rebanada con almíbar de kirsch y cúbrala de crema pastelera; reconstruya el brioche.
6. Prepare el merengue. Ponga los brioches en una bandeja resistente al fuego. Cúbralos con merengue, espolvoréelos con ralladuras de almendras y póngalos 10 min en el horno a 200 °C. Sírvalos fríos.

215

Canutillos de crema

Para 12 canutillos
Preparación: 3 h
Reposo: 2 h
Cocción: 20 min

- *1 litro y cuarto de leche*
- *1/4 l de aceite*
- *250 g de harina*
- *1 trozo de corteza de limón*
- *Aceite para freír*
- *Crema pastelera (ver p. 112)*

1. Ponga en un cazo el 1/4 l de aceite y la corteza de limón. Deje que se caliente hasta que la piel se dore. Deje enfriar.
2. Retire la corteza del aceite, y mezcle con la leche y la harina. Forme una masa lisa y homogénea. Tápela con un paño y déjela reposar en la nevera durante 2 h.
3. Estire la masa con el rodillo hasta conseguir un grosor de 2 a 3 mm. Córtela en rectángulos de 12 cm x 6 cm.
4. Envuelva los rectángulos en los moldes metálicos, especiales para canutillos, y pegue el borde con un poco de agua para que no se abran durante la cocción.
5. Fríalos por tandas en abundante aceite caliente y déjelos escurrir sobre papel absorbente. Quite los canutillos de los moldes.
6. Ponga crema pastelera en una manga con boquilla lisa y rellénelos. Sírvalos enseguida.

Conversaciones

Para 8 conversaciones
Preparación: 30 min, 30 min
Reposo: 10 h, 15 min
Cocción: 30 min

- *400 g de masa de hojaldre (ver p. 80)*
- *200 g de frangipane (ver p. 113)*
- *2 claras de huevo*
- *250 g de azúcar glas*

1. Prepare la masa de hojaldre y déjela reposar 10 h al fresco.
2. Prepare la frangipane.
3. Parta la masa de hojaldre en dos. Extienda la mitad con el rodillo, hasta obtener un grosor de 3 mm. Corte 8 círculos con un recortador. Haga lo mismo con el segundo trozo de masa.
4. Unte con mantequilla los 8 moldes para tartaletas y ponga en ellos los primeros discos de masa.
5. Cúbralos de frangipane hasta 5 mm antes de llegar al borde y alíselos con el dorso de una cucharilla.

Con un pincel, humedezca los bordes de los otros 8 círculos de masa de hojaldre y fíjelos por encima de la crema, soldándolos bien.
6. Prepare la cobertura. Monte las claras de huevo a punto de nieve blanda, incorporando poco a poco el azúcar glas. Con una espátula, extienda esta mezcla sobre la superficie de las conversaciones.
7. Precaliente el horno a 180 °C-190 °C.
8. Haga una bola con los recortes de masa, extiéndala (2 mm de grosor) y recorte 15 tiritas de 6 a 8 mm de ancho. Colóquelas en forma de rombos, entrelazándolas, sobre la cobertura. Deje reposar 15 min.
9. Cuézalos 30 min en el horno. Sírvalos fríos.

Historia golosa
Se cuenta que esta receta se creó a finales del siglo XVII y que debe su nombre al título de una obra de moda entonces, *Conversaciones de Emilia* (1774), de la señora de La Live d'Épinay.

Delicias de fresas

Para 6 tartaletas
Preparación: 30 min
Reposo: 1 h
Cocción: 15 min

- *250 g de masa sablée (ver p. 76)*
- *300 g de fresas • 60 g de azúcar en polvo*
- *130 g de mantequilla*
- *6 hojas de menta fresca*

1. Prepare la masa *sablée* y déjela reposar 1 h en el frigorífico.
2. Lave las fresas sin remojarlas demasiado y quíteles el rabillo. Ponga la mitad en un cuenco con el azúcar y déjelas macerar 1 h. Coloque las otras a escurrir sobre un papel absorbente.
3. Precaliente el horno a 190 °C.
4. Extienda la masa *sablée* para conseguir un grosor de 3 mm y recorte, con un recortador, 6 discos.
5. Colóquelos en los moldes para tartaleta untados con mantequilla. Pinche el fondo de cada uno con un tenedor. Corte 6 trozos de papel sulfurizado, colóquelos sobre las bases con algunas alubias, para evitar que la masa se hinche durante la cocción.
6. Cuézalos 10 min al horno.
7. Ponga la mantequilla en un cuenco y trabájela con una batidora o con un tenedor para ablandarla.
8. Escurra las fresas maceradas, páselas por un tamiz y añádalas a la mantequilla. Mezcle esta crema hasta que esté bien homogénea.
9. Cuando las tartaletas estén frías, desmóldelas delicadamente y, con una cuchara, reparta la crema de fresa por ellas. Ponga las fresas frescas encima y decore con unas hojas de menta.

VARIANTE

Se puede preparar de la misma manera profiteroles de chocolate, con una crema pastelera de chocolate (*ver p. 112*) y fondant perfumado al chocolate con 20 g de cacao en polvo; o también profiteroles con crema chiboust aromatizada con café (*ver p. 106*) que cubrirá con fondant de café.

Profiteroles o petits choux con crema chantilly

Para 10 unidades
Preparación: 30 min
Cocción: 20 min

- *300 g de masa para pasta choux (ver p. 85)*
- *500 g de crema chantilly (ver p. 105)* • *Azúcar glas*

1. Prepare la masa para pasta choux.
2. Precaliente el horno a 180 ºC.
3. Meta la masa en una manga con una boquilla lisa de 15 mm de diámetro. Ponga sobre la bandeja cubierta con papel sulfurizado 10 choux ovales de 8 cm de largo x 5 cm de ancho, que formarán los cuerpos de los cisnes.
4. Quite la boquilla y sustitúyala por otra de 4 o 5 mm de diámetro. Haga con la masa 10 líneas en forma de «S» de 5 o 6 cm de largo, para conseguir los cuellos de los cisnes.
5. Cueza los choux de 18 a 20 min en el horno, y las «S» de 10 a 12 min.
6. Prepare la crema chantilly (500 g) y guárdela en el frigorífico.
7. Deje enfriar los choux en el horno apagado, con la puerta abierta.
8. Córteles, con un cuchillo pequeño de sierra, la parte superior. Luego vuelva a cortar estos trozos en dos a lo largo, que serán las alas de los cisnes.
9. Meta la crema chantilly en una manga con una boquilla grande acanalada y decore con ella cada choux formando una cúpula. Hunda una «S» en uno de los extremos y meta las alas en la nata. Espolvoree generosamente con azúcar glas.

Relámpagos de café

Para 12 relámpagos
Preparación: 45 min
Cocción: 20 min

- *800 g de crema pastelera con café (ver p. 112)*
- *375 g de masa para pasta choux (ver p. 85)*

Para el glaseado:

- *60 g de azúcar en polvo* • *4 c de agua*
- *250 g de fondant (ver p. 128)*
- *2 c de extracto natural de café*

1. Prepare la crema pastelera con café y guárdela al fresco.
2. Prepare la masa para pasta choux.
3. Precaliente el horno a 190 ºC.
4. Meta la masa en una manga con una boquilla acanalada grande del nº 13 o 14. Ponga sobre una bandeja cubierta con papel sulfurizado 12 bastoncillos de 12 cm de largo (deben pesar unos 30 g cada uno). Cuézalos 20 min, entreabriendo un poco la puerta del horno al cabo de los 7 primeros min. Coloque luego los bastoncillos sobre una rejilla y déjelos enfriar completamente.
5. Prepare el glaseado: ponga en un cazo el agua y el azúcar, y hierva para hacer un almíbar. En otro cazo, coloque el fondant para calentar al baño María. Cuando esté blando, añádale el extracto de café y vierta poco a poco un chorrito de almíbar, removiendo muy lentamente con una cuchara de madera, sin que se formen burbujas. Deje de añadir almíbar cuando el fondant se haya puesto pastoso y blando (su consistencia ideal). Entonces se podrá extender fácilmente, sin que se derrame.
6. Ponga la crema pastelera en una manga con una boquilla lisa mediana del nº 7. Hunda ésta en uno de los extremos de cada relámpago y rellénelos uno a uno.
7. Vierta el fondant en la manga con boquilla plana y cubra los relámpagos por arriba. Cuaja en 5 a 10 min y los relámpagos estarán listos. Si no se han de consumir de inmediato, guárdelos en un lugar fresco.

VARIANTE

Relámpagos de chocolate

Añada 200 g de chocolate negro algo rallado, en tres o cuatro veces, a la crema pastelera todavía caliente; y para el glaseado, 25 g de cacao amargo en polvo, tamizado.

Ver fotografía en la página 224

Religiosas de chocolate

Para 12 religiosas
Preparación: 45 min
Cocción: 25 min

- *800 g de crema pastelera de chocolate (ver p. 112)*
- *500 g de masa para pasta choux (ver p. 85)*

Para el glaseado:

- *60 g de azúcar en polvo* • *4 c de agua*
- *250 g de fondant blanco (ver p. 128)*
- *25 g de cacao amargo en polvo*

Relámpagos de café

Los relámpagos se han
de preparar con
la antelación suficiente
para poder servirlos
muy fríos.

1. Prepare primero la crema pastelera con chocolate y guárdela en un lugar fresco.
2. Elabore la masa para pasta choux.
3. Precaliente el horno a 190 ºC.
4. Ponga dos tercios de la masa en una manga con una boquilla grande acanalada del nº 13 o 14. Coloque en una bandeja cubierta con papel sulfurizado 12 choux grandes. Cuézalos unos 25 min, entreabriendo un poco la puerta del horno al cabo de 7 min para permitir que la masa se hinche con regularidad. Disponga a continuación los choux sobre una rejilla y déjelos enfriar totalmente.
5. Proceda del mismo modo con el resto de la masa, pero haciendo choux pequeños, que cocerá sólo durante 18 min.
6. Prepare el glaseado poniendo en un cazo el agua y el azúcar e hirviendo la mezcla para hacer un almíbar. Caliente en otro cazo, en este caso, al baño María, el fondant. En cuanto esté blando, añádale el cacao tamizado, mezcle y vierta poco a poco el almíbar removiendo muy lentamente con una cuchara de madera, sin hacer burbujas.
7. Introduzca la crema pastelera con chocolate en una manga con una boquilla mediana lisa del nº 7. Hunda la boquilla en uno de los extremos de cada choux grande y rellénelo. Haga lo mismo con los choux pequeños.
8. Moje cada uno de los choux pequeños en el fondant y quite el sobrante con el dedo. Proceda de la misma forma con los choux grandes y coloque de inmediato un choux pequeño encima para que se quede totalmente pegado.

Sugerencia
También puede decorar estas religiosas con crema de café, dibujando llamas encima de cada religiosa con una manga de boquilla acanalada.

VARIANTE

Religiosas de café
Prepare una crema pastelera con café. Para el glaseado, añada 2 c de extracto natural de café.

Rocas congoleñas
Para 30-40 rocas congoleñas
Preparación: 5 min
Reposo: 24 h
Cocción: de 8 a 10 min

- *200 cl de leche fresca*
- *300 g de coco rallado*
- *200 g de azúcar en polvo*
- *4 huevos*

1. *La víspera*: entibie la leche. Mezcle en un cuenco el azúcar, el coco rallado y la leche. Remueva un poco, luego añada los huevos, uno a uno, batiendo entre uno y otro. Guárde la preparación durante 24 h en el frigorífico.
2. Coloque esa masa en una bandeja cubierta con papel sulfurizado, formando de 30 a 40 pirámides pequeñas.
3. Precaliente el horno a 250 ºC y cuézalas de 8 a 10 min, de tal manera que la punta de las rocas tome color.

Sugerencia
Preste atención porque el coco rallado se vuelve rancio muy fácilmente. Guárdelo siempre en el frigorífico y recuerde probarlo antes de usarlo.

Los bavarois son dulces de cocina, hechos en moldes, que se sirven muy fríos. Suelen componerse de una crema inglesa gelificada o de un puré de frutas, al que se ha añadido nata montada o merengue italiano. Es preferible utilizar moldes de metal y con el fondo decorado.

Bavarois

Bavarois «à la cévenole»

Para 6 u 8 personas
Preparación: 30 min
Refrigeración: 20 min, 3 h
Cocción: 5 min

• *500 g de pasta de castañas*
• *900 g de crema bavaroise a la vainilla (ver p. 103)*
• *130 g de crema chantilly (ver p. 105)*
• *10 g de mantequilla*
• *15 g de azúcar en polvo*
• *180 g de migas de marrons glacés*
• *3 marrons glacés*

1. Desmigaje en un cuenco la pasta de castañas. Monte la chantilly para la crema y la decoración. Prepare la crema bavaroise a la vainilla.
2. En cuanto esté cocida, viértala sobre la pasta de castañas y mezcle bien. Deje enfriar. Añada entonces 100 g de crema chantilly y remueva para que la preparación sea homogénea.
3. Unte con mantequilla y espolvoree con azúcar un molde para baba de 20 cm de diámetro. Vierta la crema en él, luego reparta las migas de marrons glacés y meta el molde 3 h en el frigorífico.
4. Páselo unos instantes bajo un chorro de agua caliente y desmolde en la fuente.
5. Ponga los 30 g restantes de crema chantilly en una manga pastelera con una boquilla acanalada y decore el bavarois con rositas.
6. Corte los marrons glacés en dos e intercálelos entre las rositas de crema chantilly.

Bavarois de chocolate y vainilla

Para 4 o 6 personas
Preparación: 30 min
Refrigeración: 6 h

• *700 g de crema bavaroise (ver p. 101)*
• *70 g de chocolate con el 55 % de cacao por lo menos*
• *3 cc de extracto líquido de vainilla*

1. Prepare la crema bavaroise y pártala en dos.
2. Derrita lentamente el chocolate al baño María o en el microondas, y añádalo a una de las partes. Mezcle bien.
3. Añada la vainilla a la otra mitad de la crema bavaroise.
4. Vierta la crema perfumada con chocolate en un molde para tarta de 22 cm de diámetro y póngalo unos 30 min en el frigorífico para que la crema cuaje.
5. Cúbrala entonces con la crema bavaroise perfumada de vainilla. Déjela cuajar de nuevo, metiendo el molde 4 o 5 h en la nevera.
6. Desmolde el bavarois en la fuente en la que va a servirlo. Con un pelador, haga de 50 a 70 copos de chocolate y espolvoréelos por encima.

Bavarois a la criolla

Para 6 u 8 personas
Preparación: 1 h
Refrigeración: de 6 a 8 h

- *750 g de crema bavaroise (ver p. 101)*
- *4 plátanos*
- *10 cl de ron*
- *200 g de crema chantilly (ver p. 105)*
- *2 rodajas de piña en almíbar*
- *30 g de pistachos*
- *Aceite*

1. Pele los plátanos, córtelos en rodajas y póngalos a macerar inmediatamente en el ron.
2. Prepare la crema bavaroise. Escurra los plátanos y añada el ron a la crema.
3. Aceite un molde para tarta de 22 cm de diámetro. Vierta en él una primera capa de crema bavaroise. Reparta por encima las rodajas de plátano macerado, luego cubra con la crema bavaroise y empiece otra vez hasta que el molde esté lleno, terminando con una capa de crema. Ponga el bavarois a enfriar de 6 a 8 h.
4. Monte la crema chantilly. Escurra bien las rodajas de piña en almíbar y córtelas en láminas. Desmolde el bavarois en una fuente redonda, después de haberlo pasado rápidamente por agua caliente. Meta la crema chantilly en una manga pastelera y dibuje rositas, intercalándolas con láminas de piña. Para terminar, machaque todos los pistachos y espolvoréelos por encima del bavarois.

Bavarois de fruta

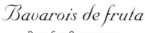

Para 6 u 8 personas
Preparación: 1 h
Refrigeración: de 6 a 8 h

- *600 g de crema bavaroise (ver p. 101)*
- *50 cl de puré de fruta congelado (albaricoque, piña, grosella negra, fresa, frambuesa, etc.)*
- *3 hojas de gelatina*
- *1/2 limón*
- *Coco rallado*
- *Azúcar glas*

1. Descongele el puré de fruta. Prepare la crema bavaroise.
2. Remoje las hojas de gelatina 15 min en agua fresca y luego escúrralas.
3. Exprima 1/2 limón y añada el zumo al puré de fruta. Entibie la 1/4 parte del puré de fruta, añada la gelatina bien escurrida y mézclelo todo. Luego viértalo en el puré de fruta restante y vuelva a mezclar.

4. Añada esta preparación a la crema bavaroise y una vez bien mezclado, viértalo en un molde para tarta de 22 cm de diámetro o en un molde para charlota de 18 cm. Métalo de 6 a 8 h en el frigorífico.
5. Desmolde el bavarois en una fuente redonda, después de haberlo mojado unos instantes en agua caliente. Pase rápidamente al horno el coco rallado para tostarlo levemente y espolvoréelo, junto con el azúcar glas, sobre el bavarois.

Comentario del gourmet
Puede servirlo con un coulis de la misma fruta que aquella que lo perfume.

Valor nutritivo por 100 g
80 kcal; proteínas: 1 g; glúcidos: 12 g; lípidos: 3 g

Bavarois de grosellas negras

Para 6 u 8 personas
Preparación: 45 min
Refrigeración: de 6 a 8 h

- *500 g de grosellas negras frescas o congeladas*
- *170 g de azúcar en polvo*
- *5 hojas de gelatina*
- *50 cl de crema de leche*
- *50 g de azúcar glas*
- *15 g de mantequilla*

1. Limpie las grosellas negras y lávelas con un chorro de agua dentro de un colador. Escúrralas bien, luego cháfelas en el robot o en el pasapurés con rejilla fina. Páselas por un colador fino para eliminar las semillas. Si usa frutos congelados, descongélelos previamente.
2. Remoje las hojas de gelatina 15 min en agua fresca, escurriéndolas con cuidado. Caliente un cuarto de la pulpa de grosella negra con el azúcar en polvo, añada la gelatina y mézclelo todo bien. Viértalo a continuación en el resto de la pulpa de grosella negra y vuelva a mezclar. Añada entonces la crema de leche y luego el azúcar glas, removiendo bien.
3. Unte con mantequilla un molde para tarta de 22 cm de diámetro y cúbralo con papel sulfurizado. Vierta la preparación y métalo de 6 a 8 h en la nevera. Para desmoldar, sumérjalo muy rápidamente en agua tibia y vuélquelo sobre la fuente de servicio.

VARIANTE
Puede preparar este bavarois con otras frutas rojas, frescas o congeladas. También puede adornarlo con granos de grosellas negras con alcohol. En este caso, ponga una capa de crema, salpíquela de granos de grosellas hasta que el molde esté lleno.

Bavarois a la normanda

Para 6 u 8 personas
Preparación: 50 min
Refrigeración: de 6 a 8 h

- *700 g de crema bavaroise (ver p. 101)*
- *3 hojas de gelatina*
- *400 g de manzanas*
- *70 g de azúcar*
- *30 g de mantequilla*
- *7 cl de calvados*
- *2 o 3 manzanas*
- *Azúcar glas*

1. Prepare la crema bavaroise.
2. Remoje las hojas de gelatina 15 min en agua fresca y luego escúrralas.
3. Pele las manzanas, despepítelas, córtelas en trozos y póngalas en una cacerola con el azúcar y la mante-

quilla. Cuando la compota esté cocida, pásela por el pasapurés o cháfela bien con el tenedor. Añada la gelatina bien escurrida a la compota caliente y déjela enfriar.
4. Cuando vea que la compota esté fría, mézclela cuidadosamente con la crema bavaroise y añada también el calvados. Vierta la preparación en un molde para tarta de 22 cm de diámetro o, si no, en uno para charlota de 18 cm; guárdelo de 6 a 8 h en el frigorífico.
5. Precaliente el horno a 200 °C.
6. Prepare las manzanas para decorar: pélelas y córtelas en dos, luego haga láminas de 3-4 mm de grosor. Colóquelas sobre una bandeja cubierta con papel sulfurizado, espolvoréelas con azúcar glas y dórelas de 4 a 5 min en el horno.
7. Para desmoldar con facilidad el bavarois, haga lo siguiente: remoje el molde unos instantes en agua caliente y vuélquelo sobre la fuente en la que va a servirlo. Cubra cuidadosamente los lados y la parte superior del bavarois haciendo rosetas con las láminas doradas de manzana.

Dulce de batata

Para 1 kg aprox
Preparación: 40 min
Cocción: 1 h

- *1 kg de batatas (boniatos)*
- *500 g de azúcar*
- *70 cl de agua*
- *30 g de agar-agar*

1. Cueza las batatas en abundante agua hirviendo, hasta que estén tiernas. Escúrralas, pélelas y páselas por un pasapurés.

2. A continuación, ponga el azúcar y el agua en una cacerola, preferentemente de hierro. Cueza hasta que se haya formado un almíbar flojo, a punto de hebra fina.
3. Eche el puré de batatas y cueza a fuego suave, sin dejar de remover con una cuchara de madera, hasta que comience a hervir. Espume la superficie y continúe la cocción, sin dejar de remover. El dulce se espesará y cubrirá la cuchara.
4. Mientras tanto, remoje el agar-agar en 10 cl de agua y cueza hasta que se haya disuelto. Añádalo a la preparación. Continúe la cocción; tenga en cuenta que al frotar la cuchara contra el fondo de la cacerola, éste debe verse.
5. Rellene un molde para cake con el dulce y deje enfriar.

Charlotas, diplomáticos, pudines y panes perdidos

Las charlotas son dulces de cocina compuestos de bizcochos de cuchara, crema bavaroise, mousse o fruta. Los diplomáticos se hacen a partir de un pan de masa de brioche o de bizcochos de cuchara. Los pudines se preparan a base de masa, de miga de pan, de bizcochos o de sémola.

Charlotas

Charlota de albaricoques

LIGERA

Para 6 u 8 personas
Preparación: 30 min
Refrigeración: 24 h

Para los frutos secos y confitados:
- 100 g de frutas confitadas
- 100 g de pasas
- 6 cl de ron

Para el almíbar:
- 40 g de azúcar
- 10 cl de agua
- 4 cl de ron

Para los albaricoques:
- 100 g de azúcar
- 1 lata grande de albaricoques en almíbar
- 1 limón • 2 hojas de gelatina
- 36 bizcochos de cuchara

1. Corte las frutas confitadas en dados. Póngalos a macerar en el ron junto con las pasas.
2. Coloque en un cazo el azúcar y el agua, y hierva. Deje entibiar fuera del fuego y añada el ron.
3. Escurra los albaricoques y tritúrelos. Exprima el limón, añada el zumo y el azúcar a ese puré. Remoje las hojas de gelatina en agua fría. Añádalas primero a un cuarto del puré de albaricoques y luego al resto, mezclándolo todo bien cada vez. Escurra las pasas y las frutas confitadas.

4. Moje los bizcochos, uno a uno, en el almíbar. Cubra con ellos el fondo de un molde cuadrado de 22 cm de lado. Extienda encima una capa de frutas confitadas y pasas, una capa de puré de albaricoque y una de bizcochos borrachos. Monte así la charlota alternando pasas y frutas confitadas, puré de albaricoque y bizcochos borrachos. Termine con una capa de bizcochos.

5. Póngala durante 24 h en el frigorífico. Desmolde la charlota y cúbrala entonces con el resto del puré de albaricoque.

Valor nutritivo por 100 g
215 kcal; proteínas: 1 g; glúcidos: 46 g; lípidos: 2 g

Charlota de avellanas y chocolate

Para 6 u 8 personas
Preparación: 1 h
Cocción: 15 min, 35 min
Refrigeración: 12 a 24 h

• *160 g de bizcocho con chocolate para tronco de Navidad (ver p. 93)*

Para las avellanas caramelizadas:
• *80 g de avellanas*
• *60 g de azúcar*
• *20 cl de agua*
• *1/4 de vaina de vainilla*

Para el almíbar:
• *10 cl de agua*
• *50 g de azúcar en polvo*
• *15 g de cacao en polvo*

Para la mousse:
• *300 g de chocolate negro muy amargo*
• *140 g de azúcar en polvo*
• *500 g de crema chantilly (ver p. 105)*
• *2 huevos*
• *5 yemas de huevo*

Para la decoración:
• *300 g de cobertura de chocolate*
• *140 g de bizcochos de cuchara*
• *30 g de chocolate*

1. Precaliente el horno a 170 °C.
2. Prepare las avellanas caramelizadas poniéndolas sobre una bandeja y tostándolas levemente durante unos 15 min. Luego colóquelas en un tamiz de agujeros grandes o en un colador grueso; hágalas rodar con la palma de la mano para quitarles la piel.

3. Abra y raspe el cuarto de vaina de vainilla y métala en agua con el azúcar. Hierva a 118 °C-120 °C. Retire del fuego. Eche las avellanas tibias en el azúcar cocido y remuévalas con una cuchara de madera, para que el azúcar cristalice bien alrededor de ellas. Lleve otra vez el cazo al fuego y siga removiendo hasta que las avellanas estén ambarinas; luego viértalas en una bandeja o un plato aceitado y déjelas enfriar.
4. Prepare la masa de bizcocho para tronco de navidad con chocolate. Extiéndala en un aro de pastelería de 18 cm de diámetro y cuézala 35 min. Deje enfriar el bizcocho y, a continuación, corte dos discos, uno de 18 cm de diámetro y otro de 14 cm.
5. Prepare el almíbar mezclando en un cazo el azúcar, el cacao y el agua. Hágalo hervir removiendo con un batidor de varillas. Apártelo del fuego.
6. Para preparar la mousse rompa el chocolate en trozos y fúndalos el baño María o en el microondas. Déjelo enfriar a 45 °C. Ponga el azúcar en un cazo con 3 c de agua. Déjelo hervir unos 3 min, hasta que la superficie se cubra de burbujas grandes (125 °C). Retírelo del fuego.
7. Prepare la crema chantilly.
8. Casque los huevos en un cuenco, añada las yemas y bata vertiendo un chorrito del almíbar caliente. Siga batiendo hasta que la mezcla blanquee, triplique su volumen y se enfríe.
9. Añada al chocolate derretido primero un cuarto de la crema chantilly y mézclelo. Vierta el resto y vuelva a mezclar. Añada después los huevos y el almíbar levantando la preparación (de abajo hacia arriba) con un batidor de varillas.
10. Encaje un molde semiesférico de 18 cm en un aro de 12 a 14 cm y vierta en él la mitad de la mousse. Emborrache de almíbar el bizcocho de chocolate de 14 cm y póngalo sobre la mousse.
11. Pique un poco las avellanas caramelizadas y repártalas sobre la superficie del bizcocho. Luego vierta el resto de la mousse. Empape de almíbar el bizcocho mayor y cubra la mousse.
12. Envuelva el molde en película de cocina y métalo de 12 a 24 h en el frigorífico, todavía encajado en el aro.
13. En el momento de servir, sumerja el molde 10 s en agua tibia y vuélquelo sobre una fuente para desmoldar.
14. Cubra totalmente la charlota con cobertura de chocolate. Corte en dos los bizcochos y péguelos también alrededor. Con un pelapatatas, corte copos de chocolate y decore a continuación la parte superior de la cúpula.

Sugerencia
Si no tiene molde semiesférico, use un bol grande o un cuenco del mismo tamaño.

Comentario del gourmet
Esta receta puede hacerse de la misma forma con almendras.

Charlota de chocolate blanco, ruibarbo y frutas rojas

*La charlota está montada
con bizcochos de cuchara
emborrachados en un zumo
de maracuyá. Se han superpuesto
alternativamente capas de mousse
de chocolate blanco, de compota
de ruibarbo y de bizcochos
borrachos. Para decorarla
se han utilizado algunas frutas
rojas frescas y una hoja de menta,
puestas en el último momento.*

Ver receta en página 408

Charlota de café

Para 6 u 8 personas
Preparación: 1 h
Refrigeración: 4 h

Para la crema de café:
• 80 cl de crema de leche
• 40 g de café arábica molido
• 3 hojas de gelatina
• 100 g de azúcar en polvo

Para los bizcochos borrachos:
• 150 g de bizcochos de cuchara
• 120 g de café expreso fuerte muy caliente
• 60 g de azúcar en polvo
• 3/4 de tableta de chocolate
con arroz hinchado
• 10 rebanadas de pan de miga de 3 cm x 6 cm
• 60 g de mantequilla

Para decorar:
• 30 g de chocolate con leche

1. Prepare la crema de café hirviendo la crema de leche y vertiendo en ella el café molido. Tápela y déjela reposar 5 min.
2. Tamice esta crema con un colador muy fino. Guarde 100 g de esa infusión, a la que debe añadir las hojas de gelatina y 100 g de azúcar.
3. Vierta el resto de la crema de café en un cuenco y ponga éste en un recipiente con cubitos de hielo hasta que la crema esté muy fría; entonces bátala con fuerza con el batidor de varillas.
4. Ponga un poco de esta crema montada en la mezcla de crema de café y gelatina, e incorpore esta preparación en el resto de la crema montada, mezclándolo todo bien.
5. Haga el café expreso y endúlcelo.
6. Pique un poco el chocolate de arroz hinchado.
7. Unte con mantequilla (por los dos lados) las rebanadas de pan de miga y póngalas bajo el grill. Unte también con mantequilla un molde para charlota de 16 cm de diámetro y ponga todas las tostadas calientes alrededor.
8. Decore el fondo del molde con un poco de crema de café y reparta la mitad del chocolate picado. Moje algunos bizcochos con el café bien caliente y póngalos encima.
9. Repita la operación hasta que el molde esté lleno, terminando con una capa de bizcochos borrachos de café. Cubra el recipiente con película de cocina y guárdelo 4 h en el frigorífico.
10. Desmolde la charlota mojando rápidamente el molde por debajo con un chorro de agua caliente y volcándolo sobre la fuente. Haga copos de chocolate con leche y espolvoréelos. Sirva la charlota de café bien fría.

Historia golosa
Se debe al cocinero francés Antonin Carême la invención de este dulce de cocina helado sin cocción, compuesto de una crema de café (o de chocolate) vertida en un molde tapizado de bizcochos y de rebanadas de miga de pan empapados en almíbar.

Charlota de castañas

Para 4 o 6 personas
Preparación: 35 min
Refrigeración: 6 h

• 200 g de puré de castañas
• 20 g de crema de castañas
• 3 cl de whisky
• 2 hojas de gelatina
• 30 g de crema de leche
• 50 g de crema chantilly
• 2 sobres de azúcar de vainilla
• 18 bizcochos de cuchara
• 60 g de marrons glacés

Para el almíbar:
• 100 g de azúcar
• 6 cl de whisky puro de malta

1. Mezcle en un cuenco el puré de castañas, la crema de castañas y 3 cl de whisky con la ayuda de una cuchara de madera.
2. Remoje las hojas de gelatina en agua fría. Escúrralas muy cuidadosamente.
3. Entibie la crema de leche y añádale la gelatina para que se derrita. Agregue a continuación la mezcla de castañas.
4. Prepare la crema chantilly añadiéndole el azúcar de vainilla.
5. Agregue después, en varias veces, la mezcla de castañas.
6. Prepare el almíbar: hierva 80 cl de agua y el azúcar, y déjelo enfriar. Entonces incorpore los 6 cl de whisky.
7. Unte levemente con mantequilla un molde para charlota de 18 cm de diámetro. Emborrache uno a uno los bizcochos en el almíbar. Cubra con ellos el fondo y el borde del molde. Vierta la mitad de la mezcla de castañas. Reparta los trozos de marrons glacés, y luego complete con el resto de la mezcla. Meta la charlota 6 h en la nevera.
8. Desmolde pasando el molde por agua caliente antes de volcarlo sobre la fuente. Sirva esta charlota fría.

FRANCIS VANDENHENDE

Charlota de chocolate

Para 6 u 8 personas
Preparación: 40 min
Refrigeración: 4 h
Cocción: 20 min

- *800 g de crema bavaroise (ver p. 101)*
- *300 g de chocolate negro*
- *400 g de crema inglesa (ver p. 108)*
- *300 g de bizcochos de cuchara*

Para el almíbar:
- *120 g de azúcar en polvo*
- *10 cl de agua*
- *10 cl de ron o de Grand Marnier*
- *30 g de chocolate negro*

1. Prepare la crema bavaroise. Funda lentamente el chocolate al baño María o bien en el microondas y añádalo a la crema mezclándolo todo bien. Deje enfriar.

2. Haga la crema inglesa y guárdela en un lugar fresco mientras procede a la preparación del resto de los ingredientes.

3. Prepare el almíbar para emborrachar hirviendo el agua y el azúcar en polvo. Déjelo entibiar antes de añadir el ron o el Grand Marnier.

4. Empape uno a uno los bizcochos con este almíbar y cubra con ellos el fondo y los lados de un molde para charlota de 22 cm de diámetro.

5. Vierta con precaución la crema bavaroise con chocolate en el molde y métalo 4 h en el frigorífico.

6. Para desmoldar la charlota, moje el molde rápidamente con agua caliente antes de volcarlo sobre un plato.

7. Recorte, con un pelador, copos de chocolate negro y espolvoréelos sobre la charlota. Sírvala con la crema inglesa.

Para los plátanos:
- *2 plátanos • 1 limón y medio*
- *15 g de mantequilla • 20 g de azúcar en polvo*
- *Nuez moscada en polvo • Pimienta recién molida*

Para decorar:
- *1 plátano*
- *1/2 limón*
- *30 g de chocolate*

1. Prepare el sabayón y guárdelo al fresco.

2. Para preparar el almíbar, hierva en un cazo el agua y el azúcar. Exprima los 2 limones. Deje enfriar el almíbar antes de añadirle el ron y el zumo de limón.

3. Prepare los plátanos fritos, pelándolos y cortándolos en rodajas de 1 cm de grosor. Exprima el limón y medio, y rocíe el zumo sobre los plátanos, mezclándolo todo bien, para que no ennegrezcan.

4. Derrita la mantequilla en una sartén con revestimiento antiadherente, ponga en ella los plátanos, y cuézalos 2 o 3 min a fuego vivo. Añada 1 pizca de nuez moscada y 2 o 3 vueltas de molinillo de pimienta. Deje enfriar los plátanos.

5. Unte con mantequilla y espolvoree con azúcar un molde para charlota de 16 cm de diámetro.

6. Emborrache levemente los bizcochos en el almíbar y cubra con ellos todo el perímetro del molde. Vierta el sabayón de chocolate hasta la mitad de la altura, y luego distribuya los trozos de plátano.

7. Ponga una capa de bizcochos borrachos. Añada el resto del sabayón. A continuación el resto de los plátanos y termine con bizcochos en lo alto del molde. Métalo 3 h por lo menos en la nevera.

8. Para desmoldar la charlota, pase el molde rápidamente por agua caliente y vuélquelo sobre la fuente.

9. Prepare la decoración de la charlota: exprima el 1/2 limón, corte el último plátano en rodajas y mójelas en el zumo. Colóquelas alrededor del borde superior de la charlota. Corte, con un pelador, copos de chocolate y distribúyalos por el centro. Sírvala bien fría.

Ver fotografía en la página 237

Charlota de chocolate y plátano

Para 6 u 8 personas
Preparación: 45 min
Refrigeración: 3 h

- *700 g de sabayón de chocolate (ver p. 120)*
- *250 g de bizcochos de cuchara*

Para el almíbar:
- *75 cl de agua*
- *80 g de azúcar en polvo*
- *2 limones*
- *60 g de ron agrícola añejo*

Charlota de fresas

Para 6 u 8 personas
Preparación: 35 min
Refrigeración: 4 h

- *1 kg de fresas*
- *6 hojas de gelatina*
- *60 g de azúcar*
- *75 cl de crema de leche*
- *250 g de bizcochos de cuchara bien blandos*

1. Lave las fresas sin remojarlas demasiado, límpielas y déjelas escurrir sobre un papel absorbente.

235

2. Ponga las hojas de gelatina en un poco de agua.

3. Reserve algunas fresas (las más bonitas) para la decoración. Ponga todas las demás en la cubeta del robot de cocina y redúzcalas a puré o cháfelas con el pasapurés. Páselas luego por el chino o por un colador, para obtener una pulpa bien fina.

4. Escurra cuidadosamente las hojas de gelatina. Caliente levemente un cuarto de la pulpa de fresa con el azúcar, añada la gelatina y mézclelo todo bien. Incorpore a continuación la pulpa restante y vuelva a remover bien.

5. Agregue finalmente la crema de leche, comprobando que quede bien incorporada al resto de la mezcla.

6. Coloque los bizcochos en un molde para charlota de 16 cm de diámetro y luego vierta en él la mousse de fresa. Cúbrala con una capa de bizcocho y conserve la preparación 4 h en el frigorífico.

7. Pase rápidamente el molde por un chorro de agua caliente y desmolde la charlota sobre la fuente en la que va a servirla. Decore la parte superior con las fresas reservadas.

Valor nutritivo por 100 g
185 kcal; proteínas: 2 g; glúcidos: 11 g; lípidos: 14 g

Charlota de frutas rojas
Para 6 u 8 personas
Preparación: 40 min
Refrigeración: 2 h

Para el néctar de frambuesa:
• 80 g de frambuesas • 50 g de azúcar en polvo
• 50 cl de agua • 2 cl de kirsch

Para la mousse de frutas rojas:
• 100 g de frambuesas • 100 g de fresas
• 50 g de azúcar en polvo • 1/2 limón
• 3 hojas de gelatina • 30 cl de crema de leche
• 60 g de fresas de bosque • 20 bizcochos de cuchara

Para la decoración:
• 50 g de fresas • 50 g de frambuesas
• 50 g de moras • 4 o 5 racimos de grosellas
• 50 g de fresas de bosque
• 300 g de coulis de frambuesa

1. Lave rápidamente las fresas, límpielas y déjelas escurrir sobre un papel absorbente. Reserve unos 50 g de las que tengan mejor aspecto para la decoración de la charlota.

2. Ponga todas las demás en la cubeta del robot de cocina y redúzcalas a puré o cháfelas con el pasapurés. Pase luego el puré por el chino o un colador fino, para obtener una pulpa bien fina.

3. Chafe todas las frambuesas (salvo los 50 g previstos para la decoración), con el pasapurés o la batidora para obtener el néctar y la mousse. Pase el puré resultante por un colador muy fino para eliminar las pepitas.

4. Prepare el néctar: hierva el agua y el azúcar. Deje enfriar este almíbar y añada entonces el kirsch y 50 g de puré de frambuesa.

5. Prepare la mousse: remoje en agua las hojas de gelatina. Exprima el limón, mezcle el puré de fresa y el de frambuesa restante. Añada el zumo y el azúcar en polvo.

6. Funda las hojas de gelatina al baño María o en el microondas. Vierta 2 o 3 c de pulpa dulce en la gelatina derretida y mezcle. Luego añada el resto de las pulpas y remueva bien. Bata la crema de leche y agréguela, batiendo, para que se incorpore bien.

7. Unte con mantequilla un molde para charlota de 18 cm de diámetro. Empape muy levemente, uno a uno, los bizcochos con el néctar de frambuesa y forre todo el contorno del molde. Rellene un tercio de su altura con la mousse de frutas rojas. Distribuya las fresitas de bosque. Ponga encima bizcochos emborrachados, apretando suavemente. Rellene hasta el borde con la mousse, antes de repetir la operación con los bizcochos.

8. Meta la charlota 3 h en la nevera.

9. Desmóldela pasando el recipiente rápidamente por agua caliente antes de volcarlo sobre la fuente en la que va a servirla. Decore la charlota con las fresas cortadas en dos, las frambuesas, las moras, las grosellas y las fresas de bosque.

10. Sírvala bien fría, acompañada de un coulis de frambuesa.

Valor nutritivo por 100 g
100 kcal; proteínas: 2 g; glúcidos: 18 g; lípidos: 1 g

Charlota de peras
Para 6 u 8 personas
Preparación: 1 h
Cocción: 30 min
Refrigeración: de 6 a 8 h

Para las peras:
• 1,5 kg de peras • 1 l de agua
• 500 g de azúcar en polvo

Para la crema:
• 500 g de crema inglesa a la vainilla (ver p. 108)
• 8 hojas de gelatina • 5 cl de aguardiente de pera
• 50 g de crema chantilly (ver p. 105)
• 24 bizcochos de cuchara

1. Prepare primero un almíbar con el azúcar y el litro de agua.

Diplomáticos

Diplomático de bavarois

Para 4 o 6 personas
Preparación: 1 h
Maceración: 1 h
Refrigeración: 6 h

• 50 g de pasas
de İzmir (Esmirna)
• 100 g de azúcar en polvo
• 50 g de frutas confitadas
cortadas en dados
• 5 cl de ron
• 500 g de crema bavaroise
a la vainilla (ver p. 103)
• 200 g de bizcochos
de cuchara

Para el acabado:
• 3 c de cobertura
de albaricoque
• 3 cl de ron

1. Ponga las pasas de İzmir en un colador y lávelas por encima. Hierva 10 cl de agua con 100 g de azúcar en polvo, sumerja en ella las pasas y deje enfriar. Escúrralas después, póngalas en un plato y guarde el almíbar.
2. Corte las frutas confitadas en dados y déjelas macerar durante 1 h en el ron.
3. Prepare la crema bavaroise a la vainilla. Unte con mantequilla un molde para charlota de 18 cm de diámetro.
4. Escurra las frutas confitadas. Mezcle el almíbar de las pasas y el ron de los frutos confitados, y emborrache los bizcochos. Ponga algunos frutos confitados en el fondo del molde y cúbralos con una capa de crema bavaroise.
5. Añada encima primero una capa de bizcochos y espolvoree con frutas confitadas. Siga superponiendo así las capas hasta que el molde esté totalmente lleno, terminando siempre con una capa de frutas confitadas.
6. Tape el molde con película de cocina y guárdelo de esta manera durante un período de 6 h como mínimo en la nevera.
7. Desmolde el diplomático pasando el molde rápidamente bajo un chorro de agua caliente, antes de volcarlo sobre la fuente en la que va a servirlo. Derrita la cobertura de albaricoque, añada el ron y cubra con ello la preparación ayudándose de un pincel. Sirva este postre frío.

Diplomático de ciruelas pasas

Para 4 o 6 personas
Preparación: 40 min
Maceración: 12 h
Refrigeración: 6 h

• 200 g de ciruelas pasas de Agen • 1 bol de té ligero
• 500 g de crema pastelera (ver p. 112)
• 50 g de azúcar en polvo • 3 cl de ron o de kirsch
• 28 bizcochos de cuchara

Para el acabado:
• 500 g de crema inglesa (ver p. 108) con ron o kirsch

1. *La víspera*: haga el té y ponga las ciruelas a macerar toda la noche en él.
2. Prepare la crema pastelera.
3. Vierta las ciruelas y el té en una cacerola, añada el azúcar y cuézalas a fuego lento durante 15 min. Déjelas enfriar. Escurrir y deshuesar.
4. Añada el ron o el kirsch al almíbar. Remoje en él, uno a uno, los bizcochos y forre el fondo de un molde para charlota de 18 cm de diámetro. Vierta primero un poco de crema pastelera, ponga una capa de ciruelas y luego una capa de bizcochos, y siga así hasta que el molde esté lleno, terminando con bizcochos. Cubra el diplomático con película de cocina y póngalo 6 h en el frigorífico.
5. Prepare la crema inglesa, perfúmela con ron o kirsch y guárdela también en un lugar fresco.
6. Desmolde el diplomático y sírvalo cubierto con crema inglesa.

Diplomático de frutas confitadas

Para 6 u 8 personas
Preparación: 35 min
Maceración: 1 h
Cocción: 1 h

• 200 g de frutas confitadas
• 80 g de pasas • 10 cl de ron
• 1 pan brioche de 500 g
• 40 g de mantequilla
• 200 g de azúcar en polvo
• 25 cl de leche
• 1 sobre de azúcar de vainilla
• 6 huevos • 30 g de frutas confitadas

1. Pique las frutas confitadas y póngalas con las pasas a macerar 1 h en el ron.

2. Precaliente el horno a 150 °C.

3. Corte el pan brioche en rebanadas de 2 cm de grosor. Quíteles la corteza, úntelas con mantequilla por los dos lados y dórelas levemente bajo el grill del horno, dándoles la vuelta.

4. Escurra las pasas y las frutas confitadas, y reserve el ron.

5. Unte con mantequilla un molde para charlota de 22 cm de diámetro y espolvoréelo con azúcar. Reparta primero por el fondo una capa de tostadas y cúbralas con frutas maceradas. Ponga otra capa de tostadas, luego una capa de frutas y prosiga hasta que el molde esté lleno.

6. Mezcle, en un cuenco grande, el azúcar en polvo y el de vainilla con la leche. Bata los huevos con un tenedor y añádalos al cuenco con el ron de maceración.

7. Vierta poco a poco esta preparación en el molde para dar al pan tiempo de absorber el líquido.

8. Cuézalo 1 h al baño María en el horno sin que llegue a hervir.

9. Déjelo enfriar totalmente y desmolde sobre la fuente en la que va a servirlo. Decórelo con las frutas confitadas y sírvalo frío.

Ver fotografía en la página 241

—*Pudines y panes perdidos*—

Christmas pudding

Para 12-25 personas
Preparación: 3 semanas de antelación
Cocción: 4 h
Recalentamiento: 2 h

- *500 g de grasa de riñón de buey*
- *125 g de cortezas de naranja*
- *125 g de cerezas confitadas*
- *125 g de almendras peladas*
- *La corteza de 2 limones*
- *500 g de pasas*
- *500 g de pasas de Izmir (Esmirna)*
- *250 g de pasas de Corinto*
- *500 g de pan rallado fresco*
- *125 g de harina*
- *25 g de cuatro especias*
- *25 g de canela*
- *1/2 nuez moscada*
- *1 pizca de sal • 30 cl de leche*
- *7 u 8 huevos • 6 cl de ron*
- *El zumo de 2 limones*

1. Corte la grasa de riñón de buey en trocitos. Pique las cortezas de naranja y las cerezas confitadas, las almendras y la corteza de los limones.

2. Mezcle todos estos ingredientes en un cuenco con los tres tipos de pasas, el pan rallado, la harina y todas las especias. Añada la leche y mezcle.

3. Bata los huevos uno por uno y agréguelos, mezclando cada vez. Vierta a continuación el ron y el zumo de los limones. Amase bien para obtener una pasta homogénea.

4. Envuelva esta masa en un paño enharinado, dándole forma de bola. Asegúrelo bien con un cordel y cuézalo durante unas 4 h en agua hirviendo. Si lo prefiere, engrase levemente un cuenco redondo, ponga la masa en él y cierre la cubierta con papel sulfurizado; átelo para que el cuenco no se abra y métalo en una cazuela con agua hasta media altura. Cuézalo 4 h.

5. Conserve el pudín 3 semanas por lo menos, en un lugar fresco, dentro de su paño o cuenco.

6. En el momento de servir, vuelva a calentarlo 2 h al baño María. Luego desmóldelo, rocíelo de ron y sírvalo flameado, adornado con una rama de acebo.

VARIANTE

Este pudín se sirve también con un *rhum butter*: 250 g de azúcar glas mezclados y batidos con 125 g de mantequilla, hasta que la mezcla quede cremosa y blanca. Añada entonces, cucharada a cucharada, una copa de ron. Esta salsa se sirve muy fría sobre el Christmas pudding flameado.

Pan de elote

Para 4 o 6 personas
Preparación: 20 min
Cocción: 20 min

- *130 g de mantequilla*
- *100 g de azúcar*
- *150 g de granos de maíz*
- *40 g de harina • 10 g de levadura en polvo*
- *4 huevos • Aceite • Sal*

1. Triture ligeramente los granos de maíz con una batidora eléctrica. Mezcle la harina con la levadura en polvo y la sal.

2. Bata 100 g de mantequilla con el azúcar hasta formar una crema. Añada los huevos, uno a uno, sin dejar de batir.

3. Incorpore la mezcla de harina, levadura y sal, y remueva bien.

4. Derrita la mantequilla restante y caliente 2 c de aceite en una sartén. Vierta la preparación. Tape y deje cocer 10 min aprox, a fuego moderado, hasta que el pan se esponje.

5. Déle la vuelta con la ayuda de una tapadera, y deje cocer unos 10 min más. Deslice el pan a una fuente, y sírvalo con café o con una taza de chocolate caliente.

Pan perdido «brioché»

Para 4 o 6 personas
Preparación: 20 min
Cocción: 5 min

- *1/2 l de leche*
- *1/2 vaina de vainilla*
- *100 g de azúcar en polvo*
- *250 g de brioche duro*
- *2 huevos* • *100 de mantequilla*
- *Azúcar glas* • *Canela molida*

1. Abra la vaina de vainilla y raspe las semillas; métala en la leche con 80 g de azúcar. Hiérvalo, y déjelo reposar y enfriar.

2. Corte el brioche en rebanadas bastante gruesas. Bata los huevos como para tortilla, con 20 g de azúcar. Sumerja rápidamente, para que no se deshaga, las rebanadas en la leche fría y luego páselas por los huevos batidos.

3. Caliente la mantequilla en una sartén grande con revestimiento antiadherente y fría todas las rebanadas por ambos lados. Deben quedar bien doradas.

4. Colóquelas sobre un plato, y espolvoréelas con azúcar glas y canela.

Ver fotografía en la página 243

Pudín de calabaza

Para 6 personas
Preparación: 60 min
Cocción: 50 min

- *1 kg de calabaza* • *1/2 l de leche*
- *10 cl de zumo de naranja*
- *La ralladura de 2 naranjas*
- *350 g de azúcar*
- *200 g de fécula de maíz* • *5 huevos*
- *Gajos de naranja confitados, para adornar*

1. Pele la calabaza y quítele las semillas. Córtela en trozos y cuézalos en agua hirviendo con 50 g de azúcar, hasta que estén blandos. Escúrralos y páselos por un pasapurés.

2. Mezcle el puré con la fécula de maíz, la leche, el zumo de naranja, la ralladura de naranja y los huevos bien batidos.

3. Ponga el azúcar restante en una pudinera. Agregue 3 cl de agua y hierva, para conseguir un caramelo claro. Déjelo templar y vierta la preparación anterior.

4. Hornee a baño de María durante 50 min a una temperatura de 180 °C hasta que al introducir una aguja ésta salga limpia. Deje enfriar y desmolde. Finalmente, adorne toda la superficie con gajos de naranja confitados y sirva.

Pudín de manzana

Para 6 u 8 personas
Preparación: 30 min
Cocción: 2 h

- *225 g de grasa de riñón de buey*
- *400 g de harina*
- *30 g de azúcar en polvo*
- *7 g de sal*

Para las manzanas:
- *500 g de manzanas
  reina de reinetas*
- *70 g de azúcar en polvo*
- *1 corteza de limón fresco, natural*
- *Canela molida*

1. Pique menuda la grasa de riñón. Mézclala con la harina, el azúcar en polvo, la sal y 10 cl de agua en el robot o en un cuenco, con una cuchara de madera, hasta observar que la masa sea homogénea. Extiéndala entonces hasta obtener un grosor que no supere los 8 mm.

2. Pique la corteza de limón.

3. Pele y despepite todas las manzanas, córtelas en láminas y mézclalas bien con el azúcar, la corteza y la canela molida.

4. Unte con mantequilla un bol para pudines de 1 litro (o uno para charlotas, o de vidrio resistente al fuego) de 18 a 20 cm de diámetro y de 10 cm de alto. Ponga en él la mitad de la masa y luego coloque las manzanas.

5. Cubra con el resto de la masa y suelde los bordes apretándolos con los dedos. Envuelva el bol en un paño y sujételo con un bramante para que no se abra.

6. Ponga el pudín en una cacerola con agua hirviendo hasta media altura y cuézalo durante 2 h, siempre a fuego lento.

Pudín de calabaza

Este pudín aparace
adornado con finas
rodajas de naranja.

Pudín de pan a la francesa

Para 6 u 8 personas
Preparación: 15 min
Cocción: 1 h

• *50 g de pasas* • *Té ligero*
• *125 g de mermelada de albaricoque*
• *14 rebanadas de pan brioche duro*
• *4 huevos* • *100 g de azúcar en polvo*
• *40 cl de leche*
• *60 g de frutas confitadas cortadas en dados*
• *60 cl de ron* • *Sal* • *4 peras en almíbar*
• *Coulis de grosellas negras*

1. Prepare un té ligero y ponga las pasas en él para que se hinchen.
2. Tamice la mermelada de albaricoques. Escurra las pasas.
3. Corte las rebanadas de pan brioche en daditos y póngalos en un cuenco grande. Bata los huevos como para tortilla con el azúcar en polvo; vierta encima y mezcle. Añada la leche tibia, las pasas, las frutas confitadas, el ron, 1 pizca de sal y la mermelada de albaricoque. Mézclelo todo.
4. Escurra bien las peras en almíbar y córtelas en láminas.
5. Precaliente el horno a 200 °C.
6. Unte con mantequilla un molde para pudín de 18 cm de diámetro (o un molde para tarta de 22 cm) y vierta en él la mitad de la masa. Reparta encima las láminas de pera y cubra con el resto de la preparación. Sacuda suavemente el molde sobre la mesa de trabajo para homogeneizar la mezcla.
7. Ponga el pudín en una bandeja para baño María. Llévela a ebullición primero sobre el fuego y luego cueza el pastel 1 h en el horno.
8. Pase el fondo del molde unos instantes por agua fría; entonces desmolde el pudín en una fuente redonda y sírvalo con un coulis de grosella negra.

Pudín de sémola

Para 6 u 8 personas
Preparación: 30 min
Cocción: 25 min, 30 min
Reposo: 30 min

• *1 l de leche* • *125 g de azúcar*
• *100 g de mantequilla* • *250 g de sémola fina*
• *1 pizca de sal* • *6 yemas de huevo*
• *4 claras de huevo*
• *3 cl de licor de naranja*
• *Mantequilla y sémola para el molde*

1. Caliente la leche con el azúcar, la mantequilla y una buena pizca de sal. Cuando la leche hierva, viértale la sémola, espolvoreando. Mezcle con una cuchara de madera y cueza 25 min a fuego muy lento. Deje entibiar.
2. Precaliente el horno a 200 °C. Casque los huevos, separando las claras de las yemas. Monte las claras a punto de nieve muy firme con 1 pizca de sal.
3. Vierta las yemas de huevo y el licor de naranja en la sémola tibia. Mezcle bien. A continuación añada las claras y mezcle de nuevo con una cuchara de madera.
4. Unte con mantequilla un molde corona para savarin; espolvoréelo con sémola. Vierta en él la mezcla, póngalo al baño María y cuézalo en el horno durante 30 min: el pudín debe quedar levemente elástico al tacto. Déjelo reposar unos 30 min antes de desmoldarlo.

Comentario de gourmet
Puede servir este pudín con una salsa inglesa de naranja (*ver p. 153*).

Scotch pudding

Para 6 u 8 personas
Preparación: 30 min
Cocción: 1 h

• *500 g de miga de pan*
• *30 cl de leche*
• *200 g de mantequilla*
• *125 g de azúcar en polvo*
• *375 g de uvas pasas (de Corinto, de Málaga e Izmir –Esmirna–)*
• *175 g de frutas confitadas en dados*
• *4 huevos*
• *6 cl de ron*

1. Caliente previamente el horno a 200 °C.
2. Ablande la mantequilla al baño María o en el microondas.
3. Desmigaje la miga de pan y póngala en un cuenco. Vierta encima la leche bien caliente. Añada primero la mantequilla derretida, el azúcar en polvo, las pasas y las frutas confitadas en dados, mezclando cada vez. Incorpore a continuación, uno a uno, los huevos enteros, mezclando después de cada uno, y el ron. Remueva hasta que la masa esté bien homogénea.
4. Unte con mantequilla un molde de 22 cm de diámetro y vierta en él la masa.
5. Meta el molde en un baño María y hornéelo 1 h.

Comentario del gourmet
Puede servir este pudín acompañado de un sabayón (*ver p. 312*) perfumado con 5 cl de ron o de una crema inglesa (*ver p. 108*) perfumada con 3 cl de madeira.

Crêpes, buñuelos y gofres

Las crêpes y los gofres son preparaciones tradicionales, fáciles de realizar y a menudo asociadas a fiestas rituales. Los buñuelos se encuentran entre los dulces de cocina regionales más antiguos. Hay una gran variedad, pues la masa utilizada difiere según el alimento que reviste.

Crêpes

Crepas de cajeta

Para 12-14 crepas
Preparación: 30 min
Reposo: 30 min
Cocción: 5 min

• 2 huevos • 120 g de harina
• 20 cl de leche
• 200 g de dulce de cajeta
• 40 g de mantequilla

1. Disuelva la harina en la leche. Agregue los huevos y bata bien, hasta conseguir una pasta lisa y fluida. Déjela descansar 30 min a temperatura ambiente.
2. Unte una sartén pequeña con parte de la mantequilla y vierta 4 c de la pasta. Cueza a fuego vivo; la parte de abajo debe estar dorada.
3. Déle la vuelta y dore por el otro lado. Repita la operación hasta terminar la pasta y la mantequilla.
4. Reparta el dulce de cajeta en las crepas y dóblelas por la mitad. Póngalas en una fuente refractaria, una al lado de la otra y hornee 5 min a 180 °C. Sirva enseguida.

Crêpes de almendras

Para 12 crêpes
Preparación: 10 min, 20 min
Reposo: 2 h
Cocción: 30 min

• 1 kg de masa para crêpes (ver p. 78)
• 500 g de crema pastelera (ver p. 112)
• 75 g de almendras molidas
• 3 cl de ron • Azúcar glas

1. Haga la masa para crêpes y déjela reposar 2 h.
2. Prepare la crema pastelera, y añádale las almendras molidas y el ron. Mézclelo bien todo.
3. Caliente una sartén con revestimiento antiadherente ligeramente engrasada y prepare una docena de crêpes siguiendo el método habitual (*ver receta de las crêpes de azúcar en la página 248*).
4. Rellénelas, a medida que estén listas, de crema pastelera con almendras y enróllelas una a una. Colóquelas delicadamente en una fuente resistente al fuego.
5. Precaliente el horno a 250 °C. Espolvoree con azúcar glas y dórelas en el horno. Sírvalas inmediatamente.

247

Crêpes de azúcar

Para 10 crêpes
Preparación: 15 min
Reposo: 2 h
Cocción: 30 min

- *800 g de masa para crêpes (ver p. 78)*
- *Aceite de cacahuete*
- *Azúcar en polvo*

1. Prepare la masa para crêpes y déjela reposar 2 h.
2. Después, ponga en un bol un poco de aceite de cacahuete. Caliente una sartén con revestimiento antiadherente y engrásela con un algodón mojado en el aceite.
3. Vierta la masa en la sartén con un cucharón. Incline la sartén en todas direcciones para repartir bien la masa. Vuelva a ponerla al fuego. Cuando la masa no tenga brillo, despegue los bordes con una espátula y dé la vuelta a la crêpe. Cuézala por el otro lado durante 1 minuto aprox hasta que quede dorada.
4. Deslícela sobre la fuente en la que vaya a servirla y espolvoréela con azúcar.

Valor nutritivo por 100 g
165 kcal; proteínas: 6 g; glúcidos: 19 g; lípidos: 6 g

Comentario del gourmet
Puede preparar una masa para crêpes sustituyendo la mitad de la leche por cerveza dorada. Utilice entonces una sartén para blinis y cuente un cucharón por crêpe. Cuézala 1 min, déle la vuelta y cuézala hasta que esté dorada. Sírvalas untadas con mantequilla salada y rociadas con jarabe de arce.

Crêpes de blondas bretonas

Para 80 crêpes de blondas
Preparación: 5 min
Reposo: 2 h
Cocción: 20 min

- *250 g de harina candeal*
- *1 pizca de sal*
- *250 g de azúcar en polvo*
- *1/2 cc de vainilla líquida*
- *5 huevos*
- *75 cl de leche fresca*

1. Ponga la harina, la sal y el azúcar en un cuenco y mézclelo todo. Luego añada la vainilla y los huevos, uno a uno, mezclando cada vez con una cuchara de madera. Vierta finalmente la leche y siga removiendo hasta obtener una masa lisa y fluida. Déjela reposar entonces 2 h.
2. Caliente una sartén pequeña con revestimiento antiadherente poco engrasada. Vierta un poco de masa para crêpes y, con un movimiento rápido, extiéndala lo máximo posible. Déle la vuelta a la crêpe en cuanto tome color.
3. Cuando esté cocida, córtela en tres tiras y enrolle éstas sobre sí mismas.
Conserve las crêpes a resguardo de la humedad en una lata hermética.

Crêpes cartujas

Para 6 crêpes
Preparación: 35 min
Reposo: 2 h
Cocción: 20 min

- *500 g de masa para crêpes (ver p. 78)*
- *50 g de mantequilla blanda*
- *50 g de azúcar en polvo*
- *3 merengues*
- *5 cl de chartreuse verde*
- *6 macarrones*
- *1 naranja fresca, natural*
- *5 cl de coñac • Azúcar glas*

1. Haga la masa para crêpes y déjela reposar 2 h. Saque la mantequilla del frigorífico para que se ablande.
2. Ponga esta última en un cuenco y trabájela con una cuchara de madera o un tenedor, para darle consistencia de pomada. Luego añada el azúcar en polvo y mézclelo todo bien. Desmenuce los merengues con los dedos por encima del cuenco y mezcle otra vez. Añada finalmente el chartreuse verde.
3. Ralle la corteza de naranja y añádala a la masa. Pique finos los macarrones con un cuchillo e incorpórelos a la preparación anterior con el coñac. Mezcle bien.
4. Cueza las crêpes, úntelas generosamente con el relleno y dóblelas en cuatro. Colóquelas sobre platos calientes, espolvoreadas con azúcar glas y sírvalas muy calientes.

VARIANTE

Crêpes de mandarina
Añada a la masa para crêpes el zumo de una mandarina y 1 c de curaçao. Haga una mantequilla de mandarina amasando 50 g de mantequilla, el zumo y la corteza de una mandarina, 1 c de curaçao y 50 g de azúcar en polvo. Ponga 1 cc de esta preparación en cada crêpe antes de doblarla en cuatro.

Crêpes Condé

Para 6 crêpes
Preparación: 45 min
Reposo: 2 h
Cocción: 20 min, 5 min

- *500 g de masa para crêpes (ver p. 78)*
- *50 g de frutas confitadas en dados*
- *10 cl de ron*
- *100 g de arroz bomba*
- *40 cl de leche*
- *1 vaina de vainilla*
- *80 g de azúcar*
- *30 g de mantequilla*
- *1 pizca de sal*
- *3 yemas de huevo*
- *Azúcar glas*

1. Haga la masa para crêpes y déjela reposar 2 h. Ponga las frutas confitadas a macerar en el ron.
2. Hierva en una cacerola 2 litros de agua, eche durante unos segundos en ella el arroz bomba; a continuación enjuáguelo con agua fría y escúrralo. Precaliente el horno a 200 °C.
3. Hierva la leche con la vaina de vainilla y retírela luego. Añada el azúcar, la mantequilla, una buena pizca de sal, remueva bien y añada el arroz. Espere a que la mezcla hierva de nuevo, vuelva a mezclar y viértalo todo en una fuente resistente al fuego. Cúbrala con papel de aluminio y hornéelo unos 20 min.
4. Cueza las crêpes y guárdelas en caliente sobre una cacerola de agua hirviendo.
5. Cuando el arroz esté cocido, remuévalo y déjelo enfriar 5 min antes de añadirle las yemas de huevo, una a una, y luego las frutas confitadas con el ron. Mezcle bien.
6. Rellene las crêpes con esta preparación, enróllelas y colóquelas una junto a otra en una bandeja. Espolvoree con azúcar glas. Aumente la temperatura del horno a 250 °C y meta la fuente unos minutos en él para dorar las crêpes. Sírvalas de inmediato.

Crêpes en limosnera

Para 6 crêpes
Preparación: 35 min
Reposo: 2 h
Cocción: 20 min

- *500 g de masa para crêpes (ver p. 78)*
- *2 manzanas • 2 peras*
- *2 plátanos • 1 limón*
- *10 g de azúcar en polvo*
- *180 g de coulis de frambuesa (ver p. 150)*
- *12 palillos*

1. Prepare la masa para crêpes y déjela reposar 2 h. Prepare las 6 crêpes con el método habitual (*ver receta de las crêpes de azúcar en la página 248*) y guárdelas al calor.
2. Exprima el limón. Pele las manzanas y las peras, quitándoles las pepitas; pele los plátanos. Corte todas las frutas en trocitos y rocíelas con zumo de limón.
3. Cuézalas a continuación 10 min con el azúcar, en un cazo a fuego lento.
4. Cubra cada plato con coulis de frambuesa. Reparta las frutas cocidas en el centro de cada crêpe. Pliegue los bordes para formar una bolsa limosnera y manténgala cerrada con 2 palillos de madera. Coloque cada una en un plato y sirva enseguida.

Crêpes normandas

Para 6 crêpes
Preparación: 35 min
Reposo: 2 h
Cocción: 15 min

- *500 g de masa para crêpes (ver p. 78)*
- *3 manzanas • 6 cl de calvados*
- *50 g de mantequilla • Azúcar glas*
- *20 cl de crema de leche*

1. Haga la masa para crêpes y déjela reposar 2 h.
2. Pele las manzanas, despepítelas y córtelas en láminas muy finas. Póngalas a macerar en el calvados hasta que la masa esté lista.
3. Caliente la mantequilla en una sartén, eche en ella las manzanas y dórelas rápidamente. Déjelas enfriar y añádalas a la masa para crêpes.
4. Cueza las crêpes en una sartén con revestimiento antiadherente. Espolvoréelas con azúcar glas. Apílelas en la fuente. Sírvalas bien calientes con la crema de leche aparte, en una salsera.

Crêpes Suzette

Para 6 crêpes
Preparación: 30 min
Reposo: 2 h
Cocción: 30 min

- *500 g de masa para crêpes (ver p. 78)*
- *2 mandarinas • 2 c de curaçao*
- *2 c de aceite de oliva • 50 g de mantequilla*
- *50 g de azúcar en polvo • 5 cl de Grand Marnier*

1. Ralle la corteza de una mandarina y exprima las 2 frutas. Prepare la masa para crêpes y añádale la mitad del zumo de mandarina, 1 c de curaçao y el aceite de oliva. Deje reposar 2 h.

Crêpes Suzette

Están servidas con algunas cortezas de naranja confitadas.

2. Corte la mantequilla en pedacitos y póngalos en un cuenco. Amase con el zumo de mandarina restante y el curaçao, la corteza rallada y el azúcar en polvo.
3. Haga las crêpes con el método habitual (*ver receta de las crêpes de azúcar en la página 248*), bastante finas. Ponga un poco de mantequilla perfumada en cada crêpe, dóblelas en cuatro y vuelva a calentarlas a fuego lento. Colóquelas en un plato.
4. Caliente el Grand Marnier en un cazo, viértalo sobre las crêpes y flaméelas.

Ver fotografía en la página 250

Matafans de Besançon

Para 5 crêpes
Preparación: 10 min
Reposo: 1 h
Cocción: 10 min

• *50 g de harina* • *15 cl de leche* • *1 huevo*
• *2 yemas de huevo* • *50 g de azúcar en polvo* • *1 pizca de sal* • *1 cc de aceite* • *2 cl de kirsch* • *Mantequilla*

1. Haga un hueco en la harina y vierta en él leche, el huevo entero y las yemas, un poco de azúcar en polvo, la sal y el aceite.
2. Mezcle y añada el kirsch. Deje reposar 1 h.
3. Caliente un poco de mantequilla en una sartén con revestimiento antiadherente. Vierta en ella la masa, repártala bien por la sartén (*ver receta de las crêpes de azúcar en la página 248*). Cuando la crêpe esté cocida por un lado, déle la vuelta y dórela por el otro.

Comentario del gourmet
Prepare cerezas desglasadas al kirsch: pase rápidamente por una sartén caliente con un poco de mantequilla 250 g de cerezas frescas deshuesadas o al natural y añada de 2 a 3 cl de kirsch. Sirva los matafans bien calientes cubiertos con esas cerezas.

Pannequets con confitura

Para 8 crêpes
Preparación: 20 min, 30 min
Reposo: 2 h
Cocción: 50 min

• *700 g de masa para crêpes (ver p. 78)*
• *125 g de confitura de ciruelas quetsches*
• *16 medios albaricoques en almíbar*
• *60 g de ralladuras de almendras* • *25 g de mantequilla*
• *Azúcar glas* • *5 cl de ron*

1. Prepare la masa para crêpes y déjela reposar 2 h.
2. Haga las crêpes en una sartén con revestimiento antiadherente. Corte los albaricoques en láminas finas.
3. Úntelas con una capa de confitura de ciruela, sin llegar al borde. Ponga en el centro el equivalente de un albaricoque y espolvoree con ralladuras de almendras.
4. Precaliente el horno a 240 °C. Enrolle las crêpes y colóquelas en una fuente para gratinar untada con mantequilla.
5. Espolvoree los pannequets con azúcar glas, y hornéelos de 5 a 7 min. Caliente el ron, viértalo sobre las crêpes y flambéelas.

VARIANTE
También puede usar para los pannequets otras guarniciones: compota, crema pastelera con frutas confitadas, etc.

Panqueque de manzana flambeado al ron

Para 4 personas
Preparación: 40 min
Reposo: 30 min
Cocción: 15 min

Para la masa:
• *3 huevos* • *220 g de harina* • *1/2 l de leche*
• *50 g de azúcar* • *Mantequilla para untar la sartén*

Para el relleno:
• *3 manzanas reinetas* • *75 g de azúcar*

Para el flambeado:
• *100 g de azúcar* • *1/2 vaso de ron*

1. Para hacer la masa: bata los huevos hasta que estén espumosos. Disuelva la harina en la leche fría. Incorpore los huevos batidos y el azúcar. Bata hasta formar una masa lisa y homogénea. Déjela descansar 30 min.
2. Elaboración del relleno: quite el centro de las manzanas con un descorazonador. Pélelas y córtelas en rodajas muy finas. Espolvoréelas con el azúcar.
3. Unte ligeramente una sartén con mantequilla y caliéntela. Vierta un poco de la masa suficiente como para cubrir el fondo de la sartén. Añada la cuarta parte de las manzanas.
4. Cubra con otro poco de la masa. Tape la sartén y deje cocer a fuego suave, hasta que la base esté dorada. Déle la vuelta y cueza por el otro lado. Repita el procedimiento hasta formar cuatro panqueques.
5. El flambeado: espolvoree cada panqueque con una cucharada de azúcar y flambéelos con el ron caliente. Deje apagar el fuego y sirva enseguida.

Ver fotografía en la página 252   **251**

**Panqueque
de manzana
flambeado
al ron**

*El flambeado con ron
otorga a este panqueque
un sabor peculiar.*

Buñuelos

Buñuelos de cereza

Para 30 buñuelos
Preparación: 20 min
Reposo: 1 h
Cocción: 15 min

- *400 g de masa para buñuelos (ver p. 77)*
- *300 g de cerezas de pulpa firme*
- *100 g de azúcar cristalizado*
- *1 pizca de canela molida*
- *Aceite para freír*

1. Prepare la masa para buñuelos y déjela reposar 1 h.
2. Caliente el aceite para freír a 175 °C. Lave las cerezas sin quitarles el rabillo y séquelas cuidadosamente. Mezcle el azúcar y la canela en un plato.
3. Tome cada cereza por su rabillo y sumérjala en la masa para buñuelos. Fríalas a continuación hasta que estén doradas.
4. Vaya sacándolas con una espumadera, escurriéndolas al mismo tiempo. Póngalas sobre papel absorbente. Después páselas por la mezcla de azúcar y canela, y sírvalas bien calientes.

VARIANTE
También puede hacer estos buñuelos con plátano (se necesita 800 g de masa para 6 plátanos). Deje primero macerar la fruta, cortada longitudinalmente. Pínchelos en un tenedor largo, páselos por la masa y fríalos.

Buñuelos de flor de acacia

Para 15 buñuelos
Preparación: 15 min
Reposo: 1 h
Cocción: 15 min

- *200 g de masa para buñuelos (ver p. 77)*
- *1 naranja*
- *15 racimos de flores de acacia*
- *Azúcar glas*

1. Prepare la masa para buñuelos, añádale 10 cl de zumo de naranja y déjela reposar 1 h.
2. Caliente el aceite para freír a 170 °C-180 °C. Moje cada racimo de acacia en la masa y recúbrala bien. Luego sumérjala en aceite.

3. Remueva los racimos con la espumadera para que se doren bien por todos lados. A continuación sáquelos para colocarlos sobre papel absorbente.
4. Póngalos en la fuente cubierta de una servilleta. Espolvoréelos con azúcar glas y sírvalos.

Buñuelos «a l'imbrucciata»

Para 30 buñuelos
Preparación: 20 min
Reposo: 1 h
Cocción: 15 min

- *500 g de harina tamizada*
- *3 huevos*
- *Sal*
- *1 paquetito de levadura en polvo*
- *2 c de aceite de oliva*
- *400 g de broccio fresco*
- *Azúcar*
- *Aceite para freír*

1. Ponga la harina tamizada, con un hueco en el centro, en un cuenco. Incorpore los huevos, 1 pizca de sal, la levadura en polvo y el aceite de oliva. Añada 35 cl de agua y mezcle para obtener una masa bien lisa. Cúbrala con un paño y déjela reposar 1 h a temperatura ambiente.
2. Caliente el aceite para freír.
3. Corte el broccio en lonchas. Pinche cada una con un tenedor, báñela con un poco de masa y sumérjala en el aceite hirviendo. Cuando los buñuelos estén dorados, retírelos con una espumadera y escúrralos. Colóquelos sobre papel absorbente.
4. Ponga los buñuelos en la fuente y espolvoréelos con azúcar.

Buñuelos con limón y miel

Para 20 buñuelos
Preparación: 25 min
Reposo: 45 min
Cocción: 20 min

Para la masa:
- *100 g de harina*
- *1/2 paquete de levadura en polvo*
- *15 cl de agua • 1 limón*

Para el almíbar:
- *750 g de azúcar en polvo*
- *40 cl de agua • 1 limón*
- *1 c de miel • Aceite para freír*

1. Para preparar la masa, disuelva la levadura en agua. Exprima el limón. Ponga la harina en un cuenco, haga un hueco, y vierta en él la levadura disuelta y el zumo de limón. Mezcle bien hasta que la masa sea lisa y no demasiado líquida. Déjela reposar unos 45 min.
2. Prepare el almíbar: exprima el limón. Mezcle el azúcar con el agua y hierva unos 5 min. Añada la miel y el zumo de limón. Retirar del fuego. Caliente el aceite para freír a 175 °C.
3. Ponga la masa en una manga con una boquilla del n° 5. Cuando el aceite esté suficientemente caliente (175 °C), apriete la manga y haga caer trozos de unos 5 o 6 cm. Remueva y saque los buñuelos cuando estén dorados. Colóquelos en papel absorbente. Mójelos en el jarabe, póngalos sobre la fuente en la que va a servirlos (bien calientes).

Buñuelos lioneses

Para 25 buñuelos
Preparación: 30 min
Reposo: 3 h
Cocción: 15 min

- *50 g de mantequilla ablandada*
- *250 g de harina tamizada*
- *30 g de azúcar en polvo*
- *1 pizca de sal*
- *2 huevos grandes*
- *3 cl de ron, de aguardiente o de agua de azahar*
- *Aceite para freír*
- *Azúcar glas*

1. Deje ablandar la mantequilla. Bata los huevos como para tortilla. Vierta en un cuenco la harina tamizada y haga en ella una cavidad. Ponga allí la mantequilla, el azúcar, una buena pizca de sal, los huevos batidos y el ron (o el aguardiente o el agua de azahar). Mezcle y amase durante mucho rato y luego forme una bola; déjela reposar en un lugar fresco.
2. Caliente el aceite a 180 °C para freír.
3. Extienda la masa hasta conseguir un grosor de unos 5 mm.
4. Córtela en tiritas de 10 cm de largo x 4 cm de ancho. Con un cuchillo, haga una incisión de 5 cm en el centro de cada tira. Pase por ello un extremo de la masa como para hacer un nudo.
5. Sumerja los buñuelos en aceite caliente y déles la vuelta una vez; retírelos cuidadosamente con una espumadera y escúrralos sobre papel absorbente. Colóquelos en la fuente y espolvoréelos con azúcar glas.

Buñuelos de manzana

Para 20 buñuelos
Preparación: 30 min
Reposo: 1 h
Cocción: 20 min

- *400 g de masa para buñuelos (ver p. 77)*
- *4 manzanas starking o reina de reinetas*
- *90 g de azúcar en polvo*
- *1 cc de canela molida*
- *Aceite para freír*

1. Prepare la masa para buñuelos y déjela reposar 1 h.
2. Pele las manzanas y descorazónelas. Luego córtelas en rodajas iguales, bastante gruesas. Caliente el aceite a 175 °C. En un plato, mezcle la mitad del azúcar con la canela.
3. Pase cada rodaja de manzana primero por el azúcar, insistiendo lo bastante para que se adhiera bien. Pinche cada rodaja con un tenedor largo, mójela en la masa y sumérjala a continuación en el aceite caliente.
4. Déles la vuelta a los buñuelos con una espumadera, para que se doren bien por todos lados. Sáquelos del aceite y colóquelos sobre papel absorbente.
5. Ponga los buñuelos en la bandeja y espolvoréelos con azúcar. Sirva de inmediato.

Buñuelos de monja

Para 30 buñuelos de monja
Preparación: 15 min
Cocción: de 25 a 30 min

- *300 g de masa para pasta choux (ver p. 85)*
- *Azúcar glas*
- *Aceite para freír*

1. Prepare la masa para pasta choux. Caliente el aceite para freír a 170 °C-180 °C.
2. Coja, con una cucharita, un poco de masa y sumérjala en el aceite. Hágalo así una decena de veces y gire para que se doren bien. Al cabo de 2 o 3 min de cocción, sáquelas con una espumadera y deposítelas sobre papel absorbente.
3. Siga hasta terminar la masa.
4. Ponga los buñuelos de monja en una bandeja y espolvoréelos con azúcar glas antes de servir.

VARIANTE
Añadiendo 50 g de ralladuras de almendras a la masa obtendrá «pequeños choux almendrados en buñuelo». Sírvalos tibios con el coulis de la fruta que desee.

Buñuelos Nanette

Para 10 buñuelos
Preparación: 30 min
Reposo: 1 h
Cocción: 20 min

- *800 g de masa para buñuelos (ver p. 77)*
- *150 g de frutas confitadas*
- *10 cl de kirsch o de ron*
- *1 brioche muselina duro*
- *600 g de crema pastelera (ver p. 112)*

Para el almíbar:
- *300 g de azúcar*
- *20 cl de agua*
- *3 cl de kirsch o de ron*

1. Prepare la masa para buñuelos y déjela reposar 1 h. Ponga a macerar las frutas confitadas cortadas en dados en el kirsch o en el ron.
2. Prepare la crema pastelera y añádale las frutas maceradas escurridas. Corte el brioche en rebanadas redondas.
3. Caliente el aceite para freír. Para preparar el almíbar, hierva azúcar y agua. Añada el kirsch o el ron cuando lo aparte del fuego.
4. Con una cuchara, cubra cada rebanada de brioche con una capa de crema pastelera con frutas confitadas y péguelas de dos en dos, lado de crema contra crema. Rocíelas con un poco de almíbar perfumado con el aguardiente.
5. Pínchelas con un tenedor largo, sumérjalas en la masa para buñuelos y échelas entonces en el aceite caliente.
6. Escúrralas, déjelas secar, espolvoréelas con azúcar fino y colóquelas en una fuente.

Buñuelos vieneses

Para 35 buñuelos
Preparación: 30 min
Reposo: 1 h 30 min, 1 h
Reposo de los buñuelos: 30 min
Cocción: 15 min

- *1,2 kg de masa para brioches (ver p. 77)*
- *250 g de confitura de albaricoque*
- *Aceite para freír*
- *Azúcar glas*

1. Prepare la masa para brioches y déjela reposar 1 h 30 min en un lugar tibio (debe doblar su volumen). Aplástela con la mano y colóquela 1 h en el frigorífico; así se extenderá más fácilmente.

2. Divídala a continuación en 2 partes y extienda cada una de ellas con un grosor de 5 mm. Corte con un recortador, o un vaso, discos de 6 a 8 cm de diámetro. Humedezca los bordes de todos ellos con un pincel.
3. Ponga, con una cucharilla, un poco de confitura de albaricoque en el centro de los discos, de manera alterna. Cubra con otro disco y suelde bien los bordes.
4. Extienda un paño sobre la bandeja, espolvoréela con harina, coloque encima los buñuelos y déjelos crecer 30 min. Caliente el aceite a una temperatura de 160 °C-170 °C.
5. Sumerja los buñuelos en el aceite. Cuando se hayan hinchado del todo y dorado por un lado, déles la vuelta. Escúrralos sobre papel absorbente, colóquelos sobre una bandeja y, finalmente, espolvoréelos con azúcar glas.

Buñuelos de viento

Para 36 buñuelos
Preparación: 1 h
Reposo: 40 min
Cocción: 40 min

- *130 g de harina*
- *4 huevos*
- *75 g de azúcar, más la necesaria para espolvorear*
- *La ralladura de 1/2 limón*
- *10 cc de agua*
- *30 g de mantequilla*
- *Aceite para freír*
- *Sal*

1. Ponga en un cazo el agua, la mantequilla, la ralladura de limón y 1 pizca de sal. Caliente hasta que comience a hervir. Incorpore la harina y, sin dejar de remover con una espátula de madera, cueza hasta que se forme una masa compacta que se desprenda de las paredes del cazo.
2. Retire del fuego y deje templar la pasta. Añada un huevo y mezcle vigorosamente. Añada el resto de los huevos, de uno en uno, sin dejar de batir después de cada adición. Deje reposar la pasta durante 40 min.
3. Caliente abundante aceite de manera ligera en una sartén profunda. Retírela del fuego y ponga una tanda de buñuelos en la sartén, ayudándose de una cucharita y empujando la masa con otra. Espere a que se hinchen.
4. Ponga de nuevo la sartén al fuego y fría los buñuelos hasta que estén completamente dorados. Escúrralos. Repita el procedimiento con el resto de la masa. Espolvoree los buñuelos con azúcar y sírvalos tibios o, si lo desea, fríos.

Buñuelos de pera, hojas de menta y hojas de limonero

Se mojan en masa para freír cuartos de pera, hojas de menta y de limonero, y se echan en el aceite caliente. Después se sirven calientes con unas gotas de limón y azúcar en polvo. Atención: la hoja de limonero no se come; sólo se degusta la masa impregnada de su perfume.

Ver receta en la página 407

Churros madrileños

Para 40 churros
Preparación: 10 min
Reposo: 1 h
Cocción: 10 min

- *250 g de harina*
- *25 cl de agua*
- *1 pizca de sal*
- *50 g de azúcar el polvo*
- *Aceite para freír*

1. Hierva el agua salada. Tamice la harina en un cuenco, haga en ella una cavidad y vierta el agua hirviendo, removiendo con una cuchara de madera. Obtendrá rápidamente una masa espesa, pero cuya textura resultará homogénea. Déjela reposar 1 h en un lugar fresco.

2. Caliente el aceite para freír a 180 °C. Meta la masa en una manga pastelera con boquilla acanalada del n° 10. Deje caer en el aceite tiras de masa de 10 cm de largo. Hágalo paulatinamente, para que los churros no se peguen entre sí.

3. Deje que se doren y déles la vuelta en el aceite con la espumadera. Sáquelos y escúrralos sobre papel absorbente. Finalmente, espolvoree con azúcar antes de servir.

Crema frita en buñuelos

Para 30 buñuelos
Preparación: 45 min
Reposo: 1 h
Cocción: 15 min

- *850 g de crema pastelera (ver p. 112)*
- *600 g de masa para buñuelos (ver p. 77)*
- *Mantequilla para la bandeja*
- *Aceite para freír*
- *Azúcar*

1. *La víspera*: prepare la crema pastelera. Extienda la crema de 1,5 cm de espesor en una bandeja cubierta con papel sulfurizado. Déjela enfriar totalmente y luego ponga la bandeja en el frigorífico.

2. Prepare la masa para buñuelos y déjela reposar durante 1 h.

3. Caliente el aceite para freír a 180 °C.

4. Corte la crema en rectángulos, rombos o círculos. Coloque cada trozo en un tenedor largo y mójelo en la masa, para después sumergirlo en el aceite, muy caliente.

5. Déles la vuelta con precaución, sáquelos cuando estén bien dorados y escúrralos sobre papel absorbente. Colóquelos sobre una fuente y espolvoréelos con azúcar en el momento de servir.

Gofres

Gofres con azúcar

Para 5 gofres
Preparación: 15 min
Reposo: 1 h
Cocción: 10 min

- *500 g de masa para gofres (ver p. 80)*
- *Azúcar glas*
- *Aceite para el molde*

1. Prepare la masa y déjela reposar 1 h por lo menos.

2. Engrase el molde para gofres con un pincel mojado en aceite y caliéntelo. Vierta una gran cucharada sopera de masa en una de las mitades del molde, de modo que la llene pero sin desbordarse.

3. Cierre el molde y gírelo, para que la masa se reparta por igual en sus dos partes. Cueza cada lado 2 min.

4. Ábralo, desmolde el gofre y espolvoréelo con azúcar glas.

Comentario del gourmet
Si son deliciosos tal cual, los puede cubrir, además, de confitura, de crema de leche o de crema chantilly (*ver p. 105*).

Valor nutritivo por 100 g
170 kcal; proteínas: 6 g; glúcidos: 13 g; lípidos: 9 g

Gofres con azúcar mascabado

Para 18 gofres
Preparación: 20 min
Reposo: 2 h
Cocción: 1 h 20 min

- *380 g de harina* • *190 g de azúcar mascabado rubio*
- *1 pizca de sal* • *140 g de mantequilla* • *3 huevos*

Churros madrileños

Tradicionalmente se toman para desayunar, acompañados con una taza de chocolate.

1. Ablande la mantequilla en un cuenco y trabájela hasta que tenga consistencia de pomada. Mezcle en un cuenco la harina, el azúcar mascabado y la sal. Añada la mantequilla y los huevos; amase hasta que la pasta esté bien homogénea. Tápela con película de cocina y déjela reposar 2 h.

2. Parta la masa en 18 porciones y déles forma de albóndiga.

3. Aceite levemente la parrilla de gofres con un pincel y caliéntela. Ponga una bolita de masa en una de sus caras. Ciérrela y cuézala unos 4 min por un lado.

4. Gire la parrilla y cueza 2 o 3 min por el otro lado. Ábrala para comprobar la cocción y no dude en continuar si lo viera necesario. Luego desmolde en la fuente.

5. Deje enfriar los gofres y consúmalos como si fueran galletas.

Sugerencia

También puede juntar estos gofres de dos en dos rellenándolos de ganache (*ver p. 133*) o de crema de mantequilla (*ver p. 109*) aromatizada con café, pistachos o incluso con vainilla.

Gofres con saúco y melocotón

Para 5 gofres
Preparación: 15 min
Reposo: 2 h
Cocción: 1 h

• *Sorbete de melocotón (ver p. 146)*

Para la masa:
• *125 g de mantequilla • 250 g de nata montada*
• *3 yemas de huevo • 2 claras de huevo*
• *120 g de azúcar en polvo*
• *180 g de harina tamizada*
• *4 g de levadura en polvo*
• *50 cl de leche entera fresca*
• *2 g de flores de saúco secas*

Para los melocotones salteados:
• *500 g de melocotones • 30 g de mantequilla*
• *30 g de azúcar • 1 limón*
• *1 g de flores de saúco secas*
• *2 a 3 vueltas de molinillo de pimienta negra*

1. Si no utiliza sorbete comprado en el comercio, prepárelo y métalo en el congelador.

2. Ablande la mantequilla en un cuenco tibio y trabájela con fuerza con una espátula, para darle consistencia de pomada.

3. Prepare esta masa para gofres: monte la nata y también las claras de huevo a punto de nieve con un pizca de sal, añadiéndoles poco a poco la mitad del azúcar. Bata juntas las yemas con la otra mitad del azúcar. Incorpore la mantequilla ablandada, luego la harina y la levadura. Vierta la leche y después la nata montada, sin dejar de remover, y agregue las claras montadas con mucho cuidado para que no se hundan.

4. Deje reposar la masa 2 h como mínimo.

5. Aceite la parrilla para gofres con un pincel y caliéntela.

6. Vierta la masa en una mitad de la parrilla con un cucharón pequeño. Ciérrela y cueza 5 min por un lado y 4 min por el otro.

7. Los melocotones salteados: pele los melocotones (si puede ser, melocotones blancos), córtelos en dos y deshuéselos. Funda la mantequilla en una sartén con revestimiento antiadherente. Ponga los medios melocotones, el azúcar, 1 c de zumo de limón y las flores de saúco. Cocer 3 min a fuego fuerte. Sazonar con 2 o 3 vueltas de molinillo de pimienta y pasar todo a un plato.

8. Ponga un gofre en el centro de cada plato. Disponga los melocotones alrededor y encima una buena bola de sorbete de melocotón. Sirva enseguida.

Gofres de Siena con almendras

Para 50 gofres llamados *ricciarelli*
Preparación: 30 min
Reposo: 12 h
Cocción: 15 min

• *500 g de almendras molidas*
• *500 g de azúcar en polvo*
• *2 claras de huevo • 1 pizca de sal*
• *1/2 cc de vainilla líquida • 175 g de azúcar glas*

1. *La víspera*: en un cuenco, monte las claras a punto de nieve ligera con 1 pizca de sal.

2. En otro mezcle las almendras molidas y el azúcar con la ayuda de una espátula de madera. Añada las claras montadas (removiendo con precaución para que no se hundan) y después la vainilla. Mezcle hasta obtener una masa blanda.

3. Ponga en un bol 100 g de azúcar glas. Tome pequeñas porciones de pasta con una cucharilla y aplástelas entre las palmas. Haga rombos de 6 cm de largo x 4 cm de ancho con un cuchillo que pasará cada vez por el azúcar glas.

4. Cuando todos los gofres estén listos, colóquelos sobre una bandeja untada con mantequilla y déjelos secar toda una noche.

5. Al día siguiente, precaliente el horno a 130 °C. Hornee los gofres 15 min para que se sequen. Deben quedar bien blancos y blandos. Déjelos enfriar completamente y espolvoréelos con azúcar glas.

Comentario del gourmet

Se pueden servir con toda clase de compotas (de albaricoques, manzanas, fresas, etc.) y con un poco de crema chantilly.

Viennoiseries

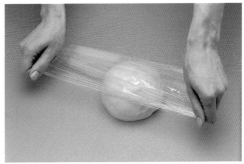

Los brioches, las empanadillas de manzana, los croissants, las palmeras, los panecillos (de chocolate, de leche, de pasas), etc., forman parte de estas preparaciones a base de masa fermentada o semihojaldrada usadas para el desayuno, o a la hora del té o del café.

Bomba de Navidad

Para 8 bombas
Preparación: 30 min
Reposo: 5 o 6 h
Cocción: 15 min

Para el fermento:
- *5 cl de leche*
- *35 g de levadura de panadería*
- *30 g de harina*

Para la masa:
- *500 g de harina*
- *1 c de miel*
- *7 c de aceite de oliva*
- *2 pizcas de sal*
- *2 naranjas*
- *2 c de granos de anís*
- *1/2 taza de café dulce*

1. Ralle la corteza de 1 naranja y exprima los 2 cítricos.

2. Prepare el fermento entibiando la leche. Desmenuce la levadura en un cuenco, vierta encima la leche tibia para disolverla y añada la harina. Amase bien. Enharínese los dedos y haga una bola de masa. Llene el cuenco de agua tibia y deje que la masa doble su volumen (de 5 a 8 min aprox).

3. Tamice la harina en la mesa de trabajo y haga un hueco en ella. Introduzca la miel, el aceite de oliva, la corteza y el zumo de las frutas, los granos de anís y la sal. Amáselo todo con las puntas de los dedos. Antes de que la masa sea homogénea, saque el fermento del agua e incorpórelo. Amase entonces rápidamente hasta obtener una bola de masa firme, suave al tacto.

4. Extiéndala con un grosor de 1 cm, formando un círculo de 30 a 40 cm de diámetro. Aceite la bandeja y coloque la bomba. Haga, con la punta de un cuchillo, 12 incisiones en estrella. Déjela crecer 5 o 6 h.

5. Precaliente el horno a 200 °C.

6. Haga el café y endúlcelo. Pinte la bomba con el café dulce mediante un pincel y hornéela 15 min.

Brioche enrollado con pasas

Para 4 o 6 personas
Preparación: 20 min, 20 min
Reposo: 3 h 30 min, 2 h
Cocción: 30 min

• *300 g de masa para brioches
(ver p. 77)*
• *100 g de crema pastelera
(ver p. 112)*
• *70 g de pasas*
• *4 c de ron*
• *1 huevo*

Para el glaseado:
• *60 g de azúcar glas*
• *3 cl de ron*

1. Prepare la masa para brioches y deje que se hinche durante 3 h.
2. Haga la crema pastelera. Ponga las pasas a macerar en el ron.
3. A continuación, aplaste la masa ya crecida con la palma de la mano y póngala en el frigorífico durante 30 min.
4. Unte con mantequilla una caja o molde para genovesa de 22 cm de diámetro. Separe la masa para brioches en dos trozos, uno de 140 g y otro de 160 g. Con el rodillo, extienda el primero hasta obtener el tamaño del molde y colóquelo con cuidado en éste. Luego ponga encima una capa de la crema pastelera que ha preparado.
5. Aplaste el otro trozo de masa en un rectángulo de 12 cm de ancho x 20 cm de largo. Cubra con el resto de la crema pastelera y luego espolvoree con las pasas.
6. Enrolle el rectángulo para obtener una especie de salchicha de 20 cm de largo y córtelo en seis trozos, teniendo en cuenta que deben ser de idéntico grosor. Colóquelos planos, uno junto a otro, en el molde en el que ya había puesto la masa y la crema. Déjelo crecer 2 h en un lugar tibio.
7. Precaliente el horno a 200 °C. Unte el brioche con el huevo batido y cuézalo 10 min a 200 °C; a continuación, 20 min a 180 °C. Desmóldelo cuando esté tibio.
8. Prepare el glaseado: mezcle el azúcar glas con el ron entibiado. Cuando el brioche esté frío, úntelo con la ayuda de un pincel.

Comentario del gourmet
Recuerde que el glaseado puede aderezarse con el perfume, licor o colorante que prefiera. En el brioche enrollado con pasas le toca el turno al ron.

Brioche de frutas

Para 4 o 6 personas
Preparación: 1 h
Reposo: 3 h, 1 h
Cocción: 45 min

• *400 g de masa para brioches
(ver p. 77)*
• *150 g de frangipane (ver p. 113)*
• *300 g de fruta de temporada (albaricoques,
melocotones, peras, ciruelas)*
• *5 cl de aguardiente
de pera o de ciruela*
• *50 g de azúcar* • *1/2 limón*
• *1 huevo* • *Azúcar glas*

1. Prepare la masa para brioches y déjela crecer 3 h.
2. Elabore la frangipane y déjela en un lugar fresco mientras hace el resto de la preparación.
3. Lave las frutas elegidas, pélelas, si es necesario, y córtelas en dados grandes. Póngalas a macerar en el aguardiente que haya elegido con el azúcar y con el zumo de medio limón.
4. Aplaste la masa fermentada con la palma de la mano y póngala media hora en el frigorífico.
5. Unte con mantequilla un molde redondo, de 22 cm de diámetro, de borde poco elevado.
6. Precaliente el horno a 200 °C.
7. Tome tres cuartos de la masa. Extiéndala con el rodillo y cubra el molde como si fuera a hacer una tarta. Vierta en el fondo la frangipane. Escurra la fruta y añádala encima.
8. Extienda el otro cuarto de masa y póngala encima, soldando bien los bordes. Deje fermentar 1 h a temperatura ambiente.
9. Bata el huevo en un bol y, con un pincel, unte toda la parte superior del brioche.
10. Hornéelo 15 min a 200 °C y luego continúe la cocción 30 min a 180 °C. Sáquelo del horno, espolvoréelo con azúcar glas y sírvalo bien caliente.

Brioche parisino

Para 4 personas
Preparación: 20 min, 5 min
Reposo: 4 h, 1 h 30 min
Cocción: 30 min

• *300 g de masa para brioches (ver p. 77)*
• *1 huevo*

1. Prepare la masa para brioches y déjela crecer 4 h.
2. Divídala en 2 bolas: una de 250 g para el cuerpo del brioche y otra de 50 g para la cabeza. Enharínese

Brioche de frutas

Este brioche, que aparece en la ilustración en porción individual, está acompañado de un coulis de albaricoque y decorado con un alquequenje.

las manos y haga rodar la bola grande para que quede bien redonda. Unte con mantequilla un molde para brioche de 1/2 litro y póngala dentro. Haga lo mismo con la bola pequeña, dándole forma de pera. Con los dedos, hunda un poco la parte superior de la bola grande para poder hundir en ella la parte más estrecha de la otra y apriete levemente para que se sostenga.

3. Deje crecer la masa 1 h 30 min a temperatura ambiente para que doble su volumen.

4. Precaliente el horno a 200 °C.

5. Moje las hojas de unas tijeras y haga incisiones pequeñas en la bola grande, desde abajo hacia la cabeza. Bata el huevo y dore el brioche con un pincel.

6. Hornéelo 10 min a 200 °C, luego reduzca la temperatura a 180 °C y continúe la cocción unos 20 min. Desmolde el brioche tibio.

Comentario del gourmet

Puede acompañar muy bien una macedonia de frutas, un helado, una compota u otros postres. También se puede degustar en rebanadas finas (tal cual o levemente tostadas) untadas con mantequilla salada.

VARIANTE

A partir de este brioche parisino cortado en 5 rebanadas puede hacer un brioche polaco con 100 g de frutas confitadas cortadas en dados y maceradas en 3 cl de kirsch, y mezcladas con 300 g de crema pastelera (*ver p. 112*). Cúbralo con 200 g de merengue (*ver p. 98*) y 50 g de ralladuras de almendras, doradas 5 min al horno.

Brioche con praliné

Para 4 o 6 personas
Preparación: 30 min
Reposo: 3 h, 1 h
Cocción: 45 min

- *400 g de masa para brioches (ver p. 77)*
- *130 g de guirlache*

1. Prepare la masa para brioches. Machaque un poco 100 g de guirlaches y triture el resto en el robot de cocina, o metido en un paño de cocina doblado y aplastándolo con el rodillo. Añada a la masa los 100 g de pralinés machacados y déjela crecer 3 h.

2. Amase rápidamente la bola y hágala rodar sobre el resto de praliné para repartirla por toda la superficie. Ponga esta bola *pralinée* en una bandeja cubierta con papel sulfurizado y déjela crecer 1 h.

3. Precaliente el horno a 230 °C. Hornee la bandeja 15 min y luego baje la temperatura a 180 °C, prosiguiendo con la cocción 30 min más. Desmolde el brioche y sírvalo tibio.

VARIANTE

Bajo los mismos principios, puede hacer también un brioche de Saint-Genix. Haga un brioche y mezcle en la masa 130 g de pralinés de Saint-Genix enteros. Se trata de unos pralinés muy rojos. Cuézalo en un molde o sobre la bandeja.

Cramique

Para 6 personas
Preparación: 25 min
Reposo: 1 h
Cocción: 40 min

- *Un bol de té*
- *100 g de pasas de Corinto*
- *100 g de mantequilla*
- *1 pizca de sal*
- *20 cl de leche fresca*
- *20 g de levadura de panadería*
- *500 g de harina*
- *1 c de azúcar en polvo*
- *3 huevos*

1. Proceda a la elaboración del té y remoje en él los 100 g pasas.

2. Corte la mantequilla en pedacitos. Entibie la leche. Desmigaje la levadura en un cuenco, viértale un poco de leche y mezcle. Añada poco a poco la harina, removiendo con una cuchara de madera hasta obtener una masa blanda.

3. Ponga el resto de la harina sobre la mesa de trabajo y haga un hueco en ella poniendo dentro la levadura. Casque 2 huevos y bátalos (como para tortilla) con la pizca de sal y añádalos junto con la leche tibia que le ha quedado.

4. Trabaje la masa a mano hasta que quede elástica. Añada la mantequilla. Siga amasando. Escurra las pasas y agréguelas. Amase un poco más para integrarlas bien.

5. A continuación, precaliente el horno a una temperatura de 200 °C.

6. Dé a la masa una forma de pudín. Póngala en una bandeja cubierta con papel sulfurizado. Casque y bata el último huevo, y píntela con un pincel. Déjela crecer 1 h a temperatura ambiente.

7. Hornee 10 min a 200 °C, luego reduzca la temperatura del horno a 180 °C y siga la cocción durante 30 min. Desmolde y deje enfriar.

Comentario del gourmet

Puede acompañar este cramique con una serie de preparaciones, como la compota de fruta, la crema de chocolate (*ver p. 105*) o el helado de frutas.

Cramique

El cramique, una especialidad del norte de Francia y de Bélgica, resulta delicioso para acompañar el té.

Croissants

Para 8 croissants
Preparación: 25 min
Reposo: 5 h
Cocción: 15 min

• *400 g de masa para croissants (ver p. 79)*
• *1 yema de huevo*

1. Prepare la masa para croissants y déjela reposar en la nevera 4 h por lo menos.
2. Extienda la masa hasta un grosor de 6 mm.
3. Corte triángulos de 14 cm x 16 cm para formar los croissants. Enrolle cada pieza sobre sí misma, partiendo de la base (de 14 cm de ancho) hacia arriba.
4. Coloque los croissants sobre una bandeja cubierta con papel sulfurizado. Disuelva la yema de huevo con un poquito de agua y píntelos con un pincel. Déjelos reposar 1 h para que doblen su volumen.
5. Precaliente el horno a 220 °C. Pinte de nuevo los croissants y hornéelos. Al cabo de 5 min a 220 °C, baje la temperatura a 190 °C y siga la cocción 10 min más.

VARIANTE

Croissants alsacianos
Haga un almíbar con 70 g de azúcar y 50 cl de agua. Una vez apartado del fuego, añádale 70 g de nueces, almendras y avellanas molidas (210 g en total) y 20 g de azúcar cristalizado. Extienda esta preparación sobre los triángulos de masa para croissants y luego proceda del mismo modo. Cuando estén listos, cúbralos con un glaseado elaborado con 150 g de azúcar glas –mezclado con 6 cl de agua o kirsch– y déjelos enfriar.

Empanadillas de manzana

Para 10-12 empanadillas pequeñas
Preparación: 30 min, 30 min
Reposo: 10 h
Cocción: de 35 a 40 min

• *500 g de masa de hojaldre (ver p. 80)*
• *5 manzanas reinetas*
• *1 limón*
• *150 g de azúcar*
• *20 g de nata líquida*
• *1 huevo*
• *30 g de mantequilla*

1. Prepare la masa de hojaldre y déjela reposar 10 h.
2. Exprima el limón. Pele las manzanas y quíteles todas las pepitas, córtelas en daditos y mézclelas de inmediato con un poco de zumo de limón para evitar que se ennegrezcan. A continuación, escúrralas y mézclelas bien en un cuenco con el azúcar y la nata líquida. Corte la mantequilla en trocitos.
3. Precaliente el horno a 250 °C.
4. Extienda la masa de hojaldre hasta un grosor de 3 mm. Recorte de 10 a 12 círculos de 12 cm de diámetro. Bata el huevo en un bol y únteles el perímetro mediante un pincel. Luego ponga con una cuchara los dados de manzana y la manzana en una mitad de cada disco.
5. Pliegue la otra mitad sobre la rellena. Dore la parte superior con el resto del huevo. Déjelo secar y, con la punta de un cuchillo, trace unas cuadrículas cuidando de no perforar la empanadilla.
6. Hornee 10 min a 250 °C y luego prosiga la cocción de 25 a 30 min a 200 °C. Sirva las empanadillas tibias.

VARIANTE

También puede realizar unas empanadillas de manzana y ciruelas pasas con 250 g de estas últimas remojadas y deshuesadas, 50 g de pasas de Corinto bañadas en ron y 4 manzanas cortadas en dados.

Kouglof

Para 2 kouglof
Preparación: 40 min
Refrigeración de la primera masa: 4 o 5 h
Reposo: 2 h, 1 h 30 min
Cocción: de 35 a 40 min

Para la primera masa:
• *115 g de harina*
• *5 g de levadura de panadería*
• *8 cl de leche*

Para la segunda masa:
• *25 g de levadura de panadería*
• *8 cl de leche* • *250 g de harina*
• *3 pizcas de sal* • *75 g de azúcar en polvo*
• *2 yemas de huevo* • *85 g de mantequilla*
• *145 g de pasas* • *6 cl de ron agrícola*
• *40 g de almendras enteras peladas*
• *30 g de mantequilla*
• *Azúcar glas*

1. *La víspera*: ponga las pasas en remojo en el ron.
2. Para preparar la primera masa, mezcle bien en un cuenco la harina, la levadura y la leche. Cubra el recipiente con un paño húmedo y métalo 4 o 5 h en el frigorífico, hasta que se formen burbujitas en la superficie de esta masa.

Kouglof

*Espolvoreado levemente
con azúcar glas, este
kouglof va acompañado
de una crema inglesa
en salsera.*

Petits-fours

*Los petits-fours son preparaciones
muy variadas que tienen en común
su pequeño tamaño.
Los petits-fours secos están destinados,
sobre todo, a acompañar postres de
huevos, postres helados, sorbetes, etc.
Los fríos son, a menudo, réplicas
en miniatura de pasteles.*

Petits-fours secos

Alfajores

Para 12-14 alfajores
Preparación: 25 min
Cocción: 7 min

• *1 huevo* • *6 yemas* • *200 g de harina*
• *150 g de dulce de leche* • *Esencia de vainilla*

1. Bata el huevo con las yemas, hasta que la preparación esté bien espumosa. Agregue unas gotas de esencia de vainilla y la harina, sin dejar de remover con una espátula de madera.
2. Coloque la mezcla sobre la mesa de trabajo y amásela hasta que resulte homogénea. Estírela con un rodillo para conseguir una lámina de 3 mm de grosor.
3. Corte discos con un cortapastas de 4 cm de diámetro y póngalos sobre placas de horno limpias. Hornéelos a 200 °C durante unos 7 min, hasta que estén secos pero no dorados. Déjelos enfriar.
4. Una los discos de a dos con el dulce de leche y sírvalos.

Arlettes de especias

Para 40 arlettes
Preparación: 30 min
Reposo: 1 h 30 min, 4 h, 10 min
Cocción: 4 o 5 min

• *500 g de masa de hojaldre invertida
caramelizada (ver p. 83)*
• *50 g de mantequilla*

Para el azúcar glas de vainilla:
• *7 g de cuatro especias* • *5 g de vainilla en polvo*
• *50 g de azúcar glas*

1. Prepare la masa de hojaldre invertida caramelizada y póngala al fresco durante 1 h 30 min.
2. Prepare el azúcar glas de vainilla mezclando las cuatro especias con la vainilla en polvo y el azúcar glas.
3. Derrita la mantequilla. Extienda la masa de hojaldre hasta conseguir un grosor de 2 mm, formando un

cuadrado de 40 cm. Unte mediante un pincel toda la superficie con mantequilla derretida. Enrolle la masa y póngala unas 4 h en el frigorífico, y luego 10 min en el congelador.

4. Precaliente el horno a 230 °C.

5. Corte el rollo de masa en rodajas de 2 mm de espesor con un cuchillo largo y muy afilado. Espolvoree la mesa de trabajo con el azúcar glas con especias. Ponga encima los discos de masa de 2 en 2, cúbralos de azúcar y luego extiéndalos con delicadeza.

6. Póngalos todos en una bandeja cubierta con papel sulfurizado y a continuación hornéelos durante unos 4 o 5 min.

Sugerencia
Estas arlettes de especias se conservan muy bien 15 días en una lata y en un lugar seco, o bien 10 días en un tarro hermético de plástico.

VARIANTE
Puede hacer con estas arlettes de especias todo un postre: cúbralas con mousse de chocolate (*ver p. 115*) o de crema de mantequilla con pistachos (*ver p. 109*). Ponga otra encima y sírvalas, en un plato, con un coulis de melocotón (*ver p. 151*) o de frambuesa (*ver p. 150*).

Bastoncitos de comino
Para 20 bastoncitos
Preparación: 25 min
Reposo: 2 h
Cocción: 10 min

• *300 g de masa dulce (ver p. 74)*
• *20 g de granos de comino*
• *1 huevo*

1. Prepare la masa dulce incorporándole los granos de comino, y déjela reposar durante 2 h al fresco.

2. Precaliente el horno a 200 °C.

3. Extienda la masa con el rodillo hasta obtener 5 mm de grosor y córtela en bastoncitos de 8 a 10 cm de largo.

4. Bata el huevo en un bol, pinte los bastoncitos con la ayuda de un pincel y colóquelos entonces en una bandeja cubierta con papel sulfurizado. Por último, hornéelos 10 min.

Comentario de gourmet
Siguiendo las indicaciones de esta receta, puede hacer del mismo modo bastoncitos de alcaravea o de anís.

Bastoncitos glaseados con vainilla
Para 15 bastoncitos
Preparación: 20 min
Cocción: 10 min

• *85 g de almendras molidas*
• *85 g de azúcar*
• *1 sobre de azúcar de vainilla*
• *1 clara de huevo* • *Glaseado real (ver p. 130)*
• *1 cc de vainilla líquida*

1. Mezcle en un cuenco el azúcar, las almendras molidas y el azúcar de vainilla. Añada la clara de huevo y remueva hasta que la masa haya ligado.

2. Prepare el glaseado real añadiendo la vainilla líquida.

3. Precaliente el horno a 160 °C.

4. Enharine un poco la mesa de trabajo y extienda la masa con el rodillo hasta un 1 cm de grosor. Cubra esta base con una capa de glaseado real. Corte lengüetas de 2 cm de ancho x 10 cm de largo. Unte con mantequilla y enharine una bandeja. Coloque en ella los bastoncitos. Cuézalos 10 min.

Bizcochos de Córdoba
Para 20-25 bizcochos
Preparación: 15 min
Reposo: 1 h
Cocción: 10 min

• *200 g de mantequilla*
• *400 g de harina*
• *15 g de azúcar en polvo*
• *1 sobre de azúcar de vainilla*
• *2 yemas de huevo* • *10 cl de leche*
• *Confitura de leche, de guayaba o de papaya*

1. Corte la mantequilla en pedacitos. Tamice la harina en un cuenco y mézclela con el azúcar en polvo y el de vainilla. Añada poco a poco la mantequilla y luego, una a una, las yemas de huevo. Vierta a continuación la leche y mezcle sin amasar demasiado, sólo hasta que la preparación esté bien firme.

2. Deje reposar 1 h en un lugar fresco.

3. Precaliente el horno a 180 °C.

4. Extienda la masa con el rodillo para conseguir un grosor de 3 mm. Con un cuchillo corte círculos o rectángulos. Póngalos sobre una bandeja cubierta con papel sulfurizado, espaciándolos bien.

5. Hornee 10 min. Despegue los bizcochos con una espátula. Déjelos enfriar sobre la mesa de trabajo. Úntelos con confitura de leche, de guayaba o de papaya y júntelos de dos en dos.

Brownies

Para 30 brownies
Preparación: 30 min
Cocción: de 15 a 20 min

- *800 g de masa de bizcocho de tipo* brownie *(ver p. 89)*

1. Prepare la masa de bizcocho de tipo *brownie*.
2. Precaliente el horno a 180 °C.
3. Unte con mantequilla un molde cuadrado de 30 cm de lado y vierta la masa en él. Alise bien la parte superior con una espátula y hornee de 15 a 20 min. La masa debe seguir blanda: compruebe la cocción con un cuchillo, cuya punta debe salir con masa pegada.
4. Déjelo entibiar antes de desmoldar; entonces vuelque el molde sobre una fuente y deje enfriar. Recorte primero franjas y luego cuadrados de unos 4 cm de lado. Póngalos en moldecitos de papel.

Sugerencia
También puede guardar los brownies unos días en una caja hermética.

Cerillas glaseadas

Para 20 cerillas
Preparación: 20 min
Reposo: 10 h
Cocción: 10 min

- *200 g de masa de hojaldre (ver p. 80)*
- *200 g de glaseado real (ver p. 130)*

1. Prepare la masa de hojaldre y déjela reposar 10 h.
2. Precaliente el horno a 200 °C.
3. Extienda la masa de hojaldre hasta un grosor de 4 mm. Corte tiras de 8 cm de ancho.
4. Con un pincel o una espátula pequeñita, páseles por encima una capa delgada de glaseado real.
5. Corte las tiras en trozos de 2,5 a 3 cm de ancho y colóquelos sobre una bandeja cubierta con papel sulfurizado.
6. Meter unos 10 min en el horno, hasta que la parte superior de las cerillas sea de color crema.

Sugerencia
El glaseado real sólo se puede hacer en gran cantidad. Sin embargo, puede guardarse la parte no utilizada en la zona alta del frigorífico durante un máximo de 10 a 12 días, dentro de un bol bien tapado con película de cocina.

Cookies de chocolate

Para 30 cookies
Preparación: 20 min
Cocción: 8 a 10 min por hornada

- *110 g de mantequilla*
- *110 g de azúcar moreno*
- *100 g de azúcar en polvo* • *1 huevo*
- *1/2 cc de vainilla líquida* • *225 g de harina*
- *1/2 cc de levadura en polvo* • *1 pizca de sal*
- *175 g de chocolate negro o pepitas de chocolate negro*

1. Caliente previamente el horno a 170 °C.
2. Ponga una hoja de papel sulfurizado sobre la bandeja. Ablande la mantequilla. Pase el chocolate por un rallador de agujeros grandes o píquelo con un cuchillo.
3. Bata la mantequilla en un cuenco con los dos tipos de azúcar, hasta que el color de la mezcla sea amarillo pálido y su consistencia, espumosa. Añada el huevo entero y luego la vainilla líquida.
4. Tamice la harina con la levadura y la sal. Viértalo todo, poco a poco, espolvoreándolo, en el cuenco, trabajándolo bien con una espátula de madera, para evitar que se formen grumos. Luego incorpore a la masa el chocolate negro rallado.
5. Mediante una cuchara –que mojará cada vez en un bol de agua– ponga montoncitos de masa bien espaciados en la bandeja. Aplástelos con el dorso de la cuchara, a fin de formar discos de unos 10 cm de diámetro.
6. Hornee de 8 a 10 min. Los cookies deben tener el interior crujiente.
7. Sáquelos del horno y póngalos sobre una rejilla. Sírvalos tibios o fríos.

Fichas de damas

Para 25 fichas
Preparación: 15 min
Cocción: 10 min

- *80 g de pasas de Corinto* • *8 cl de ron*
- *125 g de mantequilla*
- *125 g de azúcar en polvo* • *2 huevos*
- *150 g de harina* • *1 pizca de sal*

1. Lave las pasas de Corinto y déjelas macerar durante 1 h en el ron.
2. Precaliente el horno a 200 °C.
3. Ablande la mantequilla. Bátala en un cuenco con el azúcar en polvo; luego añada los huevos, uno a uno, y mézclelo todo bien. Agregue a continuación la harina, las pasas con el ron y 1 pizca de sal. Amase bien entre cada ingrediente añadido.

4. Coloque con una cucharita montoncitos de masa bien separados entre sí sobre la bandeja cubierta con papel sulfurizado y cuézalos 10 min. Cuando las fichas estén frías, guárdelas en una caja hermética.

Galletas bretonas

Para 30 a 35 galletas
Preparación: 10 min
Refrigeración: 1 h
Cocción: 10 min

- *130 g de mantequilla*
- *135 g de azúcar en polvo*
- *2 g de sal • 1 huevo*
- *230 g de harina*
- *7 g de levadura en polvo*

1. Ablande la mantequilla, y mézclela con el azúcar y la sal. Añada a continuación el huevo y amase algunos min con una cuchara de madera. Vierta después la harina y la levadura, y amase hasta que la preparación quede homogénea.
2. Haga una bola con ella, envuélvala en película de cocina y déjela reposar 1 h al fresco.
3. Corte la masa en 4 trozos. Haga con cada uno una «salchicha» de 3 cm de diámetro y córtelas en rodajas de 1 cm de grosor. Ponga estos discos en una bandeja cubierta con papel sulfurizado y métalos 1 h en el frigorífico.
4. Precaliente el horno a 200 °C y hornee 10 min.
5. Cuando las galletas se hayan enfriado, guárdelas en una caja hermética.

Comentario del gourmet
Sirva estas galletas bretonas con una crema inglesa, una mousse de chocolate, una macedonia de frutas, una compota, un helado o un sorbete.

Ver fotografía en la página 325

Galletas de Pascua de Oriente Medio o «maamoul»

Para 20 galletas
Preparación: 45 min
Reposo: 2 h
Cocción: 35 min

Para la masa:
- *500 g de harina*
- *250 g de mantequilla*
- *5 cl de agua de azahar • 5 cl de agua de rosas*

Para el relleno:
- *200 g de nueces, de almendras o de pistachos pelados*
- *200 g de azúcar*
- *5 cl de agua de azahar*

1. Derrita la mantequilla en un cazo. Ponga la harina en un cuenco, y vierta encima la mantequilla con el agua de azahar y la de rosas. Amase bien, añadiendo, si fuera necesario, un poco de agua. Deje reposar 2 h hasta que la masa esté consistente.
2. Pique las nueces, las almendras o los pistachos, y mézclelos con el azúcar y el agua de azahar (o el de rosas).
3. Precaliente el horno a 160 °C.
4. Forme unas bolas de masa del tamaño de un huevo pequeño. Aplástelas con los dedos para darles forma de cono. Rellene cada cono con un poco de la mezcla anterior y vuelva a cerrarlo.
5. Coloque las galletas sobre una bandeja cubierta con papel sulfurizado y hornee 35 min. Sáquelas y espolvoréelas con azúcar glas.

Lenguas de gato

Para 45 lenguas de gato
Preparación: 20 min
Cocción: 30 min

- *125 g de mantequilla*
- *1 sobre de azúcar de vainilla*
- *75 a 100 g de azúcar en polvo*
- *2 huevos*
- *125 g de harina*

1. Corte la mantequilla en trozos y trabájela con una espátula para dejarla con textura de pomada muy lisa. Añada el azúcar de vainilla y el azúcar en polvo, y mézclelo todo bien. Luego añada los huevos, uno a uno. Tamice la harina, espolvoréela e incorpórela con un batidor de varillas.
2. Precaliente el horno a 200 °C.
3. Ponga una hoja de papel sulfurizado sobre la bandeja del horno. Meta la masa en una manga pastelera con una boquilla del n° 6 y coloque lengüetas de masa de 5 cm de largo, espaciadas 2 cm entre sí.
4. Como podrá observar, las lenguas de gato no cabrán en una sola bandeja. Cueza 4 o 5 min cada hornada. Cuando se hayan enfriado, guárdelas en una caja hermética.

Comentario del gourmet
Recuerde que las lenguas de gato deben estar bien secas y que han de desmenuzarse fácilmente (*ver p. 56*).

Galletas de Pascua de Oriente Medio o maamoul

Estas galletas se rellenan tradicionalmente de nueces, de almendras y de pistachos picados, o de un dátil.

Macarrones

Para 20 macarrones grandes u 80 pequeños
Preparación: 45 min
Cocción: de 10 a 20 min

Para la masa:
• 480 g de azúcar glas
• 280 g de almendras molidas
• 7 claras de huevos

Para los colores:
• 40 g de cacao en polvo • 1/2 cc de extracto de café
• 6 gotas de colorante carmín o 6 gotas
de colorante verde • 1 cc de vainilla líquida

1. Tamice juntos el azúcar glas y las almendras molidas. Si hace macarrones de chocolate, tamice también el cacao en polvo.
2. Monte las claras a punto de nieve firme. Añada el colorante que prefiera.
3. Espolvoree muy rápidamente y «en lluvia» la mezcla de azúcar y almendras sobre las claras. Mezcle con una cuchara de madera, removiendo la mezcla desde el centro hacia los bordes, mientras hace girar el cuenco con la mano izquierda. Maneje esta mezcla con delicadeza, a fin de que no se hundan las claras montadas. Tiene que obtener una masa un tanto fluida, para que los macarrones no queden demasiado secos una vez cocidos.
4. Precaliente el horno a 250 °C.
5. Coloque 2 bandejas superpuestas y una hoja de papel sulfurizado sobre la segunda. Vierta la masa en una manga con una boquilla lisa del nº 8 (para hacer macarrones pequeños, de 2 cm de diámetro) y del nº 12 (para los grandes, de 7 cm de diámetro).
6. Forme los macarrones. Déjelos reposar así un cuarto de hora a temperatura ambiente (se formará en la superficie una pequeña costra). Después meta las bandejas en el horno y baje de inmediato la temperatura a 180 °C. Cuézalos de 18 a 20 min si son macarrones grandes y de 10 a 12 min si son pequeños, dejando la puerta del horno entreabierta.
7. Cuando los macarrones estén cocidos, saque la bandeja doble. Ponga un poco de agua en un vaso dosificador y, levantándolo un poco, haga correr una pequeña cantidad de agua bajo el papel sulfurizado: el vapor permite despegar más fácilmente los macarrones. Déjelos enfriar sobre una rejilla antes de –si lo desea– rellenarlos. Colóquelos sobre una tabla cubierta de película de cocina y guárdelos 2 días en el frigorífico: estarán aún mejor.

VARIANTE

Puede rellenar los macarrones a su gusto con: 300 g de ganache de chocolate (*ver p. 133*); o 300 g de crema de mantequilla con café (*ver p. 109*); o 300 g de confitura de frambuesas (*ver p. 372*); o 300 g de crema de mantequilla con pistachos (*ver p. 109*); o 300 g de crema de mantequilla natural (*ver p. 107*). Prevea estas cantidades para 20 macarrones pequeños (o 5 grandes). Ponga, con una cucharilla o la manga pastelera, la ganache, la crema o la confitura en la parte plana de un macarrón y ponga otro encima.

Mantecados de coco

Para 60 mantecados
Preparación: 30 min
Reposo: 2 h
Cocción: 3 o 4 min

• 325 g de mantequilla • 150 g de azúcar glas
• 3 pizcas de sal • 75 g de almendras molidas
• 75 g de coco rallado • 2 huevos
• 325 g de harina

1. Amase la mantequilla con un tenedor en un cazo para ablandarla. Luego añada, mezclando bien entre un ingrediente y otro, el azúcar glas, la sal, las almendras molidas, el coco rallado y 1 huevo. Añada la harina en último lugar y amase un poco. Deje reposar 2 h en un lugar fresco.
2. Precaliente el horno a 180 °C.
3. Extienda la masa hasta obtener un grosor de 3,5 cm y póngala en la mesa de trabajo enharinada. Córtela en trozos con un cortador acanalado de 45 a 55 mm de diámetro.
4. Coloque los mantecados en una bandeja cubierta con papel sulfurizado. Casque en un bol el segundo huevo y pinte todos los mantecados con un pincel. Hornéelos 3 o 4 min en el horno. Déjelos enfriar.

Mantecados florentinos

Para 90 mantecados
Preparación: 15 min, 30 min
Refrigeración: 2 h
Cocción: 15 min, 10 a 12 min

• 400 g de masa dulce (ver p. 74)
• 100 g de corteza confitada de naranja
• 1 naranja fresca, natural
• 50 cl de crema de leche • 9 cl de agua
• 220 g de azúcar cristalizado
• 10 g de glucosa • 120 g de mantequilla
• 100 g de miel líquida
• 280 g de ralladuras de almendras
• 300 g de chocolate semiamargo

1. Prepare la masa y guárdela 2 h en el frigorífico.
2. Precaliente el horno a 180 °C.
3. Extienda la masa hasta conseguir un grosor de 2 mm y pínchela con un tenedor. Póngala sobre la bandeja cubierta con papel sulfurizado y cuézala 15 min, justo hasta que esté dorada.
4. Corte la corteza confitada de naranja en trocitos pequeños.
5. Ralle la corteza de naranja, añádala a la crema de leche y hierva.
6. Vierta el agua, el azúcar y la glucosa en un cazo de fondo grueso. Cocer hasta que obtenga un caramelo ambarino.
7. Añada la mantequilla, la crema de leche hervida y la miel líquida, y mezcle con una espátula. Hierva hasta 125 °C (ver p. 123). Fuera del fuego, añada los trocitos de corteza confitada y las ralladuras de almendras. Mézclelo todo bien.
8. Vierta esta preparación sobre la masa en cuanto salga del horno y extiéndala lo más fina posible.
9. Aumente la temperatura del horno a 230 °C y hornee la bandeja de nuevo de 10 a 12 min.
10. Saque la bandeja del horno y deje enfriar la masa; luego corte cuadrados de 3 cm de lado.
11. Derrita el chocolate al baño María o en el microondas y témplelo, para que se mantenga bien brillante: en cuanto alcance los 50 °C, sumerja la cacerola en un cuenco lleno de cubitos de hielo mientras sigue removiendo, hasta que la temperatura haya descendido a 28 °C. Vuelva a calentar hasta 29 o 31 °C sin dejar de remover.
12. Moje la mitad de cada florentino en el chocolate, marcando una diagonal. Vaya poniendo los mantecados sobre una hoja de papel sulfurizado y déjelos enfriar.

Sugerencia
Los mantecados florentinos se conservan varios días en una caja hermética.

Comentario del gourmet
Puede hacerlos sin chocolate a partir de la misma masa y siguiendo la misma receta.

Ver fotografía en la página 280

Mantecados Linzer
Para 40 mantecados
Preparación: 30 min
Reposo: 2 h
Cocción: 7 u 8 min

• *500 g de masa* sablée *a la canela (ver p. 76)*
• *200 g de confitura de frambuesas (ver p. 396)*
• *1 huevo*

1. Prepare la masa *sablée* a la canela y déjela reposar 2 h en un lugar fresco.
2. Córtela en 2 trozos. Extienda cada uno de ellos con un grosor de 3 mm. Moje totalmente el primero con un pincel mojado en agua.
3. Precaliente el horno a 180 °C.
4. Recorte el segundo trozo con un molde cortador redondo acanalado, de 5 cm de diámetro. Haga un agujero en el centro de cada disco con un molde recortador de 2 cm de diámetro.
5. Corte el trozo de masa que ha humedecido con el recortador acanalado, pero no haga agujeros en el centro de los discos.
6. Coloque un disco lleno sobre uno agujereado.
7. Ponga estos mantecados en una bandeja cubierta con papel sulfurizado. Casque el huevo en un bol, bátalo y pinte cada mantecado con un pincel. Hornéelos 7 u 8 min.
8. Deje enfriar y luego ponga en el centro de cada uno una cúpula de confitura de frambuesa.

Pastelillos de pacana
Para 25 pastelillos
Preparación: 30 min
Cocción: 15 min

• *200 g de pacanas*
• *4 huevos*
• *100 g de azúcar*
• *150 g de mantequilla*
• *400 g de harina*

1. Ablande la mantequilla. Triture las pacanas, chafándolas con el rodillo dentro de un paño o en el robot.
2. Casque los huevos en un cuenco grande; bátalos como para tortilla. Añada el azúcar y la mantequilla, mezclando bien con un batidor de varillas. Incorpore a continuación, poco a poco, la harina, sin dejar de remover. Añada las pacanas y mézclelo todo bien.
3. Precaliente el horno a 200 °C.
4. Vierta la masa en la mesa de trabajo y hágala rodar para formar una especie de salchicha. Córtela en rodajas de 1 cm de grosor.
5. Póngalas en la bandeja cubierta con papel sulfurizado, separándolas unos 4 cm para que no se peguen entre sí y cuézalas 15 min.
6. Deje enfriar. Conserve estos pastelillos en una caja hermética y en un lugar seco.

Comentario del gourmet
La pacana es un ingrediente de numerosas recetas norteamericanas, como estos petits-fours.

Tejas

Para 25 tejas
Preparación: 20 min
Cocción: 4 min

• 100 g de azúcar en polvo
• 1/2 sobre de azúcar de vainilla
• 75 g de harina
• 2 huevos
• 1 pizca de sal
• 75 g de mantequilla
• 75 g de ralladuras de almendras

1. Precaliente el horno a 200 °C. Derrita la mantequilla y tamice la harina.
2. Con una cuchara de madera, mezcle en un cuenco el azúcar en polvo, el de vainilla, la harina tamizada, los huevos, añadidos uno a uno, y una pizquita de sal. Luego incorpore la mantequilla fundida y las ralladuras de almendras, amasando con precaución para no romperlas.
3. Ponga una hoja de papel sulfurizado sobre la bandeja del horno.
4. Coloque, con una cucharita, montocitos de masa bien separados entre sí y extiéndalos levemente con el dorso de un tenedor, mojado cada vez en agua fría. Cuézalos unos 4 min.
5. Aceite generosamente el rodillo. Despegue delicadamente cada teja con una paleta metálica y colóquelas de inmediato «a caballo» sobre el rodillo. En cuanto estén frías, quite las tejas del rodillo y métalas en una caja hermética.

Sugerencia
Cueza las tejas a hornadas pequeñas para facilitar la operación de moldeado sobre el rodillo, porque son muy frágiles.

Tejas de almendras

Para 24 tejas
Preparación: 20 min
Cocción: 5 min

• 125 g de azúcar en polvo
• 1 sobre de azúcar de vainilla
• 75 g de harina • 2 huevos
• 40 g de mantequilla
• 75 g de ralladuras de almendras

1. En un cuenco mezcle, con el batidor de varillas, el azúcar en polvo, el de vainilla y la harina.
2. Añada los huevos batidos. Derrita la mantequilla y añada 2 c a la masa.

3. Incorpore las almendras desmenuzadas.
4. Precaliente el horno a 275 °C.
5. Unte con mantequilla una bandeja. Coloque en ella pequeñas cantidades de masa bien separadas entre sí. Extiéndalas levemente con el dorso de una cuchara, mojado cada vez en agua fría.
6. Cuézalas 5 min: el contorno tiene que estar marrón dorado y el centro, amarillo pálido.
7. Aceite generosamente un rodillo. Despegue cada teja con una paleta metálica y colóquela de inmediato «a caballo» sobre el rodillo. Cuando estén frías, sáquelas del rodillo y guárdelas en una caja hermética.

Ver fotografía en la página 280

Visitandines

Para 40 visitandines
Preparación: 20 min
Refrigeración: 1 h
Cocción: de 8 a 10 min

• 4 claras de huevos
• 185 g de mantequilla
• 125 g de azúcar en polvo
• 125 g de almendras molidas
• 40 g de harina

1. Ponga 3 claras de huevo en un bol y 1 clara en otro. Déjelas una hora larga en la nevera, para que estén bien frías.
2. Tamice la harina. Derrita la mantequilla lentamente al baño María.
3. Monte la clara sola a punto de nieve muy firme e introdúzcala en el frigorífico.
4. Precaliente el horno a 220 °C.
5. Mezcle el azúcar en polvo y las almendras molidas. Añada la harina e incorpore poco a poco las 3 claras, trabajando bien la mezcla. Finalmente agregue la mantequilla derretida apenas tibia. Agregue, para terminar, la clara montada.
6. Unte con mantequilla unos moldecitos en forma de barquita y ponga en ellos, en cantidades pequeñas, la preparación mediante una manga con una boquilla grande lisa.
7. Hornee de 8 a 10 min; los pastelillos han de quedar dorados por fuera y blandos por dentro. Desmolde las visitandines cuando estén tibias.

Sugerencia
Son necesarias varias hornadas para esta receta, según el tamaño del horno y el número de moldecitos de que disponga. Para desmoldar más fácilmente, golpee levemente el molde contra la mesa antes de volcarlo.

**Tejas
de almendras**

Estas tejas
(en la ilustración
con mantecados
florentinos)
acompañan
perfectamente
un helado
o una compota
de frutas.

Petits-fours fríos

Abricotines

Para 40 abricotines
Preparación: 40 min
Cocción: 15 min

- *100 g de clara de huevo*
- *1 pizca de sal*
- *15 g de harina*
- *100 g de almendras molidas*
- *100 g de azúcar glas*
- *1 cc de vainilla líquida*
- *100 g de ralladuras de almendras*
- *300 g de confitura de albaricoque (ver p. 371)*
- *150 g de chocolate semiamargo*

1. En un cuenco, monte las claras con sal a punto de nieve.
2. Tamice juntos en otro recipiente algunos de los ingredientes: la harina, las almendras molidas y el azúcar glas; añada entonces la vainilla. Vierta y mezcle con cuidado las claras e incorpórelas levantando delicadamente la preparación (de abajo hacia arriba). Póngala después en una manga equipada con una boquilla del n° 8.
3. Precaliente el horno, llevando la temperatura hasta los 180 °C.
4. Tome 2 bandejas. Ponga primero una hoja de cartón ondulado sobre cada una de ellas, luego una de papel sulfurizado (así las abricotines quedarán muy blandas). Coloque bolas de masa de 1,5 cm de diámetro, separadas 2 cm entre sí. Espolvoréelas con ralladuras de almendras y, sujetando bien los lados, haga bascular las bandejas verticalmente, para eliminar las almendras que no se hayan adherido a la masa. Cocer 15 min con la puerta del horno entreabierta.
5. Quite las abricotines de las bandejas y póngalas sobre una rejilla. Haga un pequeño hueco con el índice en su lado plano. Con una cucharilla, rellene cada una de las abricotines de manera alterna con una cúpula de confitura de albaricoque y cúbralas con las que están vacías.
6. Para acabar, derrita el chocolate al baño María o bien en el microondas y moje cada una de las abricotines hasta la mitad. Déjelas enfriar del todo a continuación sobre una bandeja cubierta con papel sulfurizado.

Comentario del gourmet
También puede hacer las abricotines al natural, es decir, no tiene por qué mojarlas en chocolate.

Brochetas de chocolate y plátano

Para 20 brochetas
Preparación: 40 min
Refrigeración: 2 h

- *200 g de ganache de chocolate (ver p. 133)*
- *4 plátanos*
- *2 limones*
- *20 palillos de 7 cm de largo*

1. Prepare la ganache. Extiéndala en un aro o sobre un plato hasta obtener un grosor de 1,5 cm y póngala 2 h en el frigorífico.
2. Pele los plátanos. Exprima los limones en un cuenco y ponga aquéllos en él para impedir que ennegrezcan. Corte los plátanos en rodajas gruesas y divídalas en 2 trozos (de unos 2 cm) que formarán semicírculos.
3. Corte la ganache en dados que tengan 1,5 cm de lado.
4. Intercale en cada palillo un trozo de plátano y un trozo de ganache. Ponga las brochetas en la nevera hasta el momento de servir.

Brochetas de melón y frambuesa

Para 20 brochetas
Preparación: 30 min

- *1 melón de 500 g*
- *200 g de frambuesas*
- *100 g de cobertura de albaricoque*
- *20 palillos de 7 cm de largo*

1. Corte el melón en dos y, una vez eliminadas todas las pepitas, haga bolitas que tengan 1,5 cm de diámetro.
2. Vierta la cobertura de albaricoque en un cazo, añada 2 c de agua y entíbielo.
3. A continuación, sumerja la bolas de melón en la cobertura de albaricoque y escúrralas luego completamente en un colador.
4. Limpie las frambuesas con cuidado.
5. Ensarte en cada palillo 2 bolas de melón y luego 2 frambuesas, y así consecutivamente hasta llenar el pincho. Guarde las brochetas en un lugar fresco hasta el momento de servir.

281

Brochetas de pamplemusa y uva

Para 12 brochetas
Preparación: 30 min

• 1 pamplemusa
• 1 racimo pequeño de uva blanca o moscatel rosada
• 1/4 de manojo de menta fresca
• 12 palillos de 7 cm de largo

1. Pele la pamplemusa, eliminando también la piel blanca, y córtela en rodajas de 1 cm de grosor. Póngalas a escurrir 1 h en un plato cubierto con varias capas de papel absorbente.
2. Despalille la uva. Deshoje la menta fresca, procurando elegir las hojas más largas.
3. Prepare las brochetas, ensartando en los palillos un grano de uva. Siga con una hoja de menta, pinchada en uno de sus extremos. Después ensarte longitudinalmente una rodaja de pamplemusa. Pinche a continuación el otro extremo de la hoja de menta, de modo que la rodaja de pamplemusa quede envuelta por la hoja de menta. Termine la brocheta con un grano de uva.
4. Guarde las brochetas en el frigorífico hasta el momento de servir.

Valor nutritivo por brocheta
20 kcal; glúcidos: 5 g

Sugerencia
Puede presentar estas brochetas en una fuente o, mejor todavía, clavadas en una piña o en una pamplemusa cubierta con papel dorado.

Buñuelos de limón

Para 40 buñuelos
Preparación: 1 h
Cocción: 10 min
Refrigeración: 2 h

• 400 cl de crema de limón (ver p. 107)

Para las cortezas confitadas de limón:
• 1 limón fresco, natural
• 130 g de azúcar
• 10 cl de agua

Para la masa de buñuelos:
• 180 g de mantequilla
• 375 g de pasta de almendras
• 4 huevos • 2 gotas de vainilla líquida

Para la cobertura de limón:
• 150 g de cobertura de albaricoque
• 1 limón fresco, natural

1. Elabore la crema de limón y guárdela en el frigorífico.
2. Prepare las cortezas de limón confitadas: pele el limón y corte su piel en pequeñas tiras. Ponga a hervir el agua con azúcar y sumérjalas durante 3 min. Después déjelas escurrir en una parrilla.
3. Prepare la masa para buñuelos: ablande la mantequilla, corte la pasta de almendras en trocitos y póngalos en un cuenco con 2 huevos. Cháfelo todo bien mientras lo mezcla; añada los otros 2 huevos y remueva de nuevo. Agregue entonces la vainilla y la mantequilla, y mézclelo todo bien.
4. Precaliente el horno a 200 ºC.
5. Unte con mantequilla los moldes para tartaleta y ponga en ellos la masa. Hornee durante 10 min.
6. Saque los buñuelos del horno y desmóldelos sobre una bandeja recubierta con papel sulfurizado. Con la ayuda del dedo índice haga un agujero en el centro. Déjelos enfriar.
7. Introduzca la crema de limón en una manga pastelera con una boquilla del nº 8 y ponga una cúpula de crema en el agujero de cada buñuelo. Después, métalos 2 h en el frigorífico o 1 h en el congelador.
8. Prepare la cobertura de limón caliente raspando la corteza de un limón y exprima éste. Ponga la cáscara rallada y el zumo en una cacerola junto con la cobertura de albaricoque. Cuézalo todo durante 10 s. Déjelo enfriar.
9. Bañe uno a uno los buñuelos en la cobertura y póngalos sobre un rejilla. Decórelos con cáscara de limón confitada y póngalos de nuevo en la nevera hasta el momento de servirlos.

Cuadrados de chocolate y nueces

Para 20 cuadrados
Preparación: 45 min
Cocción: 20 min

• 150 g de chocolate negro
• 80 g de nueces peladas picadas
• 50 g de mantequilla • 180 g de azúcar en polvo
• 2 huevos • 100 g de harina
• 1 sobre de azúcar de vainilla

Para la ganache:
• 80 g de chocolate
• 8 cl de crema de leche

1. Caliente previamente el horno a 240 ºC.
2. Derrita el chocolate al baño María o en el microondas.

3. Pique las nueces con el cuchillo o en el robot. Ablande la mantequilla.

4. Para preparar la ganache: pique el chocolate, hierva la crema de leche y viértala encima sin cesar de remover.

5. Mezcle en un cuenco el azúcar y los huevos. Trabaje con el batidor de varillas hasta que la mezcla blanquee y añada la mantequilla, la harina, el azúcar de vainilla, el chocolate y las nueces picadas. Amalgame bien cada ingrediente antes de incorporar el siguiente.

6. Unte con mantequilla un molde rectangular de 30 cm x 20 cm. Vierta en él la masa y cueza durante 20 min.

7. Deje enfriar el pastel y cúbralo entonces con una capa de ganache que tenga unos 5 mm de grosor. Espere de nuevo a que esté frío y córtelo entonces en cuadraditos.

Duquesas

Para 20 duquesas
Preparación: 20 min
Cocción: 4 o 5 min

- *4 claras de huevo*
- *1 pizca de sal*
- *70 g de almendras molidas*
- *70 g de azúcar en polvo*
- *30 g de harina*
- *30 g de ralladuras de almendras*
- *60 g de mantequilla*
- *140 g de praliné*

1. Precaliente el horno a 220 °C.

2. Monte las claras de huevo a punto de nieve firme con la sal.

3. Mezcle en un cuenco grande las almendras molidas, el azúcar en polvo y la harina.

4. Añada la claras montadas a la preparación removiendo suavemente, siempre en el mismo sentido para no hundirlas. Agregue 30 g de mantequilla derretida y mézclelo todo bien.

5. Meta esa masa en una manga con una boquilla del nº 7 y deposítela en cantidades pequeñas en 2 bandejas de horno cubiertas con papel sulfurizado. Espolvoree con ralladuras de almendras. Cueza 4 o 5 min, saque las bandejas del horno y despegue a continuación con una espátula cada una de las porciones de masa.

6. Derrita el resto de la mantequilla (30 g) y mézclela con el praliné. Ponga 1 cc en un lado de una duquesa y tápela de inmediato con otra. Coloque las duquesas, agrupadas de dos en dos, en un lugar fresco, pero no en el frigorífico, hasta el momento que haya de servirlas.

Framboisines

Para 40 framboisines
Preparación: 40 min
Cocción: 15 min

- *100 g de claras de huevo • 1 pizca de sal*
- *15 g de harina • 100 g de almendras molidas*
- *100 g de azúcar glas • 1 cc de vainilla líquida*
- *100 g de ralladuras de almendras*
- *300 g de confitura de frambuesa*
- *150 g de chocolate semiamargo*

1. Monte las claras, con la sal, a punto de nieve. Tamice luego la harina, las almendras molidas y el azúcar glas, y añada la vainilla. Incorpore las claras a esta mezcla, levantando la preparación (de abajo hacia arriba). Métala en una manga con una boquilla del nº 8.

2. Precaliente el horno a 180 °C.

3. Tome 2 bandejas de horno. Ponga en cada una de ellas primero una hoja de cartón ondulado y luego una de papel sulfurizado. Coloque bolas de masa de 1,5 cm de diámetro, separadas 2 cm. Espolvoréelas con ralladuras de almendras. Cueza las framboisines 15 min con la puerta del horno entreabierta.

4. Saque las bolas de masa de las bandejas y póngalas sobre una rejilla. Haga, con el índice, un hueco en su lado plano. Rellene una de cada dos con una cúpula de confitura de frambuesa y cubra después con la otra, que ha quedado vacía.

5. Derrita el chocolate al baño María o en el microondas y moje en él la mitad de cada framboisine. Luego déjelas enfriar en una bandeja cubierta con papel sulfurizado.

Gulab jamun

Para 6 personas
Preparación: 2 h 25 min
Reposo: 3 h, 30 min
Cocción: 30 min

- *185 g de leche entera en polvo*
- *2 c de ghee o 100 g de mantequilla fresca*
- *125 g de harina • 1 cc de levadura en polvo*
- *Aceite para freír*

Para el almíbar:
- *310 g de azúcar • 45 cl de agua*
- *1 cucharada y media de agua de rosas*

1. Ponga la leche en polvo en un cuenco y añada el ghee (o la mantequilla) cortado en pedacitos. Mezcle con la punta de los dedos.

283

2. Añada a continuación la harina y la levadura junto con un poco de agua. Amase hasta que la pasta quede firme. Déle forma de bola, envuélvala en un paño húmedo y déjela reposar 3 h a temperatura ambiente.

3. Caliente el aceite para freír a 180 °C. Golpee la masa enérgicamente para hundirla. Enharine bien la superficie donde vaya a elaborar la receta. Luego trabaje la masa añadiendo, si es necesario, un poco de agua y haga como albondiguitas ovaladas.

4. Prepare el almíbar: mezcle el agua y el azúcar en un cazo. Hierva, baje la intensidad del fuego y cueza 10 min más a fuego lento. Vierta el almíbar en un plato sopero.

5. Sumerja las albondiguitas en aceite bien caliente. Sáquelas cuando estén doradas por todos lados. Déjelas escurrir sobre papel absorbente.

6. Mójelas en el almíbar, rocíelas con unas gotas de agua de rosas y déjelas empaparse 30 min antes de servir.

Sugerencia

El ghee indio es el equivalente de la mantequilla clarificada. Para prepararlo, derrita en una cacerola a fuego lento 1 kg de mantequilla, tapada y sin remover. Retire con una espumadera todo lo que suba a la superficie. El ghee estará listo en cuanto esté ambarino y límpido. Póngalo en un tarro y déjelo solidificar luego en el frigorífico. Puede utilizarlo para toda clase de preparaciones culinarias.

Orejas de Amán

Para 40 orejas
Preparación: 1 h
Reposo: 1 h
Cocción: 15 min

Para la masa:
• *1 naranja fresca, natural* • *200 g de mantequilla*
• *300 g de harina* • *1/2 cc de levadura en polvo*
• *100 g de azúcar en polvo*
• *2 yemas de huevo*
• *Azúcar glas*

Para el relleno:
• *100 g de granos de adormidera* • *12 cl de leche*
• *1/2 naranja* • *50 g de mantequilla*
• *100 g de azúcar* • *2 c de miel*
• *2 cl de orujo* • *4 c de pan rallado*
• *30 g de pasas* • *30 g de nueces trituradas*
• *Canela* • *Clavo de olor*

1. Prepare el relleno de adormidera, picando sus granos, añadirá a la leche previamente calentada en un cazo. Dejar hervir a fuego lento algunos minutos,

removiendo de vez en cuando y después apartar del fuego. Ablande la mantequilla y ralle la corteza de la media naranja. Añada la mantequilla, la corteza, el azúcar, la miel, el orujo, el pan rallado, los frutos secos, 1 cc de canela y 1 pizca de clavo de olor a la leche tibia. Mézclelo todo bien.

2. Prepare la masa: ralle la corteza de naranja y exprima esta fruta. Corte la mantequilla en trocitos.

3. Mezcle la harina con la levadura y el azúcar, añada la mantequilla y trabaje el conjunto con una cuchara de madera hasta que la masa se desmenuce. Añada las yemas de huevo, la corteza y el zumo de naranja. Mézclelo bien, hasta que la masa sea homogénea y forme una bola, sin amasarla demasiado. Déjela reposar 1 h en el frigorífico.

4. Precaliente el horno a 190 °C.

5. Parta la masa en dos y extiéndala hasta un espesor de 2 o 3 mm. Recorte círculos de 7 u 8 cm de diámetro. Ponga en el centro de cada uno un poco de relleno de adormidera. Doble los discos en cuatro para obtener formas triangulares y aplaste los bordes.

6. Ponga las orejas sobre la bandeja cubierta con papel sulfurizado y cuézalas 15 min hasta que se vuelvan doradas. Espolvoréelas con azúcar glas cuando estén frías.

VARIANTE

También puede decorar estas orejas de Amán con confitura de nuez y de cacahuetes, confitura de ciruela o incluso con puré de dátil con almendras.

Petits-fours Suvarov

Para 25-30 petits-fours
Preparación: 15 min, 15 min
Reposo: 1 h
Cocción: 15 min

• *500 g de masa* sablée *(ver p. 76)*
• *150 g de mermelada de albaricoque*
• *Azúcar glas*

1. Prepare la masa *sablée* y déjala reposar 1 h en un lugar fresco.

2. Precaliente el horno a 200 °C. Extienda la masa hasta obtener un grosor de 4 mm y córtela con un molde recortador redondo o bien con uno ovalado acanalado. Coloque las galletas en una bandeja cubierta con papel sulfurizado y cuézalas durante 15 min.

3. Deje enfriar las masas *sablées*. Úntelas a continuación con mermelada de albaricoque, mediante una cucharita, y júntelas de dos en dos. Espolvoree después la parte superior de cada petit-four con el azúcar glas.

Petits-fours fríos

*Surtido de petits-fours
(tartaletas de
alquequenje,
de maracuyá, de fresa,
tartaletas caribes, etc.).*

Plaisirs de café

Para 20 plaisirs
Preparación: 1 h 30 min
Cocción: 10 min
Refrigeración: 2 h

- *20 macarrones de café pequeños (ver p. 276)*
- *100 g de crema de mantequilla con café (ver p. 109)*

Para el «espejo» de café:
- *100 g de chocolate blanco*
- *2 cc de café liofilizado*
- *10 cl de crema de leche*
- *20 medias nueces peladas*

1. Prepare 20 macarrones de café o cómprelos en la pastelería.
2. Prepare la crema de mantequilla con café.
3. Meta los macarrones en las cavidades de cajas para huevos vacías. Ponga un poco de crema de mantequilla de café sobre cada una de ellas mediante una cucharita o una manga equipada con una boquilla del nº 10.
4. A continuación meta las cajas 1 h en el congelador o 2 h largas en el frigorífico.
5. Prepare el «espejo» de café: pique fino el chocolate blanco con un cuchillo. Ponga el café liofilizado en un bol grande. Hierva la crema de leche y viértala sobre el café. Mezcle bien y luego añada el chocolate sin dejar de remover. Si el «espejo» no es lo bastante líquido, añada 2 cc de agua caliente.
6. Pinche cada plaisir en la punta de un cuchillo, mójelo en el «espejo» de café y vuelva a ponerlo en su sitio. Coloque encima una media nuez. Guarde los plaisirs en el frigorífico hasta el momento de servir.

Tartaletas de alquequenje

Para 30 tartaletas
Preparación: 15 min, 40 min
Reposo: 2 h
Cocción: 15 min

- *250 g de masa dulce (ver p. 74)*
- *150 g de frangipane (ver p. 113)*
- *120 g de pasta de almendras con pistachos*
- *100 g de jalea de membrillo*
- *25 g de mantequilla*
- *30 alquequenjes*

1. Prepare la masa dulce y guárdela 2 h en un lugar fresco. Prepare la frangipane.
2. Precaliente el horno a 180 ºC.
3. Extienda la masa de un grosor de 2 mm y recorte

discos de 55 mm. Unte con mantequilla moldes para tartaletas (de 45 mm) y ponga en ellos los discos de masa; apriete bien y pinche el fondo con un tenedor. Rellene las tartaletas con una cucharadita de crema de almendras, y hornéelas 15 min. Deben estar doradas.
4. Desmóldelas sobre una rejilla y déjelas enfriar. Extienda fina la pasta de almendras con pistacho sobre la mesa de trabajo y recorte 30 pequeños discos con la ayuda de un molde. Coloque uno sobre cada tartaleta.
5. Derrita la jalea de membrillo a fuego lento sin llegar a calentarla. Aparte las hojas de alquequenje para desembarazar el fruto. Dispóngalos en cadeneta, bañando cada alquequenje en la cobertura de membrillo, antes de colocarlos sobre las tartaletas. Sírvalas frías.

VARIANTE

Tartaletas con otras frutas
Siguiendo el mismo principio, puede hacer tartaletas con toda clase de frutas: cerezas negras, fresones y fresitas, frambuesas, guindas al natural, grosellas, melón cortado en daditos, moras, arándanos, uva moscatel, etc. Para las frutas rojas, sustituya la jalea de membrillo para la cobertura por jalea del mismo fruto. Pinte la cobertura con el pincel, siempre con sumo cuidado.

Tartaletas caribes

Para 30 tartaletas
Preparación: 45 min
Reposo: 2 h
Cocción: 15 min

- *250 g de masa dulce (ver p. 74)*
- *1/2 piña*
- *2 limas*

Para la cobertura:
- *80 g de cobertura de albaricoque*
- *1 limón*
- *1 naranja*

1. Prepare la masa dulce y déjela reposar 2 h al fresco.
2. Precaliente el horno a 180 ºC.
3. Extienda la masa hasta conseguir un grosor de 2 mm y recorte discos de 55 mm.
4. Unte con mantequilla los moldes para tartaletas (de unos 45 mm de diámetro). Ponga en ellos los redondeles de masa y las bolsitas de alubias (*ver explicaciones en la «Sugerencia»*) y cueza durante 15 min.
5. Prepare la cobertura: vierta en un cazo la cobertura de albaricoque y 1 c de zumo de limón (reserve el resto del limón) y 1 c de zumo de naranja. Mézclelo

todo bien y llévelo a ebullición, apartándolo después del fuego.

6. Prepare las frutas: quite la piel de la piña con un cuchillo de sierra, y corte rodajas de 4 a 5 mm de grosor. Recórteles el corazón y haga láminas finas. Déjelas escurrir sobre papel absorbente.

7. Desmolde las tartaletas. Colóqueles las láminas de piña en forma de cúpula. Decore con 2 tiras de corteza de lima y píntelas de cobertura con un pincel. Adorne con 3 granos de grosella.

Sugerencia
Para evitar que las tartaletas se hinchen durante la cocción, corte cuadrados de papel sulfurizado; haga bolsitas con ellos envolviendo de 10 a 12 alubias blancas secas. Gire el papel para cerrarlas y póngalas entonces en el centro de las tartaletas, antes de introducirlas en el horno.

Tartaletas tibias de chocolate y frambuesa
Para 30 tartaletas
Preparación: 15 min, 30 min
Reposo: 2 h
Cocción: 15 min, 3 min

• *250 g de masa dulce (ver p. 74)*
• *1 bandejita de frambuesas*

Para la ganache:
• *135 g de chocolate negro*
• *120 g de mantequilla derretida • 1 huevo*
• *3 yemas de huevo • Azúcar glas*

1. Prepare la masa dulce y guárdela 2 h en un lugar fresco.
2. Precaliente el horno a 180 °C.
3. Extienda la masa hasta obtener un grosor de 2 mm y recorte discos de 55 mm.
4. Unte con mantequilla los moldes para tartaleta (de 45 mm) y ponga en ellos los discos de masa y bolsitas de alubias blancas (*ver arriba las explicaciones en la «Sugerencia» de tartaletas caribes*). Cuézalas 15 min.
5. Prepare la ganache: derrita por separado el chocolate y la mantequilla al baño María o en el microondas. Mezcle en un cuenco grande el huevo y las yemas con un batidor de varilla. Añada a continuación el chocolate derretido y la mantequilla derretida tibia.
6. Desmolde las tartaletas en una bandeja y ponga en cada una dos frambuesas. Meta la ganache en una manga pastelera con boquilla del n° 8 y cubra las frambuesas.
7. Introduzca la bandeja 3 min en el horno. Espolvoree las tartaletas con azúcar glas y sírvalas tibias.

Tartaletas de maracuyá
Para 40 tartaletas
Preparación: 1 h 30 min
Reposo: 2 h
Refrigeración: 2 h
Cocción: 5 min

• *300 g de masa dulce (ver p. 74)*
• *400 g de crema de maracuyá (ver p. 107)*
• *40 fresas de bosque*

Para la cobertura de maracuyá:
• *100 g de cobertura de albaricoque*
• *2 maracuyás*

1. Prepare la masa dulce y déjela reposar 2 h.
2. Precaliente el horno a 180 °C.
3. Extienda la masa hasta un grosor de 3 mm. Corte discos de 5 o 6 cm de diámetro.
4. Unte con mantequilla moldes para tartaletas y ponga en ellos los discos de masa. Pinche el fondo de cada molde con un tenedor y hornee 5 min. Deje enfriar.
5. Prepare la crema de maracuyá y rellene con ella moldes semiesféricos. Si no los tiene, coloque sobre una bandeja cubierta con papel sulfurizado bolas de crema de unos 4 cm de diámetro. Métalas en el frigorífico 2 h por lo menos para que se endurezcan bien.
6. Prepare la cobertura de maracuyá: extraiga con una cucharilla la pulpa de la fruta. Mezcle con la cobertura y caliéntelo en un cazo, para que todo se disuelva bien.
7. Ponga las semiesferas de crema de maracuyá en un tenedor o clávelas en la punta de un cuchillo. Sumérjalas en la cobertura tibia y luego colóquelas sobre los fondos de masa cocida.
8. Decore las tartaletas, colocando una fresa en la cima de las cúpulas de crema de maracuyá. Guarde las tartaletas en un lugar fresco hasta el momento de servir.

Tartaletas de maracuyá con chocolate
Para 30 tartaletas
Preparación: 15 min, 30 min
Reposo: 3 o 4 h, 2 h
Cocción: 15 min

• *250 g de masa dulce (ver p. 74)*
• *7 u 8 orejones de albaricoque*
• *10 cl de agua • 1 o 2 limones*
• *Pimienta negra recién molida*
• *1 cc de miel de acacia*
• *150 g de ganache con maracuyá (ver p. 135)*

287

1. Prepare los orejones de albaricoque para ablandarlos: exprima el limón, corte los orejones en dados grandes y póngalos en un cazo con el agua, 2 c de zumo de limón, 1 vuelta de molinillo de pimienta y la miel. Hierva, luego baje el fuego y continúe la cocción 8 min a fuego lento. Vierta la mezcla en un cuenco y déjela macerar 3 o 4 h al fresco.
2. Haga la masa dulce y déjela reposar 2 h.
3. Prepare la ganache con maracuyá y déjela 20 min en el frigorífico.
4. Precaliente el horno a 180 °C.

5. Extienda la masa hasta un grosor de 2 mm y corte discos de 55 mm.
6. Unte con mantequilla moldes para tartaletas (de 45 mm de diámetro). Ponga en ellos los discos y bolsitas de alubias (*ver las explicaciones en la «Sugerencia» de tartaletas caribes, p. 287*) y hornee 15 min.
7. Desmolde, escurra los albaricoques y póngalos sobre una capa de papel absorbente. Meta la ganache con maracuyá en una manga pastelera con una boquilla acanalada y ponga un poco en cada tartaleta. Decore con un dado de albaricoque. Sirva a temperatura ambiente.

Tartaletas de naranja y menta fresca

Para 30 tartaletas
Preparación: 15 min, 15 min
Reposo: 1 noche, 2 h
Cocción: 15 min

- *250 g de masa dulce (ver p. 77)*
- *2 naranjas*
- *30 cl de agua*
- *150 g de azúcar*
- *80 g de mermelada de naranja*
- *1 manojo de menta fresca*

1. *La víspera:* corte las naranjas lo más finas posible, reservando la piel (debe elegir frutas frescas, naturales), y póngalas sobre una fuente. Hierva el agua y el azúcar, y vierta ese almíbar sobre las rodajas de naranja. Tápelo y déjelo macerar toda una noche en un lugar fresco.
2. Prepare la masa dulce y déjela reposar en un lugar fresco.
3. Precaliente el horno a 180 °C.
4. Unte con mantequilla moldecitos para tartaletas de 45 mm de diámetro.
5. Extienda la masa (grosor de unos 2 mm), recorte discos de 55 mm y llene los moldes. Ponga encima las bolsitas de alubias (*ver las explicaciones en la «Sugerencia» de tartaletas caribes, p. 287*) y hornee 15 min.
6. Recorte finalmente con unas tijeras 10 hojas de menta fresca (guarde unas 30 hojas para la decoración).
7. Escurra las rodajas de naranja maceradas y colóquelas sobre una capa de papel absorbente, para quitarles la máxima cantidad de jugo posible. Luego píquelas un poco y póngalas en un cuenco. Añada la mermelada de naranja y la menta picada al cuenco. Mezcle hasta que estén bien incorporadas.
8. Desmolde las tartaletas. Con una cuchara, coloque una cúpula de esta preparación en cada una de ellas. Decore con una hoja de menta. Sírvalas bien frías.

Cakes y pasteles de viaje

Los cakes se preparan a partir de una masa genovesa a la que se añade levadura en polvo y frutas confitadas, pasas, etc. El éxito de un cake exige respetar escrupulosamente las proporciones de azúcar y harina, para que las frutas permanezcan repartidas uniformemente en la masa.

Almendrado

Para 6 u 8 personas
Preparación: 20 min
Cocción: 50 min

- 4 huevos
- 1 pizca de sal
- 250 g de azúcar en polvo
- 200 g de almendras molidas
- 20 cl de zumo de naranja
- 1 naranja fresca, natural
- 25 g de mantequilla
- 2 c de mermelada de naranja
- 50 g de almendras

1. Pique la corteza de naranja.
2. Casque los huevos y separe las claras de las yemas. Monte las claras a punto de nieve firme con la sal.
3. Precaliente el horno a 200 °C.
4. Mezcle las yemas de huevo y el azúcar en polvo en un cuenco. Consiga con un batidor de varillas que la mezcla blanquee. Entonces añada las almendras molida, el zumo y la corteza de naranja picada. Incorpore las claras montadas con una espátula de madera, removiendo siempre en el mismo sentido para no hundirlas.
5. Corte un círculo de papel sulfurizado usando un molde de 24 cm de diámetro. Úntelo con mantequilla y colóquelo en el fondo del molde.
6. Vierta la masa y cuézala primero 30 min a 200 °C; baje la temperatura del horno a 180 °C y cuézala 20 min más.
7. Machaque las almendras. Deje entibiar el almendrado. Desmóldelo, úntelo por encima con mermelada de naranja y coloque las almendras alrededor.

Comentario del gourmet
Estos almendrados se pueden servir acompañados de una mousse de chocolate (*ver p. 115*), una crema inglesa (*ver p. 108*), una crema bavaroise con leche de almendras (*ver p. 102*) o una crema bavaroise a la vainilla (*ver p. 103*).

Boterkoek

Para 6 u 8 personas
Preparación: 15 min
Cocción: de 30 a 40 min

- *200 g de mantequilla*
- *200 g de harina*
- *10 g de levadura en polvo*
- *1 pizca de sal*
- *200 g de azúcar en polvo*
- *100 g de almendras molidas*
- *2 huevos*
- *10 cl de leche*

1. Caliente previamente el horno a 180 ºC. Corte la mantequilla en trozos y déjelos ablandar a temperatura ambiente.
2. Tamice juntas la levadura en polvo y la harina sobre la mesa de trabajo, y haga en ellas un hueco. Vierta en el centro la sal, el azúcar y las almendras molidas. Mézclelo bien todo y vuelva a hacer una cavidad.
3. Ponga los huevos y trabaje con los dedos hasta que aquéllos estén bien absorbidos. Añada la leche y amase hasta que la masa quede lisa.
4. Unte con mantequilla un molde de tarta de 22 cm. Extienda la masa, póngala en el molde y hornéela de 30 a 40 min, controlando la cocción. Pínchele una hoja de cuchillo, que debe salir seca.
5. Saque el pastel del horno y déjelo enfriar. Desmóldelo sobre una fuente y sírvalo.

Comentario del gourmet
Puede servir este pastel con una crema inglesa (*ver p. 108*), una crema de chocolate (*ver p. 105*) o incluso con una mousse de chocolate (*ver p. 115*).

Cake de coco y cilantro

Para 1 cake de 1 kg 900 g aprox
Preparación: 30 min
Cocción: de 35 a 40 min

- *400 g de harina • 250 g de mantequilla*
- *200 g de azúcar glas • 100 g de azúcar en polvo*
- *6 huevos • 320 g de coco molido*
- *15 g de cilantro molido • 35 cl de leche fresca*
- *10 g de levadura en polvo*

1. Tamice la harina en un cuenco.
2. Ponga la mantequilla en otro cuenco, déjela ablandar un momento, y luego añada el azúcar glas y el azúcar en polvo. Bata con un batidor de varillas, hasta que obtenga una preparación blanca y homogénea.

3. Sin dejar de batir, añada los huevos, uno a uno, y luego 300 g de coco molido (reserve 20 g para el molde), el cilantro molido y, finalmente, la leche. Mézclelo todo bien hasta que quede homogéneo.
4. Precaliente el horno a 180 ºC.
5. Añada la harina tamizada y la levadura a la mezcla anterior. Remueva bien con una cuchara de madera.
6. Unte con mantequilla un molde de 22 cm x 8 cm, espolvoréelo con coco rallado y vierta en él la masa. Cocer de 35 a 40 min en el horno.
7. Desmolde el cake al sacarlo del horno, volcándolo en una bandeja. Déjelo enfriar volcado. Luego envuélvalo con película de cocina hasta el momento de servir.

Sugerencias
Si utiliza un molde con revestimiento antiadherente, el desmoldado le resultará más fácil.
Este cake puede guardarse algunos días antes de su consumo.
No compre nunca el coco en cantidades excesivas, porque se pone rancio en muy poco tiempo.

Cake de frutas confitadas

Para 1 cake de 28 cm
Preparación: 1 h
Cocción: 1 h 10 min

- *100 g de pasas de Ízmir (Esmirna)*
- *75 g de pasas de Corinto*
- *25 cl de ron agrícola*
- *210 g de mantequilla*
- *65 g de albaricoques confitados*
- *125 g de melón confitado*
- *65 g de ciruelas confitadas*
- *300 g de harina*
- *1/2 sobre de levadura en polvo*
- *150 g de azúcar en polvo • 4 huevos*
- *10 g de mantequilla*
- *2 c de cobertura de albaricoques*
- *100 g de cerezas confitadas*

1. *La víspera*: lave y escurra las pasas de Ízmir y las de Corinto. Póngalas a macerar en 15 cl de ron.
2. Ablande la mantequilla. Corte los albaricoques, ciruelas y melón confitados en dados de 1 cm. Tamice juntas la harina y la levadura.
3. Precaliente el horno a 250 ºC.
4. Bata juntos en un cuenco 200 g de mantequilla y el azúcar, hasta que estén bien mezclados. Luego añada, uno a uno, los huevos, y a continuación la harina. Cuando la mezcla sea homogénea, añada, levantando la masa (de abajo hacia arriba) con una cucha-

Cake de frutas confitadas

Este cake, presentado aquí en porciones, es uno de los más clásicos.

Cake de chocolate y naranja

Se añade a la masa cacao, así como pasas de İzmir (Esmirna) y dados de cortezas de naranja confitadas. Después de la cocción, se rocía este cake blando con Grand Marnier y se colocan encima rodajas de naranja confitadas con cobertura de albaricoque.

Ver receta en la página 407

Quesada

Para 4 o 6 personas
Preparación: 15 min, 15 min
Reposo: 2 h
Cocción: 10 min, 50 min

- *400 g de masa quebrada (ver p. 75)*
- *5 huevos*
- *2 pizcas de sal*
- *250 g de queso fresco de cabra*
- *125 g de azúcar en polvo*
- *30 g de maicena*
- *1 cc de coñac o 1 c de agua de azahar*

1. Prepare la masa quebrada y déjela reposar 2 h en el frigorífico.

2. Precaliente el horno a 200 °C.

3. Unte con mantequilla una tortera de 20 cm de diámetro. Extienda la masa hasta obtener un grosor de 3 mm y métala en el molde. Corte un disco de papel sulfurizado y póngalo encima de la masa; cúbralo con alubias o con huesos de fruta y hornéelo durante 10 min. Retire entonces el papel y todas las alubias.

4. Casque los huevos y separe las claras de las yemas. Monte las claras a punto de nieve muy firme con 1 pizca de sal.

5. Mezcle el queso fresco de cabra con el azúcar en polvo, una buena pizca de sal, las yemas de huevo y la maicena. Remueva bien; añada el coñac o el agua de azahar. Luego incorpore delicadamente las claras montadas, levantando siempre en el mismo sentido (de abajo hacia arriba) para no hundirlas.

6. Viértalo todo sobre la masa cocida y vuelva a cocerlo 50 min en el horno, ahora a 180 °C. La parte superior de la quesada ha de quedar parda oscura. Sírvala tibia o fría.

capítulo 4

Recetas de postres

Cremas, flanes y postres de huevo, *300*

Dulces de cocina de arroz, sémolas y cereales, *316*

Postres de frutas, *323*

Suflés, *342*

Postres helados, *351*

Cremas, flanes y postres de huevo

Las cremas de cocina se elaboran con huevos, leche y azúcar. Los flanes dulces se componen de un fondo de tarta sobre el que se extiende una mezcla de flan, a la que se añade frutas, pasas, etc. Los sabayones, cremas fluidas y untuosas, están hechos con vino, azúcar y yemas de huevo.

Cremas

Crema de bizcochos de cuchara

Para 6 u 8 personas
Preparación: 1 h
Cocción: 35 a 40 min

• 200 g de bizcochos de cuchara • 5 cl de kirsch
• 5 cl de marrasquino • 1 l de leche • 250 g de azúcar
• 6 huevos • 10 yemas de huevo • 50 g de mantequilla
• 1 vaina de vainilla • 16 medios albaricoques
• 50 g de cerezas confitadas

1. Mezcle bien el kirsch y el marrasquino, y emborrache un poco con ellos los bizcochos de cuchara. Póngalos en un cuenco.

2. Hierva la leche con 100 g de azúcar y viértala sobre los bizcochos.

3. Pase esta mezcla 1 min por la batidora o bátala bien hasta que esté muy homogénea. A continuación, fíltrela con un colador.

4. Precaliente el horno a 190 °C.

5. Ponga en un cuenco grande los huevos enteros, las yemas y 100 g de azúcar en polvo. Bata todo con un batidor de varillas y vierta la preparación en la mezcla de leche y bizcochos, sin dejar de batir.

6. Unte con mantequilla un molde para charlota de 20 cm de diámetro y vierta en él la mezcla.

7. Coloque el molde en un gran baño María y cueza de 35 a 40 min en el horno. Deje entibiar la crema antes de desmoldarla en la fuente de servicio.

8. En el momento de servir esta crema, ponga a derretir la mantequilla en una sartén con la vaina de vainilla cortada. Cuando rompa a hervir, añada los medios albaricoques y cuézalos 1 min por cada lado. Añada el resto del azúcar (50 g) y cueza 1 min más.

9. Ponga los albaricoques y las cerezas confitadas en corona alrededor de la crema, y sírvala.

Sugerencia
En invierno puede hacer esta crema con albaricoques en almíbar. Déjelos escurrir antes de cortarlos en cuartos.

Crema de chocolate

Para 6 personas
Preparación: 30 min
Refrigeración: 3 h, 1 h 30 min, 4 h

Para la crema untuosa de chocolate:
• *170 g de chocolate negro* • *25 cl de leche*
• *25 cl de crema de leche*
• *6 yemas de huevo*
• *125 g de azúcar en polvo*

Para el granizado de café y whisky:
• *50 cl de café expreso*
• *50 g de azúcar en polvo*
• *7 cl de whisky* • *1/4 de naranja*
• *250 g de nata montada (ver p. 113)*
• *Arroz hinchado*

1. Para preparar la crema untuosa de chocolate, pique el chocolate negro con un cuchillo y póngalo en un cuenco.
2. Hierva juntas en un cazo la leche y la crema de leche. Bata las yemas y el azúcar en otro cuenco.
3. Vierta un cuarto de la mezcla de leche y nata en este último cuenco, batiendo al mismo tiempo. Luego vierta esta preparación en el cazo de la leche. Bata y cueza entonces como una crema inglesa (ver p. 108).
4. Vierta la mitad de esta crema sobre el chocolate picado y mezcle bien. Luego añada la crema restante, mézclelo de nuevo y póngalo 3 h en el frigorífico.
5. Para preparar el granizado, haga el café, añádale el azúcar, el whisky y la corteza rallada de naranja. Viértalo en un tazón y métalo 1 h 30 min en el congelador. Saque el tazón y bata la preparación. Después métala 3 o 4 h en el congelador.
6. Prepare la nata montada. Ponga un poco de crema untuosa de chocolate en una copa de cóctel, dándole forma con 2 cucharas. Cubra con granizado, raspando la superficie del tazón con una cuchara. Cubra con nata montada y espolvoree con arroz hinchado.

Crema de limón y frutas rojas

Para 6 personas
Preparación: 1 h
Reposo 2 h
Cocción: 20 min
Refrigeración: 6 h, 3 h

• *150 g de masa sablée (ver p. 76)*

Para el almíbar:
• *1 vaina de vainilla* • *1 l de agua*
• *10 cl de zumo de naranja*
• *400 g de azúcar en polvo*
• *12 hojas de menta*

Para la mezcla de frutas rojas:
• *350 g de fresas*
• *50 g de grosellas*
• *50 g de grosellas negras (opcional)*
• *200 g de frambuesas*
• *50 g de moras*
• *50 g de arándanos*

Para la crema untuosa de limón:
• *150 g de crema de limón (ver p. 107)*
• *1 hoja y media de gelatina*
• *15 cl de crema de leche*
• *150 g de requesón con 40 % de materia grasa*

1. Haga la masa *sablée* y déjela reposar 2 h en la nevera.
2. Prepare la crema de limón.
3. Para hacer el jarabe, corte y raspe la vaina de vainilla, póngala en una cacerola con el agua, el zumo de naranja y el azúcar. Hierva. Apague el fuego, añada las hojas de menta y deje reposar 1 h. Cuele.
4. Lave y limpie las fresas, despalille las grosellas y las grosellas negras, y limpie los otros frutos. Hierva de nuevo el jarabe en una cacerola grande y sumerja en él las tres cuartas partes de cada uno de los frutos (guarde el resto para decorar la crema) durante sólo 1 min. Sáquelos con una espumadera y déjelos escurrir en un colador sobre un cuenco. Ponga un aro para pasteles de 20 cm sobre un plato plano, vierta en él las frutas y luego ponga el plato 6 h en el frigorífico.
5. Para preparar la crema untuosa de limón, sumerja la gelatina en un poco de agua fría. Bata la crema de leche. Escurra la gelatina y póngala en un recipiente colocado al baño María para fundirla. Cuando se haya derretido, añada un tercio de la crema de limón y mézclelo todo. Quite el recipiente del baño María e incorpore entonces el resto de la crema de limón, después el requesón y finalmente la nata montada. Mezcle bien y vierta esta crema sobre las frutas rojas. Meter 3 h en el frigorífico.
6. Precaliente el horno a 180 °C.
7. Extienda la masa *sablée*, rellene con ella un aro de 24 cm y cuézala 20 min.
8. Elimine el jugo desprendido por los frutos rojos. Deslice la crema todavía rodeada del aro sobre el disco de masa. Retire entonces el aro. Decore la parte superior con las frutas rojas reservadas y sirva de inmediato.

Sugerencias
La víspera, haga el almíbar y escalde las frutas rojas, y prepare la crema de limón y la masa *sablée*. Haga la crema de limón con 3 h de antelación, mientras las frutas rojas están en el frigorífico. Cueza el disco de masa en el último momento.

Crema quemada

Para 8 personas
Preparación: 25 min
Reposo: de 30 a 40 min
Cocción: 45 min
Refrigeración: 3 h

• *50 cl de leche* • *50 cl de crema de leche* • *5 vainas de vainilla* • *9 yemas de huevo* • *180 g de azúcar en polvo* • *100 g de azúcar terciado moreno*

1. Corte las vainas de vainilla y raspe su interior. Póngalas en un cazo con la leche y la crema de leche. Llévelo a ebullición y apague el fuego. Deje reposar 30 o 40 min. Filtre la mezcla con un colador muy fino o con un chino.
2. Precaliente el horno a 100 °C.
3. Mezcle bien en un cuenco las yemas de huevo y el azúcar con una cuchara de madera. Luego vierta encima poco a poco la mezcla de leche y crema de leche, disolviéndola bien con la cuchara.
4. Vuelva a filtrar la crema. Repártala entonces en 8 recipientes individuales resistentes al fuego y métalos unos 45 min en el horno. Compruebe la cocción moviéndolos: las cremas no deben «temblar» en el centro. Déjelas enfriar a temperatura ambiente y colóquelas luego 3 h por lo menos en el frigorífico.
5. En el momento de servirlas, séquelas con cuidado por arriba con un papel absorbente y espolvoréelas con azúcar terciado.
6. Caramelícelas muy levemente, pasándolas rápidamente bajo el grill del horno. Evite que las cremas se calienten. Sírvalas de inmediato.

Comentario del gourmet
Está bien hecha cuando el interior permanece todavía muy frío y la superficie caramelizada se encuentra tibia.

VARIANTE

Crema quemada con pistachos
Añada a la crema 80 g de pasta de pistachos. Sustituya el azúcar terciado por una capa fina de crema de chocolate (*ver p. 105*) de unos 60 g.

Crema de uva

Para 4 o 6 personas
Preparación: 15 min
Cocción: 25 min
Refrigeración: de 2 a 3 h

• *1 l de zumo de uva negra o blanca* • *100 g de nueces peladas* • *50 g de fécula de maíz* • *10 cl de agua fría* • *1 cc de caramelo líquido* • *1 cc de canela molida*

1. Vierta el zumo de uva en un cazo y llévelo a ebullición. Baje entonces el fuego y deje reducir, a fuego muy lento, hasta que sólo queden 75 cl de líquido.
2. Pique un poco las nueces. Disuelva la fécula de maíz en el agua fría y viértala en el zumo hirviendo, batiendo rápidamente con un batidor de varillas o con una cuchara de madera. Después, aún al fuego, añada el caramelo, la canela y la mitad de las nueces.
3. Aparte la preparación del fuego, déjela entibiar y viértala en copas o tazas. Espolvoréelas con el resto de las nueces y guárdela 2 o 3 h en el frigorífico antes de servir.

Valor nutritivo por 100 g
120 kcal; proteínas: 1 g; glúcidos: 19 g; lípidos: 4 g

Flan de caramelo

Para 8 personas
Preparación: 25 min
Cocción: 30 min

• *150 g de caramelo (ver p. 129)*
• *900 g de crema inglesa (ver p. 108)*

1. Prepare la crema inglesa y guárdela en la nevera.
2. Precaliente el horno a 200 °C.
3. Prepare el caramelo. Viértalo en 8 moldes de porcelana resistentes al fuego. Añada encima la crema inglesa.
4. Ponga los moldes al baño María y hornéelos unos 30 min. Compruebe la cocción con la hoja de un cuchillo, que debe salir húmeda, pero limpia. Sáquelos del horno, deje enfriar y métalos en el frigorífico.

Comentario del gourmet
Puede servir estos flanes con caramelo tal cual o desmoldarlos en platos. Se pueden guardar 2 o 3 días en la nevera tapados con película de cocina.

VARIANTES

Crema invertida
Haga la crema inglesa con 50 cl de leche, 125 g de azúcar, 2 huevos enteros y 4 yemas. Póngala en un molde para charlota de 18 cm de diámetro con 70 g de caramelo en el fondo. Cuézala del mismo modo 40 min a 180 °C. Compruebe la cocción con la hoja de un cuchillo. Desmolde después (en frío) en la fuente donde va a servirla.

Flan de huevo
Haga la crema con 1 l de leche, 125 g de azúcar, 4 huevos y 1 vaina de vainilla. Viértala en un molde para charlota o en flaneras individuales y cuézala al baño María y en el horno, 30 min a 200 °C. Compruebe la cocción con la hoja de un cuchillo.

Flan de
caramelo

*Este flan va acompañado
de gajos de clementina
pelados y galletas
con pasas.*

Crema quemada con pistachos
y arroz caramelizado

El arroz con leche y pasas está cubierto
con una crema a base de pasta
de pistachos, pasado luego por
el horno. Justo antes de servirlo,
se espolvorea la superficie con azúcar
terciado y se pone el molde bajo el grill
para caramelizarlo levemente;
finalmente se rocía el postre
con un chorrito de almíbar de limón.

Ver receta en la página 408

Manjar blanco

Para 4 o 6 personas
Preparación: 40 min
Refrigeración: de 4 a 5 h

- *400 cl de leche de almendras (ver p. 113)*
- *8 hojas de gelatina • 150 g de azúcar*
- *60 cl de crema fresca líquida*

1. Prepare la leche de almendras.
2. Remoje las hojas de gelatina de 10 a 15 min en un recipiente de agua fría y escúrralas.
3. Vierta en un cazo 1/4 de la leche de almendras y caliéntela. Añada las hojas de gelatina, remueva bien para que se derritan completamente. Luego devuelva el contenido del cazo al resto de la leche de almendras y mézclelo todo. Añada entonces el azúcar, mezclando bien de nuevo para disolverlo.
4. Bata entonces la nata. Cuando esté montada, añádala con cuidado a la mezcla anterior con la ayuda de una cuchara de madera. Vierta la preparación en un molde para charlota de 18 cm de diámetro y métala 4 o 5 h en el frigorífico.
5. Moje rápidamente el molde en agua caliente y desmolde el manjar blanco en la fuente en la que va a servirlo. Decórelo con frutas rojas.

Comentario del gourmet
Sirva este manjar blanco con un coulis de frambuesa (*ver p. 150*) o de melocotón (*ver p. 151*) o con un zumo de albaricoque y albahaca (*ver p. 154*). También puede perfumarlo con 1 o 2 gotas de extracto de almendras amargas.

Manjar blanco con piña y fresas

Para 6 u 8 personas
Preparación: 30 min
Refrigeración: de 2 a 3 h

- *5 hojas de gelatina • 50 cl de leche de almendras (ver p. 113) • 50 g de piña • 50 g de fresas*
- *5 hojas bonitas de menta • 50 cl de crema de leche*

Para las almendras glaseadas:
- *65 g de azúcar • 5 cl de agua*
- *50 g de ralladuras de almendras*

Para el acabado:
- *150 g de coulis de albaricoque*
- *150 g de coulis de frambuesa*

Para la decoración:
- *Hojas de menta • De 6 a 8 fresas*
- *De 6 a 8 láminas de piña*

1. Caliente previamente el horno a 200 °C.
2. Para preparar las almendras glaseadas, hierva primero durante 30 s el agua y el azúcar. Sumerja las ralladuras de almendras en ese almíbar. Escúrralas luego en la bandeja de horno cubierta con papel sulfurizado; introdúzcala en el horno para caramelizar las almendras.
3. Remoje las hojas de gelatina en un recipiente de agua fría. Luego escúrralas bien.
4. Caliente en un cazo la leche de almendras sin que hierva. Añada las hojas de gelatina y mezcle bien. Deje enfriar.
5. Corte la piña y las fresas en pequeños dados, pique las hojas de menta y añádalas a la leche de almendras.
6. Bata la crema de leche y añádala a la mezcla anterior.
7. Vierta la preparación en 6 u 8 moldecitos corona para savarin y métalos 2 o 3 h en el frigorífico.
8. Desmolde los manjares blancos en platos. Con la ayuda de una cucharita, ponga coulis de albaricoque en medio de cada uno de ellos y coulis de frambuesa alrededor. Decore con las hojas de menta, los daditos de fresa y de piña, y las almendras glaseadas.

JEAN-PIERRE VIGATO, *RESTAURANTE APICIUS*

Comentario del gourmet
También puede servir este manjar blanco con un zumo de cilantro (*ver p. 154*), un zumo especiado (*ver p. 155*) o incluso con un zumo de menta fresca (*ver p. 155*).

Mont-blanc

Para 4 o 6 personas
Preparación: 1 h
Cocción: 2 h 45 min

- *200 g de merengue (ver p. 98)*
- *80 g de mantequilla*
- *300 g de pasta de castañas*
- *400 g de crema de castañas • 5 cl de ron*
- *400 g de crema chantilly (ver p. 105)*
- *Trozos de marrons glacés*

1. Caliente previamente el horno a 120 °C.
2. Prepare el merengue y métalo en una manga con una boquilla de 1 cm de diámetro.
3. Cubra una bandeja con una hoja de papel sulfurizado y forme una corona de merengue de 24 cm de diámetro, constituida por varios anillos concéntricos (6 cm de ancho) para hacer un fondo. Cuézalo 45 min a 120 °C y luego 2 h a 100 °C.
4. Ablande la mantequilla al baño María o en el microondas, hasta darle consistencia de pomada. Añada entonces la pasta de castañas y amase bien.

Cuando la mezcla sea homogénea, añada la crema de castañas y después el ron. Mezcle bien de nuevo.

5. Ponga esa crema en una manga equipada con una boquilla de agujeritos y ponga fideos de crema de castañas sobre el fondo de merengue.

6. Prepare la crema chantilly. Métala en una manga con una boquilla acanalada y decore con crema chantilly la superficie de la crema de castañas.

7. Espolvoree cada pella con trozos de marrons glacés.

Flanes

Clafoutis

Para 6 u 8 personas
Preparación: 15 min
Reposo: 30 min
Cocción: de 35 a 40 min

• *500 g de cerezas negras* • *100 g de azúcar en polvo*
• *125 g de harina* • *1 pizca de sal* • *3 huevos*
• *30 cl de leche* • *Azúcar glas*

1. Lave las cerezas y quíteles los rabillos. Póngalas en un cuenco y espolvoréelas con la mitad del azúcar. Remuévalas para repartir este último y déjelas reposar así 30 min como mínimo.

2. Precaliente el horno a 180 °C.

3. Unte con mantequilla una tartera o un molde de porcelana resistente al fuego de 24 cm de diámetro.

4. Tamice la harina en un cuenco, añádale 1 pizca de sal y el azúcar en polvo restante. Bata los huevos como para tortilla, añádalos y mezcle bien. Agregue finalmente la leche y mezcle bien.

5. Coloque las cerezas en la tartera y vierta la preparación por encima. Cueza de 35 a 40 min. Deje entibiar y espolvoree con azúcar glas. Sírvalo frío en el molde.

Valor nutritivo por 100 g
145 kcal; proteínas: 4 g; glúcidos: 25 g; lípidos: 2 g

VARIANTE
Puede preparar de la misma manera un flan de ciruelas mirabel. Añada a la preparación 3 cl de aguardiente de esa fruta.

Far bretón

Para 6 u 8 personas
Preparación: 15 min
Cocción: 1 h

• *1 bol de té ligero tibio* • *125 g de pasas de Corinto*
• *400 g de ciruelas pasas* • *4 huevos* • *250 g de harina*

• *1 pizca de sal* • *20 g de azúcar en polvo*
• *40 cl de leche* • *Azúcar glas*

1. Prepare el té, y ponga en él las pasas y las ciruelas para que se hinchen (1 h).

2. Escurra las pasas y ciruelas, y deshuese estas últimas.

3. Precaliente el horno a 200 °C.

4. Bata los huevos como para tortilla.

5. Ponga la harina en un cuenco grande, añada sal y azúcar en polvo. Remueva. Vierta los huevos batidos, a continuación la leche y mézclelo todo bien.

6. Añada finalmente las pasas y las ciruelas, y remueva hasta que la masa sea homogénea.

7. Unte con mantequilla un molde de 24 cm de diámetro y vierta en él la masa. Hornee durante 1 h, hasta que la parte superior esté marrón. Espolvoree con azúcar glas.

Flamusse de manzanas

Para 4 o 6 personas
Preparación: 15 min
Cocción: 45 min

• *60 g de harina* • *75 g de azúcar en polvo*
• *1 pizca de sal* • *3 huevos* • *50 cl de leche*
• *3 o 4 manzanas reinetas* • *Azúcar glas*

1. Ponga la harina en un cuenco con el azúcar en polvo y la sal. Bata los huevos como para tortilla. Añádalos y mezcle bien con la espátula de madera, para obtener una masa lo más lisa posible. Vierta poco a poco la leche en el cuenco y siga mezclando.

2. Precaliente el horno a 180 °C.

3. Unte con mantequilla una tartera de 22 cm. Pele las manzanas y córtelas en rodajas finas. Póngalas en corona en la tartera de modo que se solapen. Vierta la masa por encima y hornee 45 min.

4. Desmolde la flamusse cuando esté tibia y espolvoréela con azúcar. Sírvala tibia o fría.

Valor nutritivo por 100 g
110 kcal; proteínas: 3 g; glúcidos: 16 g; lípidos: 3 g

Flan de coco y albaricoque

Para 6 u 8 personas
Preparación: 30 min
Reposo: 2 h, 2 h
Cocción: 15 min, 1 h
Refrigeración: 3 h

• *300 g de masa quebrada (ver p. 75)*
• *350 g de albaricoques frescos • 60 cl de agua de manantial • 40 cl de leche • 4 huevos • 100 g de coco rallado • 1 pizca de cilantro molido*
• *70 g de maicena • 200 g de azúcar en polvo*

Para la decoración:
• *100 g de albaricoques o de piña fresca*

1. Prepare la masa quebrada y déjela 2 h al fresco.
2. Extiéndala hasta obtener un grosor de 2 mm y corte un disco de 30 cm de diámetro. Póngalo sobre una bandeja y déjela unos 30 min en el frigorífico.
3. Unte con mantequilla un molde para tartas de 22 cm de diámetro y 3 cm de altura; fórrelo con la masa. Recorte la parte que supere el borde y vuelva a ponerla 2 h más en el frigorífico.
4. Deshuese los albaricoques y córtelos en cuartos.
5. Precaliente el horno a 180 °C.
6. Para preparar el flan, hierva en un cazo el agua de manantial y la leche.
7. Bata los huevos como para tortilla.
8. Mezcle bien el coco rallado, el cilantro, los huevos batidos, la maicena y el azúcar en un cuenco. Mientras lo bate todo con el batidor de varillas, vierta un poco de la mezcla de leche y agua hirviendo. Luego devuelva el conjunto al cazo. Hiérvalo entonces, batiendo sin cesar, para evitar que la preparación se pegue al fondo del cazo.
9. Distribuya los albaricoques cortados por el fondo de masa cruda y vierta de inmediato el flan hirviendo todavía. Hornéelo durante 1 h.
10. Déjelo enfriar y guárdelo 3 h en el frigorífico.
11. Decórelo, justo antes de servir, con rodajas de piña o de albaricoques frescos deshuesados y cortados en dos. Sirva a temperatura ambiente o fría.

Sugerencia
En invierno puede hacer este flan con albaricoques en almíbar. Déjelos escurrir antes de cortarlos en cuartos.

Flan criollo

Para 6 u 8 personas
Preparación: 15 min
Cocción: 1 h
Refrigeración: 4 h

• *75 cl de leche • 350 g de dulce de leche*
• *6 huevos • 100 g de azúcar*

Para caramelizar el molde:
• *100 g de azúcar*
• *4 gotas de zumo de limón*
• *30 cl de agua*

1. Ponga 4 c de azúcar en una flanera. Cubra con agua y añada unas gotas de zumo de limón. Cueza a fuego vivo hasta conseguir un caramelo claro. Menee la flanera para cubrir las paredes con el caramelo y déjelo enfriar.
2. Caliente la leche sin que llegue a hervir. Disuelva en ella el dulce de leche.
3. Bata los huevos con los 100 g de azúcar hasta que estén espumosos. Vierta la mezcla de leche con dulce de leche y remueva con una cuchara de madera.
4. Rellene el molde con la preparación y hornee al baño María, a 180 °C, durante 1 h, hasta que el flan esté cuajado. Déjelo enfriar y resérvelo en la nevera al menos 4 h, antes de desmoldar.

Flan merengado de limón

Para 4 o 6 personas
Preparación: 15 min, 30 min
Reposo: 1 h
Cocción: 10 min

• *300 g de masa sablée (ver p. 76)*
• *2 limones frescos, naturales • 3 huevos*
• *225 cl de leche • 40 g de harina • 175 g de azúcar*
• *40 g de mantequilla derretida*
• *1 pizca de sal*

1. Prepare la masa *sablée* y déjela reposar 1 h en la nevera.
2. Precaliente el horno a 190 °C.
3. Extienda la masa, forre con ella un molde para tartas de 25 cm de diámetro untado con mantequilla y hornéelo 3 o 4 min.
4. Pele las cortezas de los limones y exprima uno de ellos. Escalde las cortezas 2 min, escúrralas y córtelas en láminas finas.
5. Separe la clara de las yemas de los huevos. Caliente 200 cl de leche.
6. Mezcle bien la harina y 100 g de azúcar, y dilúyalo primero con la leche fría. Luego añada la leche hirviendo, la mantequilla derretida, las yemas de huevo, una a una, y la corteza. Déjelo espesar 15 min a fuego lento, removiendo sin cesar.
7. Fuera del fuego, añada el zumo de limón; mezcle bien y deje entibiar. Cubra el fondo de masa con esta preparación. Aumente la temperatura del horno a 240 °C.
8. Monte las claras a punto de nieve con el resto del azúcar y 1 pizca de sal. Vierta sobre la crema y alise con una espátula. Cueza 3 o 4 min en el horno para que se dore. Déjelo enfriar completamente antes de servir.

Flan criollo

El aparente aspecto esponjoso de este flan guarda en su interior una densa y deliciosa mezcla de ingredientes.

Flan «parisien»

Para 6 u 8 personas
Preparación: 30 min
Reposo: 4 h 30 min
Cocción: 15 min, 1 h
Refrigeración: 3 h

• *250 g de masa quebrada (ver p. 75)* • *40 cl de leche*
• *37 cl de agua de manantial* • *4 huevos*
• *210 g de azúcar en polvo* • *60 g de polvos para flan*

1. Prepare la masa y déjela reposar 2 h en la nevera.
2. Extiéndala con un grosor de 2 mm y recorte un disco de 30 cm de diámetro. Póngalo sobre una bandeja en el frigorífico durante 30 min.

3. Unte con mantequilla un molde para tarta de 22 cm de diámetro y 3 cm de altura. Ponga el disco de masa sobre el fondo y métalo haciéndolo ascender por las paredes. Recorte la masa que rebase y póngala 2 h más en el frigorífico.
4. Para preparar el flan, caliente en un cazo el agua y la leche. Bata en otro cazo los huevos, el azúcar y los polvos para flan. Vierta un chorrito en el agua con leche hirviendo, sin dejar de remover con un batidor de varillas. Espere a que hierva de nuevo y aparte entonces el cazo del fuego.
5. Precaliente el horno a 190 °C.
6. Cubra el fondo de tarta crudo con la preparación, y métalo 1 h en el horno. A continuación deje que se enfríe completamente, antes de llevar el flan al frigorífico (3 h). Es muy ligero y está mucho mejor cuando se sirve muy frío.

Flaugnarde

Para 6 u 8 personas
Preparación: 20 min
Maceración: de 3 a 12 h
Cocción: 30 min

• *8 ciruelas pasas* • *100 g de pasas*
• *4 orejones de albaricoque* • *10 cl de ron*
• *4 huevos* • *100 g de azúcar en polvo*
• *100 g de harina* • *1 l de leche* • *1 pizca de sal*
• *40 g de mantequilla*

1. *La víspera:* deshuese las ciruelas, y póngalas en un tazón con las pasas y los orejones en trocitos. Rocíe con el ron. Deje macerar un mínimo de 3 h (mejor 12 h).
2. Precaliente el horno a 220 °C.
3. Bata los huevos enteros y el azúcar en un cuenco, hasta que la mezcla esté bien espumosa. Incorpore poco a poco la harina con una pizca de sal y mezcle bien. Disuelva con la leche sin dejar de remover.
4. Añada las frutas maceradas y el ron. Unte generosamente con mantequilla una bandeja para gratinar de 24 cm. Vierta en ella la masa y espolvoree por encima con algunas nuececitas de mantequilla. Hornee 30 min. Servir tibio en la bandeja de cocción.

Postres de huevo
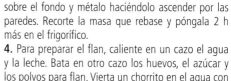

Huevos de nieve

Para 6 u 8 personas
Preparación: 30 min
Cocción: 10 min

• *80 cl de leche* • *1 vaina de vainilla* • *8 huevos*
• *1 pizca de sal* • *290 g de azúcar*
• *100 g de caramelo (ver p. 129)*

1. Hierva la leche con la vaina de vainilla.
2. Separe la clara de las yemas de los huevos. Monte las claras a punto de nieve firme con 1 pizca de sal añadiendo poco a poco 40 g de azúcar. Tome 1 c de clara montada y viértala en la leche hirviendo. Cocer 2 min y sacar con una espumadera. Déjela escurrir sobre un paño. Proceda cucharada a cucharada, hasta cocer todas las claras montadas; si su cacerola es lo bastante grande, puede cocer así de 5 a 7 cucharadas a la vez.
3. Prepare una crema inglesa (*ver p. 108*) con la leche con vainilla, las yemas de huevo y al azúcar restante (250 g). Vierta la crema inglesa en una copa y guárdela en el frigorífico, para que se enfríe bien.
4. Prepare el caramelo.
5. Coloque las claras cocidas sobre la crema y vierta encima el caramelo caliente en pequeños chorritos. Guarde el postre en la nevera.

Valor nutritivo por 100 g
170 kcal; proteínas: 5 g; glúcidos: 26 g; lípidos: 5 g

VARIANTE

Isla flotante
Vierta las claras montadas en un molde corona para savarin de 22 cm de diámetro. Colóquelo al baño María, métalo en el horno (180 °C) y cueza 30 min, hasta que la parte superior empiece a dorarse. Deje enfriar completamente la corona de claras. Desmóldela luego sobre la crema y vierta por encima el caramelo rubio hirviendo.

Huevos de nieve

Los huevos de nieve y la crema inglesa se ponen un tiempo en el frigorífico antes de rociarlos con un chorrito de caramelo caliente.

Yemas de Santa Teresa

El modo de servir las yemas, en moldecitos de papel, les da un aspecto muy sabroso.

Yemas de Santa Teresa

Para 40 piezas
Preparación: 1 h
Cocción: 10 min

- *10 yemas de huevo*
- *250 g de azúcar glas*
- *1 limón*
- *Manteca para untar*

1. Ralle la corteza del limón y exprímalo. Unte una placa de horno con manteca.
2. Bata las yemas en un cuenco. Añada el azúcar glas, la ralladura y el zumo de limón, y mezcle bien hasta formar una masa blanda.
3. Forme bolas del tamaño de una nuez. Extiéndalas sobre la placa de horno y déjelas secar 20 min.
4. Hornee 10 min a 160 °C y sirva las yemas frías dentro de moldecitos de papel.

Zabaglione

Para 4 o 6 personas
Preparación: 15 min
Cocción: 10 min

- *4 yemas de huevo • 1 huevo entero*
- *100 g de azúcar en polvo • 1 c de agua tibia*
- *1/2 vaso de marsala • 1 pizca de canela (opcional)*

1. Bata a la vez, en un cuenco colocado al baño María, las yemas de huevo, el huevo entero, el azúcar, el agua y el marsala. Hágalo sin cesar, hasta que la mezcla espese y esté bien untuosa. Añada, si lo desea, canela.
2. Retire la preparación del fuego y vierta el zabaglione en copas individuales. Sirva con pastas secas o con un pan *di Spagna* (*ver p. 296*).

Comentario del gourmet
Puede sustituir el marsala por una mezcla de vino blanco seco y ron.

Dulces de cocina de arroz, sémola y cereales

El arroz bomba se utiliza en la composición de numerosos dulces de cocina: pasteles de arroz, coronas con frutas, arroz con leche, etc. Las sémolas también sirven para preparar dulces de cocina: halva, subrics y pasteles de sémola. Se usan preferiblemente sémolas medias.

Albaricoques Bourdaloue

Para 6 u 8 personas
Preparación: 40 min
Cocción: 10 min

• *600 g de sémola con leche (ver p. 321)*

Para la salsa de albaricoque:
• *350 g de albaricoques frescos*
• *50 g de azúcar*
• *20 cl de agua*
• *5 cl de kirsch*

Para el jarabe ligero de vainilla:
• *1 vaina de vainilla*
• *650 g de azúcar*
• *50 cl de agua*
• *8 albaricoques grandes*
• *2 macarrones*
• *1 c de azúcar en polvo*

1. Prepare la sémola con leche.
2. Cuando esté cocida, vierta 2/3 en una bandeja de 24 cm resistente al fuego.

3. Para preparar la salsa de albaricoques, deshuéselos y páselos por la batidora o por el pasapurés. Mezcle bien en un cazo el azúcar con el agua; caliéntelo para disolver el azúcar y añada entonces el puré de albaricoque. Hiérvalo 5 min removiendo con una cuchara de madera. Pase finalmente el puré por un tamiz (o un colador fino) y añada el kirsch. Guarde esta salsa en un lugar templado.
4. Para hacer el almíbar, abra y raspe la vaina de vainilla, póngala en un cazo con agua y azúcar, hierva y baje entonces el fuego.
5. Precaliente el horno a 230 °C.
6. Parta los albaricoques en dos, deshuéselos y póngalos a escaldar 10 min en el almíbar. Escurra y séquelos.
7. Desmenuce con un cuchillo los macarrones.
8. Coloque los medios albaricoques sobre la superficie de la sémola. Recubra con la sémola con leche restante, y espolvoree con macarrones triturados y azúcar. Hornee de 7 a 10 min. Sirva aparte la salsa de albaricoques.

Comentario del gourmet
Este postre Bourdaloue se puede realizar igualmente con peras, melocotones, plátanos, o incluso frutas en almíbar.

Arroz «a la emperatriz»

Para 4 o 6 personas
Preparación: 1 h
Cocción: 25 min
Refrigeración: de 3 a 4 h

- 125 g de frutas confitadas cortadas en dados
- 5 cl de ron • 1 l de leche
- 1 vaina de vainilla
- 1 pizca de sal
- 250 g de arroz bomba
- 25 g de mantequilla
- 150 g de azúcar en polvo
- 500 g de crema inglesa (ver p. 108)
- 1 hoja de gelatina • 1 c de ron
- 250 g de crema chantilly (ver p. 105)
- 1 sobre de azúcar de vainilla
- 3 cerezas confitadas

1. Ponga las frutas confitadas a macerar en ron.
2. Caliente la leche con la vainilla, la sal y la mantequilla.
3. En otra cacerola, hierva 1 l de agua. Vierta el arroz en el agua hirviendo, cuézalo 2 min, escúrralo y échelo en la leche hirviendo. Baje el fuego y cuézalo unos 20 min, a fuego lento, hasta que reviente.
4. Ponga entonces el azúcar y cueza 5 min más. Mezcle bien las frutas confitadas y el ron de maceración mientras aparta el arroz del fuego. Déjelo enfriar.
5. Remoje la gelatina en un poco de agua fría. Prepare la crema inglesa y, al final de la cocción, añada la gelatina escurrida y el ron. Pase la crema por un tamiz fino y déjela enfriar.
6. Prepare la crema chantilly con el azúcar de vainilla.
7. Mezcle bien el arroz y la crema cuando estén fríos. Después añada la crema chantilly, removiendo con suavidad. Viértalo todo en un molde corona para savarin de 22 cm de diámetro y métalo 3 o 4 h en el frigorífico. Para desmoldar, moje el molde unos segundos en una bandeja llena de agua hirviendo y vuélquelo sobre la fuente en la que va a servir el postre. Decore éste con las cerezas confitadas cortadas en dos.

Ver fotografía en la página 319

Arroz con leche

Para 4 o 6 personas
Preparación: 15 min
Cocción: de 30 a 40 min

- 90 cl de leche
- 70 g de azúcar
- 1 pizca de sal
- 1 vaina de vainilla o 1 pizca de canela molida
- 200 g de arroz bomba
- 50 g de mantequilla
- 2 o 3 yemas de huevo

1. Caliente la leche con la vainilla o la canela y el azúcar.
2. Lleve a ebullición 1 l de agua. Lave el arroz y viértalo en el agua hirviendo. Escúrralo al cabo de 2 min y échelo en la leche hirviendo.
3. Baje el fuego y cueza tapado el arroz, a fuego muy lento, de 30 a 40 min.
4. Cuando esté cocido, añada la mantequilla y las yemas de huevo, una a una, y mezcle bien. Sírvalo tibio o frío con una crema inglesa, un coulis de frambuesa o una compota de manzanas.

Arroz con leche de almendras y jalea de cítricos

Para 4 personas
Preparación: 30 min
Cocción: 15 min, 15 min

- 80 g de arroz bomba
- 25 cl de leche
- 25 g de azúcar
- 200 g de crema
- 1 huevo entero
- 1 yema de huevo
- 4 naranjas
- 2 toronjas rosas
- 2 hojas de gelatina
- 10 cl de leche de almendras (ver p. 113)

1. Lave el arroz y cuézalo 2 min en agua hirviendo. Hierva la leche con el azúcar y ponga el arroz. Baje el fuego y cueza hasta que se haya absorbido toda la leche.
2. Precaliente el horno a 120 °C.
3. Mezcle bien el arroz cocido con la crema, el huevo entero, la yema de huevo y la leche de almendras. Después repártalo en 4 platos resistentes al fuego y hornee 15 min. Deje enfriar los platos y métalos en el frigorífico.
4. Pele bien los gajos de los cítricos en un cuenco. Remoje las hojas de gelatina en un poco de agua fría. Entibie en un cazo el jugo recuperado de los cítricos y añádales las hojas de gelatina escurridas.
5. Intercale los gajos de naranja y de toronja en el arroz y cubra con la jalea de cítricos. Guárdelo en un lugar fresco.

Corona de arroz con albaricoques

Para 6 u 8 personas
Preparación: 30 min
Cocción: 1 h

- *200 g de arroz bomba* • *1 vaina de vainilla*
- *1 l de leche* • *1 pizca de sal* • *2 huevos*
- *30 g de crema de leche*
- *100 g de azúcar en polvo*
- *1 kg de albaricoques en almíbar*
- *1 c de ron* • *20 cerezas confitadas*
- *50 g de angélica confitada*
- *20 g de ralladuras de almendras*

1. Lleve a ebullición agua en una cacerola. Pase el arroz, en un colador, bajo el chorro de agua fría y viértalo en el agua hirviendo. Retire y escurra al cabo de 2 min.

2. Parta y raspe la vaina de vainilla.

3. Vacíe la cacerola y vierta en ella la leche, el arroz, la sal y la vaina de vainilla. Cueza unos 45 min a fuego muy lento, hasta que el arroz haya absorbido toda la leche. Retire la vaina de vainilla. Bata los huevos en un bol con la crema de leche y el azúcar. Vierta esta preparación en el arroz sin olvidarse de mezclar bien.

4. Unte con mantequilla un molde corona para savarin de 20 cm. Deposite en él el arroz, póngalo al baño María y cuézalo 15 min.

5. Escurra los albaricoques en almíbar. Escoja los 12 orejones más bonitos. Pase los demás por la batidora o el pasapurés. Caliente suavemente el puré y añada el ron.

6. Desmolde el arroz en una fuente redonda. Cúbralo con el coulis de albaricoque caliente y ponga en el centro los 12 orejones. Decore con las cerezas, la angélica cortada en rombos y las ralladuras de almendras.

Frutas merengadas con arroz

Para 6 u 8 personas
Preparación: 45 min
Cocción: 15 min

- *500 g de arroz con leche (ver p. 317)*
- *650 g de azúcar* • *50 cl de agua*
- *1 vaina de vainilla* • *24 albaricoques*
- *300 g de merengue (ver p. 98)*
- *70 g de confitura de albaricoque*
- *70 g de jalea de grosella*

1. Prepare el arroz con leche. Confeccione el jarabe de vainilla, hirviendo el agua con azúcar y la vaina de vai-nilla cortada y raspada. Deshuese los albaricoques y sumérjalos en el almíbar de vainilla, hirviéndolos durante 5 min, y luego escúrralos. Prepare el merengue.

2. Extienda el arroz con leche en una bandeja redonda de 24 cm de diámetro, de borde bastante alto y resistente al fuego. Cúbralo con los albaricoques colocados uno junto a otro.

3. Precaliente el horno a 160 °C.

4. Meta el merengue en una manga pastelera, cubra con una capa los albaricoques y alise con una espátula. A continuación, con la ayuda de una boquilla de 5 mm, deposite sobre el postre coronitas de merengue separadas entre sí.

5. Cocer 10 min en el horno a 160 °C, luego aumente la temperatura, durante 5 min, a 220 °C, lo justo para que el merengue tome color.

6. Saque la fuente del horno. Decore los espacios entre las coronas de merengue con confitura de albaricoque y jalea de grosella, alternando los colores. Sirva este plato caliente o frío.

Melocotones «a la emperatriz»

Para 4 o 6 personas
Preparación: 40 min
Cocción: 15 min, 5 min

- *75 cl de agua* • *375 g de azúcar*
- *1 vaina de vainilla* • *6 melocotones*
- *800 g de arroz con leche (ver p. 317)*
- *3 cl de kirsch* • *2 cl de marrasquino*
- *150 g de albaricoques* • *100 g de macarrones*

1. Para escaldar los melocotones, hierva el agua, el azúcar, y la vaina de vainilla cortada y raspada. Sumerja los melocotones de 10 a 15 min. Sáquelos del almíbar, pélelos y córtelos en dos. Resérvelos.

2. Prepare el arroz con leche añadiéndole el kirsch y el marrasquino.

3. Elabore el puré de albaricoque: corte los albaricoques en trozos y tritúrelos con la batidora o con el pasapurés.

4. Pique los macarrones con un cuchillo.

5. Precaliente el horno a 180 °C.

6. Ponga en el fondo de un molde de 24 cm de diámetro una capa de arroz con leche. Cúbrala con los medios melocotones escaldados; a continuación ponga otra capa de arroz, más delgada, encima. Cubra con el puré de albaricoque. Espolvoree con los macarrones. Meta el molde 5 min en el horno, vigilando que no se gratine la superficie.

Sugerencia

También puede hacer este postre en invierno, usando melocotones y albaricoques en almíbar.

Arroz «a la emperatriz»

Este dulce de cocina, preparado en un molde corona para savarin, está decorado con un surtido de frutas rojas.

Pastel de arroz con caramelo

Para 4 o 6 personas
Preparación: 30 min
Cocción: 45 min

Para el dulce de cocina:
• *400 g de arroz con leche (ver p. 317)*
• *3 huevos*
• *175 g de azúcar en polvo*
• *1 pizca de sal*

Para el caramelo:
• *100 g de azúcar*
• *El zumo de 1/2 limón*

1. Prepare el arroz con leche. Casque los huevos, separando las claras de las yemas. Saque la vaina de vainilla del arroz con leche, y añádale el azúcar y las yemas de huevo, mezclándolo bien.
2. Monte las claras de huevo con sal a punto de nieve muy firme e incorpórelas poco a poco al arroz.
3. Precaliente el horno a 200 °C. Mezcle bien el azúcar, el zumo de limón y 1 c de agua en una cacerola. Caliente para obtener un caramelo. Vierta de inmediato la mitad en un molde para charlota de 20 cm de diámetro, girando el recipiente para repartir el caramelo uniformemente por todo el fondo y los bordes. Reserve la otra mitad.
4. Coloque el arroz en el molde, aplastándolo bien, y póngalo al baño María. Haga arrancar la ebullición al fuego y continúe la cocción 45 min más en el horno.
5. Déjelo enfriar y desmóldelo en la fuente donde va a servirlo. Disuelva el caramelo que había reservado con un poco de agua caliente y cubra con él el pastel de arroz.

Pastel de arroz con chocolate

Para 4 o 6 personas
Preparación: 40 min
Cocción: 25 min
Refrigeración: 3 h

• *150 g de chocolate amargo*
• *800 g de arroz con leche (ver p. 317)*
• *4 claras de huevo*
• *1 pizca de sal*
• *20 cl de salsa de chocolate (ver p. 153)*
• *120 g de nata montada (ver p. 113)*

1. Funda el chocolate al baño María o en el microondas.
2. Prepare el arroz con leche añadiéndole el chocolate derretido al final de la cocción.
3. Monte las claras con la sal a punto de nieve. Vierta el arroz con chocolate en un cuenco e incorpore las claras montadas poco a poco, levantando siempre en el mismo sentido (de abajo hacia arriba).
4. Precaliente el horno a 180 °C.
5. Unte con mantequilla un molde de 20 cm de diámetro y vierta en él la preparación de arroz. Hornee 25 min. Deje enfriar y póngalo 3 h en el frigorífico.
6. Prepare la salsa de chocolate.
7. Monte la nata y mézclela con la salsa de chocolate. Ponga esta preparación en la nevera.
8. Desmolde el pastel frío en la fuente en la que va a servirlo.
9. Cúbralo con salsa de chocolate con nata montada y sirva el resto en una salsera. También lo puede cortar en rodajas, que colocará en los platos, cubiertas de salsa de chocolate.

Pastel de arroz con ruibarbo y zumo de fresa

Para 6 personas
Preparación: 30 min
Cocción: 20 min
Refrigeración: 3 h

• *800 g de arroz con leche (ver p. 317)*
• *4 claras de huevo*
• *1 pizca de sal*
• *120 g de compota de ruibarbo (ver p. 310)*
• *20 cl de zumo de fresa (ver p. 155)*
• *200 g de fresas*

1. Prepare el arroz con leche.
2. Precaliente el horno a 180 °C.
3. Monte las claras con la sal a punto de nieve bien firme. Ponga el arroz con leche en un cuenco y, removiendo suavemente con una cuchara de madera, añádale poco a poco las claras montadas.
4. Unte con mantequilla y enharine 6 moldes individuales, vierta en ellos el arroz y hornéelos 20 min. Luego déjelos enfriar completamente y póngalos 3 h en el frigorífico.
5. Prepare la compota de ruibarbo y el zumo de fresa, y guárdelos en la nevera.
6. Lave las fresas y límpielas rápidamente.
7. Desmolde los pasteles en los platos. Decore la parte superior con la compota de ruibarbo y cubra con zumo de fresa. Espolvoree la parte superior con fresas frías.

Pastel criollo de taro

Para 4 o 6 personas
Preparación: 20 min
Cocción: 25 min, 25 min

- 500 g de taro • 1 naranja grande fresca, natural
- 100 g de mantequilla • 4 huevos • 1 pizca de sal
- 20 g de azúcar en polvo • 1 cc de canela molida

1. Pele el taro y córtelo en trozos. Métalo en una cacerola de agua fría y hiérvalo 25 min. Compruebe la cocción con la hoja de un cuchillo. Escúrralo y páselo por el pasapurés.
2. Ralle la corteza de naranja y exprima ésta. Derrita la mantequilla. Casque los huevos, separando las claras de las yemas. Monte con la sal las claras a punto de nieve bien firme.
3. Precaliente el horno a 180 °C.
4. Mezcle bien en un cuenco el puré de taro con el azúcar y la mantequilla. Luego añada, uno a uno, las yemas, la corteza y el zumo de naranja y, finalmente, incorpore con cuidado las claras montadas.
5. Unte con mantequilla un molde para suflé de 22 cm de diámetro, espolvoréelo con azúcar y vierta la masa en él. Cocer unos 25 min en el horno. Sirva este pastel tibio siempre que pueda.

Comentario del gourmet
El taro es un tubérculo parecido al boniato y procede de África, de Asia y de las Antillas. Se puede encontrar en las tiendas de productos exóticos.

Pastel de sémola con frambuesa

Para 4 o 6 personas
Preparación: 15 min
Cocción: 15 min
Refrigeración: 3 h

- 800 g de sémola con leche (ver al lado)
- 1 limón fresco o natural • 4 yemas de huevo
- 10 cl de crema de leche • 200 g de frambuesas
- 30 g de azúcar • 1 c de marrasquino

1. Ralle la corteza de limón. Prepare la sémola con leche, añadiéndole la corteza al final de la cocción.
2. Cuando esté cocida, retírela del fuego. Añada las yemas de huevo una a una, mezclando con una cuchara de madera para que se incorporen bien.
3. Agregue a continuación la crema de leche y mezcle bien, hasta que la preparación quede perfectamente homogénea.
4. Vierta la sémola en un molde para baba y métalo 3 h en el frigorífico.

5. Limpie las frambuesas, cháfelas con el tenedor, y mézclelas bien con el azúcar y el marrasquino.
6. Desmolde la sémola después de sumergir el molde unos segundos en agua caliente y volcándola en una fuente. Corte el pastel en porciones y dispóngalas en platos con las frambuesas chafadas encima.

Piña Condé

Para 4 o 6 personas
Preparación: 40 min
Refrigeración: de 3 a 4 h

- 800 g de arroz con leche (ver p. 317)
- 8 rodajas de piña • 5 cl de kirsch • 30 g de azúcar
- 150 g de salsa de caramelo (ver p. 152)
- 20 g de cerezas confitadas
- 25 g de angélica confitada

1. Prepare el arroz con leche. Viértalo en un molde corona para savarin de 22 cm de diámetro y póngalo 3 o 4 h en el frigorífico.
2. Pele la piña, córtela en rodajas, quítele el centro (demasiado duro para comerlo) y póngalas a macerar 30 min en el kirsch con azúcar.
3. Prepare la salsa de caramelo.
4. Desmolde el arroz mojando el molde 5 s en un plato lleno de agua hirviendo y volcándolo sobre la fuente. Ponga las rodajas de piña en el centro.
5. Decore con las cerezas confitadas y la angélica cortada en rombos. Sirva la salsa de caramelo aparte, en una salsera.

Sémola con leche

Para 4 o 6 personas
Preparación: 10 min
Cocción: 30 min

- 1 l de leche • 150 g de azúcar
- 1 pizca de sal • 1 vaina de vainilla
- 250 g de sémola • De 75 a 100 g de mantequilla

1. Precaliente el horno a 180 °C.
2. Corte y raspe la vaina de vainilla. Caliente la leche con el azúcar, la sal y la vaina de vainilla.
3. Cuando hierva, espolvoree con la sémola. Remueva. Luego añada la mantequilla y mezcle bien.
4. Vierta la mezcla en una bandeja resistente al fuego, tápela con una hoja de aluminio o de papel sulfurizado untado con mantequilla y cuézala 30 min.

Sugerencia
Según su fantasía, puede añadir pasas, frutas confitadas en dados, orejones de albaricoque o ciruelas pasas; remójelos previamente en un tazón de té.

321

Subrics de arroz

Para 4 o 6 personas
Preparación: 30 min
Cocción: 10 min

- *500 g de arroz con leche (ver p. 317)*
- *100 g de frutas confitadas cortadas en dados*
- *5 cl de Grand Marnier*
- *100 g de mantequilla*
- *Jalea de grosella o de frambuesa, o mermelada de albaricoque*

1. Ponga las frutas confitadas a macerar en Grand Marnier.

2. Prepare el arroz con leche. Luego mézclelo cuidadosamente con las frutas confitadas.

3. Funda 50 g de mantequilla. Ponga una hoja de papel sulfurizado sobre la mesa de trabajo. Extienda en ella, con una espátula, el arroz con frutas confitadas hasta conseguir un grosor entre 4 y 6 mm. Unte la superficie con mantequilla ayudándose de un pincel. Meta el arroz 30 min en el frigorífico para que se solidifique.

4. Corte en discos o cuadrados, con un molde o un cuchillo, el arroz con frutas confitadas.

5. Caliente el resto de mantequilla en una sartén con revestimiento antiadherente y dore los subrics por los dos lados.

6. Colóquelos, a medida que estén listos, en la fuente y decórelos con una cucharada de jalea o de mermelada.

VARIANTE
Siguiendo la misma receta, puede hacer subrics de sémola (sustituyendo el arroz por sémola), con o sin frutas confitadas.

Postres de frutas

Los postres de frutas son refrescantes y, en general, muy poco calóricos. Por ello tienen gran aceptación al final de una comida copiosa o en verano. Son fáciles de realizar, pero es fundamental elegir frutas sanas y bien maduras.

Cerezas flambeadas a la borgoñona

Para 4 o 6 personas
Preparación: 30 min
Cocción: 15 min

• *600 g de cerezas* • *20 cl de agua* • *260 g de azúcar*
• *2 o 3 c de jalea de grosella* • *5 cl de marc de Borgoña*

1. Limpie y deshuese las cerezas.
2. Ponga el agua y el azúcar en un cazo, y hiérvalos.
3. Sumerja las cerezas en este almíbar, baje el fuego y cuézalas unos 10 min.
4. Añada 2 o 3 c de jalea de grosella y reduzca 5 o 6 min más a fuego lento.
5. Vierta las cerezas en la fuente o plato donde vaya a servirlas. Caliente el marc de Borgoña en un cazo. Rocíe las cerezas, flambéelas y sírvalas de inmediato.

Chaud-froid de melocotones con miel y nougat

Para 6 personas
Preparación: 40 min
Refrigeración: 1 h

Para el helado de miel de espliego:
• *10 cl de crema de leche* • *40 cl de leche fresca*
• *150 g de miel de espliego* • *6 yemas de huevo*
• *50 g de nougat tierno*

Para los melocotones fritos con miel de espliego:
• *1 kg de melocotones* • *50 g de mantequilla*
• *70 g de miel de espliego* • *Pimienta recién molida*
• *1 pizca de sal* • *1 limón* • *60 g de nougat*

1. Prepare el helado de miel de espliego: llene un cuenco grande de agua y cubitos de hielo. Hierva juntas en un cazo la leche y la crema de leche con la mitad de la miel. Bata las yemas con la miel restante en un cuenco. Vierta encima un tercio del líquido hirviendo, removiendo enérgicamente. Viértalo todo en el cazo y cuézalo a fuego lento, como una crema inglesa (*ver p. 108*), mezclando suavemente con el batidor de varillas.
2. Una vez cocida la crema, viértala enseguida en un cuenco y póngalo en el que está lleno de cubitos de hielo. Deje enfriar la preparación y luego métala en el frigorífico.
3. Corte el nougat a trozos.
4. Ponga la crema 1 h en la sorbetera. Añada el nougat en el último momento, 2 min antes de detener la máquina.
5. Prepare los melocotones: pélelos, deshuéselos y córtelos en ocho. Derrita la mantequilla en una sartén a fuego medio y añada la miel. Luego aumente el fuego al máximo, añada los melocotones y saltéelos, removiendo la sartén de vez en cuando para que se coloreen uniformemente y se caramelicen un poco. Exprima el limón y añada su zumo, así como la pizca de sal. Agregar 3 vueltas de molinillo de pimienta, remover y retirar del fuego.
6. Reparta los melocotones en los platos, desmenuce el nougat y ponga sobre las frutas una buena bola de helado de miel de espliego. Sirva de inmediato.

Choco-plátano crujiente

Para 8 personas
Preparación: 30 min
Cocción: 8 min

- 75 cl de helado de vainilla (ver p. 142)
- 200 g de mantequilla • 60 g de cacao en polvo
- 40 g de azúcar glas • 8 hojas de brik
- 4 plátanos • 1 limón • Cacao en polvo

1. Prepare primero el helado de vainilla, si no usa uno comprado ya hecho.
2. Precaliente el horno a 200 °C.
3. Funda lentamente la mantequilla en un cazo, añada el cacao en polvo y el azúcar glas.
4. Corte cada hoja de brik en cuatro. Úntelas con la mezcla anterior, póngalas en una bandeja cubierta con papel sulfurizado y llévelas al horno para cocerlas 8 min.
5. Pele los plátanos y rocíelos con limón; luego cháfelos con el tenedor.
6. Superponga a continuación 1/4 de hoja de brik, una capa de plátano chafado, una hoja de brik y una capa de helado de vainilla. Termine con 1 hoja de brik y espolvoréela con cacao en polvo.

JEAN-PIERRE VIGATO, *RESTAURANTE APICIUS*

Ciruelas pasas con rasteau y nata

Para 6 personas
Preparación: 15 min
Cocción: 15 min
Maceración: 3 días

- 36 ciruelas pasas
- 50 cl de burdeos tinto ligero
- 50 cl de rasteau • 1 limón
- 1 naranja
- 180 g de nata líquida

1. *La víspera*: remoje las ciruelas pasas en la mezcla de los dos vinos.
2. Al día siguiente: corte la naranja y el limón en rodajas gruesas. Póngalas en una cacerola con las ciruelas y su líquido de maceración. Cuézalas 15 min a fuego muy lento, de modo que apenas lleguen a hervir.
3. Guárdelas 3 días en el frigorífico dentro de una compotera con el jugo de cocción.
4. Saque las rodajas de los cítricos y sirva las ciruelas en platos soperos, con un poco de su jugo y cubiertas con nata líquida.

Compota de albaricoques

LIGERA

Para 4 o 6 personas
Preparación: 10 min
Cocción: 2 min

- 700 g de albaricoques
- 75 g de azúcar en polvo • 3 hojas de gelatina
- 2 cl de aguardiente de albaricoque

1. Deshuese los albaricoques y redúzcalos a puré en la batidora o el pasapurés. Añada el azúcar y mezcle bien.
2. Remoje la gelatina y escúrrala después. Ponga 1/4 del puré de albaricoque en un cazo, añada el aguardiente de albaricoque y la gelatina. Calentar un poco para que la gelatina se derrita. Vierta esta mezcla en el puré de albaricoque restante, batiendo con fuerza. Guárdelo en la nevera.

Valor nutritivo por 100 g
85 kcal; proteínas: 1 g; glúcidos: 18 g

Comentario del gourmet
Puede sustituir el aguardiente de albaricoque por uno de pera o de ciruela amarilla. Esta compota-jalea va muy bien para acompañar un cake (*ver pp. 290 y 292*).

Compota de albaricoques asados

Para 4 o 6 personas
Preparación: 10 min
Cocción: 20 min

- 600 g de albaricoques
- 80 g de azúcar

1. Caliente previamente el horno a 180 °C.
2. Lave, deshuese y corte en dos los albaricoques.
3. Colóquelos en una bandeja para asar. Espolvoréelos con azúcar y cuézalos durante 20 min en el horno.
4. Colóquelos en una compotera y déjelos enfriar. Sirva la compota tibia o fría.

Comentario del gourmet
Puede servir esta compota con una crema inglesa (*ver p. 108*) o con un helado de vainilla (*ver p. 142*) y jalea de grosella. Acompáñela de mantecados pequeños o de galletas bretonas (*ver p. 274*).

Compota de arándanos

Para 8 o 10 personas
Preparación: 15 min
Cocción: 15 min
Refrigeración: 1 h

- *1 kg de arándanos* • *1/2 limón*
- *500 g de azúcar en polvo* • *20 cl de agua*

1. Despalille y lave los arándanos.
2. Ralle la corteza del limón.
3. Mezcle bien el azúcar en polvo, la corteza de limón y el agua; hierva 5 min. Incorpore los arándanos y cuézalos 10 min a fuego vivo.
4. Saque las frutas con una espumadera y métalas en una compotera.
5. Reduzca el almíbar cerca de 1/3. Luego viértalo sobre las frutas y guarde esta compota en el frigorífico por lo menos durante 1 h.

Sugerencia
Si prepara esta compota por adelantado, la víspera o el día antes de ésta, reduzca más el almíbar (a la mitad), ya que las frutas irán soltando su jugo.

VARIANTE
Puede hacer del mismo modo una compota de grosellas negras, utilizando frutas frescas o congeladas.

Compota de cerezas

Para 6 u 8 personas
Preparación: 30 min
Cocción: 8 min

- *1 kg de cerezas* • *300 g de azúcar en polvo*
- *10 cl de agua* • *1 vaso de kirsch*

1. Lave, limpie y deshuese las cerezas.
2. Vierta el agua en el azúcar en polvo y cuézalo hasta obtener una gran bola o *bola dura* (*ver p. 123*). Ponga las cerezas en este almíbar y cuézalas 8 min a fuego muy lento.
3. Escurra las frutas y póngalas en una compotera.
4. Añada el kirsch al almíbar y mezcle bien. Vierta el mezcla sobre las cerezas y déjelas enfriar. Sírvalas frías.

VARIANTES

Compota de ciruelas mirabel
Proceda del mismo modo con 200 g de azúcar y 8 cl de agua para 1 kg de ciruelas. Sirva esta compota con crema de leche en una salsera.

Compota de melocotones
Ponga una vaina de vainilla en el almíbar (200 g de azúcar y 8 cl de agua). Escalde rápidamente los melocotones para poder pelarlos con facilidad. A continuación proceda del mismo modo para cocer las frutas.

Compota de castañas

Para 4 o 6 personas
Preparación: 45 min
Cocción: 45 min

- *700 g de castañas* • *2 vainas de vainilla*
- *700 g de azúcar* • *70 cl de agua*

1. Corte las vainas de vainilla y ráspelas. Póngalas en un cazo con el agua y el azúcar. Hiérvalo.
2. Caliente una cacerola con agua. Con un cuchillo, haga una incisión alrededor de las castañas, lo bastante profunda para traspasar la cáscara. Sumérjalas 5 min en agua hirviendo, sáquelas y pélelas calientes todavía.
3. Coloque las castañas en el almíbar de vainilla y cuézalas unos 45 min a fuego lento.
4. Vierta las castañas y el almíbar en una compotera. Déjelas enfriar y métalas 1 h en el frigorífico antes de servir.

Sugerencia
Para ir más deprisa, puede hacer esta compota con castañas al natural envasadas. Necesitarán menos tiempo de cocción: unos 30 min.

Compota de ciruelas pasas

Para 4 o 6 personas
Preparación: 10 min
Cocción: 40 min

- *500 g de ciruelas pasas frescas o secas*
- *30 cl de té ligero tibio*
- *10 cl de vino blanco o tinto* • *80 g de azúcar cristalizado* • *1 limón*
- *1 sobre de azúcar de vainilla*

1. Si usa ciruelas pasas secas, remójelas en té ligero tibio para rehidratarlas.
2. Cuando estén bien hinchadas, escúrralas, deshuéselas y póngalas en un cazo. Exprima el limón. Cubra las ciruelas de vino y añada el azúcar cristalizado, el zumo de limón y el azúcar de vainilla.
3. Cocer unos 40 min. Sirva esa compota tibia o fría.

Comentario del gourmet
Si prefiere no deshuesar las ciruelas pasas, aumente la cantidad de agua o de vino y sírvalas con todo su jugo.

Compota de fresas

Para 4 o 6 personas
Preparación: 15 min

- *700 g de fresas*
- *140 g de azúcar*
- *10 cl de agua*
- *1 vaina de vainilla*

1. Ponga las fresas en un colador, lávelas rápidamente y arránqueles el rabillo. Prepare el almíbar: abra y raspe la vaina de vainilla, póngala en un cazo con el azúcar y el agua, y hierva 5 min.
2. Coloque las fresas, sin cocerlas, en una compotera y rocíelas con el almíbar hirviendo.

Valor nutritivo por 100 g
100 kcal; glúcidos: 25 g

Compota de grosellas negras

Para 6 u 8 personas
Preparación: 15 min
Refrigeración: 3 h

- *150 g de grosellas negras en conserva*
- *100 g de grosellas rojas*
- *150 g de azúcar en polvo*
- *5 hojas de gelatina*
- *1 kg de grosellas negras frescas*

1. Ponga las grosellas negras en conserva en un colador y déjelas escurrir varias horas.
2. Triture separadamente o pase por el pasapurés, con la rejilla fina, las grosellas negras y las rojas. Mezcle bien en un cuenco grande los dos purés de frutas y el azúcar.
3. Remoje la gelatina 15 min en un tazón de agua fría. Escúrrala y póngala en un bol al baño María, para derretirla. Añada 2 cucharadas de puré de frutas; mezcle bien y luego devuelva el contenido del bol al cuenco. Vuelva a mezclar bien e incorpore los granos de grosellas negras.
4. Deje enfriar y luego vierta la compota en copas individuales o en el recipiente donde vaya a servirla. Guárdela 3 h en el frigorífico. Sírvala helada.

VARIANTE
También puede hacer una compota de frambuesas: 500 g de puré de frambuesas congeladas, 70 g de azúcar en polvo, el zumo de 1/2 limón y 6 hojas de gelatina.

Compota de higos secos

Para 4 o 6 personas
Preparación: 10 min
Maceración: de 3 a 4 h
Cocción: de 20 a 30 min

- *300 g de higos secos* • *1 limón fresco*
- *300 g de azúcar* • *30 cl de vino tinto*

1. Remoje los higos secos en un recipiente de agua fría durante 3 o 4 h, para que estén bien rehidratados.
2. Ralle la corteza del limón. Ponga el azúcar en un cazo, añada el vino y la corteza. Hierva.
3. Escurra los higos, sumérjalos en este líquido hirviendo y cuézalos de 20 a 30 min a fuego lento. Sirva esta compota tibia.

Comentario del gourmet
Puede acompañar esta receta con las galletas que prefiera y con un helado de vainilla (*ver p. 142*).

Compota de mangos

Para 4 personas
Preparación: 15 min
Cocción: 30 min
Refrigeración: 1 h

- *2 kg de mangos* • *2 limones frescos*
- *50 g de azúcar en polvo*
- *2 pizcas de canela*

1. Ralle la corteza de un limón y exprima los dos.
2. Corte los mangos en dos, quíteles el hueso, extraiga la pulpa con una cucharita y póngala en una cacerola. Añada el zumo de los dos limones, la corteza, el azúcar y 2 pizcas de canela. Cubrir con agua. Hervir, espumar, reducir la intensidad del fuego y cocer unos 30 min.
3. Vierta la compota en una copa grande, déjela enfriar y guárdela 1 h como mínimo en el frigorífico.

Compota de manzanas o de peras

LIGERA

Para 4 o 6 personas
Preparación: 15 min
Cocción: de 15 a 20 min

- *800 g de manzanas u 800 g de peras*
- *10 cl de agua* • *150 g de azúcar* • *2 vainas de vainilla o 3 ramas de canela* • *1 limón*

1. Prepare el almíbar mezclando el agua, el azúcar y las vainas de vainilla, cortadas y raspadas, o las ramas de canela. Hiérvalo.

2. Exprima el limón y ponga el zumo en un cuenco.

3. Pele las manzanas (o las peras), córtelas en cuartos, despepítelas y colóquelas de inmediato en el cuenco. Remueva para remojar bien la fruta con el limón.

4. Sumérjalas en el almíbar hirviendo y déjelas hasta que estén cocidas, pero no deshechas. Sirva esta compota tibia o fría.

Valor nutritivo por 100 g
65 kcal; glúcidos: 16 g

VARIANTE
Ponga directamente los cuartos de fruta en una cacerola, añada 1/2 vaso de agua, y espolvoree con azúcar y canela molida. Cuézalo tapado, a fuego lento, removiendo a veces para que las frutas no se peguen.

Compota de peras con cerveza

Para 4 o 6 personas
Preparación: 10 min
Cocción: 20 min

- 500 g de peras • 50 cl de cerveza
- 50 g de naranja confitada
- 50 g de limón confitado • 100 g de azúcar
- 100 g de pasas de Corinto • 1 c de canela molida

1. Pele las peras y córtelas en trozos de unos 2 cm de lado. Póngalas en una cacerola a medida que las vaya troceando y cúbralas con la cerveza.

2. Corte la naranja y el limón confitados en trocitos muy pequeños. Añádalos a la cacerola, así como el azúcar, las pasas y la canela.

3. Cueza 20 min a fuego muy lento, removiendo.

4. Deje enfriar a temperatura ambiente y luego vierta esta compota en copas individuales o en una fuente. Sírvala con un cake o con pastas secas.

Compota de rambutanes con menta

Para 4 personas
Preparación: 20 min
Maceración: 12 h
Refrigeración: 1 h

- 500 g de rambutanes • 2 melocotones
- 50 g de azúcar en polvo • 2 vasos de moscatel
- 8 hojas de menta fresca • 8 fresas bonitas

1. *La víspera*: caliente un cazo con agua. Pinche los melocotones con un tenedor, sumérjalos primero uno a uno en el agua hirviendo e, inmediatamente después, en un tazón de agua fría. Pélelos.

2. Córtelos en cuartos, deshuéselos y póngalos en un cuenco grande.

3. Pele los rambutanes, córtelos en dos, deshuéselos y añádalos al cuenco. Espolvoréelos con el azúcar y riéguelos con el moscatel. Mezcle bien y deje macerar toda la noche.

4. Ponga las frutas y el moscatel en una cacerola 1 h antes de servir. Hervir lentamente, apartar del fuego y dejar enfriar. Después, guardar 1 h como mínimo en la nevera.

5. Recorte las hojas de menta. Lave y limpie las fresas, y córtelas en rodajas.

6. Reparta la compota en copas individuales, y decórelas con las fresas y la menta. Sírvala muy fría.

Compota «del viejo viñador»

Para 6 u 8 personas
Preparación: 40 min
Cocción: 15 min

- 350 g de manzanas acídulas
- 250 g de azúcar
- 25 cl de vino tinto
- 1 clavo de olor
- 1 pizca de canela molida
- 250 g de peras
- 250 g de melocotones
- 20 g de mantequilla
- 90 g de granos de uva fresca

1. Pele las manzanas, córtelas en cuartos, despepítelas y póngalas en un cazo de fondo grueso con 100 g de azúcar. Tápelo y cuézalo a fuego lento, hasta que la fruta se deshaga.

2. Prepare el almíbar: hierva el azúcar restante (es decir, 150 g) con el vino tinto, el clavo y la canela.

3. Pele las peras y los melocotones. Corte las peras en cuatro y despepítelas; corte los melocotones en dos y deshuéselos. Recupere el jugo y póngalo con las frutas cortadas en el almíbar hirviendo. Cueza 15 min.

4. Añada la mantequilla a la compota de manzanas y póngala en una compotera. Cuando los melocotones y las peras estén cocidos, escúrralos con una espumadera y colóquelos sobre la mermelada de manzana.

5. Eche los granos de uva en el almíbar hirviendo, déjelos escaldar 3 min, luego escúrralos y añádalos a las otras frutas.

6. Saque el clavo del almíbar y reduzca éste hasta que espese.

7. Cubra la compota con almíbar. Déjela enfriar completamente a temperatura ambiente.

Dulce de zapallo

Para 1 kg
Preparación: 10 min
Cocción: 55 min

• 1 kg de zapallo (calabaza) • 1 l de agua
• 1 kg de azúcar

1. Precaliente el horno a 250 °C.
2. Pele el zapallo. Quítele las semillas y córtelo en dados grandes. Póngalos en una cazuela de hierro que pueda ir al horno.
3. Agregue el azúcar y el agua. Hornee durante 55 min aprox, hasta que el almíbar se espese y los cubos estén translúcidos, removiéndolos de vez en cuando con una cuchara de madera.
4. Reparta en frascos esterilizados. Deje enfriar el dulce y sírvalo en compoteras individuales. Se puede acompañar con nata ligeramente batida.

Ensalada de naranja con marialuisa

Para 6 personas
Preparación: 25 min
Reposo: 20 min

• 1,5 kg de naranjas • 1/2 limón
• 1 cc de jengibre fresco • 50 cl de agua mineral
• 1 manojo de marialuisa (llamada en Suramérica hierbaluisa o cederrón) • 250 g de azúcar en polvo
• 5 o 6 granos de pimienta negra

1. Prepare el jugo: ralle la corteza del 1/2 limón y el jengibre. Deshoje la marialuisa. Vierta el agua en un cazo y añada el azúcar, la corteza rallada, la pimienta y el jengibre. Hierva. Pique un poco la mitad de la marialuisa. Aparte el cazo del fuego y añada la marialuisa picada. Tápelo y déjelo reposar 20 min. Cuele la infusión obtenida y guárdela en el frigorífico.
2. Prepare las naranjas: corte los dos extremos con un cuchillo bien afilado y pélelas bien, eliminando la piel blanca. Córtelas en rodajas, póngalas en una ensaladera y guárdelas en la nevera.
3. Vierta sobre las frutas la infusión obtenida anteriormente. Corte finas el resto de las hojas de marialuisa y guarde dos enteras. Espolvoree las naranjas con marialuisa y decore con las dos hojas enteras. Sirva la ensalada bien fría.

Comentario del gourmet
Este postre se puede acompañar de una bola de sorbete de limón (ver p. 145) o de mandarina (ver p. 145).

Fresas Ginette

Para 4 personas
Preparación: 20 min
Maceración: 30 min

• 3 naranjas maltesas • 600 g de fresas gariguette
• 70 g de azúcar • 3 cl de Cointreau • Hielo triturado

1. Corte las naranjas en dos y, con un pequeño cuchillo de sierra o una cuchara para pomelo, vacíelas y ponga la pulpa en un cuenco. Corte un trocito del fondo de la corteza para darles una base estable y póngalas en el frigorífico.
2. Chafe la pulpa y cuele el zumo.
3. Ponga las fresas en un colador, lávelas rápidamente en un chorro de agua y quíteles el rabillo.
4. Añada el azúcar y el Cointreau al zumo de naranja. Riegue las fresas y colóquelas en la nevera.
5. A la hora de servir, rellene las medias naranjas con las fresas. Reparta helado triturado en las copas y ponga las frutas encima. Sirva de inmediato.

Valor nutritivo por 100 g
65 kcal; glúcidos: 14 g

Fresas a la maltesa

Para 6 personas
Preparación: 15 min

• 75 cl de helado de limón • 500 g de fresas
• 100 g de azúcar en polvo • 10 cl de curaçao
• 1 vaso de champán • 80 g de violetas escarchadas
• 100 g de corteza confitada de naranja • 20 cl de crema de leche • 1 sobre de azúcar de vainilla

1. Prepare el helado de vainilla o, si usa helado comprado ya hecho, sáquelo del congelador. Ponga en este último cuatro copas vacías.
2. Lave las fresas en un colador y quíteles el rabillo. Póngalas en un cuenco, corte en dos las más grandes, espolvoree con 40 g de azúcar, vierta el curaçao y el champán. Remueva, dejando macerar 30 min.
3. Triture un poco, con el rodillo, 60 g de violetas escarchadas. Corte en daditos o láminas finas la corteza confitada de naranja.
4. Monte la nata con el azúcar restante (60 g) y el azúcar de vainilla.
5. Escurra las fresas y filtre su jugo en un colador forrado con una muselina.
6. Extienda el helado de vainilla en el fondo de las copas frías. Añada encima las fresas, luego los trozos de corteza de naranja y las violetas machacadas. Riegue con el jugo y ponga encima pequeñas nueces de nata montada. Decore finalmente con las violetas restantes (20 g).

Fresas gariguette con cítricos y jugo de remolacha

Las fresas, los gajos de naranja y los dados de remolacha están rociados con un jugo de fresas y de remolacha levemente apimentado. Las frutas se acompañan de nata montada dispuesta con una manga de boquilla acanalada. Una rodaja fina de remolacha seca y caramelizada completa la decoración.

Ver receta en la página 409

Fritura de manzanas con pan de especias

Para 6 personas
Preparación: 25 min
Cocción: 10 min

Para las manzanas salteadas:
- 1,2 kg de manzanas granny smith o calville blanc
- 4 limones • 1/2 naranja
- 80 g de mantequilla
- 100 g de azúcar en polvo
- 80 g de piñones

Para el pan de especias:
- 250 g de pan de especias
- 40 g de mantequilla
- 100 g de grosellas negras en almíbar

1. Pele las manzanas, córtelas en dos y despepítelas. Luego corte las mitades en tres o cuatro, según su tamaño.
2. Exprima los limones. Ralle la corteza de la 1/2 naranja.
3. Ponga en un cuenco los trozos de manzana, 4 c de zumo de limón, la corteza de naranja y el azúcar . Mézclelo todo.
4. Derrita la mantequilla en una sartén a fuego bastante vivo. Añada las manzanas, y cuézalas removiendo de vez en cuando con una cuchara de madera. Deben conservar el centro crujiente. Agregue los piñones al final de la cocción. Guardar en caliente.
5. Prepare el pan de especias y córtelo en daditos. Derrita la mantequilla en otra sartén, a fuego medio. Incorpore el pan de especias y dórelo unos minutos hasta que esté bien crujiente. Apártelo del fuego, escurriendo bien la mantequilla. Colóquelo sobre un papel absorbente.
6. Escurra las grosellas negras. Disponga las manzanas tibias en corola sobre los platos, y espolvoree con bayas de grosellas negras y con curruscos de pan de especias. Sirva de inmediato.

Gratén de manzanas con frutos secos

Para 4 personas
Preparación: 15 min
Maceración: 1 h
Cocción: 10 min

- 4 higos secos • 30 g de pistachos
- 50 g de pasas • 7 cl de ron
- 3 manzanas • 1 limón • Mantequilla
- 40 g de pan rallado • 1/2 cc de canela molida
- 40 g de almendras molidas

1. Pique un poco los higos y los pistachos. Póngalos en un cuenco con las pasas, vierta encima el ron y déjelo macerar todo 1 h.
2. Exprima el limón y vierta su zumo en otro cuenco. Pele las manzanas, rállelas en ese cuenco y mézclelas bien con el zumo de limón, para evitar que se ennegrezcan.
3. Precaliente el horno a 200 ºC.
4. Reúna el contenido de ambos cuencos, añada el pan rallado y mezcle bien.
5. Unte 4 cazuelitas de porcelana, reparta en ellas las frutas, y espolvoréelas con canela y con almendras molidas. Póngalas 10 min a gratinar en el horno. Sirva el gratén tibio o frío.

Valor nutritivo por 100 g
180 kcal; proteínas: 3 g; glúcidos: 20 g; lípidos: 6 g

Macedonia de frutas

Para 8 personas
Preparación: 30 min

- 3 naranjas frescas
- 2 limones • 100 g de azúcar
- 1 vaina de vainilla
- 14 hojas de menta
- 3 mangos • 3 papayas • 6 albaricoques
- 6 melocotones • 1 piña • 1 pomelo
- 300 g de frutas rojas y negras
(grosellas negras, grosellas rojas, fresones, fresas de bosque, frambuesas y moras)

1. Prepare el almíbar: corte 3 tiras de corteza de naranja de 6 cm y 2 tiras de corteza de limón del mismo tamaño. Póngalas en un cazo con el azúcar, 50 cl de agua, y la vaina de vainilla partida y raspada. Hervir y después apartar del fuego. Añada entonces 10 hojas de menta y deje reposar 15 min. Cuele el almíbar y métalo en el frigorífico en cuanto esté frío.
2. Pele bien las naranjas y el pomelo, eliminando la piel blanca. Córtelos en cuartos.
3. Pele la piña y córtela verticalmente en dos. Pele los mangos y las papayas, quitándole los granos a estas últimas. Lave los melocotones y los albaricoques; córtelos en dos y deshuéselos.
4. Corte la piña en rodajas finas con un cuchillo bien afilado, para obtener semicírculos. Corte todas las otras frutas longitudinalmente, lo más finas posible.
5. Lave rápidamente las fresas, quíteles los rabillos y escúrralas en un colador. Limpie las otras frutas rojas. Reparta las frutas en platos soperos, espolvoree con bayas rojas y negras, y cubra con almíbar. Pique las 4 hojas de menta restantes y repártalas sobre la macedonia. Sírvala de inmediato.

LIGERA

Manzanas «a la buena mujer»

Para 4 personas
Preparación: 10 min
Cocción: de 35 a 40 min

• 4 manzanas de pulpa firme
• 40 g de mantequilla • 40 g de azúcar en polvo

1. Caliente previamente el horno a 220 °C.
2. Haga una incisión circular en las manzanas, a media altura. Vacíelas, luego póngalas en una bandeja grande para gratinar untada con mantequilla.
3. Rellene el hueco de las manzanas con mantequilla mezclada con azúcar en polvo. Vierta algunas cucharadas de agua en la bandeja.
4. Cueza de 35 a 40 min en el horno. Sirva las manzanas en la bandeja de cocción.

Valor nutritivo por 100 g
125 kcal; glúcidos: 17 g; lípidos: 6 g

VARIANTE

Manzanas flambeadas con calvados
Caliente 8 cl de calvados en un cazo pequeño. Viértalo sobre las manzanas en el momento de servirlas y flambéelas.

Manzanas con miel y mantequilla salada

Para 6 u 8 personas
Preparación: 15 min
Cocción: 10 min

• 8 manzanas reinetas
• 250 g de miel de acacia líquida
• 70 g de mantequilla salada

1. Caliente previamente el horno a 220 °C.
2. Pele las manzanas, córtelas en dos y descorazónelas.
3. Vierta la miel en una bandeja de horno, repartiéndola uniformemente. Póngala a fuego vivo, hasta que la miel se haya dorado y convertido en caramelo.
4. Apártela del fuego, coloque las medias manzanas sobre la bandeja (con el lado abombado hacia abajo) y meta en cada una 1 pequeña porción de mantequilla salada.
5. Cueza 10 min al horno. Sirva este plato caliente o tibio, después de haber rociado las manzanas con jugo caramelizado.

CHRISTIANE MASSIA

Manzanas crudas con marc de champán

Para 4 o 6 personas
Preparación: 10 min

• 4 manzanas bonitas • 2 limones
• 750 g de pasas rubias • 6 cl de marc de champán
• 300 g de requesón con el 40 % de materia grasa

1. En primer lugar, exprima los limones y ponga el zumo en un cuenco.
2. Pele las manzanas, despepítelas y córtelas en daditos. Llévelos de inmediato al cuenco, mezclando enseguida para que el limón les impida ennegrecer.
3. Enjuague rápidamente las pasas en un colador. Añádalas a las manzanas escurridas. Vierta el marc de champán y mezcle bien. Guardar en la nevera hasta el momento de servir.
4. Ponga una cucharada de requesón en cada plato y coloque las manzanas encima.

Comentario del gourmet
Este postre (rápido de hacer) puede acompañarse de un pan *di Spagna* (*ver p. 296*) o de un cuatro cuartos (*ver p. 293*).

Melocotones a la bordelesa

Para 4 personas
Preparación: 30 min
Maceración: 1 h
Cocción: de 10 a 12 min

• 4 melocotones
• 70 g de azúcar
• 30 cl de vino de Burdeos
• 8 terrones de azúcar
• 1 rama de canela

1. Haga hervir agua en un cazo grande y sumerja los melocotones 30 s en ella. Páselos luego a agua fría, pélelos, pártalos por la mitad y deshuéselos. Póngalos en un cuenco, espolvoreándolos con azúcar. Déjelos macerar 1 h.
2. Vierta el vino en otro cazo con los terrones de azúcar y la canela. Hierva. Luego cueza los melocotones de 10 a 12 min a fuego lento en este almíbar.
3. Escúrralos y póngalos en una copa de vidrio. Reduzca el almíbar de cocción hasta que se adhiera bien a la cuchara y viértalo sobre los melocotones. Deje enfriar.

Ver fotografía en la página 335

Melocotones salteados con espliego

Para 4 personas
Preparación: 10 min

• *4 buenos melocotones* • *0,5 g de flores secas de espliego* • *1 limón* • *30 g de mantequilla* • *30 g de azúcar en polvo*

1. Pique con un cuchillo las flores secas de espliego.
2. Pele los melocotones y córtelos en dos. Deshuéselos y después vuelva a cortar las mitades en dos.
3. Funda la mantequilla en una sartén con revestimiento antiadherente. Añada las frutas, espolvoréelas con el azúcar y áselas a fuego fuerte.
4. Agregue el espliego picado en el último momento, por encima de los trozos de melocotón. Luego, colóquelos en la fuente y déjelos enfriar. Sírvalos fríos.

Comentario del gourmet
Estos melocotones están deliciosos con unas porciones de brioche (*ver p. 262*).

Membrillos al horno

Para 4 personas
Preparación: 15 min
Cocción: de 30 a 35 min

• *4 membrillos bien maduros* • *10 cl de crema de leche* • *195 g de azúcar en polvo* • *10 cl de néctar de albaricoque*

1. Caliente previamente el horno a 220 ºC.
2. Unte con mantequilla una bandeja resistente al fuego.
3. Pele los membrillos y descorazónelos con el descorazonador, sin traspasarlos.
4. Mezcle bien la crema de leche con 65 g de azúcar en polvo y, con una cucharita, rellene con ella los membrillos.
5. Espolvoree los frutos con el azúcar restante. Póngalos en la fuente, métalos en el horno y cuézalos unos 30 min, rociándolos regularmente con el néctar de albaricoque y el jugo que se escurre de los membrillos.
6. Servir calientes.

Merengue con frutas exóticas

Para 8 personas
Preparación: 45 min
Cocción: de 8 a 10 min

• *200 g de crema pastelera (ver p. 112)* • *250 g de crema chantilly (ver p. 105)* • *1 mango bien maduro*
• *1 kiwi*
• *1 piña pequeña*
• *8 maracuyás*
• *1 vaina de vainilla*
• *1/4 de granada*
• *90 g de merengue (ver p. 98)*

1. Prepare primero la crema pastelera y la crema chantilly y guárdelas en el frigorífico.
2. Pele el mango, el kiwi y la piña; córtelos en trozos y póngalos en un cuenco. Corte y vacíe los maracuyás, y añada su pulpa.
3. Corte y raspe la vaina de vainilla, separe la pulpa de la granada y añádalas. Mezcle bien y vierta entonces la crema pastelera y remueva. Incorpore finalmente, con delicadeza, la crema chantilly.
4. Prepare el merengue y póngalo en una manga con boquilla lisa.
5. Precaliente el horno a 250 ºC.
6. Reparta la crema con frutas exóticas en platos individuales resistentes al fuego. Ponga sobre toda la superficie de la crema rosas de merengue bien apretadas entre sí. Luego meta los platos de 8 a 10 min en el horno para dorar el merengue. Sírvalo de inmediato.

Ver fotografía en la página 337

Naranjas «soufflées»

Para 6 personas
Preparación: 45 min
Cocción: 30 min

6 naranjas grandes frescas • *3 huevos*
• *60 g de azúcar en polvo*
• *2 c rasas de maicena*
• *5 cl de Grand Marnier*

1. Corte un sombrero de las naranjas y un trocito de abajo para que las frutas se mantengan bien.
2. Vacíe el interior de las naranjas con una cuchara para pomelo, con cuidado, para no perforar la corteza. Exprima la pulpa en un colador pequeño y cuele el zumo recogido.
3. Casque los huevos separando las claras de las yemas. Bata en un cuenco las yemas con el azúcar y la maicena, y disuélvalo todo con el zumo de naranja. Vierta en un cazo y caliente a fuego lento, sin dejar de remover con una cuchara de madera. Retire la preparación del fuego en cuanto la mezcla haya espesado. Añada el Grand Marnier y deje enfriar.
4. Precaliente el horno a 220 ºC.
5. Monte las claras a punto de nieve firme y añádalas con cuidado a la crema de naranja. Reparta esta mousse en las cortezas. Póngalas en una bandeja resistente al fuego y cuézalas 30 min. Sírvalas calientes.

Melocotones
a la bordelesa

*Se vierte sobre las rodajas
de melocotón un almíbar
caliente hecho de vino y azúcar.*

Peras asadas con sauternes

Para 8 personas
Preparación: 1 h
Cocción: 20 min

• 8 peras doyennés du comice (peras de otoño)
• 200 g de mantequilla
• 300 g de azúcar
• 1 botella de sauternes

Para el helado de nueces:
• 1 l de leche
• 150 g de azúcar en polvo
• 150 g de puré de nueces
• 6 yemas de huevo

1. Prepare el helado de nueces: caliente la leche con la mitad del azúcar. Bata las yemas con la otra mitad y vierta sobre esta mezcla la leche hirviendo, poco a poco, sin dejar de batir. A continuación cuézalo todo a fuego lento, hasta que la crema se adhiera a la cuchara. Añada entonces el puré de nueces. Deje enfriar y póngalo a helar.

2. Prepare las peras asadas: pele, despepite y corte en dos las frutas.

3. Ponga la mantequilla y el azúcar en una sartén. Cuando se forme el caramelo, añada las peras, luego el sauternes y cueza hasta que vea que las frutas estén tiernas.

4. Ponga una pera en cada plato, cubra con un poco de jugo de cocción y añada una bola de helado de nueces.

MICHEL ROSTANG

Peras Charpini

Para 6 personas
Preparación: 40 min
Refrigeración: 2 h
Cocción: 20 min

• 700 g de crema pastelera (ver p. 112)
• 1/2 kg de crema chantilly (ver p. 105)
• 6 peras
• Azúcar cristalizado

Para el almíbar de vainilla:
• 750 g de azúcar en polvo
• 75 cl de agua
• 1 vaina de vainilla

1. Prepare la crema pastelera y guárdela 2 h en el frigorífico. Prepare la crema chantilly. Mézclela con cui-

dado con la crema pastelera y guarde la preparación en la nevera.

2. Prepare el almíbar, hirviendo juntos en un cazo el agua, el azúcar y la vaina de vainilla perfectamente cortada y raspada.

3. Pele las peras, córtelas en dos, despepítelas y cuézalas de 15 a 20 min en el almíbar.

4. Forre una fuente honda con la mitad de la crema, coloque encima las medias peras y cúbralas con el resto de la mezcla.

5. Espolvoree con azúcar cristalizado y caramelícelo, colocando la fuente 1 min bajo el grill del horno. Servir frío.

LA TOUR D'ARGENT

Peras al vino

Para 8 personas
Preparación: 20 min
Cocción: 10 min, 20 min
Refrigeración: 24 h

• 8 buenas peras williams
o passe-crassane
(peras de invierno)
• 1 limón fresco
• 1 l de vino tinto rico en tanino
(côtes-du-rhône o madiran)
• 100 g de miel
• 150 g de azúcar terciado
• Pimienta blanca
• Granos de cilantro
• Nuez moscada molida
• 3 vainas de vainilla

1. Pele la corteza de limón con un pelador y sumérjala 2 min en agua hirviendo.

2. Pele las peras, conservando los rabillos, y rócielas con limón. Ponga las mondas en un cazo, vierta encima el vino tinto, la miel, el azúcar terciado, la corteza de limón escaldada, un poco de pimienta blanca, unos granos de cilantro, 1 pizca de nuez moscada y las vainas de vainilla partidas en dos. Hierva y reduzca el fuego. Al cabo de 10 min de cocción, añada las peras, con el rabillo al aire. Tápelo y cuézalas suavemente durante 20 min.

3. Saque las peras y póngalas en una compotera. Cuele el jugo de cocción y viértalo sobre ellas. Finalmente, deje enfriar y meta el postre durante 24 h en el frigorífico: el jugo habrá gelificado por completo a la hora de servir.

HERVÉ RUMEN

Valor nutritivo por 100 g
60 kcal; glúcidos: 15 g

Merengue con frutas exóticas

La crema con frutas exóticas está cubierta con rosas de merengue.

Piña asada con vainilla caramelizada

Para 6 personas
Preparación: 30 min
Cocción: 1 h

• 1 piña de 1,5 kg • 5 vainas de vainilla

Para el almíbar:
• 2 vainas de vainilla
• 125 g de azúcar en polvo
• 1/2 plátano
• 6 rodajas de jengibre fresco
• 3 granos de pimienta de Jamaica
• 22 cl de agua • 1 c de ron agrícola

1. Prepare el almíbar: corte las vainas de vainilla y luego pártalas en dos. Ponga el azúcar en un cazo y déjelo caramelizar a fuego lento, sin añadirle agua. Debe tomar un color ámbar oscuro. Pele el plátano y chafe la mitad para obtener 30 g de puré. Añada al caramelo las vainas de vainilla, las rodajas de jengibre y los granos de pimienta. Después vierta de inmediato el agua; mezcle bien con una cuchara de madera y hierva este almíbar. Vierta 3 c en el puré de plátano; mezcle bien y a continuación lleve el puré a la cacerola de almíbar, así como el ron. Mezcle de nuevo y reserve la preparación.
2. Precaliente el horno a 230 °C.
3. Pele la piña con un cuchillo bien afilado, dejándola entera. Corte por la mitad las 5 vainas de vainilla y pínchelas por todo el fruto. Ponga la piña en una bandeja para asar. Filtre el almíbar y viértalo sobre el fruto. Cuézalo 1 hora, rociándolo y dándole la vuelta con frecuencia.
4. Deje enfriar la piña. Córtela en rodajas, póngalas en los platos de servicio y cúbralas con jugo caliente o bien frío.

Comentario del gourmet
Este postre puede acompañarse muy bien de un helado de vainilla (*ver p. 150*). Las rodajas de piña se pueden cubrir también con puré de maracuyá.

Piña «sorpresa»

Para 4 o 6 personas
Preparación: 40 min
Maceración: 2 h
Refrigeración: 2 h

• 1 piña • 100 g de azúcar en polvo • 5 cl de ron
• 950 g de crema pastelera (ver p. 112)
• 10 cl de crema de leche • De 6 a 8 fresas

1. Corte la piña verticalmente en dos. Vacíela con mucho cuidado, sin llegar a perforar la corteza. Guarde algunas rodajas para decorar. Corte la pulpa en daditos y déjelos macerar unas 2 h con 100 g de azúcar y el ron.
2. Prepare la crema pastelera guardando aparte 3 claras de huevo. Escurra los dados de piña y añada a la crema el jugo de maceración. Mezclar bien y guarde 2 h en el frigorífico.
3. Monte las claras a punto de nieve muy firme. Incorpórelas poco a poco y con sumo cuidado a la crema, luego proceda a añadir los dados de piña y la crema de leche.
4. Rellene cada mitad de piña con esta preparación. Decórelas con las láminas de piña reservadas y las fresas. Guarde este postre en la nevera hasta el momento de servir.

Plátanos antillanos

Para 6 personas
Preparación: 10 min
Cocción: 15 min

• 6 plátanos
• 2 naranjas
• 50 g de pasas
• 50 g de mantequilla
• 50 g de azúcar en polvo
• 1 sobre de azúcar de vainilla
• 10 cl de ron

1. En primer lugar, pele los 6 plátanos. Exprima las 2 naranjas. Lave rápidamente las pasas sin llegar a remojarlas.
2. Caliente en el horno o en el microondas la fuente en la que va a servir el postre.
3. Funda la mantequilla en una sartén con revestimiento antiadherente y ponga en ella los plátanos cortados longitudinalmente por la mitad. Dórelos. Luego añada el azúcar, el zumo de naranja y las pasas. Cuando llegue a ebullición, vierta la mitad del ron. Deje cocer 2 o 3 min.
4. Vierta los plátanos y su salsa en la fuente bien caliente, y sírvalos.
5. Caliente rápidamente el resto del ron en un cazo, rocíelo de inmediato sobre los plátanos y flambéelos.

VARIANTE

Plátanos flambeados
Siguiendo esta receta, puede realizar de manera más simple los plátanos, sin usar la salsa de naranja. Cueza los plátanos en la sartén, rocíe con el ron y flambéelos. Sírvalos, si lo desea, con un poco de crema de leche.

Piña «sorpresa»

La pulpa de la fruta, mezclada con crema pastelera, se presenta, con algunas fresas, dentro de la corteza.

Plátanos Beauharnais

Para 6 personas
Preparación: 15 min
Cocción: de 10 a 12 min

- 6 plátanos
- 30 g de azúcar en polvo
- 4 c de ron blanco
- 100 g de macarrones
- 150 g de nata líquida

1. Caliente previamente el horno a 220 °C.
2. Pele los plátanos.
3. Unte levemente con mantequilla una fuente resistente al horno. Coloque los plátanos cuidadosamente en ella. Espolvoréelos con azúcar en polvo y rocíelos con ron. Ponga la fuente en el horno de 6 a 8 min.
4. Pique con un cuchillo los macarrones. Rocíe los plátanos con nata líquida, espolvoree con los macarrones triturados y vuelva a meterlos 3 o 4 min en el horno para glasear la parte superior. Sírvalos de inmediato.

Roedgroed

Para 6 personas
Preparación: 30 min
Cocción: 25 min
Refrigeración: 2 h

- 300 g de fresas
- 300 g de frambuesas
- 150 g de azúcar en polvo
- 2 limones
- 50 g de nata montada
  (ver p. 113)
- 50 g de cortezas confitadas
  de limón o de naranja

1. Lave rápidamente las fresas y quíteles los rabillos. Limpie las frambuesas. Póngalas en una cacerola y cuézalas 10 min a fuego lento. Coloque la mitad en un cuenco y resérvelo.

2. Triture el resto en el pasapurés o en la batidora, devuélvalo a la cacerola y hiérvalo. Añada entonces el azúcar y el zumo de limón; mezcle bien. Deje cocer, siempre a fuego lento, unos 10 min. Vierta ese coulis en un cuenco y métalo durante un período de 2 h en el frigorífico.
3. Monte la nata. Vierta las frutas reservadas en el coulis y mézclas suavemente con la finalidad de no chafarlas.
4. Reparta las frutas en 6 copas individuales. Decore con un poco de nata montada. Pique las cortezas confitadas de naranja o de limón y espolvoréelas sobre las copas.
5. Sirva la nata restante aparte, en una salsera.

Ruibarbo con fresas

Para 6 u 8 personas
Preparación: 30 min
Maceración: 3 h
Cocción: de 20 a 30 min

- 1 kg de ruibarbo
- 250 g de azúcar
- 300 g de fresas bien maduras
- 75 cl de helado de vainilla (ver p. 142)

1. Pele el ruibarbo, quitándole todos los hilos, y córtelo en tronchos regulares de 4 o 5 cm. Póngalos en un cuenco, espolvoréelos abundantemente con azúcar y mézclelos bien con una cuchara de madera. Déjelos macerar 3 h, removiendo de vez en cuando con una espátula.
2. Vierta el contenido del cuenco en una cacerola y cuézalo de 20 a 30 min a fuego lento.
3. Lave, quite los rabillos y corte en dos las fresas. Añádalas a la cacerola y cuézalas no más de 5 min. Vierta el conjunto en una compotera y déjelo enfriar.
4. Sirva este postre al natural en copas, con una bola de helado de vainilla o bien fresco y acompañado de ciertas frutas rojas, como fresas.

VARIANTE
También puede hacer esta compota de ruibarbo sin las fresas y servirla tibia. Rocíela con crema de fresa.

Suflés

Los suflés se elaboran o bien con una mezcla de leche, o con un puré de frutas y azúcar cocido. Para los primeros se pepara una crema pastelera perfumada. Para los segundos se utiliza azúcar cocido, al que se añade el puré de frutas. Un poco de aguardiente o de licor ayuda a subrayaa el perfume de las frutas.

Delicias de manzanas

Para 4 o 6 personas
Preparación: 40 min
Cocción: de 20 a 30 min, 35 min

• *650 g de manzanas*
• *5 huevos*
• *100 g de azúcar en polvo*
• *70 g de pan rallado*
• *Azúcar cristalizado*

1. Caliente previamente el horno a 190 °C.
2. Pele y descorazone las manzanas. Cuézalas de 20 a 30 min en una bandeja resistente al horno. Cháfelas con un tenedor para reducir la pulpa a compota y déjela enfriar.
3. Casque los huevos, separe las claras de las yemas. Monte las claras a punto de nieve muy firme. Mezcle bien las yemas con el azúcar en polvo en un cuenco y bata hasta que blanqueen. Luego incorpóreles, lentamente, un poco de compota de manzanas, de pan rallado y de clara montada, hasta agotar los tres ingredientes.
4. Aumente la temperatura del horno a 200 °C.
5. Unte con mantequilla y enharine un molde para suflé de 20 cm de diámetro. Vierta en él la preparación. Introdúzcalo en el horno y cuézalo 5 min a 200 °C y luego 30 min a 180 °C. Espolvoree con azúcar cristalizado y sirva las delicias muy calientes.

Valor nutritivo por 100 g
132 kcal; proteínas: 1 g; glúcidos: 21 g; lípidos: 3 g.

Plátanos «soufflés»

Para 4 o 6 personas
Preparación: 45 min
Cocción: 5 min, 8 min

• *1 limón • 6 plátanos maduros pero firmes • 20 cl de leche • 5 cl de crema de leche • 60 g de azúcar en polvo • 6 huevos • 10 g de harina • 10 g de maicena*

1. Exprima el limón y ponga su zumo en un cuenco.
2. Retire solamente una lengüeta de piel de cada plátano con la ayuda de un cuchillo bien afilado y extraiga la pulpa del fruto. Colóquela en el cuenco con el zumo de limón, para impedir que se ennegrezca.
3. Para el suflé: hierva juntos en un cazo la leche, la crema de leche y 20 g de azúcar. Casque los huevos, separando las claras de las yemas. Bata éstas en un cuenco grande con 20 g de azúcar, hasta que la mezcla blanquee. Tamice juntas la harina y la maicena, y añádalas poco a poco mientras sigue batiendo. Vierta la leche hirviendo sobre esta mezcla, sin dejar de remover. Devuélvalo todo al cazo y hiérvalo 30 s. Monte las claras a punto de nieve, añadiendo poco a poco los 20 g de azúcar que quedan, e incorpórelas a la crema.
4. Precaliente el horno a 200 °C.
5. Saque los plátanos del cuenco y cháfelos con el tenedor. Añada este puré a la mezcla para el suflé.
6. Reparta esta preparación dentro de las pieles de plátano. Alise la superficie.
7. Póngalo todo en una fuente resistente al horno y cuézalo 5 min a 200 °C y después 8 min a 180 °C.

Valor nutritivo por 100 g
115 kcal; proteínas: 1 g; glúcidos: 21 g; lípidos: 2 g.

Suflé de Chartreuse

Para 6 personas
Preparación: 15 min
Cocción: 30 min

• *25 cl de leche* • *20 g de azúcar en polvo* • *3 huevos*
• *2 bizcochos de cuchara* • *6 cl de Chartreuse*
• *30 g de mantequilla* • *15 g de fécula*
• *40 g de harina* • *1 sobre de azúcar de vainilla*

1. Caliente en un cazo la leche con el azúcar.
2. Casque los huevos separando las claras de las yemas.
3. Empape los bizcochos de cuchara con Chartreuse con la ayuda de un pincel.
4. Derrita la mantequilla en otro cazo. Cuando comience a espumar, retírela del fuego, y vierta en ella la fécula y la harina. Mezcle bien y añada el azúcar de vainilla. Ponga la preparación al fuego.
5. Vierta la leche hirviendo y hierva sin dejar de remover. Luego, fuera del fuego, incorpore las yemas de huevo, mezclando bien. Añada el resto de Chartreuse.
6. Monte las claras a punto de nieve firme e incorpórelas a la masa, sin trabajarlas demasiado para que no se hundan.
7. Precaliente el horno a 200 °C.
8. Unte con mantequilla y espolvoree con azúcar un molde para suflé de 16 a 18 cm de diámetro. Llénelo hasta la mitad, añada los bizcochos borrachos y partidos, y termine de llenar el molde con la masa. Cueza 5 min en el horno a 200 °C. Luego baje la temperatura a 180 °C y prosiga la cocción 25 min más sin abrir la puerta del horno. Sírvalo de inmediato.

Comentario del gourmet
Puede hacer del mismo modo un suflé de Grand Marnier, sustituyendo los 6 cl de Chartreuse por 6 cl de aquél.

Suflé de chocolate

Para 6 personas
Preparación: 30 min
Cocción: 12 min

• *50 g de mantequilla* • *180 g de chocolate amargo*
• *70 g de azúcar en polvo* • *6 cl de leche*
• *50 g de cacao sin azúcar* • *5 huevos* • *Azúcar glas*

1. Ablande la mantequilla, hasta que tenga textura de pomada, y unte 6 moldecitos de loza de 8 a 10 cm de diámetro. Espolvoree el interior con un poco de azúcar y póngalos en el frigorífico.
2. Precaliente el horno a 200 °C.
3. Funda el chocolate y 60 g de azúcar en polvo en un cazo, al baño María o en el microondas. Añada la leche y el cacao.

4. Separe las claras de las yemas de los huevos. Agregue las yemas una a una a la mezcla de chocolate, trabajándolas con una espátula de madera.
5. Monte las claras a punto de nieve bien firme, añada 10 g de azúcar en el último momento y viértalas poco a poco en el cuenco, mezclando con cuidado para no hundirlas.
6. Llene los moldecitos con esta preparación. Alise con una espátula de madera y cuézalos 12 min en el horno. Espolvoree con azúcar glas y sírvalo de inmediato.

RESTAURANTE LES TEMPLIERS, LES BÉZARDS

Sugerencia
El chocolate es frágil y delicado. Es fácil de manipular, si se observan ciertas reglas. Cuando hay que derretirlo antes de utilizarlo, sepa que basta con llevarlo a una temperatura de 30 °C. Así pues, no lo ponga nunca directamente sobre una llama o una fuente de calor; fúndalo al baño María o en el microondas a menos de 600 W.

Suflé de coco

LIGERA

Para 4 personas
Preparación: 20 min
Cocción: 10 min, 20 min

• *100 g de coco rallado* • *70 cl de leche* • *125 g de arroz* • *100 g de azúcar* • *50 g de mantequilla* • *4 huevos* • *1 pizca de sal* • *Nuez moscada*

1. Ponga en un cazo el coco rallado y la leche. Hierva mientras remueve y cueza 10 min. Forre un colador con una muselina, cuele la mezcla sobre un cazo y apriete con fuerza el tejido para recoger el máximo de líquido.
2. Ponga ese cazo al fuego y hágalo hervir de nuevo. Añada el arroz y el azúcar, baje el fuego y cueza 20 min a fuego lento, hasta que el líquido se haya evaporado. Incorpore la mantequilla y mezcle bien.
3. Precaliente el horno a 200 °C.
4. Casque los huevos separando las claras de las yemas. Agregue éstas, una a una, a la mezcla anterior, removiendo bien. Sale y sazone con una pizca de nuez moscada rallada.
5. Monte las claras con la sal a punto de nieve firme. Incorpórelas con cuidado.
6. Unte con mantequilla un molde para suflé de 16 cm de diámetro y vierta en él la masa. Cueza 5 min en el horno a 200 °C y luego 15 min a 180 °C, sin abrir la puerta del horno. Sírvalo de inmediato.

Valor nutritivo por 100 g
276 kcal; proteínas: 7 g; glúcidos: 20 g; lípidos: 18 g

343

Suflé de canela, manzanas, pasas y curry

En el fondo de un molde se pone
el streusel, y después la mezcla
para suflé compuesta
de crema pastelera, limón
y canela. Al sacarlo del
horno, se vierte sobre el suflé
una salsa preparada
con manzanas ácidas,
pasas, miel, jengibre,
pimienta y curry.

Ver receta en la página 410

Suflé de dulce de leche

Para 6 personas
Preparación: 30 min
Cocción: de 40 a 50 min

• *120 g de harina* • *100 g de dulce de leche*
• *1/2 l de leche* • *100 g de azúcar* • *5 huevos*
• *Mantequilla para untar el molde*
• *5 g de sal*

1. Ponga en un cazo la harina, el azúcar, el dulce de leche y las yemas. Agregue la leche y cueza a fuego suave, sin dejar de remover con un batidor de varillas, hasta conseguir una crema lisa y espesa. Déjela enfriar unos 15 min.
2. Mientras tanto, monte las claras con una pizca de sal a punto de nieve bien firme.
3. Unte un molde para suflé con abundante mantequilla. Mezcle las claras montadas con la preparación y vierta en el molde.
4. Hornee a 170 °C durante unos 40 o 50 min, hasta que la superficie esté dorada. Sirva enseguida.

Suflé «embajadora»

Para 6 u 8 personas
Preparación: 40 min
Cocción: 30 min

• *80 g de ralladuras de almendras*
• *3 cl de ron* • *8 macarrones*
• *800 g de crema pastelera (ver p. 112)*
• *1 cc de vainilla líquida* • *12 claras de huevo*

1. Deje macerar las almendras 15 min en el ron. Pique los macarrones con un cuchillo.
2. Prepare la crema pastelera, añadiéndole 1 cc de vainilla líquida, los macarrones triturados y las almendras con el ron de maceración.
3. Precaliente el horno a 200 °C.
4. Monte las claras a punto de nieve muy firme e incorpórelas con cuidado a la mezcla anterior.
5. Cocer 5 min a 200 °C y después 25 min a 180 °C.

Suflé de fresas o frambuesas

Para 6 u 8 personas
Preparación: 30 min
Cocción: 25 min

• *350 g de crema pastelera (ver p. 112)* • *300 g de fresas* • *12 claras de huevo* • *2 pizcas de sal*

1. Prepare la crema pastelera.
2. Lave rápidamente las fresas, quíteles el rabillo y tritúrelas en la batidora o en el pasapurés.
3. Añada este puré a la crema pastelera y mézclelo bien.
4. Monte las claras de huevo con la sal a punto de nieve muy firme. Agréguelas entonces, poco a poco y removiendo con delicadeza, a la crema pastelera con fresas.
5. Precaliente el horno a 200 °C.
6. Unte con mantequilla y espolvoree con azúcar un molde para suflé de 18 cm de diámetro. Cocer 5 min en el horno a 200 °C y luego 20 min a 180 °C.

Comentario del gourmet
También puede hacer este suflé con la misma cantidad de puré de frambuesa o de fresas de bosque.

Suflé de frutas

Para 4 personas
Preparación: 20 min
Cocción: 15 min, 20 min

• *1 limón*
• *600 g de peras*
• *150 g de frambuesas*
• *1 c de edulcorante en polvo*
• *4 claras de huevo*
• *1 pizca de sal*
• *10 g de mantequilla*

1. Exprima el limón. Pele y vacíe las peras, córtelas en trocitos, rocíelas con zumo de limón y cuézalas 15 min en 10 cl de agua. Páselas luego por la batidora o por el pasapurés de rejilla fina y déjelas enfriar.
2. Haga entibiar las frambuesas con 1 cc de agua y el edulcorante en polvo en una cacerola o en el microondas.
3. Cháfelas con el tenedor y mézclelas con el puré de pera.
4. Precaliente el horno a 190 °C.
5. Monte las claras con la sal a punto de nieve bien firme. Incorpórelas poco a poco al puré de frutas, removiendo siempre en el mismo sentido para que no se hundan.
6. Funda la mantequilla y unte con ella, mediante un pincel, un molde para suflé de 16 cm de diámetro. Vierta en él la preparación y cuézala 5 min a 190 °C; después prosiga la cocción 15 min a una temperatura de 180 °C.

Valor nutritivo por 100 g
60 kcal; proteínas: 2 g; glúcidos: 9 g; lípidos: 1 g

Suflé Lapérouse

Para 4 personas
Preparación: 30 min
Cocción: 20 min

- 50 g de frutas confitadas cortadas en dados
- 10 cl de ron
- 300 g de crema pastelera (ver p. 112)
- 70 g de praliné en polvo
- 5 claras de huevo
- 1 pizca de sal
- Azúcar glas

1. Deje macerar las frutas confitadas 15 min en ron. Prepare la crema pastelera. Añádale el praliné y las frutas confitadas con el ron.
2. Precaliente el horno a 200 °C.
3. Monte las claras de huevo a punto de nieve firme con la sal y añádalas con cuidado a la crema pastelera.
4. Unte con mantequilla un molde para suflé de 16 cm de diámetro y espolvoréelo con azúcar.
5. Vierta en él la mezcla y cueza 5 min en el horno a 200 °C; luego baje la temperatura a 180 °C y prosiga la cocción 10 min.
6. Espolvoree con azúcar glas y cueza otros 5 min más con el objetivo de que caramelice la parte superior del suflé.

RESTAURANTE LAPÉROUSE, PARÍS

Suflé de limón

Para 6 personas
Preparación: 40 min
Cocción: 40 min

- 6 limones frescos, naturales
- 30 cl de leche
- 100 g de mantequilla
- 100 g de azúcar en polvo
- 40 g de harina
- 5 yemas de huevo
- 6 claras de huevo

1. Pele la corteza de 4 limones y píquelas muy finas hasta obtener el equivalente de 2 c. Exprima los otros 2 limones.
2. Caliente la leche. Tamice la harina. Trabaje la mantequilla en un cazo, hasta que tenga textura de pomada. Añada 60 g de azúcar en polvo y la harina tamizada; a continuación añada la leche hirviendo mientras mezcla con energía. Hierva 1 min más sin dejar de remover y seque la mezcla como una masa para pasta choux.
3. Precaliente el horno a 200 °C.
4. Monte las claras a punto de nieve firme, añadiéndole poco a poco 40 g de azúcar en polvo.
5. Aparte la masa del fuego y añádale el zumo de limón, las 5 yemas de huevo, y luego las claras montadas y la corteza de limón picada. Mezcle bien entre cada ingrediente añadido.
6. Unte con mantequilla y espolvoree con azúcar 6 moldecitos para suflé y cuézalos 40 min al baño María dentro del horno.

Suflé de marrons glacés

Para 4 o 6 personas
Preparación: 30 min
Cocción: 25 min

- 300 g de crema pastelera (ver p. 112)
- 4 c de puré dulce de castañas con vainilla
- 70 g de marrons glacés
- 5 claras de huevos
- 1 pizca de sal

1. Prepare la crema pastelera.
2. Incorpore el puré de castañas, mezclando bien.
3. Monte las claras a punto de nieve con la sal. Añádales 1/4 de la crema pastelera-puré de castañas. Desmigaje la mitad de los marrons glacés y agréguelos. Incorpore finalmente, con delicadeza, las claras montadas restantes con la ayuda de una espátula de madera.
4. Precaliente el horno a 190 °C.
5. Unte con mantequilla y enharine un molde para suflé de 18 cm de diámetro. Vierta la preparación con castañas en el molde y alise la superficie; desmenuce los marrons glacés restantes y espolvoree por encima del suflé.
6. Meta el molde en el horno, reduzca la temperatura a 170 °C y cueza de 20 a 25 min.

Suflé de plátanos

LIGERA

Para 6 u 8 personas
Preparación: 40 min
Cocción: 30 min

- 1 vaina de vainilla • 20 cl de leche
- 70 g de azúcar en polvo • 40 g de mantequilla
- 1 limón • 8 plátanos bien maduros
- 20 g de harina tamizada • 4 yemas de huevo
- 5 cl de kirsch o de ron (opcional)
- 6 claras de huevo • 1 pizca de sal

Suflé de limón

*En la ilustración,
este suflé, preparado
en un molde individual,
se sirve con unas
magdalenas.*

1. Corte y raspe la vaina de vainilla, y métala en la leche con el azúcar en polvo. Caliente hasta que hierva y deje reposar hasta que se haya enfriado completamente.

2. Ablande la mantequilla. Exprima el limón. Pele los plátanos y póngalos en el zumo de limón, para impedir que se ennegrezcan. A continuación redúzcalos a puré en un tamiz con la batidora o el pasapurés equipado con la rejilla más fina.

3. Ponga la harina en una cacerola y viértale poco a poco la leche hervida, mezclando bien. Cuézalo 2 min, mientras bate. Retire la preparación del fuego y añada el puré de plátano, las yemas de huevo y la mantequilla. Perfume, si lo desea, con kirsch o ron.

4. Precaliente el horno a 200 °C.

5. Monte las claras de huevo a punto de nieve muy firme con una pizca de sal. Añádalas a la preparación anterior, removiendo siempre en el mismo sentido para no hundirlas.

6. Unte con mantequilla y espolvoree con azúcar un molde para suflé de 20 cm de diámetro y vierta en él la preparación. Cuézalo 30 min al horno.

Valor nutritivo por 100 g
195 kcal; proteínas: 6 g; glúcidos: 17 g; lípidos: 11 g

Suflé Rothschild

Para 8 o 10 personas
Preparación: 30 min
Maceración: 30 min
Cocción: 30 min

- *150 g de frutas confitadas cortadas en dados*
- *10 cl de aguardiente de Danzig*
- *1100 g de crema pastelera (ver p. 112)*
- *2 yemas de huevo • Sal • Azúcar glas*

1. Macere las frutas confitadas 30 min en aguardiente de Danzig.

2. Prepare a continuación la crema pastelera, y añádale las 2 yemas de huevo crudas, las frutas confitadas y el licor de maceración. Guarde al fresco.

3. Precaliente el horno a 200 °C.

4. Unte con mantequilla 2 moldes para suflé de 18 cm de diámetro y espolvoréelos con azúcar.

5. Monte las 6 claras de huevo (no utilizadas para la crema pastelera) a punto de nieve muy firme, con 1 pizca de sal, e incorpórelas delicadamente a la crema. Reparta esta mezcla entre los 2 moldes.

6. Cuézalos 5 min en el horno a 200 °C, luego baje a 180 °C y prosiga la cocción 20 min más. Espolvoree entonces muy rápidamente la parte superior de los suflés con azúcar glas y cueza 5 min más a 180 °C.

Suflé de violetas

Para 4 o 6 personas
Preparación: 40 min
Cocción: 30 min

- *700 g de crema pastelera (ver p. 112)*
- *5 o 6 gotas de esencia de violeta*
- *30 g de violetas escarchadas*

1. Prepare primero la crema pastelera (guarde las claras de huevo no utilizadas) y añádale la esencia de violeta.

2. Monte las claras guardadas a punto de nieve muy firme e incorpórelas con mucha delicadeza a la crema pastelera. Añada a continuación las violetas escarchadas y mezcle bien suavemente el conjunto.

3. Precaliente el horno a 200 °C.

4. Unte con mantequilla y espolvoree con azúcar un molde para suflé de 18 cm de diámetro. Vierta en él la preparación. Cocer 5 min en el horno a 200 °C y luego proseguir la cocción 25 min a 180 °C.

Postres helados

La realización de postres helados juega con la asociación sutil de sabores y consistencias, por ejemplo, helados o sorbetes, frutas frescas o cocidas, coulis, licores y aguardientes. La utilización de la corteza de ciertas frutas permite presentaciones originales, destacando la decoración de las copas heladas.

Banana split

Para 4 personas
Preparación: 40 min
Cocción: 4 h

- *200 g de merengue francés (ver p. 98)*
- *4 plátanos • 1 limón • 400 g de fresas*
- *1/2 l de helado de vainilla (ver p. 142)*
- *300 g de crema chantilly (ver p. 105)*
- *50 g de ralladuras de almendras*

1. *La víspera*: prepare el merengue, en caso de no comprarlo hecho en la pastelería.

2. Precaliente el horno a 120 °C.

3. Meta el merengue en una manga pastelera con una boquilla acanalada del n° 10. Ponga montoncitos agrupados de tres en tres en una bandeja cubierta con papel sulfurizado, formando 8 merengues. Cuézalos 1 h a 120 °C y luego 3 h más a 90 °C -100 °C.

4. Exprima el limón. Pele los plátanos y córtelos en dos en sentido longitudinal. Páselos por el zumo de limón, para impedir que se ennegrezcan.

5. Haga el coulis de fresa: lave rápidamente las fresas y quíteles el rabillo. Tritúrelas en la batidora o en el pasapurés de rejilla fina. Añádale el resto del zumo de limón.

6. Prepare la crema chantilly. Métala en una manga con una boquilla acanalada.

7. Ponga 3 medios plátanos en cada copa, coloque entre ellos 2 bolas de helado de vainilla en medio y 1 merengue a cada lado.

8. Rocíe con el coulis de fresa y espolvoree con ralladuras de almendras. Decore con la crema chantilly.

Bizcocho helado con marrasquino

Para 6 personas
Preparación: 40 min
Para preparar con 24 h de antelación

- *400 g de masa de genovesa (ver p. 96) • 250 g de mantequilla • 1 naranja fresca • 1 limón fresco • 3 huevos*
- *250 g de azúcar en polvo • 5 cl de marrasquino*

1. Prepare la masa de genovesa.

2. Precaliente el horno a 200 °C.

3. Extienda la masa sobre una bandeja cubierta con papel sulfurizado y métala 5 o 6 min en el horno. Déjela enfriar.

4. Ablande la mantequilla. Ralle las cortezas de naranja y limón, y exprima los cítricos. Casque los huevos, separando las claras de las yemas.

5. Trabaje juntos, en un cuenco, la mantequilla y el azúcar, hasta que la mezcla esté cremosa. Añada las yemas una a una, mezclando bien, luego las cortezas ralladas y 3/4 del zumo.

6. Monte las claras a punto de nieve firme y añádalas poco a poco a la crema.

7. Corte la genovesa en porciones regulares de unos 8 cm x 4 cm y emborráchelas de marrasquino.

8. Forre con los trozos de genovesa el fondo de un molde para cake de 24 cm de largo. Cúbralos con una capa de crema, vuelva a meter rectángulos de genovesa, luego de crema y así hasta llenar el molde. Poner 12 h por lo menos en el frigorífico. Desmolde, pasando el molde rápidamente bajo el grifo de agua caliente antes de volcarlo sobre la fuente en la que va a servir.

351

Bomba Alhambra

Para 6 u 8 personas
Preparación: 45 min
Congelación: de 5 a 6 h

- *1 l de helado de vainilla
(ver p.142)*
- *400 g de aparejo para bomba
(ver p. 137)*
- *200 g de fresas*

Para la decoración:
- *8 fresas bonitas*
- *5 cl de kirsch*

1. Proceda a la preparación del helado de vainilla, si ha optado por no comprarlo hecho. Póngalo durante 1 h en la nevera, para que luego se pueda trabajar con mucha facilidad.
2. A continuación, lave las fresas y quíteles el rabillo. Tiene dos opciones para triturarlas: en la batidora o en el pasapurés de rejilla fina.
3. Prepare el aparejo para bomba y añádale el puré de fresas.
4. Encamise con el helado de vainilla un molde de 20 cm de diámetro (*ver p. 138*). Viértale a continuación el aparejo para bomba y métalo de 5 a 6 h en el congelador.
5. Lave las fresas para decorar. Quíteles el rabillo y póngalas a macerar en el kirsch. Desmolde la bomba: pase el molde unos segundos bajo el grifo de agua caliente y luego vuélquelo sobre la fuente. Decore con las fresas maceradas.

VARIANTE

Bomba diplomático
Proceda del mismo modo, encamisando el molde con helado de vainilla. Deje macerar en 5 cl de marrasquino 150 g de frutas confitadas cortadas en dados. Prepare el aparejo para bomba añadiéndole 7 cl de marrasquino y las frutas confitadas maceradas. Decore con crema chantilly y frambuesas.

Bomba Archiduque

Para 6 u 8 personas
Preparación: 1 h
Congelación: de 5 a 6 h

- *1 l de helado de fresa
(ver p. 140)*
- *350 g de aparejo para bomba
(ver p. 137)*
- *70 g de praliné*

1. Prepare el helado de fresa o cómprelo hecho. Póngalo 1 h en el frigorífico, para que luego se pueda trabajar fácilmente.
2. Prepare el aparejo para bomba y añádale el praliné.
3. Encamise con el helado de fresa un molde de 20 cm de diámetro (*ver p. 138*). Viértale a continuación el aparejo para bomba. Meter de 5 a 6 h en el congelador.
4. Desmolde la bomba pasando el molde rápidamente bajo el grifo de agua caliente antes de volcarlo sobre la fuente donde va a servirla.

Comentario del gourmet
Decore la bomba Archiduque con crema chantilly o bien con avellanas tostadas machacadas.

Bomba Doria

Para 6 u 8 personas
Preparación: 1 h
Congelación: 5 o 6 h

- *1 l de helado de pistacho
(ver p. 141)*
- *150 g de migas de marrons glacés*
- *1 vaina de vainilla*
- *5 cl de ron*
- *400 g de aparejo para bomba
(ver p. 137)*
- *20 cl de crema de leche*
- *50 g de praliné*
- *4 medios marrons glacés*

1. Para empezar a elaborar este postre, prepare el helado de pistacho, si no lo compra hecho. Póngalo 1 h en la nevera, para que después se pueda trabajar con facilidad.
2. Coloque a remojar en el ron los trozos de marrons glacés.
3. Prepare el aparejo para bomba poniendo en el almíbar la vaina de vainilla, después de haberla abierto y raspado. Añada entonces las migas de marrons glacés y el ron.
4. Encamise con el helado de pistacho un molde de 20 cm de diámetro (*ver p. 138*). Vierta a continuación en él el aparejo para bomba y métalo 5 o 6 h en el congelador.
5. Monte la crema de leche y añádale los 50 g de praliné. Ponga la nata montada en una manga pastelera.
6. Desmolde la bomba, pasando el molde rápidamente bajo el grifo de agua caliente antes de volcarlo sobre la fuente. Como adorno de este postre, decore con los medios marrons glacés y también con la nata montada.

Bomba Duquesa

Para 6 u 8 personas
Preparación: 1 h
Congelación: de 5 a 6 h

• 1 l de sorbete de piña
(ver la receta del sorbete
de piña en la página 147)
• 2 o 3 peras frescas
• 400 g de azúcar en polvo
• 50 cl de agua
• 100 g de miel
• 400 g de aparejo para bomba
(ver p. 137)
• 3 cl de aguardiente de pera

Para la decoración:
• 200 g de crema chantilly
(ver p. 105)
• 2 cl de aguardiente de pera

1. Prepare el helado de piña o cómprelo hecho. Póngalo 1 h en la nevera, para que después se pueda trabajar con facilidad.
2. Pele y corte las peras en daditos. Ponga el azúcar, el agua y la miel en un cazo, y cueza los trozos de pera en este almíbar.
3. Prepare el aparejo para bomba. Añádale el aguardiente de pera y los trozos de pera cocidos.
4. Encamise con el helado de piña un molde de 20 cm de diámetro (ver p. 138). Vierta a continuación en él el aparejo para bomba y métalo de 5 a 6 h en el congelador.
5. Monte la crema chantilly y añada el aguardiente.
6. Desmolde la bomba, pasando el molde rápidamente bajo el grifo de agua caliente antes de volcarlo sobre la fuente. Meta la crema chantilly en una manga con boquilla acanalada y decore la bomba justo antes de servirla.

Ver fotografía en la página 355

Bomba Montmorency

Para 6 u 8 personas
Preparación: 45 min
Congelación: de 5 a 6 h

• 15 cl de leche
• 50 cl de crema de leche
• 7 yemas de huevo
• 150 g de azúcar
• 7 cl de kirsch
• 400 g de aparejo para bomba
(ver p. 137)
• 4 cl de cherry brandy

1. Prepare el helado de kirsch: proceda como para una crema inglesa (ver p. 108), deje que la preparación se enfríe completamente, añada el kirsch y póngala a congelar.
2. Prepare el aparejo para bomba y añádale el cherry brandy.
3. Encamise con el helado de kirsch un molde de 20 cm de diámetro (ver p. 138). Vierta a continuación en él el aparejo para bomba y métalo 5 o 6 h en el congelador.
4. Desmolde la bomba, pasando el molde rápidamente bajo el grifo de agua caliente antes de volcarlo sobre la fuente.

Comentario del gourmet
Puede servir esta bomba con un coulis de frutas rojas (ver p. 150).

Bomba tutti-frutti

Para 6 u 8 personas
Preparación: 30 min
Para preparar con 24 h de antelación
Congelación: de 5 a 6 h

• 1/2 l de helado de vainilla
(ver p. 142)
• 1/2 l de helado de fresa
(ver p. 140)
• 150 g de frutas confitadas
cortadas en dados
• 1 c de crema de fresas
• 100 g de fresas,
de frambuesas o de grosellas

1. Elabore el helado de vainilla y el de fresa en caso de no comprarlos hechos. Guárdelos en el congelador mientras sigue la preparación.
2. Ponga las frutas confitadas a macerar durante 1 h en la crema de fresas.
3. Encamisar con el helado de vainilla un molde para charlota (ver p. 138). Déjelo endurecer 10 min en el congelador.
4. Mezcle bien las frutas confitadas maceradas con el helado de fresa y vierta en la cavidad que queda. Apriete bien y meta el molde unas 5 o 6 h en el congelador.
5. Saque la bomba del congelador 30 min antes de servir. Desmóldela, pasando el molde rápidamente bajo el grifo de agua caliente. Decórela con las fresas, las frambuesas o las grosellas.

Comentario del gourmet
En la elaboración de la bomba tutti-frutti puede sustituir la crema de fresas por crema de grosellas negras.

353

Café de Lieja

Para 4 personas
Preparación: 30 min

- *4 bolas de helado de café (ver p. 139)*
- *2 tazas de café frío muy cargado*
- *200 g de crema chantilly (ver p. 105)*
- *24 granos de café con chocolate*

1. Prepare el helado de café o cómprelo hecho.
2. Prepare la crema chantilly y métala en una manga con boquilla acanalada.
3. Ponga las bolas de helado de café y el café frío en el vaso de la batidora o en un cuenco, si utiliza un batidor de varillas o una batidora eléctrica o manual. Triture unos segundos o bata hasta que el helado y el café formen una crema homogénea.
4. Vierta esta preparación en copas grandes. Corone con crema chantilly dispuesta elegantemente con la ayuda de una manga pastelera. Decore con los granos de café.

Sugerencia

Si no tiene granos de café, use para decorar fideos de chocolate puro.

Cassata

Para 8 personas
Preparación: 30 min
Cocción: 15 min
Congelación: 4 h

- *1 l de helado de vainilla (ver p. 142) • 60 g de ralladuras de almendras • 60 g de frutas confitadas cortadas en dados • 1 copa de licor de kirsch • 400 g de aparejo para bomba (ver p. 137)*

1. Prepare el helado de vainilla. Si lo compra hecho, sáquelo del congelador 1 h antes.
2. Tueste rápidamente y en seco las almendras en una sartén, hasta que estén apenas doradas.
3. Ponga las frutas confitadas a macerar en kirsch y escúrralas después.
4. Prepare el aparejo para bomba, y añada las almendras y las frutas confitadas.
5. Encamise con el helado de vainilla un molde para charlota de 18 cm de diámetro (*ver p. 138*). Vierta en el centro el aparejo para bomba y métalo 4 h en el congelador.
6. Para servir la cassata, pase el molde unos segundos bajo el grifo de agua caliente y vuélquelo sobre una fuente.

Comentario del gourmet

Puede hacer otros tipos de cassatas, empleando dos helados de sabores diferentes, o elaborando el aparejo para bomba con otras frutas confitadas (cereza, angélica o melón, por ejemplo) o incluso con fresas, avellanas, pistachos o pasas.

Cassata de fresa

Para 4 personas
Preparación: 40 min
Congelación: 1 h, 5 h

- *1/2 l de helado de fresa (ver p. 140)*
- *1/2 l de helado de vainilla (ver p. 142)*
- *150 g de frutas confitadas cortadas en dados*
- *5 cl de Cointreau • 35 cl de crema de leche*
- *30 g de miel*

1. Prepare los helados de fresa y de vainilla si no los compra hechos.
2. Ponga las frutas confitadas a macerar 1 h en 3 cl de Cointreau.
3. Monte la crema de leche bien firme. Añada la miel y el Cointreau restante, mezclándolos con cuidado y, a continuación, incorpore con gran delicadeza las frutas confitadas maceradas.
4. Extienda el helado de vainilla en un molde semiesférico (o en un cuenco), cúbralo con la nata y métalo 1 h en el congelador, para que se solidifique esta última.
5. Cubra con el helado de fresa, apretando bien, alise y vuelva a meterlo todo 5 h en el congelador. Pase el molde rápidamente bajo el grifo de agua caliente para desmoldar, y vuelque en la fuente.

Comentario del gourmet

Puede decorar esta cassata con fresones frescos o con fresas de bosque; también se puede servir con un coulis de fresa.

Copas heladas con cerezas en aguardiente

Para 6 personas
Preparación: 20 min
Congelación: 30 min

- *1 l de helado de vainilla (ver p. 142)*
- *200 g de crema chantilly (ver p. 105)*
- *36 cerezas en aguardiente*
- *100 g de azúcar en polvo*

1. Prepare el helado de vainilla si no va a utilizar uno comprado y hecho. Guárdelo en el congelador mientras sigue con la preparación.
2. Meta las copas para helado 30 min en el congelador.
3. Prepare la crema chantilly e introdúzcala en una manga con una boquilla acanalada
4. Escurra las cerezas en aguardiente. Vierta el azúcar en polvo en un plato grande y haga rodar las cerezas en él, hasta que estén bien recubiertas.
5. Reparta el helado de vainilla en las copas. Ponga encima 6 cerezas cubiertas de azúcar y una bonita porción de crema chantilly en la cima de cada copa.

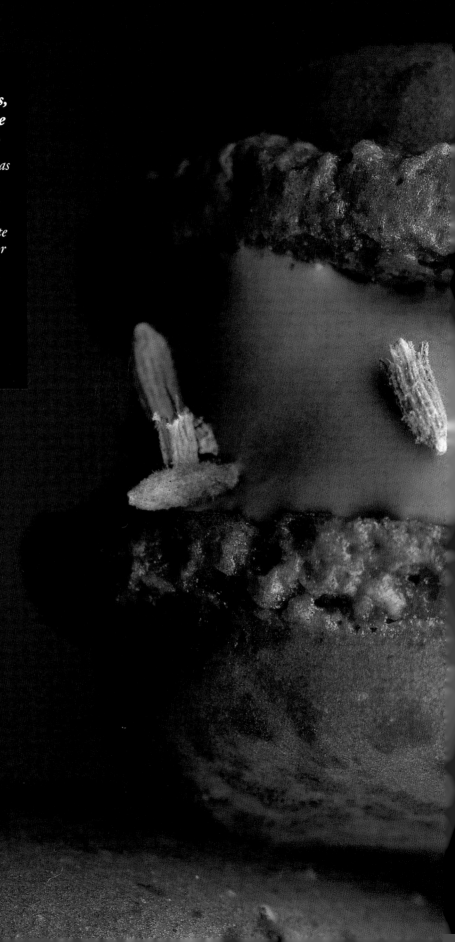

Macarrones helados, sorbete de chocolate y flores de espliego

Las flores de espliego frescas perfuman el sorbete de chocolate que rellena este pequeño macarrón. La asociación de chocolate y espliego aporta un sabor muy sutil y original. Dos pizcas de flores frescas bastan para perfumar este postre.

Ver receta en la página 409

Copas heladas con guindas

Para 6 personas
Preparación: 30 min
Maceración y refrigeración: 1 h

• 24 guindas en aguardiente • 5 cl de kirsch
• 1/2 l de sorbete de guindas (ver p. 144)
• 1/2 l de helado de tutti-frutti (ver p. 142)
• 300 g de crema chantilly (ver p. 105)
• 80 g de mermelada de albaricoque
• Fideos de chocolate

1. Macerar las guindas deshuesadas 1 h en el kirsch.
2. Ponga 6 copas para helado el mismo tiempo en el frigorífico o 10 min en el congelador.
3. Haga el sorbete de guindas si no usa un sorbete de cereza comprado y hecho.
4. Haga el helado de tutti-frutti si no utiliza uno hecho.
5. Prepare la crema chantilly.
6. Reparta la mermelada de albaricoque en el fondo de las copas. Ponga encima 2 bolas de sorbete de guindas o de cerezas y 1 bola de helado de tutti-frutti.
7. Añada las guindas. Decore a su gusto con la crema chantilly y espolvoree con fideos de chocolate.

Copas heladas con marrons glacés

Para 6 personas
Preparación: 30 min
Congelación: 30 min

• 3/4 de l helado de vainilla (ver p. 142)
• 150 g de migas de marrons glacés
• 400 g de crema chantilly (ver p. 105)
• Fideos de chocolate

1. Prepare el helado de vainilla, manteniéndolo con una textura bastante blanda. De ser necesario, sáquelo del congelador 30 min antes de la preparación de las copas, si lo hace por adelantado (o si utiliza helado comprado y hecho).
2. Ponga las copas 30 min en el congelador.
3. Prepare la crema chantilly.
4. Mezcle bien las migas de marrons glacés con el helado de vainilla, sin chafarlas demasiado, y repártalo con forma de bola en las copas.
5. Cubra con chantilly ayudándose de la manga con boquilla acanalada, o con una cuchara, formando una cúpula. Espolvoree con fideos de chocolate.

VARIANTE
En lugar de las migas de marrons glacés puede utilizar helado de castaña comprado. Mezcle 1 l de este helado con la misma proporción de helado de vainilla.

Copas de macarrones y melocotones

Para 6 personas
Preparación: 30 min
Congelación: 30 min

• 3/4 de l de helado de vainilla (ver p. 142)
• 6 medios melocotones en almíbar • 200 g de grosellas
• 200 g de crema chantilly (ver p. 105)
• 18 macarrones pequeños • 5 cl de kirsch

1. Prepare el helado de vainilla en caso de no utilizar uno comprado.
2. Ponga las copas 30 min en el congelador. Escurra los melocotones en almíbar. Limpie las grosellas.
3. Prepare la crema chantilly y métala en una manga con boquilla acanalada.
4. Reparta el helado de vainilla con forma de bolas en las copas.
5. Vierta el kirsch en un plato y emborrache con él los macarrones. Disponga 3 encima del helado de vainilla en cada copa. Coloque sobre ellos medio melocotón con la cavidad hacia arriba. Llene ésta con las grosellas.
6. Rodee la base de los macarrones con un cordón de crema chantilly. Ponga una rosita o porción de crema sobre las grosellas y sirva de inmediato.

Copas de piña y frutas rojas

Para 6 personas
Preparación: 40 min
Congelación: 30 min
Refrigeración: 1 h

• 3/4 de l de sorbete de piña (ver p. 147) • 300 g
de crema chantilly (ver p. 105) • 100 g de coulis
de frambuesa (ver p. 150) • 300 g de fresas de bosque
• 7 cl de kirsch

1. Prepare el sorbete de piña o cómprelo hecho. Guárdelo en el congelador mientras continúa con la preparación.
2. Meta las copas para helado 30 min en el congelador.
3. Prepare la crema chantilly, procurando que quede muy firme.
4. Haga el coulis de frambuesa y luego mézclelo con cuidado con la crema chantilly. Métalo todo 1 h en el frigorífico.
5. Limpie las fresas de bosque. Ponga la mezcla de crema chantilly y coulis de frambuesa en una manga con boquilla acanalada.
6. Reparta el sorbete de piña en las copas, disponga las fresas alrededor de la bola de sorbete y rocíelas con kirsch. Luego decore el centro de cada copa con la crema chantilly perfumada con frambuesa.

Comentario del gourmet
Puede sustituir el coulis de frambuesa por uno de frutas rojas (ver p. 150).

Copas de sorbetes y frutas

Para 6 personas
Preparación: 45 min
Congelación: 30 min
Maceración: 15 min

• 1/2 l de sorbete de limón (ver p. 145)
• 1/2 l de sorbete de fresa (ver p. 144) • 75 cl de agua
• 375 g de azúcar • 4 albaricoques • 2 peras
• 2 rodajas de piña • 2 kiwis
• 100 g de fresas • 7 cl de kirsch

1. Prepare los sorbetes de limón y de fresa si no los compra hechos. Ponga las copas 30 min en el congelador.
2. Hierva el agua y el azúcar. Deshuese los albaricoques, pele las peras, corte las rodajas de piña, y haga daditos con todas ellas. Sumérjalos 1 min en el almíbar. Apague el fuego y déjelos enfriar en él.
3. Pele los kiwis, lave rápidamente las fresas y quíteles el rabillo; córtelos también en dados.
4. Escurra las frutas en almíbar cuando estén frías, añada los dados de kiwi y de fresa, y luego el kirsch. Mezcle bien y deje macerar 15 min.
5. Ponga en cada copa una bola de sorbete de limón y apriétela hacia un lado del recipiente, de modo que lo llene verticalmente y hasta la mitad. Haga lo mismo, por el otro lado, con el sorbete de fresa. Ponga en medio la macedonia de frutas.

Fresas Sarah Bernhardt

Para 6 personas
Preparación: 1 h
Congelación: 2 h

• 50 cl de leche • 200 g de azúcar • 12 yemas de huevo
• 10 cl de curaçao • 50 cl de crema de leche • 1/2 l de
sorbete de piña (ver p. 147) • 200 g de fresas bonitas

1. Para preparar la mousse helada de curaçao, hierva la leche con 100 g de azúcar. Ponga las yemas y el azúcar en un cuenco y bata hasta que la mezcla blanquee. Vierta poco a poco la leche hirviendo sobre la mezcla de yemas y azúcar, batiendo sin cesar. Devuelva la preparación al cuenco y cueza como una crema inglesa (*ver p. 103*), a fuego lento, removiendo sin cesar con una cuchara de madera durante 30 s, hasta que la crema cubra la cuchara. Viértala en otro cuenco y póngala en el frigorífico.
2. Cuando esté fría, añada 7 cl de curaçao y la crema de leche; bata enérgicamente para que espume. Repártala en 6 moldecitos y métalos 2 h en el congelador.
3. Prepare el sorbete de piña si no utiliza uno comprado ya hecho.
4. Lave rápidamente y córteles el rabillo a las fresas. Córtelas en cuatro y póngalas en un cuenco. Espol-

voréelas con azúcar, vierta el resto del curaçao (3 cl) y mezcle bien.
5. Ponga una bola de sorbete de piña en cada copa. Añada encima las fresas.
6. Desmolde las mousses heladas de curaçao pasando rápidamente los 6 moldecitos por agua caliente.
7. Ponga una mousse en cada copa, las fresas por encima y sirva inmediatamente.

Granizado de whisky y fresas

Para 4 personas
Preparación: 15 min
Congelación: 4 h 30 min

• 50 cl de agua mineral • 100 g de azúcar en polvo
• 7 cl de whisky • 800 g de fresas
• 1/2 limón • Pimienta recién molida

1. Prepare el granizado de whisky mezclando bien el agua, 50 g de azúcar y el whisky. Viértalo en un cuenco y métalo 1 h 30 min en el congelador. Saque el granizado, bátalo y métalo 3 h más en el congelador.
2. Lave las fresas, quíteles los rabillos y córtelas en dos. Dispóngalas en corolas en los platos. Exprima el limón y échelo sobre las fresas. Espolvoree con 1 c de azúcar y una vuelta de molinillo de pimienta.
3. Cubra las fresas con granizado: raspe la superficie del cuenco con una cuchara y deposite el contenido sobre las fresas. Sirva inmediatamente.

Helado de requesón y guindas

Para 6 personas
Preparación: 40 min

• 100 g de masa para crumble (ver p. 86) • 80 cl de
helado de pistacho (ver p. 141) • 500 g de guindas
• 20 g de mantequilla • 20 g de aceite de oliva
• 50 g de azúcar en polvo • 1,5 cl de vinagre blanco

1. Caliente previamente el horno a 170 °C.
2. Prepare el crumble y cuézalo 20 min.
3. Elabore el helado de pistacho y guárdelo en el congelador.
4. Deshuese las guindas.
5. Derrita la mantequilla con el aceite en una sartén a fuego lento. Añada las frutas y el azúcar, y cueza 3 o 4 min a fuego fuerte. Rocíe con el vinagre blanco, añada 2 vueltas de molinillo de pimienta y aparte del fuego.
6. Ponga el crumble en el centro de los platos, con 2 o 3 bolas de helado de pistacho y las cerezas calientes encima. Sírvalo de inmediato.

Mandarinas escarchadas
Para 8 personas
Preparación: 30 min

• 8 mandarinas
• 1 l de sorbete de mandarina (ver p. 145)

1. Corte las mandarinas por su parte superior con un cuchillo de sierra. Vacíelas después completamente con una cuchara de borde cortante, sin perforar nunca las cortezas. Meta éstas y las caperuzas en el congelador.
2. Exprima completamente en un colador la pulpa extraída, apretándola con una espátula. Cuele el zumo recogido y prepare entonces un sorbete de mandarina.
3. Meta el sorbete en una manga pastelera de boquilla acanalada y rellene las cortezas, hasta que rebose. Cubra las mandarinas con su caperuza y a continuación vuelva a ponerlas en el congelador hasta el momento de servir.

VARIANTE

Limones, naranjas y pamplemusas escarchados
Puede preparar, de la misma manera, limones, naranjas y pamplemusas escarchados, utilizando su zumo para hacer el sorbete. Decórelos con un trocito de angélica confitada cortada en rombo o con pasta de almendras verdes en forma de hoja.

Melocotones «dama blanca»
Para 6 personas
Preparación: 45 min
Maceración: 1 h

• 1/2 l de helado de vainilla (ver p. 142)
• 4 rodajas de piña
• 1 c de kirsch
• 1 c de marrasquino
• 2 melocotones grandes
• 250 g de azúcar en polvo
• 250 cl de agua
• 1/2 vaina de vainilla
• 200 g de crema chantilly (ver p. 105)

1. Prepare el helado de vainilla en caso de no comprarlo hecho. Guárdelo en el congelador mientras prosigue con la preparación.
2. Ponga las rodajas de piña 1 h a macerar en un plato sopero con el kirsch y el marrasquino.
3. Haga hervir un cazo grande de agua, sumerja los melocotones 30 s, luego páselos inmediatamente por agua fría y pélelos sin cortarlos.
4. Hierva el agua con el azúcar en polvo y la media vaina de vainilla cortada en dos.
5. Sumerja los melocotones 10 min en el almíbar a fuego lento, revolviéndolos de vez en cuando. Apártelos después del fuego. Escúrralos, córtelos en dos y deshuéselos.
6. Monte la crema chantilly y métala en una manga con una boquilla acanalada de 1 cm de diámetro.
7. Coloque el helado de vainilla en el fondo de 4 copas, cúbralo con una rodaja de piña y, luego, medio melocotón. Corone los melocotones con crema chantilly y rodee las rodajas de piña con un «turbante» de chantilly.

Comentario del gourmet
Es preferible utilizar piña fresca para este postre. Si es de lata, escurra bien las rodajas antes de ponerlas a macerar en aguardiente.
También puede hacer esta receta en invierno, con melocotones en almíbar.
Un zumo de vainilla puede acompañar muy bien estos melocotones.

Melocotones Melba
Para 4 personas
Preparación: 30 min
Cocción: de 12 a 13 min

• 1/2 l de helado de vainilla (ver p. 142)
• 500 g de frambuesas
• 4 melocotones blancos, si es posible

Para el almíbar:
• 500 g de azúcar • 1 l de agua
• 1 vaina de vainilla

1. Prepare el helado de vainilla si no lo compra hecho.
2. Haga el puré de frambuesas, triturando estas frutas en la batidora o en el pasapurés.
3. Sumerja los melocotones 30 s en agua hirviendo y luego páselos inmediatamente por agua fría. Pélelos.
4. Prepare el almíbar: hierva 5 min el agua con el azúcar y la vaina de vainilla abierta y raspada.
5. Sumerja los melocotones durante 7 u 8 min, dándoles vueltas. Escúrralos y déjelos enfriar completamente. Entonces córtelos en dos y deshuéselos.
6. Ponga el helado en el fondo de una copa grande o en copas individuales. Coloque los melocotones encima y cúbralos de puré de frambuesas.

Historia de gourmet
La receta, creada en 1893 por Auguste Escoffier en homenaje a la cantante Nellie Melba, se elaboraba con melocotones blancos.

Comentario del gourmet
Puede realizar igualmente peras Melba escaldando peras en el almíbar de vainilla.

Melocotones Penélope
Para 8 personas
Preparación: 45 min

- *500 g de fresas*
- *400 g de azúcar*
- *1/2 limón*
- *1/2 sobre de azúcar de vainilla*
- *100 g de merengue italiano (ver p. 99)*
- *400 g de nata montada (ver p. 113)*
- *50 cl de agua • 4 melocotones*
- *200 g de frambuesas*
- *Azúcar en punto
de hebra fina (ver p. 123)*
- *200 g de sabayón
(ver p. 312)*

1. Lave las fresas, quíteles el rabillo y hágalas puré en la batidora o en el pasapurés. Añada 150 g de azúcar, el zumo de limón y el azúcar de vainilla. Mezcle bien.
2. Prepare el merengue italiano y la nata montada.
3. Agregue al puré de fresa el merengue italiano y luego, con mucho cuidado, la nata montada.
4. Ponga esta mousse de fresa en 8 moldes individuales para suflé de 10 cm de diámetro y métalos en el congelador.
5. Prepare el almíbar, hirviendo el agua y 250 g de azúcar.
6. Sumerja los melocotones 30 s en agua hirviendo, luego páselos inmediatamente por agua fría y pélelos. Córtelos en dos y deshuéselos. Escalde las mitades durante 6 o 7 min. Escúrralas, déjelas enfriar y póngalas en el frigorífico.
7. Prepare el sabayón que prefiera.
8. Desmolde las mousses en las copas. Coloque un medio melocotón en cada una de ellas y adorne el contorno con frambuesas. Cubra con un velo de azúcar en punto de hebra fina y sirva con el sabayón.

Melón «frappé»
Para 6 personas
Preparación: 10 min
Refrigeración: 2 h

- *1 l de sorbete de melón (ver p. 146)*
- *6 melones pequeños • 20 cl de oporto*
- *Hielo triturado*

1. Para empezar, prepare el sorbete de melón o cómprelo hecho.
2. Corte la parte superior de los melones por el lado del pedúnculo. Quite primero las pepitas con una cucharilla y tírelas. A continuación extraiga con cuidado la pulpa, haciendo bolitas, y póngalas en un cuenco grande. Añada el oporto y deje macerar 2 h en la nevera. Lleve al congelador (también durante el mismo tiempo) las cáscaras y las caperuzas de los melones.
3. Rellene las cáscaras vacías con capas alternadas de sorbete y de bolitas de melón. Rocíe con el oporto de maceración. Coloque las caperuzas en su sitio. Finalmente, presente este postre en copas individuales guarnecidas con hielo triturado y sírvalo de inmediato.

Merengues helados
Para 6 personas
Preparación: 30 min
Cocción: 45 min, de 4 a 5 h

- *300 g de merengue francés
(ver p. 98)*
- *1/2 l de helado
de vainilla
(ver p. 142)*
- *1/2 l de sorbete de
frambuesa o de fresa
(ver pp. 143 y 144)*
- *200 g de crema chantilly
(ver p. 105)*

1. En primer lugar, prepare el merengue francés y métalo en una manga pastelera que tenga la boquilla acanalada.
2. Precaliente el horno, llevándolo a una temperatura de 120 °C.
3. Cubra con papel sulfurizado una bandeja. Ponga en ella 12 cordones de merengue de unos 8 cm de largo x 4 cm de ancho. Cuézalos 45 min en el horno a 120 °C y luego prosiga la cocción 4 o 5 h, pero en esta ocasión a 100 °C.
4. A continuación, prepare el helado de vainilla y el sorbete de fresa o, si lo desea, de frambuesa, o cómprelos ya hechos.
5. Ponga 6 platos durante un período de 30 min en el congelador.
6. Prepare la crema chantilly e introdúzcala en una manga, siempre teniendo presente que su boquilla ha de ser acanalada.
7. Ponga en cada plato una bola de helado de vainilla y otra de sorbete de fresa o de frambuesa. Pegue un merengue de cada lado y apriete un poco para que se sostengan, cuidando de que no se rompan. Ponga un cordón de crema chantilly encima y sirva de inmediato.

Nougat helado con miel

De 8 a 10 personas
Preparación: 20 min
Congelación: de 5 a 6 h

• 25 g de angélica
• 50 g de cerezas gordales rojas y verdes
• 25 g de corteza confitada de naranja
• 75 g de pasas de Corinto • 5 cl de Grand Marnier
• 700 g de nata montada (ver p. 113)
• 400 g de coulis de frambuesa (ver p. 150)

Para el nougat:
• 75 g de azúcar en polvo
• 100 g de almendras peladas

Para las claras merengadas:
• 120 g de azúcar en polvo • 3 cl de agua
• 6 claras de huevo • 250 g de miel líquida

1. Pique todas las frutas confitadas y póngalas a macerar con las pasas (de 15 a 20 min) en el Grand Marnier.
2. Prepare el nougat: mezcle bien en una sartén el azúcar y las almendras peladas. Cueza a fuego fuerte, hasta que la preparación adquiera un color de caramelo.
3. Vierta la mezcla en un plato aceitado y déjela enfriar. Luego machaque este nougat con un cuchillo grande.
4. Haga las claras merengadas: mezcle bien el azúcar y el agua en un cazo, y cueza hasta el estado de bola blanda (ver p. 127). Mientras tanto, monte las claras de huevo a punto de nieve. Cuando el azúcar esté a 121 °C, échelo a chorrito sobre las claras y bata hasta que la preparación esté completamente fría. Añada entonces la miel y mezcle bien.
5. Prepare la nata montada.
6. Haga el coulis de frambuesa.
7. Mezcle bien el nougat, las frutas confitadas, las claras merengadas y la nata montada. Vierta en un molde desmoldable de 1,5 l y deje endurecer de 5 a 6 h en el congelador.
8. Corte el nougat helado en rodajas y sírvalo en platos, cubierto de coulis de frambuesa.

Parfait helado con pistachos

Para 6 personas
Preparación: 30 min
Congelación: 6 h

• 40 g de pistachos enteros • 200 g de azúcar en polvo
• 8 cl de agua • 8 yemas de huevo
• 30 cl de nata montada (ver p. 113)
• 80 g de pasta de pistachos

1. Tueste un poco los pistachos y macháquelos.
2. Mezcle bien el agua y el azúcar en polvo y cuézalo hasta el estado de bola blanda, es decir, a 118 °C (ver p. 123).
3. Ponga las yemas de huevo en un cuenco, añada la pasta de pistachos y mezcle bien. Vierta encima el almíbar hirviendo, poco a poco, batiendo. Siga así hasta que la mezcla se haya enfriado.
4. Prepare la nata montada y añádala a la preparación mezclando bien, pero con suavidad. Incorpore los pistachos machacados.
5. Vierta en un molde para parfait (o en un molde para charlota o para suflé de 16 cm de diámetro) y póngalo 6 h en el congelador.
6. Desmolde, pasando el molde rápidamente por agua caliente antes de volcarlo sobre la fuente en la que va a servir el parfait.

VARIANTES
Puede hacer un parfait de chocolate, añadiendo a las yemas de huevo 200 g de chocolate en tableta derretido al baño María o en el microondas; un parfait praliné, con 150 g de pralinés en polvo; o incluso un parfait de café, añadiendo a las yemas 5 g de café liofilizado, disuelto en 1 c de agua caliente, y luego 5 cl de extracto de café.

Ver fotografía en la página 365

Peras Helena

Para 6 personas
Preparación: 45 min
Cocción: de 20 a 30 min

• 1 l de helado de vainilla (ver p. 142)
• 250 g de azúcar en polvo
• 50 cl de agua
• 6 peras williams • 6 cl de agua
• 125 g de chocolate negro
• 60 g de nata doble

1. Prepare el helado si no lo compra hecho.
2. Haga el almíbar, hirviendo el azúcar y el agua.
3. Pele las peras, dejándolas enteras y con el rabillo. Cuézalas de 20 a 30 min en el almíbar.
4. Una vez bien tiernas, escúrralas y póngalas en un plato en el frigorífico.
5. Hierva los 6 cl de agua. Rompa el chocolate en trozos, píquelo y póngalo en un cazo. Vierta el agua hirviendo encima, mezclando bien para derretirlo, y añada la nata.
6. Ponga el helado de vainilla en el fondo de las copas, añada una pera encima y cúbrala con salsa de chocolate bien caliente. Sirva de inmediato.

Piña helada con bavaroise

Para 6 personas
Preparación: 45 min
Refrigeración: 2 h

• *500 g de crema bavaroise*
(ver p. 101)
• *1 piña grande*
• *10 cl de ron blanco*
• *70 g de coco rallado*

1. Haga primero la crema bavaroise y consérvela en la nevera mientras sigue con la preparación de la receta.
2. Corte la piña 1,5 cm por debajo de la corona y conserve ésta. Extraiga la pulpa dejando un grosor de 1 cm. Corte 200 g en daditos y póngalos a macerar 1 h en 5 cl de ron. Triture el resto de la pulpa (unos 150 g) en el pasapurés o el robot, y póngala a macerar en el ron restante.
3. Mezcle bien la pulpa y los dados de piña con la crema bavaroise.
4. Añada entonces el coco rallado.
5. Vierta la mezcla dentro de la corteza de piña. Póngalo todo a helar unas 2 h en el frigorífico. Cúbralo con la corona de piña a la hora de servir.

Sugerencia
Para obtener una presentación bonita, elija una piña que tenga una forma regular, con una corona de hojas muy frescas.

Comentario del gourmet
Puede utilizar una crema bavaroise perfumada con canela (*ver p. 102*) o con vainilla (*ver p. 103*).

Piña helada a la criolla

Para 6 personas
Preparación: 35 min

• *1 piña*
• *200 g de frutas confitadas*
cortadas en dados
• *5 cl de ron*
• *1 l de sorbete de piña*
(ver p. 147)
• *Hielo triturado*

1. Corte la piña y conserve la corona en la nevera, bien envuelta para que las hojas no se marchiten. Ponga las frutas confitadas a macerar en ron.
2. Vacíe la piña y ponga la corteza en el congelador.
3. Prepare el sorbete de piña si es que no lo compra hecho.

4. Escurra las frutas confitadas. Ponga una capa de sorbete en el fondo de la piña. Añada a continuación un poco de frutas confitadas, ponga otra capa de helado, luego frutas confitadas y siga así hasta llenarla.
5. Vuelva a colocar la corona y ponga la piña en el congelador. Sáquela 1 h antes de servir y colóquela entonces en una copa, encajada en hielo triturado.

Pudín Nesselrode

6 a 8 personas
Preparación: 45 min
Congelación: 1 h

• *70 g de cortezas de naranja*
y cerezas confitadas
• *5 cl de málaga*
• *60 g de pasas de Corinto*
y de İzmir (Esmirna)
• *1/2 l de crema inglesa*
(ver p. 108)
• *125 g de puré de castañas en conserva*
• *500 g de nata montada (ver p. 113)*
• *7 cl de marrasquino*
• *12 marrons glacés*

1. Corte las cortezas de naranja y las cerezas confitadas en daditos y póngalos a macerar 1 h en el málaga. Ponga las pasas de Corinto y de İzmir en agua tibia para que se hinchen.
2. Prepare la crema inglesa y mézclela con el puré de castañas.
3. Prepare la nata montada y añádale el marrasquino. Mezcle bien la crema de castañas, las frutas confitadas, las pasas y la nata montada.
4. Vierta esta mezcla en un molde para charlota de 18 cm de diámetro. Cúbralo con película de cocina y colóquelo 1 h en el congelador.
5. Desmolde en una fuente, después de haber pasado el molde rápidamente por agua caliente y decore con una corona de marrons glacés.

Ruibarbo con helado de whisky

Para 6 personas
Preparación: 40 min
Cocción: 30 min
Refrigeración: 2 h

• *50 cl de zumo de fresa (ver p. 155)*
• *6 pencas de ruibarbo*
• *100 g de crema de leche con el 36 % de grasa*

**Parfait helado
con pistachos**

Este postre helado
se ha decorado
con un coulis de frutas
rojas y con una teja
de azúcar cocido.

Para el helado de whisky:
- *50 cl de leche*
- *6 o 7 granos de pimienta*
- *10 cl de crema de leche*
- *6 yemas de huevo*
- *125 g de azúcar en polvo*
- *5 cl de whisky*

1. Prepare el zumo de fresa.
2. Pele bien las pencas de ruibarbo, córtelas en tronchos de unos 15 cm y póngalos en un cazo con el zumo de fresa. Cueza 30 min a fuego lento, sin que hierva, hasta que el ruibarbo esté blando. Póngalo 2 h en el refrigerador.
3. Prepare el helado de whisky: deje reposar los granos de pimienta en la leche y proceda como para una crema inglesa (*ver p. 108*). Una vez terminada la cocción, viértala en un cuenco y sumerja éste al baño María de cubitos de hielo. Añada entonces el whisky y mézclelo bien. Vierta en la sorbetera y póngalo a helar.
4. Lave las fresas, quíteles el rabillo y repártalas en los platos. Corte al bies los ruibarbos cocidos y en trozos de 2 cm de largo, y colóquelos alrededor de las fresas. Cubra con el zumo de fresa bien frío. Añada una bola de helado y una bolita de crema de leche. Sírvalo de inmediato.

Tortilla noruega
Para 6 personas
Preparación: 1 h 30 min
Cocción del bizcocho: de 15 a 20 min

- *1 l de helado de vainilla (ver p. 142)*
- *500 g de masa de genovesa (ver p. 96)*
- *300 g de merengue francés (ver p. 98)*
- *260 g de azúcar*
- *20 cl de agua*
- *20 cl de Grand Marnier*
- *Azúcar glas*

1. Haga el helado de vainilla o cómprelo hecho. Guárdelo en el congelador mientras sigue con la preparación de la receta.
2. Precaliente el horno a 200 °C.
3. Prepare la masa para genovesa. Métala en una manga con boquilla lisa de 1 cm de diámetro. Póngala en forma ovalada (como si fuera una tortilla a la francesa) en la bandeja de pastelería cubierta con papel sulfurizado y cuézala 15 min en el horno. Compruebe la cocción con la punta de un cuchillo y luego déjela enfriar.
4. Aumente la temperatura del horno a 250 °C.

---

5. Prepare el merengue e introdúzcalo en una manga grande con una boquilla acanalada de 1 cm. Haga el almíbar, cociendo el azúcar y el agua. Déjelo enfriar y añada entonces 10 cl de grand marnier.
6. Coloque el bizcocho en una fuente ovalada resistente al fuego. Emborráchelo con el almíbar de Grand Marnier y con la ayuda de un pincel.
7. Desmolde el helado de vainilla y repártalo sobre el fondo de bizcocho. Cubra todo el helado y el bizcocho con la mitad del merengue y alise bien la parte superior con una espátula metálica. Con el resto del merengue, dibuje «trenzas» en la parte superior del merengue. Espolvoree con azúcar glas.
8. Meta la fuente en el horno caliente para dorar el merengue.
9. En el último momento, caliente el Grand Marnier restante (10 cl) en un cazo pequeño. Enciéndalo, viértalo sobre la tortilla, déjelo flambear ante los comensales y sirva de inmediato.

Vacherin de castañas
Para 6 u 8 personas
Preparación: 20 min
Cocción: 1 h 30 min, con 24 h de antelación

- *1 l de helado de vainilla (ver p. 142)*
- *150 g de pasta de castañas*
- *150 g de puré de castañas*
- *700 g de masa à succès (ver p. 97)*
- *Azúcar glas*
- *4 hermosos marrons glacés*

1. Haga primero el helado de castañas: prepare 1 l de helado de vainilla y, antes de ponerlo a congelar y cuando esté en la fase de crema inglesa cocida, añada la pasta y el puré de castañas. Deje enfriar y ponga a helar.
3. Prepare la masa à *succès* y métala en una manga con una boquilla de 1,5 cm de diámetro.
3. Precaliente el horno a 160 °C.
4. Coloque 2 discos de masa de 22 cm de diámetro sobre una bandeja cubierta con una hoja de papel sulfurizado, empezando desde el centro y trazando una espiral. Cueza 30 min en el horno a 160 °C, luego baje la temperatura a 140 °C y cueza 1 h más. Si el horno no es lo bastante grande, cueza los dos discos por separado. Déjelos enfriar completamente y despéguelos del papel, poniendo éste sobre un paño húmedo extendido sobre la mesa de trabajo.
5. Al día siguiente, saque el helado del congelador 1 h antes de servir, a fin de que esté blando. Con una espátula, extiéndalo sobre el primer disco hasta obtener una capa gruesa. Ponga encima el segundo disco. Espolvoree con azúcar glas y decore con los marrons glacés.

Vacherin helado

Para 6 u 8 personas
Preparación: 1 h
Congelación: 2 h 30 min
Cocción: 1 h, 3 h

• *1 l de helado de vainilla*
(ver p. 142)
• *300 g de merengue francés*
(ver p. 98)
• *200 g de crema chantilly*
(ver p. 105)

Para la decoración:
• *250 g de fresas*
• *300 g de frambuesas*

1. Prepare el helado de vainilla si no lo compra hecho.
2. Precaliente el horno a 120 °C.
3. Prepare los discos y las bases de merengue: haga el merengue y métalo en una manga con una boquilla de 1 cm. Ponga, en una (o dos) bandejas cubiertas con papel sulfurizado 2 bases en espiral de 20 cm de diámetro y 16 bases de 8 cm de largo x 3 cm de ancho. Cueza 1 h en el horno a 120 °C y luego 3 h más a 100 °C. Deje enfriar completamente.
4. Ponga el primer disco de merengue en un aro de 22 cm de diámetro y 6 cm de alto. Cúbralo con todo el helado de vainilla. Ponga encima el segundo disco de merengue y métalo 2 h en el congelador.
5. Prepare la crema chantilly e introdúzcala en una manga con boquilla acanalada.
6. Saque el vacherin y espere de 3 a 5 min. Retire entonces el aro. Ponga una corona de crema chantilly alrededor de los lados del vacherin y péguele las bases de merengue. Trace una corona de porciones o rositas de crema chantilly encima y vuelva a meterlo 30 min en el congelador.
7. Lave rápidamente las fresas y escúrralas; limpie las frambuesas. Decore el centro del vacherin con estas frutas a la hora de servir.

Comentario del gourmet
Puede hacer este vacherin con otro helado u otro sorbete perfumado a su gusto y decorarlo con copos de chocolate o con frutas confitadas.

Ver fotografía en la página 367

capítulo 5

La confitería, jarabes de frutas y el chocolate

Confituras, mermeladas y pastas de frutas, *370*

Jarabes, frutas en almíbar, confitadas y en alcohol, *385*

Frutas desecadas, frutos «disfrazados»,
bombones y caramelos, *394*

Trufas y friandises de chocolate, *402*

Confituras, mermeladas y pastas de frutas

Todas estas preparaciones están hechas a base de frutas (entera, en zumo, en puré o en pulpa) y de azúcar cocido. La cantidad de azúcar por añadir varía según la naturaleza de la fruta. En una confitura, las frutas todavía son identificables; en una mermelada están completamente deshechas.

Confituras y jaleas

Elija siempre utensilios de cobre o de acero inoxidable para cocer confituras y jaleas. Con otros materiales se arriesga a que den a las confituras un sabor desagradable.

Es indispensable una espátula (o una cuchara) de madera de mango largo para mezclar las preparaciones, así como también un colador fino para filtrar los zumos.

Se recomienda utilizar tarros de vidrio templado (ya que tienen que soportar una temperatura de 105 °C) con tapa suelta de rosca o potes con juntas de goma nueva. Estos últimos aseguran, sin lugar a dudas, una mejor estanqueidad y permiten guardarlos en el frigorífico una vez empezados. El uso de parafina, de círculos de papel o de celofán no ofrece las mismas garantías.

Los tarros siempre deben de esterilizarse justo antes de la cocción de las confituras; sumérjalos 3 min en agua hirviendo al mismo tiempo que su tapa y, en su caso, la junta de goma. Sáquelos uno a uno con la espumadera, la mano protegida con un guante. Vuélquelos sobre un paño limpio o sobre un papel absorbente.

Para envasarlo, protéjase las manos con unos guantes; cuando la confitura esté cocida, sostenga un tarro por encima de la cazuela, llénelo hasta el borde con un cucharón pequeño. Póngalo sobre el paño y ciérrelo de inmediato herméticamente. Déle entonces la vuelta: así el aire pasa a través de toda la masa, con lo que queda automáticamente esterilizado. Remueva bien la confitura antes de llenar el tarro siguiente.

Deje enfriar los tarros 24 h por lo menos en esta posición.

Colóquelos en un armario apartado de toda fuente de calor. Las confituras se conservarán unos 12 meses; las confituras ligeras de azúcar se conservan peor. Guarde los tarros empezados en el refrigerador.

Para lograr una buena confitura hay que respetar algunos principios básicos.

– Para las frutas pobres en pectina se el recomienda usar azúcar para confituras. No es indispensable para el limón, el membrillo, las grosellas, las moras, la naranja y la manzana.

– Deje macerar en un cuenco y durante 24 h las frutas (peladas, deshuesadas o cortadas según el tipo de fruta) con el azúcar (cuente 1,2 kg de azúcar por 1,5 kg de pulpa de fruta) y el zumo de limón. Durante ese tiempo las frutas se impregnarán de azúcar y se formará un jarabe.

– Escúrralas de 15 a 20 min en un colador colocado encima de la cazuela. Cueza el jarabe removiéndolo 2 veces antes de que hierva, luego cuente unos 5 min de cocción para alcanzar el punto de hebra gruesa a 109 °C. Si las frutas no son muy maduras o están demasiado repletas de agua, es necesario prolongar la cocción del almíbar hasta bola pequeña, es decir 118 °C.

– Sumerja de inmediato las frutas en ese jarabe. Hágalo hervir de nuevo. Cuente de 5 a 15 min de cocción para alcanzar 106 °C–107 °C, según la calidad del fruto. Remueva de vez en cuando, pues la mezcla se puede pegar al recipiente. Quite la espuma al final de la cocción, pues contiene impurezas.

En todas las recetas se precisan las temperaturas de cocción. Para más detalles puede remitirse al capítulo *Cocción del azúcar* (*ver p. 123*).

– Al final de la cocción, llene los potes, tápelos y guárdelos 24 h como mínimo en posición invertida (con las tapas abajo).

– Una vez metida en el tarro, la confitura todavía espesa durante algunos días. Si le ha salido una confitura demasiado líquida, puede cocerla una segunda vez. Para ello, vierta el contenido de los tarros en un colador colocado encima de la cazuela para recuperar el jarabe. Vuelva a cocer a 109 °C (el proceso será más largo que la primera vez, porque hay más jarabe), añada la fruta y termine la cocción como la primera vez.

Confitura de albaricoque

Para 1 kg de confitura
Preparación: 1 h
Maceración: 24 h
Cocción: 18 min aprox

- *500 g de albaricoques deshuesados*
- *450 g de azúcar en polvo • 1 limón*
- *6 almendras de albaricoque descortezadas*
- *1 vaina de vainilla*

1. Exprima el limón: ha de obtener 1 cucharada y media de zumo.

2. Corte las mitades de albaricoque en dos, póngalas en un cuenco. Espolvoréelos con azúcar, añada el zumo de limón y mezcle bien. Déjelo macerar durante 24 h.

3. Vierta los albaricoques en un colador colocado sobre una cacerola grande o una cazuela de cobre.

4. Corte la vaina de vainilla y raspe el interior con un cuchillito. Añada al jarabe de maceración la vaina y los granos, y luego las almendras de albaricoque. Cueza ese jarabe a fuego lento hasta 118 °C.

5. Sumerja entonces los cuartos de albaricoque. Baje un poco el fuego y cueza a 106 °C, unos 18 min.

6. Deje enfriar la confitura completamente, si la quiere usar de inmediato. Si no, métala en potes; ciérrelos inmediatamente y vuélquelos 24 h.

Comentario de gourmet

Puede realizar del mismo modo una confitura de melocotón, que dejará macerar en una cantidad doble de zumo de limón, es decir 3 c.

371

Confitura de ciruelas quetsches

Para 2 kg de confitura
Preparación: 40 min
Cocción: 40 min

- 1,2 kg de ciruelas damascenas
- 1 kg de azúcar en polvo
- 1 rama de canela
- 20 cl de agua

1. Lave las ciruelas. Deshuéselas.
2. Ponga el agua, el azúcar y la rama de canela en la cazuela. Caliente a fuego mediano. Cuando el almíbar se ponga claro y transparente, aumente un poco el fuego y cuézalo hasta 116 °C.
3. Añada las ciruelas. Vuelva a hervir a fuego mediano. Vaya quitando la espuma que se forma en la superficie. Prosiga la cocción durante 20 min después de que haya vuelto a hervir. Retire la rama de canela. Saque algunas gotas de la preparación y viértalas en un plato frío: si cuajan de inmediato es que la confitura está cocida.
4. Viértala enseguida en los potes, ciérrelos y manténgalos en posición invertida durante un período de 24 horas.

Confitura de fresa

Para 1,5 kg de confitura
Preparación: 20 min
Maceración: 24 h
Cocción: 15 min

- 1 kg de fresas bien maduras
- 1 kg de azúcar par confitura
- 1 limón

1. Lave rápidamente las fresas en un colador, bajo el grifo. Quíteles el rabillo y póngalas en un cuenco. Espolvoréelas con azúcar y mezcle bien. Déjelas macerar toda una noche.
2. A continuación exprima el limón. Vierta las fresas en la cazuela para confitura, añada el zumo de limón y mezcle bien con la ayuda de una cuchara de madera. Hágalo hervir todo y mantenga la ebullición 5 min. Retire después las fresas con una espumadera y póngalas en un cuenco.
3. Hierva el jarabe 5 min para reducirlo. Vuelva a poner las fresas en él durante 5 min. Repita esa operación 2 veces y quite la espuma al final de la cocción. Las fresas pasan, pues, por 3 fases de cocción de 5 min cada una.
4. Aparte del fuego y llene los tarros. Manténgalos volcados 24 h.

Confitura de frambuesas

Para 1,5 kg de confitura
Preparación: 20 min
Cocción: 10 min

- 1 kg de frambuesas bien maduras
- 650 g de azúcar en polvo
- 3 limones

1. Ponga las frambuesas en el vaso del robot de cocina equipado con hoja de acero inoxidable. Haga girar el aparato 5 min a gran velocidad para que las pepitas queden trituradas. Añada el azúcar y siga triturando 30 s más.
2. Vierta el puré de frambuesa en la cazuela o en una cacerola de acero inoxidable. Hágalo hervir durante 3 min.
3. Exprima los limones para obtener 3 c de zumo.
4. Aparte la cazuela del fuego y añada el zumo de limón. Mezcle. Llene los tarros de inmediato. Déjelos volcados 24 h. Guárdelos en el frigorífico, donde esta confitura poco azucarada se conservará dos meses.

Valor nutritivo por 100 g
190 kcal; glúcidos: 46 g

Confitura de frutas rojas

Para 10-20 tarros de 500 g
Preparación: 20 min
Cocción: 40 min

- 500 g de cerezas ácidas
- 500 g de fresas
- 500 g de grosellas
- 500 g de frambuesas
- 50 cl de agua
- 1,7 kg de azúcar cristalizado

1. Lave todas las frutas y quíteles los rabillos. Deshuese las cerezas y desgrane las grosellas.
2. Hierva, en la cazuela para confitura, el agua con el azúcar cristalizado. Cueza el azúcar hasta el punto de bola pequeña, a 116 °C.
3. Sumerja entonces las cerezas en el almíbar y cuézalas 20 min a fuego fuerte. Espume regularmente para eliminar todas las impurezas.
4. Añada entonces las fresas y cuézalas 15 min espumando a menudo. Termine añadiendo las grosellas y las frambuesas, cuézalo 5 min más sin dejar de espumar.
5. Llene los tarros, ciérrelos de inmediato y manténgalos 24 h cabeza abajo.

Hojaldre con confitura de frambuesas

Esta delicada pieza de masa de hojaldre está guarnecida de confitura y espolvoreada con azúcar glas.

Confitura de leche

Para 1 kg de confitura
Preparación: 5 min
Cocción: 2 h 30 min

- *1 l de leche entera fresca*
- *500 g de azúcar en polvo*
- *1 vaina de vainilla*

1. Vierta la leche en una cacerola. Corte y raspe la vaina de vainilla y añádala. Vierta el azúcar y mézclelo bien todo.

2. Cuézalo a fuego lento, removiendo suavemente con una cuchara de madera. Cuando la mezcla rompa a hervir, baje el fuego a fin de mantener un leve herventar. Prolongue la cocción unas 2 h removiendo de vez en cuando.

3. Cuando la mezcla espese, remueva cada vez con mayor frecuencia. Retire la vaina de vainilla. Una vez que la confitura empiece a tomar la consistencia de una salsa, remueva sin cesar.

4. La confitura estará lista cuando parezca una salsa besamel y tenga un color caramelo rubio. Viértala entonces en los tarros, pero espere 8 días antes de consumirla.

Confitura de limón, sandía y naranja

Para 2,5 kg de confitura
Preparación: 1 h
Cocción: 1 h 20 min

- *3 limones*
- *y 5 naranjas frescos, naturales*
- *2 kg de sandía*
- *15 cl de agua*
- *Azúcar en polvo*

1. Hierva un cazo de agua. Pele, con un pelapatatas, 3 cortezas de limón y 3 cortezas de naranja, sumérjalas en el agua hirviendo para blanquearlas. Córtelas después en tiras finas. Exprima los cítricos para recuperar el zumo y la pulpa.

2. Pele la sandía. Córtela en dados grandes, métalos en la cazuela para confitura y cuézalos en agua durante unos 20 min. Añada a continuación las cortezas de los cítricos y prosiga la cocción 5 min más.

3. Péselo todo y añada 750 g de azúcar por kilo. Ponga a cocer de nuevo durante cosa de 1 h a fuego mediano para que el agua se evapore lentamente y la confitura espese: los trozos de sandía se han de volver translúcidos.

4. Llene los tarros; tápelos inmediatamente. Manténgalos 24 h invertidos.

Confitura de «manzana Tatin»

Para 2,5 kg de confitura
Preparación: 30 min
Cocción: de 25 a 35 min

- *2 kg de manzanas acídulas*
- *1/2 zumo de limón*
- *30 cl de agua*
- *700 g de azúcar cristalizado*
- *50 g de mantequilla semisalada*
- *1 vaina de vainilla*

1. Lave, pele las manzanas, extraiga las pepitas, pero guárdelas, así como las mondaduras. Deberá tener unos 1,5 kg de carne. Corte las manzanas en gajos, póngalos en una cacerola grande, añada el zumo de limón y mezcle bien. Abra y raspe la vaina de vainilla y añádala.

2. Ponga a continuación en un cazo con agua las mondaduras y las pepitas y hiérvalas 5 min. Luego páselo por un colador colocado sobre una cazuela, apretando bien con una espátula las mondaduras y las pepitas, para obtener así la máxima cantidad de jugo de cocción.

3. Añada el azúcar al jugo. Hágalo hervir y cuézalo a fuego vivo hasta conseguir caramelo oscuro. Agregue la mantequilla y mezcle bien. Trasvase ese caramelo a la cazuela en que están las manzanas, mezcle y vuelva a cocerlo a fuego fuerte. Baje éste al cabo de 5 min y cueza a fuego mediano entre 15 y 25 min, según la calidad de las manzanas: menos si se deshacen pronto, más si echan mucha agua. Remueva con suavidad para no quebrar los gajos.

4. Llene los tarros de inmediato, tápelos y manténgalos 24 h en posición invertida.

Confitura de naranja amarga

Para 2,5 kg de confitura
Preparación: 25 min
Enfriado: 15 min
Cocción: 1 h

- *1,5 kg de naranjas frescas, naturales*
- *2 limones frescos*
- *3 g de jengibre fresco*
- *1,2 kg de azúcar cristalizado*
- *30 cl de agua*
- *0,5 g de cardamomo*

1. Lave las frutas. Póngalas enteras en una cazuela, cúbralas con agua y cuézalas 30 min a partir del

Pastas de frutas

Las pastas de frutas no son los confites más fáciles de realizar. El uso de una mezcla gelificante a base de pectina de manzana, que se encuentra fácilmente en el comercio, permite obtener una buena gelificación.

Se recomienda el empleo de una espátula de madera larga y de una cacerola grande de acero inoxidable con fondo grueso. El termómetro para azúcar o *de confitero* permite controlar en todo momento la temperatura. Para el moldeado, finalmente, si no tiene un marco concebido para este uso, utilice un aro sin fondo para tartas.

Para elaborar bien una pasta de frutas conviene respetar una serie de principios básicos, como:

– Si quiere obtener 1 kg de pasta de frutas, reduzca a puré 500 g de fruta.

– Mezcle un sobre de gelificante para confituras con 60 g de azúcar en polvo.

– Ponga la pulpa de la fruta en una cacerola. Hágala hervir mientras bate. Añada la mezcla gelificante y azúcar, y haga hervir de nuevo.

– Al cabo de 1 min de cocción, agregue 225 g de azúcar en polvo. Haga hervir de nuevo y añada todo el resto del azúcar (es decir, 225 g). Remueva con la espátula sin cesar, rascando bien el fondo de la cacerola. La cocción final se hace siempre a fuego vivo, provocando hervores fuertes durante 5-10 min según la fruta elegida. Cueza durante un tiempo total de 15 min.

– Ponga una hoja de papel sulfurizado sobre la mesa de trabajo. Coloque un aro sin fondo para tarta si no tiene un marco especial para el moldeado. Vierta en él la pasta, déjela cuajar y enfriar durante 3 h por lo menos.

– Humedezca la superficie de la pasta con un pincel mojado antes de recortar. Córtela en cuadros de 2 cm x 2 cm o en rectángulos. Páselos por 250 g de azúcar cristalizado. Luego dispóngalos en un plato o en una caja hermética si los quiere guardar cierto tiempo.

Mazapanes

Para 24 mazapanes
Preparación: 15 min
Cocción: 5 o 6 min

- *500 g de pasta de frutas de almendras (ver p. 384)*
- *1 cc de agua de azahar*
- *1 cc de vainilla líquida*
- *De 2 a 3 gotas de extracto de almendras amargas*
- *Azúcar glas*
- *250 g de glaseado real (ver p. 130)*

Sugerencias

Para hacer más rápidamente estos mazapanes, use pasta de frutas de almendras comprada y hecha, de colores diferentes.

Las almendras constituyen una de las bases de los mazapanes.

1. Mezcle la pasta de frutas de almendras con el agua de azahar, la vainilla y añada el extracto de almendras amargas.

2. Precaliente el horno a 120 °C.

3. Prepare el glaseado real.

4. Espolvoree la mesa de trabajo con azúcar glas y extienda la pasta de frutas de almendras hasta obtener un grosor de 1 cm. Cúbrala, mediante un pincel, con una película de glaseado real de 1 mm aprox.

5. Corte, con un recortador, los dibujos que prefiera: cuadrados, círculos, etc. Disponga los mazapanes sobre una bandeja cubierta con una hoja de papel sulfurizado y déjelos secar durante 5 o 6 min en el horno.

Historia golosa

Parece ser que el mazapán fue creado por unas monjas, las ursulinas de Issoudun. Dispersadas durante la Revolución Francesa, abrieron una pastelería en la población. A mediados del siglo XIX, el renombre de los mazapanes de Issoudun alcanzó la corte de Rusia, las Tullerías y el mismo Vaticano. También se llaman *mazapanes* unos pequeños artículos de confitería a base de pasta de almendras, coloreada y moldeada en forma de frutas, verduras, etc.

Surtido de pastas de frutas

Casi todas las frutas se prestan a la elaboración de pasta de frutas, pero algunas necesitan la ayuda de un gelificante.

Pasta de frutas de plátano y avellanas

La pasta está hecha con plátanos, manzanas granny smith y zumo de limón cocido con un gelificante. Al final de la cocción se añaden avellanas previamente tostadas en el horno y luego machacadas y una pizca de nuez moscada molida.

Ver receta en página 410

Pasta de frutas de almendras

Para 500 g de pasta
Preparación: 25 min
Cocción: 15 min

- *250 g de almendras molidas*
- *500 g de azúcar en polvo*
- *50 g de glucosa*
- *5 gotas de colorante* • *Azúcar glas*

1. Cueza el azúcar y la glucosa en 15 cl de agua hasta el estado de bola pequeña (*ver p. 123*). Aparte el cazo del fuego, vierta en él las almendras molidas y remueva enérgicamente con una cuchara de madera hasta que la preparación esté granulosa. Añada el colorante a razón de 1 gota por 100 g de pasta.

2. Deje enfriar. Espolvoree la mesa de trabajo con azúcar glas. Trabaje la masa a mano a cantidades pequeñas hasta que quede blanda.

3. Déle formas diversas: comience siempre por formar una salchicha de unos 3 o 4 cm de diámetro y córtela en trozos de la misma medida. Hágalos una bola rodándolos entre las palmas de las manos y luego déle, por ejemplo, forma de cereza o de fresa si ha usado un colorante rosa; de plátano con un colorante amarillo, etc.

Pasta de frutas de fresas

Para 24 cuadrados de pasta
Preparación: 20 min
Cocción: 12 min

- *1,2 kg de fresas* • *1 kg de azúcar para confitura*
- *2 hojas de gelatina* • *Azúcar cristalizado*

1. Lave rápidamente las fresas, quíteles los rabillos y tritúrelas con el pasapurés. Pese la pulpa: ha de tener 1 kg. Se necesita 1 kg de azúcar para confitura por 1 kg de pulpa. Añada lo necesario en caso de tener más pulpa.

2. Vierta esa pulpa en una cazuela para confitura y hágala hervir. Agregue la mitad del azúcar y hágala hervir, de nuevo removiendo con la espátula de madera. Al romper a hervir de nuevo, incorpore la otra mitad del azúcar sin dejar de remover. Mantenga la cocción a borbotones durante 6 o 7 min.

3. Remoje la gelatina en un tazón de agua fría y luego escúrrala. Disuélvala en un tazón con un poquito de pulpa caliente y luego devuelva el contenido del tazón a la cazuela. Mezcle bien.

4. Ponga una hoja de papel sulfurizado sobre la mesa de trabajo y, encima, un aro sin fondo. Vierta la pasta dentro, alise y deje enfriar. Córtela después en cuadrados y páselos por el azúcar cristalizado.

Pasta de frutas de membrillo

Para 40-50 cuadrados de pasta
Preparación: 40 min
Cocción: 15 min, de 5 a 7 min

- *1 kg de membrillo* • *20 cl de agua*
- *De 600 a 700 g de azúcar en polvo*
- *2 limones frescos, naturales* • *Azúcar cristalizado*

1. Lave y pele los membrillos. Córtelos en trozos de 2 a 3 cm después de haberles quitado el corazón y las pepitas.

2. Póngalos en una cazuela para confitura, añada el agua y la corteza de los limones. Cuézalo a fuego lento hasta que se hayan hecho puré.

3. Péselo y añádale 600 g de azúcar por cada 500 g de puré. Mezcle bien con una cuchara de madera y vuelva a cocerlo 5 o 6 min espumando de vez en cuando. Compruebe la cocción: saque una cucharadita de pasta y viértala sobre un plato frío. Si no es lo bastante firme todavía, si aún es algo fluida, prolongue la cocción 1 o 2 min.

4. Vierta la pasta sobre una bandeja con reborde o en un plato cubierto con papel sulfurizado con un grosor de 1,5 a 2 cm. Déjela endurecer durante 3 o 4 h en un lugar fresco (pero no en la nevera).

5. Recorte entonces cuadrados de pasta de unos 2 cm de lado y páselos por el azúcar cristalizado. Póngalos a continuación en una caja hermética, donde se conservarán de 5 a 8 días.

Jarabes, frutas en almíbar, confitadas y en alcohol

Las frutas pueden entrar en numerosas preparaciones: con almíbar, una solución de azúcar en agua, proporcionan bebidas tranquilizantes y económicas. También se pueden cocer para ser confitadas o maceradas en alcohol, que prolonga su conservación.

Jarabes

Jarabe de almendras
Para 2 botellas de 75 cl
Preparación: 30 min
Maceración: 12 h
Cocción: 3 o 4 min

• *300 g de almendras* • *2 l de agua* • *Azúcar en polvo*
• *100 g de almendras molidas* • *2 cl de agua de azahar*
• *5 gotas de extracto de almendras amargas*

1. *La víspera:* pique las almendras con el cuchillo.
2. Hierva en una cacerola el agua con 400 g de azúcar, las almendras y las almendras molidas. Apague el fuego cuando se produzcan los primeros hervores, mezcle bien y deje macerar unas 12 h.

3. Al día siguiente, ponga la cacerola al fuego y hágalo hervir otra vez 1 min. Ponga un paño sobre un cuenco y cuele así la preparación.
4. Pésela y añada 700 g de azúcar por 500 g de jugo. Mezcle bien y vuelva a verterlo todo en la cacerola, póngalo otra vez al fuego y hiérvalo 3 o 4 min.
5. Escalde 2 botellas de 75 cl.
6. Deje enfriar el jarabe. Añada entonces el agua de azahar y el extracto de almendras amargas.
7. Vierta el jarabe en las botellas. Ciérrelas herméticamente y consérvelas al fresco.

Sugerencia
Hay que añadir el agua de azahar y el extracto de almendras amargas cuando el jarabe está frío; si no, el calor reduciría su perfume.

385

Jarabe de cerezas

Para 2 botellas de 75 cl
Preparación: 20 min
Fermentación: 24 h
Cocción: 5 min

- 2 kg de cerezas dulces
- Azúcar en polvo

1. Deshuese las cerezas y redúzcalas a puré triturándolas en la batidora o en el pasapurés. Pase el puré por un tamiz o un colador muy fino. Luego deje fermentar el zumo 24 h a temperatura ambiente.
2. Escalde 2 botellas de 75 cl.
3. Pese el jarabe, póngalo en la cazuela para confitura, añada 1,5 kg de azúcar por cada kilo de zumo de cereza, mezcle y hiérvalo a 103 °C (*ver almíbar en punto de hebra fina en la página 123*). Cuézalo así 5 min.
4. Vierta el jarabe en las botellas, tápelas enseguida herméticamente y consérvelas al fresco, al abrigo de la luz.

Jarabe exótico

Para 1 l de jarabe
Preparación: 1 h
Maceración: 2 o 3 h
Cocción: 5 min

- 1 piña pequeña • 500 g de naranjas frescas, naturales
- 2 limas • 500 g de kiwis • 500 g de maracuyás
- 1 l de agua • Azúcar en polvo • 150 g de coco rallado

1. Escalde 1 botella de 1 l.
2. Pele la piña y córtela en dados de unos 2 cm de lado.
3. Corte las naranjas y limas en dos, y luego cada mitad en seis.
4. Pele los kiwis y córtelos en dados de unos 2 cm.
5. Corte los maracuyás en dos y extráigales la pulpa con una cucharita. Añádala a un cuenco con todas las otras frutas cortadas.
6. Hierva el agua 1 min en una cacerola con 100 g de azúcar y el coco rallado.
7. Añada todas las frutas y hierva 1 min más. Apague el fuego y deje macerar 2 o 3 h.
8. A continuación triture todo el contenido de la cacerola en el pasapurés. Ponga un paño en el fondo de un colador, póngalo sobre un cuenco y cuélelo así. Deje que todo el jarabe se escurra, durante varias horas, por sí mismo.
9. Pese el líquido recogido y añada el mismo peso de azúcar. A continuación hierva el jarabe mezclando bien para disolver completamente el azúcar y luego espumando con regularidad para quitar todas las impurezas.
10. Vierta el jarabe en la botella, tápela herméticamente y consérvela al fresco.

Jarabe de fresa con menta fresca

Para 75 cl de jarabe
Preparación: 15 min
Maceración: 12 h
Cocción: 10 min

- 1 kg de fresas bien maduras (gariguette o mara des bois)
- 500 g de azúcar en polvo • 1 limón
- 1/4 de manojo de menta

1. Lave las fresas, quíteles el rabillo y tritúrelas en el pasapurés o en la batidora. Meta el puré de fresa en un cuenco, cúbralo con película de cocina y déjelo toda la noche en el frigorífico.
2. Vierta el puré en un colador fino y deje que escurra.
3. Exprima el limón. Ponga el puré de fresa en una cacerola con el azúcar y el zumo de limón, hágalo hervir a fuego vivo y cuézalo unos 10 min a fuego lento. Quítele regularmente, mediante una espumadera, la espuma que se forma en la superficie, hasta que desaparezca.
4. Pique la menta. Aparte la cacerola del fuego.
5. Escalde 1 botella de 75 cl.
6. Añada a la preparación la menta picada y déjela enfriar. Cuele el jugo en un colador y viértalo en la botella. Consérvela al fresco.

Comentario de gourmet
Puede hacer este jarabe de fresa sin menta.

Jarabe de granadina

Para 1 l de jarabe
Preparación: 30 min
Maceración: 2 o 3 h
Cocción: 5 min

- 2 kg de granadas • 2 cl de agua de azahar • Azúcar en polvo • 2 gotas de extracto de almendras amargas

1. Abra las granadas y extraiga los granos. Póngalas en un cuenco con 300 g de azúcar y deje macerar 2 o 3 h.
2. Tritúrelas en la batidora o en el pasapurés.
3. Ponga un paño limpio en el fondo de un colador y colóquelo sobre un cuenco. Vierta en él los granos de granada triturados y deje que el jugo se escurra por sí mismo durante 3 o 4 h.
4. Pese el jugo y añada 500 g de azúcar por cada 500 g de zumo. Caliéntelo y hiérvalo 2 o 3 min, espumando varias veces. Mantenga la ebullición 2 min más.
5. Escalde 1 botella de 1 l.
6. Deje enfriar el jarabe. Añada entonces el agua de azahar y el extracto de almendra amarga.
7. Vierta el jarabe en la botella. Ciérrela herméticamente y consérvela al fresco, al resguardo de la luz.

Jarabe de grosellas negras

Para 2 botellas de 75 cl
Preparación: 20 min
Escurrido: 3 a 4 h
Cocción: 10 min

• *4 kg de grosellas negras* • *Azúcar en polvo*

1. Despalille las grosellas negras y triture los granos en el pasapurés.
2. Ponga un lienzo limpio en el fondo de un colador. Colóquelo sobre un cuenco, vierta las grosellas trituradas en él y deje que el zumo se escurra por sí mismo durante 3 o 4 h. No apriete: la pulpa, muy rica en pectina, haría que el jarabe cuajara en jalea.
3. Pese el zumo y cuente 750 g de azúcar por cada 500 g de zumo. Viértalo en una cazuela para confitura, añada el azúcar, mezcle y caliente removiendo bien hasta que el azúcar se haya disuelto completamente.
4. Escalde 2 botellas de 75 cl.
5. Cuando la temperatura haya alcanzado 103 °C (*ver almíbar en punto de hebra fina en la página 123*), espume y luego vierta el jarabe en las botellas. Tápelas enseguida herméticamente y consérvelas al fresco, al resguardo de la luz.

Sugerencia
Puede escaldar las botellas hirviéndolas en un gran balde de agua o lavándolas y luego metiéndolas 5 min en el horno a 110 °C.

Jarabe de mandarina con especias de Navidad

Para 1,5 l de jarabe
Preparación: 1 h
Maceración: 12 h
Cocción: 4 min

4 kg de mandarinas frescas, naturales
• *Azúcar en polvo*
• *30 cl de agua* • *4 ramas de canela*
• *2 estrellas de anís* • *6 granos de cilantro*
• *1 clavo de olor* • *2 pizcas de jengibre molido*
• *1 pizca de nuez moscada rallada*
• *200 g de miel*

1. *La víspera*: corte las mandarinas en dos, sin pelarlas, y luego corte cada mitad en cuatro. Póngalas en una cazuela para confitura o en una cacerola grande. Añada 600 g de azúcar, el agua, la canela en rama, el anís, los granos de cilantro machacados, el clavo de olor, el jengibre molido y la pizca de nuez moscada. Remueva con una cuchara grande de madera para que

todos los ingredientes estén perfectamente incorporados. Luego deje macerar 12 h.
2. Al día siguiente: ponga la cazuela al fuego y caliente la preparación justo hasta que hierva. Apague entonces el fuego. Chafe bien las frutas con una mano de mortero o con una cuchara de madera grande.
3. Ponga un paño fino en un cuenco y vierta el contenido de la cazuela. Retuerce cada vez más con las manos los extremos del paño, a fin de exprimir bien todo el jugo.
4. Pese el jugo recogido, viértalo en la cacerola o en la cazuela, y añada 650 g de azúcar por cada 500 g de jugo.
5. Mezcle una vez más y hierva el jarabe 3 o 4 min, espumando regularmente para eliminar todas las impurezas.
6. Escalde 2 botellas de 75 cl.
7. Deje enfriar el jarabe. Viértalo en las botellas. Ciérrelas enseguida herméticamente y consérvelas al fresco.

Sugerencia
Haga que le ayuden para preparar ese jarabe. Es, en efecto, mucho más fácil retorcer el paño entre dos y existe menos riesgo de quemarse. En cualquier caso, póngase guantes.

Jarabe de moras

Para 2 botellas de 75 cl
Preparación: 25 min
Maceración: 12 h
Cocción: 15 min

• *3 kg de moras* • *Azúcar en polvo*

1. Limpie las moras y quíteles los rabillos. Péselas, póngalas en un recipiente hondo con 1 vaso de agua por cada kilo de fruta limpia y déjelas macerar así 12 h como mínimo.
2. Triture las frutas con el pasapurés o con la batidora, y vierta el puré obtenido en un paño. Retuérzalo para hacer una especie de saco y colóquelo encima de un cuenco. Siga retorciendo por cada extremo, apretando cada vez más: el zumo se escurrirá a través del paño. La pulpa quedará en el interior. Pese el zumo recogido. Viértalo en una cazuela para confitura y añada 800 g de azúcar por cada 500 g de zumo.
3. Caliéntelo y hágalo hervir. Déjelo hervir durante 10 min. Vierta el jarabe en las botellas escaldadas, tápelas herméticamente y guárdelas al fresco, al abrigo de la luz.

Comentario de gourmet
Puede hacer, del mismo modo, jarabe de grosellas o de frambuesas.

387

Jarabe de naranja

Para 2 botellas de 75 cl
Preparación: 40 min
Refrigeración: 24 h
Cocción: 10 min

• *4 kg de naranjas frescas, naturales* • *Azúcar en polvo*

1. Elija naranjas bien maduras. Quite fina la corteza de algunas y luego normal el resto.
2. Chafe la pulpa con el pasapurés, y pásela por un tamiz muy fino o por un paño mojado.

3. Pese el zumo recogido. Añada 800 g de azúcar por cada 500 g de zumo. Póngalo todo en una cazuela para confitura y cuézalo 2 o 3 min, espumando con regularidad.
4. A continuación proceda a forrar con una muselina el interior de un colador y colóquelo sobre un cuenco grande.
5. Ponga las cortezas de naranja en el colador. Cuando el jarabe hierva, viértalo sobre las cortezas a fin de que se impregne del perfume de éstas.
6. Escalde 2 botellas de 75 cl.
7. Deje enfriar el jarabe y póngalo en las botellas. Ciérrelas herméticamente y guárdelas al fresco, al resguardo de la luz.

Frutas en almíbar

Albaricoques en almíbar

Para 2 kg de albaricoques en almíbar
Preparación: 30 min
Maceración: 3 h
Cocción: de 15 a 20 min

• *1 kg de albaricoques* • *500 g de azúcar en polvo*
• *1 l de agua*

1. Elija albaricoques sanos y en su punto justo de madurez. Deshuéselos, póngalos en un cuenco.
2. Vierta el azúcar en polvo y el agua en un cazo. Caliente hasta que hierva. Cubra los albaricoques con ese almíbar y déjelos macerar 3 h.
3. Escúrralos y póngalos en tarros de conserva.
4. Vuelva a hervir el almíbar 1 o 2 min, luego viértalo sobre los albaricoques. Tape los tarros de inmediato.
5. Esterilícelos sumergiéndolos 10 min en una olla con agua hirviendo.

Ciruelas en almíbar

Para 3 kg de ciruelas
Preparación: 15 min
Cocción: 20 min

• *3 kg de ciruelas medianas* • *1 c de granos de cilantro*
• *2 clavos de olor* • *1 l de sidra dulce*
• *1 kg de azúcar en polvo* • *3 ramas de canela*

1. Lave las ciruelas, escúrralas en un cuenco.
2. Reúna en un trozo de muselina el cilantro y los clavos de olor. Anude el tejido. Vierta la sidra en una cacerola, añada el azúcar y remueva para disolverlo. Sumerja en ella el atado de muselina y la canela.

3. Cueza este jarabe durante 20 min. Aparte la cacerola del fuego y déjela enfriar. Saque la canela y el atado.
4. Escalde los tarros. Reparta las ciruelas en ellos. Vierta el jarabe encima y cierre bien. Deje macerar las ciruelas durante 1 mes aprox, al fresco, antes de utilizarlas. Con ello, el azúcar «cocerá» las frutas, impregnándolas poco a poco.

Ciruelas mirabel en té

Para 1 tarro de 2 l
Preparación: 30 min
Cocción: 10 min
Esterilización: 1 h 10 min

• *1,3 kg de ciruelas mirabel* • *1,2 l de agua
de manantial* • *5 cc de té earl grey* • *1 limón*
• *1/2 naranja* • *Pimienta recién molida*

1. Escalde el tarro de conserva.
2. Lave y escurra las ciruelas mirabel, deshuéselas y póngalas en ese recipiente.
3. Caliente 60 cl de agua hasta que hierva, añada el té y tape. Deje reposar sólo 3 o 4 min. Cuele la preparación y viértala sobre las ciruelas.
4. Exprima el limón y la media naranja. Pele la corteza de 1/4 de limón. Hierva el agua restante (60 cl) con el azúcar, la corteza, el zumo de los cítricos y añada 2 vueltas de molinillo de pimienta. En cuanto hierva, vierta sobre las frutas. Cierre el tarro.
5. Esterilícelo sumergiéndolo durante 1 h 30 min en una olla grande con agua hirviendo.

Comentario de gourmet
Sirva estas ciruelas bien frías con un sorbete de limón (*ver p. 145*) o con algunas cucharadas de nata líquida levemente batida y pequeños mantecados, o tejas (*ver p. 279*).

1. Limpie las fresas y las frambuesas, y quíteles el rabillo a las primeras. En cuanto a las cerezas, les puede dejar un trocito. Pele y despepite peras y manzanas y córtelas en daditos. Lave y seque las ciruelas.

2. Sumerja los melocotones en una cacerola de agua hirviendo y a continuación en un cuenco con agua helada. Pélelos y córtelos en daditos.

3. Escalde los tarros hirviéndolos 5 min en una cacerola grande con agua. Vacíelos y déjelos escurrir sobre un paño limpio y déjelos enfriar.

4. Reparta en ellos las frutas y el azúcar y luego viértales el aguardiente. Cierre los recipientes herméticamente.

5. Deje macerar estas frutas 6 semanas antes de degustarlas.

Sugerencia

Estas frutas se pueden hacer en un gran tarro de gres. Si no queda bien lleno la primera vez, añada frutas y azúcar en la misma proporción, removiendo cada vez con gran precaución para no romper las frambuesas.

Grosellas negras con canela y cortezas de naranja

Para 1 tarro de 2 l
Preparación: 15 min
Reposo: 15 a 20 días

- *1 naranja fresca, natural* • *15 cl de agua*
- *400 g de azúcar en polvo*
- *4 ramas de canela*
- *1 kg de grosellas negras*
- *50 cl de aguardiente*

1. Hierva agua y viértala en un tarro. Vacíelo y déjelo escurrir sobre un paño limpio.

2. Pele, con un pelador, la corteza de naranja en largas tiras finas, sin piel blanca: ésta daría amargor.

3. Mezcle bien en un cazo el agua y el azúcar en polvo. Hierva. Añada las cortezas de naranja y las ramas de canela. Deje reposar 5 o 6 min. Ponga un paño sobre un cuenco. Pase el jarabe por el paño para colarlo. Luego repita la operación y deje enfriar.

4. Lave rápidamente las bayas de las grosellas, sin dejarlas remojar. Póngalas sobre un paño y límpielas meticulosamente. Colóquelas en otro paño seco para que se sequen.

5. Ponga las grosellas negras muy secas en el tarro. Añada el jarabe frío y luego el aguardiente. Cierre bien la tapa. Vuélquelo una o dos veces para mezclar las grosellas negras, el jarabe y el aguardiente.

6. Déjelo reposar de 15 a 20 días antes de probar las grosellas negras.

Frutas desecadas, frutos «disfrazados», bombones y caramelos

Se trata de confitería a base de frutas frescas secadas en el horno o envueltas con una capa de azúcar, protectora y brillante. Los bombones son de azúcar cocido; los caramelos, blandos o duros, se elaboran con azúcar, glucosa, crema, mantequilla y perfumes diversos.

Frutas desecadas

Chips de fresa

Para 150 g de chips de fresa
Preparación: 30 min
Secado: 1 h 30 min por lo menos

- *500 g de fresas bien maduras*
- *30 g de azúcar glas*

1. Precaliente el horno a 100 °C.
2. Lave rápidamente las fresas, quíteles los rabillos y escúrralas. Luego, córtelas en láminas finas con un cuchillito de sierra muy afilado.
3. Cubra una bandeja de papel sulfurizado. Coloque en ella las láminas de fresa una a una, contiguas pero sin que se superpongan. Espolvoréelas con azúcar glas y póngalas 1 h en el horno.
4. Déles la vuelta a las rodajas y espolvoréelas con azúcar glas. Vuelva a meterlas, 30 min, en el horno. Compruebe que estén bien secas: no han de estar en absoluto blandas sino al contrario, bastante quebradizos.
5. Déjelas enfriar y póngalas luego con delicadeza, porque son muy frágiles, en una caja hermética.

Comentario de gourmet
Estos chips de fresa se pueden usar para decorar una copa de helado de fresa: píquelos sobre las bolas de helado.

Chips de manzana

Para 180 g de chips de manzana
Preparación: 15 min
Maceración: 12 h
Secado: 2 h por lo menos

• *3 manzanas verdes (granny smith)* • *1 limón*
• *200 g de azúcar en polvo* • *50 cl de agua*

1. Exprima el limón y vierta su zumo en un cuenco.
2. Corte las manzanas en rodajas muy finas con un cuchillo bien afilado. Póngalas en el cuenco para que el limón les impida ennegrecer y remuévalas, pero con precaución, para no romperlas.
3. Hierva el agua y el azúcar en un cazo, y sumerja las rodajas en ese almíbar. Deje macerar toda una noche.
4. Precaliente el horno a 100 °C.
5. Escurra las rodajas poniéndolas sobre papel absorbente. Cubra una bandeja con papel sulfurizado y colóquelas contiguas. Cúbralas con otra hoja de papel y otra bandeja encima. Métalas 1 h en el horno.
6. Saque la bandeja y la hoja superior; vuelva a meter las manzanas en el horno, a 100 °C todavía, durante 1 h más por lo menos. Luego, déjelas enfriar y guárdelas delicadamente en una caja hermética.

Comentario de gourmet
Sírvalos con un helado o en el aperitivo. Son crujientes como una friandise.

Rodajas de manzana y pera desecadas

Para 80 rodajas de manzana desecadas
Preparación: 5 min
Secado: 2 h por lo menos

• *2 manzanas* • *2 peras maduras* • *1 limón*

1. Exprima el limón y vierta el zumo en un cuenco.

2. Precaliente el horno a 100 °C.
3. Corte las frutas en láminas muy finas mediante un cuchillo bien afilado y quíteles las pepitas. Ponga las rodajas inmediatamente en el cuenco, donde el zumo de limón impedirá que ennegrezcan. Remueva con cuidado para no romperlas.
4. Cubra una bandeja con papel sulfurizado. Coloque en ella contiguas las rodajas de manzana y de pera: no han de superponerse. Meta la bandeja 1 h en el horno.
5. Sáquela y déles la vuelta a todas las rodajas. Vuelva a meterla en el horno, sin modificar la temperatura, y prosiga el desecado durante 1 h más por lo menos. Habrá concluido cuando las rodajas estén casi transparentes.
6. Colóquelas con cuidado en una caja hermética.

Rodajas de piña desecadas

Para 30-40 rodajas de piña desecadas
Preparación: 40 min
Secado: 50 min a 1 h

• *1 piña*
• *20 g de azúcar glas*

1. Pele la piña. Luego, córtela en rodajas de 1 o 2 mm de grosor mediante un cuchillo largo bien afilado. Vacíe meticulosamente el corazón. A continuación, deje escurrir las rodajas de 10 a 15 min en papel absorbente.
2. Precaliente el horno a 100 °C.
3. Espolvoree levemente con azúcar glas una o varias bandejas con revestimiento antiadherente. Ponga encima todas las rodajas de piña escurridas, tape con otra bandeja y métalo 30 min en el horno.
4. Quite la segunda bandeja y déjelo secar 20 o 30 min más. Las rodajas de piña no han de ponerse marrones.
5. Consérvelas en un recipiente hermético a resguardo de la humedad.

Frutos «disfrazados»

Castañas «disfrazadas»

Para 20 castañas «disfrazadas»
Preparación: 35 min
Refrigeración: 45 min
Congelación: 1 h 30 min
Cocción: 15 min

• *50 g de mantequilla* • *200 g de pasta de castañas dulce de lata* • *60 g de migas de marrón glacé*
• *15 g de maicena*

Para la cobertura:
• *250 g de azúcar en polvo* • *10 cl de agua*
• *50 g de chocolate en pastilla*
• *1/2 limón* • *5 g de mantequilla*

395

1. Ablande la mantequilla en un cuenco a temperatura ambiente.

2. Trabájela con una espátula para darle consistencia de pomada, añada la pasta de castaña y las migas de marrón glacé. Mezcle bien y déjelo 45 min en el frigorífico para que la pasta se endurezca.

3. Póngala en la mesa de trabajo espolvoreada con maicena (o con azúcar glas), córtela en dos y déle a cada trozo forma de salchicha. A su vez, corte 10 trozos regulares de cada uno. Haga con cada uno de ellos una bola y apriete la parte alta de cada bola entre el pulgar y el índice para darle forma de castaña.

4. Pinche estas 20 «castañas» al bies, bien hondo, en tenedores. Ponga los 20 tenedores en una bandeja y todo ello 1 h 30 min en el congelador o 3 h en el frigorífico.

5. Exprima 1/2 limón. Hierva el agua y el azúcar. Derrita el chocolate al baño María o en el microondas. Vierta lentamente el jarabe sobre el chocolate, batiendo vivamente. Devuélvalo todo a la cacerola, añada la mantequilla y hágalo hervir sin dejar de remover.

6. Después de cocer 1 min, añada el zumo de limón. La mezcla hierve entonces a grandes borbotones. Déjela cocer 10 min más, que humee y espese. Siga removiendo y cociendo hasta 150 °C, cuando se adhiera a una cuchara. Apártela del fuego y ponga el recipiente sobre un paño doblado en cuatro.

7. Moje rápidamente las castañas en 4/5 de su altura en el azúcar al chocolate, dejando un collar en la base: la envoltura no ha de tocar el tenedor. Se forma un filamento en la punta de las castañas después de remojarlas. Ponga el tenedor a caballo en el borde de la bandeja, de modo que la castaña quede fuera. Deje endurecer unos minutos antes de cortar los filamentos. Luego ponga las castañas en moldecitos de papel. Guárdelas en el frigorífico y consúmalas en el plazo de 24 h.

Sugerencia
Puesto que el azúcar con chocolate endurece deprisa, vuelva a calentar la cacerola, si fuera necesario, durante el proceso de cobertura.

Fresas «disfrazadas»

Para 50 fresas «disfrazadas»
Preparación: 30 min
Cocción: 3 min

• *500 g de fresas* • *Azúcar glas* • *250 g de fondant*
(ver p. 128) • *5 gotas de colorante rojo* • *3 cl de kirsch*

1. Lave rápidamente las fresas en un colador, bajo el grifo, y luego séquelas en un paño limpio. No les quite los rabillos.

2. Espolvoree con azúcar glas una hoja de papel sulfurizado.

3. Ponga el fondant en un cacito y caliéntelo a fuego medio, removiendo de vez en cuando. Añada el colorante y el kirsch, y mezcle bien. Apague el fuego.

4. Moje las fresas en el fondant y colóquelas sobre el azúcar glas. Luego, coloque las fresas en una caja hermética, tal cual o, mejor aún, en vasitos de papel ondulado.

Frutos «disfrazados» con azúcar cande

Para 1,2 kg de frutos
Preparación: 15 min
Maceración: 15 h
Secado: 3 o 4 h

• *1 kg de azúcar en polvo* • *40 cl de agua*
• *300 g de ciruelas pasas u otros frutos disfrazados*
(ver frutos «disfrazados» con azúcar cocido)

1. Mezcle el azúcar y el agua en un cazo, y hierva 2 min; pase un pincel mojado en agua fría por la pared interior del cazo para impedir que el azúcar cristalice. Deje enfriar el almíbar.

2. Coloque los frutos «disfrazados» en una bandeja. Vierta el almíbar sobre ellos: ha de cubrirlos enteramente, es decir, que los frutos han de quedar sumergidos.

3. Cubra con papel sulfurizado para evitar que se forme una costra y que el azúcar cristalice, y deje macerar así 15 h.

4. Ponga los frutos en una rejilla para que se escurran y déjelos secar así 3 o 4 h. Pueden entonces degustarlos de inmediato o guardarlos durante 15 días.

Frutos «disfrazados» con azúcar cocido

Para 1,4 kg de frutos
Preparación: 40 min
Cocción: 10 min

• *1 kg de frutas (nueces peladas, kumquats,*
alquequenjes, uvas blancas
o negras, rodajas de cítricos)

Para el azúcar cocido:
• *500 g de azúcar en polvo*
• *150 g de glucosa*
• *15 cl de agua*

1. Prepare el azúcar cocido: ponga el azúcar, la glucosa y el agua en una cacerola, y cuézalo todo a fuego moderado hasta 155 °C, o punto de quebrado grande

(*ver p. 123*) cuidando, desde el inicio de la ebullición, de mojar regularmente la pared interior de la cacerola con un pincel bañado en agua fría (el menor granito de azúcar lanzado encima podría hacer que la masa cristalizara).

2. Sumerja inmediatamente la cacerola en agua fría para detener la cocción del azúcar. Póngala sobre un paño doblado en cuatro.

Grosellas «disfrazadas»
Para 25 grosellas «disfrazadas»
Preparación: 15 min

• *250 g de grosellas* • *100 g de jarabe de limón*
• *150 g de azúcar cristalizado*

1. Vierta el jarabe de limón en un bol y el azúcar cristalizado en otro.
2. Limpie meticulosamente y lave rápidamente las grosellas. Déjelas en racimos. Séquelas sobre un paño.

3. Moje los frutos muy rápidamente uno a uno en el azúcar, pinchándolos con un palillo o sujetándolos por el rabillo o una hoja. Cada vez que el azúcar espese al enfriarse, vuelva a calentarlo muy levemente a fuego lento.
4. Ponga los frutos, en cuanto estén bañados, en una bandeja cubierta con papel sulfurizado. Consuma estos frutos disfrazados de azúcar en el plazo de 2 días.

3. Tome los racimos de grosellas, mójelos primero en el jarabe de limón, déjelos escurrir un poco sobre el bol, luego hágalos rodar por el recipiente con azúcar cristalizado.
4. Colóquelos de inmediato en moldecitos de papel.

VARIANTE

Grosellas «disfrazadas» con naranja
Ralle una corteza de naranja fresca, natural y mézclela con 150 g de azúcar cristalizado, lave las grosellas y páselas todavía húmedas por la mezcla.

Bombones

Bergamotas de Nancy
Para 50 o 60 bergamotas
Preparación: 30 min
Cocción: 5 min
Reposo: 30 min

• *30 cl de agua*
• *1 kg de azúcar*
• *150 g de glucosa*
• *1 cl de zumo de limón*
• *5 gotas de aceite esencial de bergamota*

1. Ponga el agua, el azúcar y la glucosa en una cacerola. Caliente y lleve la cocción del azúcar a punto de quebrado grande, a 155 °C (*ver p. 123*).
2. Prepare un «baño María» de agua y cubitos de hielo. Cubra una bandeja con papel sulfurizado. Aparte la cacerola del fuego, añada el zumo de limón en el líquido azucarado y luego hierva de nuevo, durante 30 s.
3. Añada entonces el aceite esencial de bergamota, mezcle suavemente y ponga la cacerola 15 s en el «baño María» helado.
4. Vierta el azúcar en la bandeja hasta obtener un grosor de 8-10 mm. Déjelo cuajar 1 o 2 min. A continuación moje la hoja de un cuchillo en aceite y trace, en el azúcar, una cuadrícula de ranuras de 3 o 4 mm

de profundidad. Luego, deje endurecer el azúcar durante 30 min.
5. Retire el papel sulfurizado. Casque los cuadrados de azúcar con los dedos. Ponga las bergamotas en una caja hermética. Así se conservarán de 5 a 10 días en un lugar seco.

Guirlahe de frutos secos
Para 600 g de guirlache de frutos secos
Preparación: 30 min

• *50 g de agua* • *200 g de azúcar* • *300 g de almendras, nueces, avellanas o de pacanas*

1. Prepare una hoja grande de papel sulfurizado.
2. Caliente el agua y el azúcar en una cacerola y cueza hasta punto de quebrado grande, a 135 °C (*ver p. 123*).
3. Vierta de una sola vez la totalidad del o de los frutos secos elegidos. Mezcle de inmediato con el azúcar cocido. Primero se engancharán, pero se separarán y el azúcar que los envuelve adoptará un aspecto arenoso. Siga removiendo con una cuchara de madera. El azúcar tomará un ligero color de caramelo.
4. Vierta los guirlaches en la hoja de papel sulfurizado. Extiéndalos bien y déjelos enfriar. Métalos en una lata hermética: se conservarán de 15 a 20 días.

Manzanas de amor

Para 10 manzanas de amor
Preparación: 30 min
Cocción: 10 min
Reposo: 30 min

• 30 cl de agua • 1 kg de azúcar
• 200 g de glucosa
• 10 gotas de colorante rojo • Coco rallado
• 10 manzanitas (preferiblemente gala)
• 20 pinchitos de madera de 20 cm de largo

1. Prepare un «baño María» de cubitos de hielo y agua fría.
2. Caliente el agua, el azúcar y la glucosa y cuézalo hasta punto de quebrado grande, a 155 ºC (ver p. 123). Añada el colorante rojo y mezcle bien. Ponga la cacerola al «baño María» helado para interrumpir la cocción.
3. Coloque el coco rallado en un platito. Clave las manzanas en los pinchitos y mójelas en el azúcar coloreado; deje escurrir el excedente de azúcar y luego pase aquéllas por el coco rallado.
4. Póngalas entonces en una fuente y déjelas endurecer 30 min.

Turrón de almendras

Para 2 piezas
Cocción: 1 h
Reposo: 2 días

• 350 g de miel • 200 g de azúcar
• 650 g de almendras peladas y tostadas
• 2 claras a punto de nieve • Hojas de obleas

1. Ponga el azúcar en un cazo. Agregue 3 c de agua y cueza; debe conseguir una gran bola o *bola dura*.
2. Mientras el almíbar se cuece, caliente la miel en otro cazo hasta que esté líquida. Vierta sobre el almíbar a punto y remueva con una espátula de madera. Cueza a fuego suave, sin dejar de remover, hasta conseguir un caramelo claro.
3. Eche las almendras y las clara batidas a punto de nieve. Trabaje la mezcla para que todo quede perfectamente unido.
4. Ponga papel blanco sobre la mesa de trabajo y apoye dos moldes rectangulares de 10 cm x 20 cm forrados con obleas y reparta la preparación.
5. Cúbrala con oblea, y encima ponga una tablilla y algo pesado para que presione la pasta. Deje dos días con el peso y sirva.

Caramelos

Almendras garrapiñadas

Para 6 personas
Preparación:
Cocción: 20 min

• 200 g de almendras crudas con piel
• 200 g de azúcar
• 20 cl de agua • Aceite

1. Ponga el agua, el azúcar y las almendras en una sartén grande (preferentemente algo honda), y llévela al fuego.
2. Cueza, sin dejar de remover con una espátula de madera, hasta que el almíbar se espese y tome algo de color.
3. Continúe cociendo, siempre removiendo enérgicamente con la espátula de madera; el azúcar debe cristalizar y comenzará a envolver las almendras.
4. Continúe la cocción unos minutos más, hasta que el azúcar haya desaparecido y las almendras estén bien cubiertas.
5. Vuélquelas sobre la mesa de trabajo ligeramente untada con aceite y déjelas enfriar. Guárdelas en tarros bien cerrados.

Caramelos blandos al chocolate

Para 70 caramelos
Preparación: 15 min
Cocción: 15 min

• 120 g de chocolate negro amargo
• 44 cl de crema de leche • 280 g de glucosa
• 40 g de mantequilla semisalada
• 280 g de azúcar en polvo

1. Pique el chocolate. Hierva la crema de leche en un cazo.
2. Derrita la glucosa a fuego lento en otra cacerola y añada el azúcar. Déjelo caramelizar hasta obtener un color ámbar oscuro. Agregue entonces la mantequilla, mezcle, luego vierta la crema de leche hirviendo, mezcle e incorpore finalmente el chocolate picado.
3. Mezcle bien y cueza hasta 115 ºC-116 ºC. Vierta el caramelo en un marco rectangular o en un aro para tarta de 22 cm colocado sobre un papel sulfurizado y déjelo enfriar.
4. Córtelo en rectángulos, envuélvalos en celofán y póngalos en una caja.

Surtido de caramelos de café, chocolate y vainilla envueltos en celofán

Caramelos blandos al limón

Para 65 caramelos
Preparación: 30 min
Cocción: 10 min
Secado: 5 o 6 h

- *3 limones frescos, naturales*
- *500 g de azúcar en polvo*
- *60 g de mantequilla*
- *65 g de mantequilla semisalada*
- *250 g de chocolate blanco*
- *100 g de chocolate con leche*

1. Pele las cortezas de los limones y píquelas finas. Póngalas con el azúcar sobre un papel sulfurizado y frote esta mezcla entre las manos para que el azúcar se impregne del perfume de las cortezas.
2. Exprima los cítricos. Coloque en una cacerola el azúcar con las cortezas, el zumo de limón y las dos clases de mantequilla. Cueza hasta 118 °C-119 °C.
3. Pique bien fino el chocolate y vierta el jarabe encima mezclando bien con una cuchara de madera.
4. Vierta la preparación con un grosor de 2 cm en un marco de 15 cm x 18 cm o en un aro sin fondo para tarta.
5. Déjela enfriar y cristalizar así durante 5 o 6 h. Luego, corte la masa en cuadrados de 2 cm de lado. Si no consume los caramelos de inmediato, envuélvalos en celofán y guárdelos en un recipiente hermético.

Caramelos a la vainilla y almendras

Para 80 caramelos
Preparación: 30 min
Cocción: 10 min

- *50 g de almendras picadas*
- *2 vainas de vainilla*
- *50 cl de crema de leche • 350 g de glucosa*
- *380 g de azúcar • 30 g de mantequilla*

1. Precaliente el horno a 170 °C.
2. Ponga las almendras en una bandeja cubierta de papel sulfurizado y tuéstelas durante 15 a 18 min, revolviéndolas de vez en cuando. Corte las vainas de vainilla y raspe su interior sobre un tazón para recuperar los granos.
3. Hierva la crema de leche. Derrita la glucosa a fuego lento en otro cazo, añada el azúcar y los granos de vainilla, y deje caramelizar. Incorpore entonces la mantequilla, luego la crema de leche hirviendo, sin dejar de remover con una cuchara de madera. Déjelo cocer hasta 116 °C-117 °C y agregue entonces las almendras, calientes todavía.
4. Vierta la preparación en un marco rectangular o un aro colocado sobre papel sulfurizado y déjela enfriar. Corte el caramelo en cuadrados (o en barras) y envuélvalos en celofán. Consérvelos en una caja hermética.

Trufas y friandises de chocolate

Para los amantes del chocolate que envuelve dados de nougat, almendras, frutas en alcohol y ganache en forma de bola. Las trufas, a base de ganache, se suelen hacer rodar por copos de chocolate o cacao en polvo.

Trufas

Trufas de chocolate y caramelo

Para 80 trufas
Preparación: 30 min
Refrigeración: 2 h, 30 min

- 300 g de chocolate negro
- 180 g de chocolate con leche
- 26 cl de crema de leche
- 190 g de azúcar
- 40 g de mantequilla semisalada
- Azúcar glas
- 150 g de cacao

1. Pique finos los dos chocolates.
2. Hierva la crema de leche.
3. Ponga a calentar lentamente el azúcar en un cazo hasta que tenga mucho color. Añada entonces primero la mantequilla, luego la crema de leche, mezclando bien. Añada los chocolates y remueva hasta que se hayan derretido.
4. Cubra el fondo de una bandeja con papel sulfurizado.
5. Vierta en ella la ganache y ponga la bandeja 2 h en la nevera.
6. Pase la hoja de un cuchillo alrededor de la bandeja y desmolde volcando sobre un papel sulfurizado. Recorte cuadrados de 3 cm de lado. Espolvoréese las manos con azúcar glas y forme una bola con cada cuadrado, rodándolo entre las palmas ahuecadas.
7. Ponga todas las bolas en una bandeja y ponga ésta 30 min en el frigorífico.
8. Vierta el cacao en un plato grande o en una bandeja. Coloque las trufas y hágalas rodar por el cacao. Luego póngalas en un colador y sacúdalo para eliminar el cacao excedente.

*Trufas de chocolate
y caramelo,
jengibre confitado
y cortezas de
naranja confitadas
recubiertas con
chocolate*

Trufas de chocolate y orejones de albaricoque

Para 35 trufas
Preparación: 45 min
Cocción: 15 min
Refrigeración: 2 h

- *50 g de orejones de albaricoque*
- *1 c de agua*
- *1,5 cl de aguardiente de albaricoque*
- *30 g de mantequilla*
- *240 g de chocolate negro*
- *8 cl de crema de leche*
- *120 g de puré de albaricoque*
- *150 g de cacao en polvo*

1. Corte los orejones de albaricoque en dados de 3 mm. Póngalos en una cacerola con el agua y el aguardiente. Cuézalos de 6 a 8 min a fuego muy lento, hasta que se hayan rehidratado totalmente.
2. Corte la mantequilla en trocitos y deje que se ablanden.
3. Corte el chocolate muy fino.
4. Hierva juntos la crema de leche y el puré de albaricoque. Añada poco a poco el chocolate picado sin dejar de remover, luego los dados de albaricoque y finalmente la mantequilla. Mezcle bien.
5. Cubra con papel sulfurizado una bandeja rectangular de 28 cm x 20 cm y vierta en ella la mezcla de crema de leche, chocolate y albaricoque. Póngala 2 h en el frigorífico.
6. Extienda el polvo de cacao en una bandeja. Desmolde la ganache, córtela en rectángulos de 10 mm x 30 mm y páselos por el cacao en polvo.

Comentario de gourmet
Estas trufas se conservan muy bien algunos días, en una caja hermética, en el frigorífico.

Trufas de frambuesa

Para 40 trufas
Preparación: 30 min
Refrigeración: 2 h

- *30 g de mantequilla* • *320 g de chocolate negro*
- *160 g de frambuesas* • *15 g de azúcar en polvo*
- *9 cl de crema de leche* • *1 c de licor de frambuesa*
- *1/2 c de aguardiente de frambuesa*
- *100 g de cacao en polvo*

1. Deje que la mantequilla se ablande a temperatura ambiente.
2. Pique el chocolate muy fino.
3. Limpie las frambuesas y tritúrelas en el pasapurés o en la batidora para obtener 120 g de puré. Añada el azúcar y mezcle bien. Incorpore a continuación el puré a la crema de leche y hiérvalo todo.
4. Agregue poco a poco el chocolate picado removiendo sin cesar. Luego añada el licor y el aguardiente de frambuesa; mezcle y retire la cacerola del fuego.
5. Vierta la ganache en una bandeja de 28 cm x 20 cm cubierta de papel sulfurizado.
6. Póngala 2 h en el frigorífico. Desmolde y corte la ganache en rectángulos de 1 cm x 3 cm. Extienda el cacao en un plato y pase los rectángulos por él. Colóquelos en una caja hermética en el frigorífico.

Trufas a la pimienta

Para 45 trufas
Preparación: 30 min
Cocción y reposo: 20 min
Refrigeración: 2 h

- *50 g de mantequilla* • *330 g de chocolate negro amargo* • *15 g de pimienta negra en granos*
- *25 cl de crema de leche*

Para la cobertura:
- *100 g cacao* • *1 g de pimienta negra molida*

1. Deje ablandar la mantequilla cortada en trozos. Pique muy fino el chocolate. Machaque los granos de pimienta con el rodillo.
2. Hierva juntas la crema de leche y la pimienta machacada, tápelas con película de cocina y déjelo reposar todo durante un período de 10 min. Cuele a continuación la crema, vuelva a ponerla en la cacerola, hágala hervir de nuevo y añada poco a poco el chocolate picado, removiendo siempre lentamente, sin cesar. Cuando el chocolate se haya derretido, añada la mantequilla.
3. Vierta la ganache con pimienta en una bandeja rectangular (cuyas medidas han de ser 28 cm x 20 cm) cubierta con papel sulfurizado y póngala 2 h en la nevera.
4. El paso siguiente es colocar el cacao en un plato; espolvoree con la pimienta molida y mezcle. Desmolde después la ganache, córtela en rectángulos de 10 mm x 30 mm y pase éstos por la mezcla de cacao con pimienta. Finalmente, ponga las trufas en una caja para guardar en el refrigerador.

Trufas al pistacho

Para 40 trufas
Preparación: 30 min
Cocción: 20 min
Refrigeración: 3 h

- *150 g de pistachos*
- *75 g de mantequilla*
- *340 g de chocolate blanco*
- *160 g de crema de leche*
- *50 g de pasta de pistachos*

1. Precaliente el horno a 170 ºC.
2. Ponga los pistachos en una bandeja y tuéstelos 20 min, removiendo de vez en cuando. Déjelos enfriar.
3. Ponga en un cuenco la mantequilla cortada en trozos y deje que se ablande.
4. Hierva la crema de leche y la pasta de pistachos. Deje reposar 20 min. Pique el chocolate.
5. Filtre en un colador fino la crema con pistachos y vuelva a calentarla raspando bien el fondo de la cacerola para que no se pegue. Cuando hierva, añada poco a poco el chocolate, removiendo con una cuchara de madera. Luego añada la mantequilla. Vierta la ganache en un cuenco y póngala en el frigorífico para que cuaje.
6. Colóquela después en una manga pastelera de boquilla lisa. Ponga bolas de ganache en una bandeja cubierta con papel sulfurizado, y métala 2 h en el frigorífico.
7. Pique muy finos los pistachos tostados. Despegue las trufas del papel y páselas por ellos. Deposítelas en una caja hermética en el refrigerador.

Friandises de chocolate

Frambuesas con aguardiente y chocolate

Para 45 frambuesas
Preparación: 40 min
Cocción: 15 min
Refrigeración: 45 min, 2 h

- *De 45 a 50 frambuesas en aguardiente*
- *400 g de chocolate negro amargo*
- *125 g de fondant (ver p. 128)*
- *5 cl de aguardiente de frambuesa*

1. Escurra las frambuesas sobre papel absorbente.
2. Derrita suavemente al baño María o en el microondas 300 g de chocolate cortado en trozos. Déjelo enfriar hasta que casi haya cuajado un poco y luego recaliéntelo un poco, hasta 31 ºC.
3. Con un pincel forre generosamente con chocolate fundido una bandeja de moldes en forma de cajitas. Compruebe que no haya agujero alguno en la película de chocolate. Si fuera necesario, pase una segunda capa después de haber metido las cajitas en el frigorífico. Déjelas al fresco 30 min para que el chocolate se endurezca bien. Luego ponga una frambuesa en cada molde.
4. Caliente suavemente el fondant al baño María o en el microondas; añada el aguardiente para ablandarlo. Colóquelo, con una cucharita, en las cajitas, sin llenarlas. Vuelva a ponerlo, 15 min, al fresco.
5. Derrita el chocolate que queda y, de nuevo con una cucharita, repártalo en los moldes. Luego métalo 2 h en el frigorífico. Desmóldelo y guarde las frambuesas con chocolate en una caja, en el frigorífico.

Jengibre confitado con chocolate

Para 550 g de jengibre confitado
Preparación: 30 min
Refrigeración: 30 min

- *250 g de jengibre confitado*
- *300 g de chocolate negro amargo*
- *40 g de ralladuras de almendras*

1. Enjuague el jengibre en agua caliente para eliminar el azúcar del que está revestido, y déjelo escurrir unas 24 h; la finalidad no es otra que eliminar todo el almíbar.
2. Corte los rizomas en trozos que deben tener 4 mm de grosor.
3. Precaliente el horno a 180 ºC. Ponga las almendras en la bandeja y hornéelas. Remuévalas con regularidad hasta que estén rubias.
4. Derrita suavemente el chocolate y témplelo (*ver p. 131*) antes de mojar en él los trozos de jengibre pinchados en un tenedor.
5. Decórelos con las almendras y deje secar estas friandises en un papel sulfurizado. Meter 30 min en el frigorífico. Guárdelos en una caja hermética en el refrigerador.

Comentario de gourmet
Puede recubrir del mismo modo otra receta, las cortezas de naranja confitadas (*ver p. 390*).

Ver fotografía en la página 403

405

Mendigos provenzales

Para 400 g de mendigos
Preparación: 30 min
Cocción: 15 min
Refrigeración: 15 min

- *50 g de almendras enteras peladas*
- *50 g de avellanas enteras peladas*
- *50 g de cortezas de naranja confitadas (ver p. 390)*
- *300 g de chocolate negro • 50 g de pistachos*

1. Precaliente el horno a 180 °C y tueste en una bandeja los frutos secos 4 o 5 min. Deje enfriar.
2. Corte las cortezas en daditos (5-6 mm de lado).
3. Derrita suavemente el chocolate y témplelo (*ver p. 131*); métalo en una manga con boquilla lisa de 5 mm de diámetro. Ponga redondeles de chocolate de 4 cm de diámetro en una hoja de papel sulfurizado.
4. Espolvoree con las almendras, las avellanas, los dados de naranja y los pistachos. Póngalos 15 min al fresco.
5. Cuando cuajen, despéguelos del papel y guárdelos.

Pastas de almendras con chocolate y coñac

Para 400 g de pastas de almendras
Preparación: 40 min
Refrigeración: 15 min

- *200 g de pasta de almendras • 2 cc de café liofilizado • 4 cl de coñac • Azúcar glas*
- *200 g de chocolate negro • 30 nueces peladas*

1. Disuelva el café liofilizado en 2 cc de agua caliente.
2. Corte la pasta en trocitos. Amase con el café y coñac.
3. Espolvoree con azúcar glas la mesa de trabajo y el rodillo. Extienda la pasta (8 mm de grosor). Córtela en rombos (4 cm de largo). Retire con un pincel el azúcar sobrante. Derrita el chocolate; témplelo (*ver p. 131*).
4. Pinche los rombos con un tenedor, mójelos en el chocolate y escúrralos. Colóquelos en una hoja de papel sulfurizado y ponga 1/2 nuez en cada uno.
5. Ponga las pastas 15 min en el frigorífico. Despéguelas del papel y colóquelas en una fuente o en una caja.

Pastas de almendras con guindas y chocolate

Para 400 g de pastas de almendras
Preparación: 40 min
Refrigeración: 10 min

- *200 g de pasta de frutas de almendras (ver p. 384)*
- *100 g de guindas • Azúcar glas*

- *200 g de chocolate negro*
- *70 g de gusanillos de chocolate*

1. Prepare la pasta. Córtela en trocitos.
2. Escurra las guindas y píquelas un poco. En un cuenco, amáselas a mano junto a los trocitos.
3. Espolvoree la mesa de trabajo con azúcar glas. Corte la preparación en 2 trozos y haga con cada uno una «salchicha» de 2 o 3 cm de diámetro. Córtelas en cilindros de 2 cm.
4. Prepare una hoja de papel sulfurizado sobre una bandeja. Haga una bola del tamaño de una cereza con cada cilindro y colóquela sobre el papel.
5. Derrita el chocolate al baño María o en el microondas y témplelo luego (*ver p. 131*).
6. Ponga los gusanillos de chocolate en un tazón.
7. Pinche en un tenedor las bolas de pasta y sumérjalas en el chocolate derretido. Elimine el chocolate sobrante golpeando el tenedor en el borde del cuenco.
8. Coloque cada una en el tazón de gusanillos de chocolate y hágala rodar, con otro tenedor, para que se cubra uniformemente. Ponga la bola en una fuente.
9. Una vez cubiertas, meta la fuente 10 min en el frigorífico. Colóquelas en moldecitos de papel ondulado y después en una fuente o en una caja para conservarlas.

Rocas de almendras y chocolate

Para 400 g de rocas
Preparación: 40 min
Cocción:1 h 40 min
Reposo:1 h

- *300 g de masa à succès con almendras (ver p. 97)*
- *50 g de ralladuras de almendras*
- *300 g de chocolate negro*

1. Precaliente el horno a 180 °C y prepare la masa.
2. Ponga las ralladuras de almendras en la bandeja del horno y tuéstelas 4 o 5 min, removiendo de vez en cuando, hasta que empiecen a estar doradas.
3. Baje la temperatura del horno a 120 °C.
4. Cuando las almendras se hayan enfriado, añádalas a la masa y mezcle con delicadeza. Cubra una bandeja con papel sulfurizado. Ponga bolitas de masa en la bandeja con una cucharita que mojará regularmente en agua fría. Llevar al horno: 10 min a 120 °C y luego 1 h 30 min a 90 °C. Saque la bandeja y deje enfriar.
5. Derrita el chocolate al baño María o en el microondas y témplelo después (*ver p. 131*).
6. Cubra una bandeja con papel sulfurizado. Pinche las rocas en un tenedor y mójelas en el chocolate derretido. Golpee en el canto del cuenco para eliminar el chocolate sobrante y póngalas en una bandeja.
7. Déjelas cuajar 1 h al fresco, pero no en la nevera. Despéguelas y colóquelas en una fuente o en una caja hermética, donde pueden conservarse hasta 15 días.

Las «inspiraciones» de Pierre Hermé

Estas «inspiraciones», ilustradas en dobles páginas, son creaciones originales en que el autor ha hecho intervenir mezclas sutiles de sabores y texturas (chocolate y flores de espliego, pasas y curry, crema brulée o quemada y arroz caramelizado). También utiliza numerosas especias y plantas aromáticas (jengibre, canela, pimienta, hojas de menta y de verbena), e incluso ciertas hortalizas (remolacha).

Buñuelos de pera, hojas de menta y hojas de limonero

Para 6 personas
Preparación: 40 min
Cocción: 10 min

- *100 g de harina de arroz*
- *90 g de azúcar en polvo*
- *1 yema de huevo* • *1 pizca de sal*
- *Pimienta recién molida*
- *25 cl de agua helada*
- *2 limones* • *4 peras (passe-crassane o doyenné du Comice)* • *1 manojo de menta*
- *De 20 a 24 hojas de limonero*

1. Prepare la masa para buñuelos: mezcle con una batidora en un cuenco la harina de arroz, 40 g de azúcar en polvo, la yema de huevo y la sal. Añada 4 vueltas de molinillo de pimienta. Bata vertiendo poco a poco el agua helada como lo haría para una mayonesa. Así no se harán grumos. Ponga la masa en el frigorífico.

2. Pele las peras, córtelas en cuartos o en octavos, según el tamaño de las frutas, y rocíelas con zumo de melón. Separe la menta en ramitos de 3 o 4 hojas. Lave y seque las hojas de limonero.

3. Caliente el aceite de freír a 170 °C-180 °C. Moje los cuartos de pera, los ramitos de menta y las hojas de limonero en la masa para rebozar y tírelos en el aceite caliente. Déjelos que se doren unos instantes, recupérelos con una espumadera y póngalos en un plato cubierto con papel absorbente para eliminar el aceite sobrante.

4. Ponga a continuación los buñuelos en un plato caliente, espolvoree con azúcar en polvo, añada unas gotas de zumo de limón y sírvalos calientes.

Comentario de gourmet
La hoja de limonero no se come; se degusta la masa que la envuelve y que se ha impregnado de su perfume.

Ver fotografía en la página 256

Cake de chocolate y naranja

Para 2 cakes de 18 cm x 8 cm
Preparación: 30 min (con 4 días de antelación)
Cocción: 1 h

- *125 g de pasas de İzmir (Esmirna)* • *200 g de harina*
- *50 g de cacao en polvo* • *5 g de levadura en polvo*
- *250 g de mantequilla*
- *390 g de azúcar en polvo*
- *4 huevos* • *350 g de cortezas de naranja confitadas*
- *15 cl de agua* • *13 cl de Grand Marnier*
- *50 g de cobertura de albaricoque*
- *1 trozo de naranja confitado para decorar*

1. *La víspera:* lave las pasas y póngalas a remojar en agua.

2. Tamice juntos la harina, el cacao y la levadura. Unte con mantequilla y enharine los moldes. Ablande la mantequilla. Escurra las pasas. Corte las cortezas confitadas de naranja en daditos.

3. Precaliente el horno a 250 °C.

4. Bata la mantequilla con 250 g de azúcar hasta que espume, añada los huevos, uno a uno, y después la mezcla de harina, cacao y levadura. Cuando la masa esté homogénea añada las pasas y los dados de corteza, removiendo bien la masa con una cuchara de madera.

5. Vierta la masa en los moldes, cuézalos 1 h, bajando de inmediato la temperatura del horno a 180 °C. Cuando se forme una costra, hiéndala a lo largo con un cuchillo pasado por mantequilla derretida. Compruebe la cocción clavando una hoja de cuchillo que ha de salir seca.

6. Saque los cakes del horno, déjelos entibiar 10 min y desmóldelos en una rejilla. Mezcle el agua con 140 g de azúcar y hiérvalo; luego, fuera del fuego, añada el Grand Marnier. Rocíe los cakes con ese jarabe. Entibie la cobertura de albaricoque y unte con ella los cakes. Pegue las cortezas de naranja confitadas por encima y en los lados. Envuelva los cakes en película de cocina y guárdelos en el frigorífico.

Ver fotografía en la página 294

Charlota de chocolate blanco, ruibarbo y frutas rojas

Para 8 o 10 personas
Preparación: 1 h
Refrigeración: 4 h
Cocción: 10 min

Para la compota de ruibarbo:
- 300 g de ruibarbo fresco
- 4 c de zumo de limón
- 40 g de azúcar en polvo • 1 vaina de vainilla
- 2 hojas de gelatina

Para la mousse de chocolate blanco:
- 250 g de chocolate blanco • 830 g de crema de leche

Para el zumo de frutas:
- De 14 a 16 maracuyás • 18 bizcochos de cuchara

Para decorar:
- 1 hoja de menta fresca
- Fresas, frambuesas, grosellas frescas

1. Prepare primero la compota de ruibarbo: corte las pencas en trozos, exprima los limones para obtener 4 c. Vierta todos los ingredientes de la compota (ruibarbo, azúcar, zumo de limón, vaina de vainilla cortada y raspada) en una cacerola y cueza a fuego lento hasta que el líquido se haya evaporado. Remoje la gelatina en un recipiente con agua fría, escúrrala y añádala a la compota enfriada.
2. Prepare la mousse de chocolate: pique el chocolate blanco y derrítalo al baño María o en el microondas. Hierva 200 g de crema de leche y viértala sobre el chocolate: bata y deje entibiar. Bata el resto de la crema de leche e incorpórela a la mezcla de chocolate y crema. Remueva bien.
3. Haga el zumo de frutas: córtelas en dos, pele la pulpa y póngala en un colador por encima de un tazón. Para obtener el máximo de zumo chafe bien la pulpa con el dorso de una cuchara.
4. Monte la charlota: unte con mantequilla y espolvoree con azúcar un molde de 18 cm de diámetro. Moje la parte plana de los bizcochos en el zumo de frutas y colóquelos uno junto a otro alrededor del molde. Vierta primero la mitad de la crema de chocolate blanco en el fondo del molde, luego la mitad de la compota de ruibarbo y cúbralo con una capa de bizcochos de cuchara borrachos. Añada a continuación el resto de la crema y, encima, el resto de compota. Termine con una capa de bizcochos borrachos. Métalos 4 h por lo menos en el refrigerador.
5. Decore la charlota con las frutas rojas y la menta fresca.

Ver fotografía en la página 232

Crema quemada con pistachos y arroz caramelizado

Para 6 u 8 personas
Preparación: 40 min
Cocción: 45 min
Refrigeración: 3 h

- 60 g de pasas blancas
- 800 g de arroz con leche (ver p. 317)
- 30 g de mantequilla
- 2 yemas de huevo
- 50 cl de leche
- 50 g de pasta de pistachos
- 5 yemas de huevo
- 80 g de azúcar en polvo
- 40 g de azúcar terciado
- 1 bandejita de frambuesas
- 1 bandejita de fresas de bosque
- Jarabe de limón
- Algunas hojas de verbena

1. Para empezar, ponga las pasas en un cazo, cúbralas con agua y caliéntelas unos minutos para que se hinchen.
2. Proceda a la preparación del arroz con leche. Ponga las yemas en un tazón. Cuando el arroz haya absorbido una buena parte de la leche, mezcle 1 o 2 cucharadas, rápidamente, con las yemas. A continuación vierta el contenido del tazón en la cacerola del arroz y mezcle, añadiendo después la mantequilla. Escurra las pasas y añádalas a la mezcla. Déle un hervor ligero. Luego, vierta la preparación en un molde para suflé de 20 cm de diámetro y déjela enfriar completamente.
3. Precaliente el horno a 100 °C.
4. Prepare la crema quemada con pistachos: mezcle la leche y la pasta de pistachos y hierva la mezcla. Bata las yemas y el azúcar. Vierta sobre la mezcla de leche y pistachos removiendo con una espátula. Luego incorpore el conjunto sobre el arroz con leche y ponga el molde 45 min en el horno. Déjelo enfriar a continuación y póngalo durante un período de 3 h en el frigorífico.
5. A la hora de servir, no se olvide de secar totalmente la superficie de la crema con un papel absorbente, espolvoree con azúcar terciado y páselo bajo el grill para caramelizarlo levemente. Entonces, disponga encima las fresas de bosque y las frambuesas, sazone con un chorrito de jarabe de limón y decore con algunas hojas de verbena previamente recortadas.

Ver fotografía en la página 304

F

façonner Dar a una masa o preparación una forma particular.

festonear Dar a ciertos pasteles un «festón», borde dentado redondeado (al pithiviers, por ejemplo).

filtrar Pasar un jarabe, un crema inglesa, etc., por el chino para librarlos de impurezas.

flambear Rociar una postre caliente con un aguardiente o con un licor y prenderle fuego.

foissoner Batir con fuerza claras de huevo, crema de leche u otra preparación para que tome volumen al incorporar muchas burbujitas de aire.

fondo Base de composición, de forma y consistencia diversas, que sirve para la realización de un pastel o de un dulce de cocina.

fonsear Recubrir el fondo y las paredes de un molde con una capa de masa extendida, adaptándola bien a la forma y el tamaño, recortándola con la ayuda de un muelle o pasando el rodillo por los bordes del molde, una vez forrado, para eliminar el excedente.

fontaine Montón de harina puesta sobre un mármol o una placa, en el centro del cual se practica un agujero para verter en él los diferentes ingredientes que se utilizan en la composición de una masa.

forrar Recubrir el interior de ciertas preparaciones con crema de leche, fondant, pasta de almendras, etc.

fouetter Batir con fuerza una preparación con un batidor de varillas o una batidora de varillas eléctrica para hacerla homogénea: por ejemplo, claras para montarlas a punto de nieve, crema de leche para hacerla compacta y ligera, etc. Ver también *batir* y *foisonner*.

frapper Enfriar rápidamente una crema, un licor o una mezcla.

freír Cocer un alimento o terminar su cocción por inmersión en un cuerpo graso llevado a alta temperatura. El alimento está a menudo envuelto en harina, masa para buñuelos, masa para crêpes, masa para choux, etc., lo que le da una bonita costra coloreada.

frémir Cuando se trata de un líquido, cocer sin que llegue a hervir.

fundir o *derretir* Licuar por la acción del calor un ingrediente tal como el chocolate, un cuerpo graso sólido, etc. Para evitar que el producto hierva, a menudo se recurre al baño María.

G

glasear 1 Cubrir dulces de cocina, calientes o fríos, con una capa fina de cobertura de fruta o de chocolate (llamada «espejo») para dejarlos brillantes y apetitosos. 2 Cubrir la parte superior de un pastel con una capa de fondant, de azúcar glas, de jarabe, etc. 3 Espolvorear con azúcar glas al final de la cocción, un pastel, un dulce de cocina, un suflé, etc., para que la parte superior caramelice y se ponga brillante. 4 Poner una preparación a enfriar sobre hielo triturado antes de consumirla muy fría.

gommer 1 Extender con un pincel goma arábiga vegetal derretida sobre petits-fours al sacarlos del horno, para darles un aspecto brillante. 2 Cubrir de una capa muy fina de goma arábiga vegetal derretida guirlaches o pralinés antes de cubrirlos.

grainer 1 Carecer de cohesión y formar una multitud de granitos. Se aplica a las claras de huevo que se deshacen. El problema se debe a menudo a un mal desengrasado del material. 2 Proceso por el cual un azúcar cocido tiende a cristalizar y a ponerse turbio. 3 Proceso por el cual una masa de fondant se calienta demasiado.

gratinar Cocer o terminar de cocer una preparación en el horno para que presente en la superficie una fina capa dorada.

H

hermosear Igualar los extremos o el contorno de una tarta, un dulce de cocina, etcétera.

homogeneización Técnica consistente en hacer estallar, bajo presión fuerte, los glóbulos de materia grasa de la leche en partículas muy finas. Así, ésta se encuentra entonces repartida de manera homogénea y no sube a la superficie.

hornear Poner una preparación a cocer en el horno.

I

incisión Corte que se realiza con un cuchillo bien afilado en pasteles para mejorar su presentación y en frutas para facilitar su pelado o el corte.

incorporar Agregar un elemento (harina y mantequilla, por ejemplo) a una preparación y mezclarlo todo hasta conseguir una textura homogénea.

infusión Resultado de verter un líquido hirviendo sobre una sustancia aromática y esperar que adquiera los aromas de ésta. Se deja en infusión vainilla en leche o canela en vino tinto.

L

leudo Masa de pan antes de fermentar.

leudar Crecer una sustancia gracias a la fermentación producida por la levadura.

ligar Dar cierta consistencia a un líquido o a una crema, añadiendo, por ejemplo, harina, fécula, yema de huevo, crema de leche, etc.

lustrar Hacer que una preparación aparezca brillante untándola con un elemento que mejore su presentación. Para los preparados calientes, se hace con pincel y con mantequilla clarificada; para los preparados fríos, con jalea lista para tomar. En ciertos dulces de cocina y pasteles, se realiza con jalea de fruta o con cobertura.

M

macerar Remojar en un líquido (aguardiente, licor, almíbar, vino, té, etc.) durante más o menos tiempo frutas frescas, confitadas o secas para que aquél las impregne de su perfume.

marmolear Operación que consiste en formar sobre la superficie de ciertos pasteles vetas coloreadas que recuerdan el aspecto del mármol. Se efectúa rayando regularmente con la punta de un cuchillo un glaseado de fondant, en jalea, sobre el que se han trazado previamente rayas paralelas de un color diferente al del glaseado.

masa Preparación bastante compacta que sirve para la confección de numerosos pasteles, confites, dulces de cocina, helados. Las principales pastas que constituyen las masas son: el guirlache o praliné, la gianduja, la ganache, la pasta de almendras y el fondant.

masquer → napar, cobertura.

masser Proceso por el cual un azúcar cristaliza durante la cocción.

merengar 1 Cubrir de merengue un pastel. 2 Añadir azúcar para montar las claras de huevo a punto de nieve.

mezcla Juntar todas las sustancias que entran en la preparación de un helado para dar un aspecto homogéneo. También se denomina *aparejo*.

mondar Eliminar la piel de ciertos frutos (almendras, pistachos, melocotones, etc.) después de haberlos escaldado y enfriado. Esta operación se hace con la punta de un cuchillo, con suavidad, sin dañar la pulpa. Las almendras se pueden mondar cuando la piel se separa bajo la presión de los dedos.

montar Batir claras de huevo, crema de leche o una mezcla dulce con el batidor de varillas o con la batidora de varillas eléctrica, para que la masa acumule cierta cantidad de aire que le haga aumentar de volumen dándole una consistencia y un color específicos.

mouiller Añadir líquido a una preparación para cocerla o para confeccionar el jugo. El líquido puede ser agua, leche o vino.

N

napado → cobertura.

napage → cobertura.

napar Hacer un napado (→ cobertura).

P

panacher Mezclar dos o más ingredientes de color, sabor o formas diferentes.

pâton Nombre dado a la masa de hojaldre vuelta.

perfumar Dar a un alimento o a una preparación un perfume adicional acorde con su aroma natural, por adición de una especia, de un aroma, un vino, un aguardiente, etc.

picar Reducir un alimento (almendras, avellanas, pistachos, hierbas aromáticas, cortezas de cítricos, etc.) a fragmentos muy menudos con un cuchillo o con una tajadera.

pinchar Practicar pequeños agujeros regulares con un tenedor en la superficie de un fondo de masa para que no se hinche durante la cocción.

pinzar Estriar el borde de una masa, es decir, hacer pequeñas acanaladuras con una pinza para tarta, antes de la cocción, para mejorar la presentación del postre.

pochar Cocer frutas en un líquido para *mouillir* más o menos abundante (agua, jarabe) dejándolo hervir muy levemente.

pointer Dejar fermentar una masa desde el fin del amasado para que doble de volumen antes de romperla.

pomada Trabajar la mantequilla *en pomada* es amasar mantequilla ablandada hasta darle la consistencia de una pomada.

praliner 1 Añadir pralinés a una crema o a una mezcla. 2 Cubrir los frutos secos con azúcar cocido, que con la cocción va tomando aspecto arenoso.

R

rallar Transformar un alimento sólido (una corteza de cítrico, por ejemplo) en partículas pequeñas, generalmente con un rallador.

rayar Trazar, con la punta de un cuchillo o con los dientes de un tenedor, una decoración en la parte superior de un pastel o dulce untado con doradura y listo para cocer. Se rayan rombos en la galleta hojaldrada, rosetas en el pithiviers, etc.

reafirmar Dar más consistencia, firmeza, solidez a una masa o una mezcla, dejándola más o menos tiempo en un lugar refrigerado.

rebajar Reducir el grado de cocción de un almíbar, confitura o caramelo añadiéndole, poco a poco y removiendo, la cantidad de agua fría necesaria para darle una consistencia blanda.

rebozar → envolver.

recortar Cortar de una base con un molde o un cuchillo trozos de masa de forma definida.

reducir Disminuir el volumen de un líquido por evaporación, manteniéndolo en ebullición, lo que aumenta su sabor por concentración de los jugos y le da más untuosidad o consistencia.

relâcher Acción por la cual una masa o una crema se ablanda después de su fabricación.

rellenar 1 Poner ingredientes en una preparación, un fondo de tarta, un molde o una manga pastelera. 2 Añadir los elementos para adornar una fuente de servicio.

repère 1 Marca hecha en un pastel para facilitar su decoración o su montaje. 2 Mezcla de harina y de clara de huevo, utilizada para pegar los detalles de una decoración de masa en un apresto o en el borde de la bandeja.

reservar Dejar aparte, al fresco o al calor, ingredientes, mezclas o preparaciones destinados a ser utilizados posteriormente. Para evitar que se degraden, a menudo se envuelven en papel sulfurizado, hoja de aluminio o película de cocina, o incluso en un paño.

rioler Disponer tiras de masa de bordes rectos u ondulados, a intervalos regulares, sobre la superficie de un pastel para formar una cuadrícula que lo decore.

rodar Hacer que una masa adopte forma de bola.

romper Detener momentáneamente la fermentación (o «crecida») de una masa fermentada plegándola varias veces sobre sí misma. Esta operación se realiza dos veces durante la preparación de la masa y favorece su buen desarrollo posterior.

S

salpicar Proyectar puntitos de chocolate o de colorante en ciertas piezas o motivos modelados de pasta de almendras.

saltear Comenzar la cocción de un alimento poniéndolo en contacto con una sustancia grasa muy caliente o con un líquido hirviendo, para provocar la coagulación instantánea de las partes superficiales.

sellar Pasar suavemente un trozo de mantequilla por la superficie de una crema para que, al fundirse, la cubra de una fina película grasa, evitando así la formación de una piel o telilla.

417

serrer Terminar de batir las claras de huevo a punto de nieve mediante un movimiento circular y rápido del batidor de varillas, para dejarlas muy firmes y homogéneas.

subir ➙ crecer.

T

tamizar Cerner harina, levadura o azúcar a través de un tamiz para eliminar los grumos. También se tamizan ciertas preparaciones más o menos fluidas.

templado Fase de preparación del chocolate para decoración (cobertura), que consiste en hacerle seguir un ciclo de temperatura, calculado de modo muy preciso, para mantenerlo perfectamente brillante, untuoso y estable.

tostar Colocar ralladuras de almendras, avellanas, pistachos, etc., en la bandeja en el horno caliente, removiéndolas suavemente, para colorearlas ligeramente y de manera uniforme.

tourer Practicar las «vueltas» necesarias (simples o dobles) para la realización de una masa de hojaldre.

trabajar Mezclar más o menos vigorosamente los elementos de una preparación pastosa o líquida, sea para incorporar ingredientes diversos, sea para dejarla homogénea y lisa o para darle cuerpo y untuosidad. Según la naturaleza de la preparación, la operación se realiza al fuego, fuera del fuego o sobre hielo, con una espátula de madera, un batidor de varillas, una batidora de varillas eléctrica, una batidora mezcladora o incluso a mano.

triturar 1 Reducir a polvo o a pasta determinados ingredientes (almendras, avellanas, etc.). 2 Apretar y aplastar una masa para base sobre el mármol con la palma de la mano. El amasado tiene como objetivo que los ingredientes se mezclen bien y que la masa sea homogénea, pero no elástica.

V

vaciar 1 Retirar delicadamente la pulpa de una fruta sin destruir la envoltura. 2 Eliminar la parte interior de las manzanas (pericarpio, pepitas) con un descorazonador.

vanner Remover una crema (o una mezcla) mientras entibia con una espátula de madera o con un batidor de varillas para conservar su homogeneidad y, sobre todo, para impedir la formación de una piel o telilla en la superficie. El batido acelera, además, el enfriamiento.

videler Formar un reborde en el contorno de un fondo levantando poco a poco la masa, que se pliega desde el exterior hacia el interior para formar un borde enrollado que contiene el relleno durante la cocción.

voiler Cubrir de un velo de azúcar cocido a punto de quebrado grande e hilado ciertas piezas de pastelería, como los croquembouches o los dulces de cocina helados.

Z

zester Pelar, con un pelador, la corteza exterior, coloreada y perfumada, de los cítricos. Esta operación permite separar la corteza de la parte blanquecina y amarga de la piel.

ÍNDICE DE RECETAS

El número de página en negrita señala las recetas ilustradas en la obra.
El número en cursiva avisa de las preparaciones básicas ilustradas paso a paso.

El nivel de dificultad está señalado con rombos (♦): ♦ indica que las recetas
son fáciles; ♦♦ corresponden a recetas que requieren un poco más de experiencia;
por último, las recetas marcadas con ♦♦♦ necesitan una mayor destreza y un material
o utensilio específico.

A

Abanicos de chocolate 132 ♦♦
Abricotines 281 ♦♦
Açûre (Turquía) 182 ♦♦
Albaricoques Bourdaloue 316 ♦♦
Albaricoques con badián
  o *anís estrellado* 391 ♦♦
Albaricoques en almíbar 388 ♦
Alfajores (Argentina) 270 ♦♦
Almendrado 289 ♦
Almendrados duquesa 212 ♦♦
Almendras garrapiñadas
  (España) 399 ♦♦
Aparejo para bomba *137* ♦♦
Apple crumble
  (Gran Bretaña) 179 ♦♦
Apple pie (Gran Bretaña) 176 ♦♦
Arlettes de especias 270 ♦♦♦
Arrolladitos de dulce de leche
  (Argentina) 182 ♦♦
Arrollado helado de chocolate
  y vainilla (España) **183** ♦♦
Arroz «a la emperatriz» **317** ♦♦
Arroz con leche (Portugal) 317 ♦
Arroz con leche de almendras
  y jalea de cítricos 317 ♦♦
Azúcar cocido 125 ♦♦
Azúcar con burbujas *125* ♦♦♦
**Azúcar en cabello
  de ángel** → azúcar hilado
Azúcar en roca 125 ♦♦♦
Azúcar estirado *126* ♦♦♦
Azúcar hilado (o en cabello
  de ángel) *127* ♦♦
Azúcar moldeable *127* ♦♦♦
Azúcar *soufflé 126* ♦♦♦

B

Baba al ron **213** ♦♦
Banana split 351 ♦♦
Barm brack (Irlanda) 183 ♦♦
Barquitas de castañas 213 ♦♦
Barquitas de frambuesas 215 ♦
Bastoncitos de comino 271 ♦
Bastoncitos glaseados
  con vainilla 271 ♦♦
Bavarois *à la cévenole* **226** ♦♦
Bavarois a la criolla 228 ♦♦
Bavarois a la normanda 229 ♦♦
Bavarois de chocolate
  y vainilla 226 ♦♦

Bavarois de fruta 228 ♦♦
Bavarois de grosellas
  negras 228 ♦
Bergamotas de Nancy 398 ♦♦♦
Bizcocho de almendras 184 ♦♦
Bizcocho de Saboya 186 ♦
Bizcocho helado
  con marrasquino 351 ♦♦♦
Bizcocho muselina
  de naranja **184** ♦♦
Bizcocho para enrollar 184 ♦♦
Bizcochos de Córdoba
  (Argentina) 271 ♦
Bocaditos de albaricoque 215 ♦
Bomba Alhambra 352 ♦♦♦
Bomba Archiduque 352 ♦♦♦
Bomba de Navidad 261 ♦♦♦
Bomba diplomático 352 ♦♦♦
Bomba Doria 352 ♦♦♦
Bomba Duquesa **353** ♦♦♦
Bomba Montmorency 353 ♦♦♦
Bomba tutti-frutti 353 ♦♦♦
Boterkoek (Países Bajos) 290 ♦
Brazo de gitano (España) **186** ♦♦
Brioche con praliné 264 ♦♦
Brioche de frutas **262** ♦♦
Brioche de Saint-Genix 264 ♦♦
Brioche enrollado
  con pasas 262 ♦♦♦
Brioche parisino 262 ♦♦
Brioches polacos 215 ♦♦
Brochetas de chocolate
  y plátano 281 ♦♦
Brochetas de melón
  y frambuesa 281 ♦
Brochetas de pamplemusa
  y uva 282 ♦
Brownies **272** ♦♦
Buñuelos *a l'imbrucciata* 253 ♦♦
Buñuelos con limón y miel
  (Irán) 253 ♦♦
Buñuelos de cereza (Suiza) 253 ♦♦
Buñuelos de flor de acacia 253 ♦♦
Buñuelos de limón 282 ♦♦♦
Buñuelos de manzana
  (Países Bajos) 254 ♦♦
Buñuelos de monja 254 ♦
Buñuelos de plátano 253 ♦♦
Buñuelos de pera, hojas de menta
  y hojas de limonero
  256 y 407 (receta)
Buñuelos de viento (España) 255 ♦
Buñuelos lioneses 254 ♦
Buñuelos Nanette 255 ♦♦♦
Buñuelos vieneses 255 ♦♦

C

Café de Lieja (Bélgica) 354 ♦
Cake de chocolate y naranja
  294 y 407 (receta) ♦♦
Cake de coco y cilantro 290 ♦♦
Cake de frutas confitadas **290** ♦♦
Cake de frutos secos 292 ♦♦
Cake de miel y cerezas
  confitadas 292 ♦♦
Cakes de Yorkshire
  (Gran Bretaña) 293 ♦♦
Cake Jack Robinson
  (Estados Unidos) 292 ♦♦
Canutillos de crema
  (España) 216 ♦♦
Caramelizar un molde 126 ♦
Caramelo (preparación) *129* ♦♦
Caramelo para cubrir 128 ♦♦
Caramelo para mousse 128 ♦♦
Caramelo para salsa 128 ♦♦
Caramelos a la vainilla
  y almendras 401 ♦♦♦
Caramelos blandos
  al chocolate 399 ♦♦♦
Caramelos blandos
  al limón 401 ♦♦♦
Cassata (Italia) 354 ♦♦
Cassata de fresa 354 ♦♦
Castañas «disfrazadas» 395 ♦♦
Catalf (Rumania) 186 ♦♦
Celosías de manzana 186 ♦♦♦
Cerezas con azúcar cocido
  a la canela 390 ♦♦
Cerezas en aguardiente 391 ♦♦
Cerezas flambeadas
  a la borgoñona 323 ♦
Cerillas glaseadas 272 ♦♦
Charlota de albaricoques 230 ♦♦
Charlota de avellanas
  y chocolate 231 ♦♦♦
Charlota de café 234 ♦♦
Charlota de castañas 234 ♦♦
Charlota de chocolate 235 ♦♦
Charlota de chocolate blanco,
  ruibarbo y frutas rojas
  232 y 408 (receta) ♦♦♦
Charlota de chocolate
  y plátano **235** ♦♦
Charlota de fresas 235 ♦
Charlota de frutas rojas 236 ♦♦♦
Charlota de peras 236 ♦♦
Charlota de peras e higos 238 ♦♦
Charlota riviera 238 ♦♦♦

Chaud-froid de melocotones
con miel y nougat 323 ◆◆◆
Chips de fresa 394 ◆
Chips de manzana 395 ◆
Chocolate jaspeado
o *mármol* 131 ◆◆
Chocolate pulverizado 132 ◆◆◆
Choco-plátano crujiente 324 ◆◆◆
Christmas pudding
(GRAN BRETAÑA) 242 ◆◆◆
Churros madrileños
(ESPAÑA) **258** ◆◆
Cigarrillos de chocolate 132 ◆◆◆
Ciruelas con azúcar cocido
a la canela 390 ◆◆
Ciruelas en almíbar 388 ◆
Ciruelas mirabel en moscatel
de Frontignan o de Rivesaltes
y cortezas de naranja 392 ◆◆
Ciruelas mirabel en sauternes
y miel 392 ◆◆
Ciruelas mirabel en té 388 ◆◆
Ciruelas pasas con rasteau
y nata 324 ◆
Ciruelas pasas y castañas
en armañac 392 ◆◆
Clafoutis 307 ◆
Cocción del azúcar *124* ◆◆◆
Compota de albaricoques 324 ◆
Compota de albaricoques
asados **324** ◆
Compota de arándanos 326 ◆
Compota de castañas 326 ◆
Compota de cerezas 326 ◆
Compota de ciruelas mirabel 326 ◆
Compota de ciruelas pasas 326 ◆
Compota de frambuesas 327 ◆
Compota de fresas 327 ◆
Compota de grosellas negras 326 ◆
Compota de higos secos 327 ◆
Compota de mangos
(ÁFRICA NEGRA) 327 ◆
Compota de manzanas
o de peras 327 ◆
Compota de melocotones 326 ◆
Compota de peras con cerveza
(REPÚBLICA CHECA) 328 ◆
Compota de rambutanes
con menta 328 ◆
Compota «del viejo viñador» 328 ◆
Confitura de albaricoque 371 ◆◆
Confitura de ciruelas quetsches
(BÉLGICA) 372 ◆◆
Confitura de frambuesas **372** ◆◆
Confitura de fresa 372 ◆◆
Confitura de frutas rojas 372 ◆◆
Confitura de leche 374 ◆◆
Confitura de limón, sandía
y naranja 374 ◆◆
Confitura de *manzana
Tatin* 374 ◆◆
Confitura de naranja
amarga 374 ◆◆
Confitura de ruibarbo 376 ◆◆
Conos de chocolate 132 ◆◆◆
Conversaciones 216 ◆
Cookies de chocolate
(ESTADOS UNIDOS) **272** ◆
Copas de macarrones
y melocotones 358 ◆◆

Copas de piña y frutas rojas 358 ◆◆
Copas de sorbetes y frutas 359 ◆◆
Copas heladas con cerezas
en aguardiente 354 ◆◆
Copas heladas con guindas 358 ◆◆
Copas heladas con
marrons glacés 358 ◆◆
Corona de arroz
con albaricoques 318 ◆◆
Cortezas de naranja
confitadas 390 ◆◆
Cortezas de pamplemusa
confitadas y envueltas
en chocolate 391 ◆◆
Coulis de aguacate y plátano 149 ◆
Coulis de albaricoque 151 ◆
Coulis de frambuesa *150* ◆
Coulis de frambuesa
con banyuls 150 ◆
Coulis de frutas rojas 150 ◆
Coulis de grosellas 151 ◆
Coulis de grosellas negras 151 ◆
Coulis de guindas 150 ◆
Coulis de mango 151 ◆
Coulis de melocotón 151 ◆
Coulis de naranja amarga 151 ◆
Coulis de pimiento rojo
y frambuesa 152 ◆
Coulis de ruibarbo 152 ◆
Coulis de ruibarbo y fresa 152 ◆
Cramique (BÉLGICA) **264** ◆◆
Crema almendrada 100 ◆◆
Crema batida → nata montada
Crema bavaroise *101* ◆◆
Crema bavaroise
a la vainilla 103 ◆◆
Crema bavaroise con leche
de almendras 102 ◆◆
Crema bavaroise con miel
y azafrán 103 ◆◆
Crema bavaroise con pétalos
de rosa 103 ◆◆
Crema bavaroise de arroz
a la naranja 101 ◆◆
Crema bavaroise de canela
caramelizada 102 ◆◆
Crema bavaroise de pan
de especias 102 ◆◆
Crema chantilly *105* ◆
Crema chantilly aromatizada 104 ◆
Crema chantilly con chocolate
con leche 104 ◆
Crema chantilly con chocolate
negro 104 ◆
Crema chiboust *106* ◆◆
Crema de bizcochos
de cuchara 300 ◆◆
Crema de café 103 ◆◆
Crema de caramelo 104 ◆◆
Crema de castañas 104 ◆◆
Crema de chocolate 301 ◆◆
Crema de chocolate
con espliego 105 ◆◆
Crema de limón 107 ◆◆
Crema de limón
y frutas rojas 301 ◆◆
Crema de mantequilla *109* ◆◆
Crema de mantequilla
a la inglesa 107 ◆◆
Crema de maracuyá 107 ◆◆

Crema de mascarpone 107 ◆◆
Crema de naranja 111 ◆◆
Crema de requesón 111 ◆◆
Crema de uva (TURQUÍA) 302 ◆◆
Crema «diplomática» 105 ◆◆
Crema «embajador»
al Grand Marnier 107 ◆◆
Crema frita en buñuelos 258 ◆◆
Crema inglesa a la vainilla *108* ◆◆
Crema inglesa espesa 108 ◆◆
Crema invertida 302 ◆◆
Crema muselina
con almendras 110 ◆◆
Crema muselina
con frambuesa *110* ◆◆
Crema muselina con marc
de champán 111 ◆◆
Crema muselina
con vainilla 111 ◆◆
Crema para milhojas 110 ◆◆
Crema pastelera
de chocolate 112 ◆◆
Crema pastelera de vainilla *112* ◆◆
Crema quemada 302 ◆◆
Crema quemada
con pistachos 302 ◆◆
Crema quemada con pistachos
y arroz caramelizado
304 y 408 (receta) ◆◆◆
Crepas de cajeta (MÉXICO) 247 ◆◆
Crêpes cartujas 248 ◆
Crêpes Condé 249 ◆◆
Crêpes de almendras 247 ◆◆
Crêpes de azúcar 248 ◆
Crêpes de blondas bretonas 248 ◆
Crêpes de mandarina 248 ◆◆
Crêpes en limosnera 249 ◆◆
Crêpes normandas 249 ◆◆
Crêpes Suzette **249** ◆
Croissants 266 ◆◆
Croissants alsacianos 266 ◆◆
Croquembouche 188 ◆◆◆
Crumble de albaricoques
y frambuesas 179 ◆◆
Crumble de guindas y helado
de requesón **179** ◆◆
Crumble de peras y marrons
glacés 180 ◆◆
Crumble de ruibarbo
y naranja 180 ◆◆
Cuadrados de chocolate
y nueces 282 ◆◆
Cuatro cuartos 293 ◆

D-E

Dacquoise de café 188 ◆◆
Decoraciones de chocolate *132* ◆◆
Decoraciones sencillas
con caramelo *129* ◆◆
Delicia de chocolate **188** ◆
Delicias de fresas **216** ◆
Delicias de manzanas 342 ◆◆◆
Delicias de nueces 218 ◆◆◆
Diplomático de bavarois 240 ◆◆
Diplomático de ciruelas
pasas 240 ◆◆
Diplomático de frutas
confitadas 240 ◆◆

Dulce de batata (ARGENTINA) 229 ◆
Dulce de zapallo (ARGENTINA) 329 ◆
Duquesas 283 ◆
Empanadillas de manzana 266 ◆◆
Empanadillas de manzana
    y ciruelas pasas 266 ◆◆
Encamisar un molde
    de helado *138* ◆
Ensalada de naranja
    con marialuisa 329 ◆

F

Far bretón 307 ◆
Fichas de damas 272 ◆
Flamusse de manzanas 307 ◆
Flan criollo (ARGENTINA) **308** ◆
Flan de caramelo **302** ◆
Flan de ciruelas mirabel 307 ◆◆
Flan de coco y albaricoque 308 ◆◆
Flan de huevo 302 ◆◆
Flan merengado de limón 308 ◆◆
Flan *parisien* 310 ◆
Flaugnarde 310 ◆
Flautas de Ruán 218 ◆◆
Fondant (preparación) 128 ◆◆
Fraisier **190** ◆◆◆
Framboisier 190 ◆◆◆
Framboisines 283 ◆◆
Frambuesas con aguardiente
    y chocolate 405 ◆◆
Frangipane 113 ◆◆
Fresas a la maltesa 329 ◆
Fresas «disfrazadas» 396 ◆◆
Fresas gariguette con cítricos
    y jugo de remolacha
    330 y 409 (receta) ◆◆◆
Fresas Ginette 329 ◆
Fresas Sarah Bernhardt 359 ◆◆◆
Fresas y frambuesas
    en aguardiente 392 ◆
Fritura de manzanas
    con pan de especias 332 ◆
Frutas en aguardiente 392 ◆
Frutas merengadas
    con arroz 318 ◆◆◆
Frutos «disfrazados»
    con azúcar cande 396 ◆◆
Frutos «disfrazados»
    con azúcar cocido 396 ◆

G

Galletas bretonas **274** ◆
Galletas de Pascua de Oriente
    Medio o *maamoul*
    (ISRAEL) 274 ◆◆
Ganache al whisky 136 ◆◆
Ganache con caramelo 133 ◆◆
Ganache con espliego 134 ◆◆
Ganache con frambuesa *136* ◆◆
Ganache con limón 135 ◆◆
Ganache con maracuyá 135 ◆◆
Ganache con miel 135 ◆◆
Ganache con pistachos 135 ◆◆
Ganache con té 136 ◆◆
Ganache con tres especias 134 ◆◆
Ganache de chocolate 133 ◆◆

Ganache de chocolate
    blanco 134 ◆◆
Ganache de chocolate
    con leche 134 ◆◆
Ganache para cobertura 134 ◆◆
Glaseado con fondant *130* ◆◆
Glaseado con fondant
    aromatizado 130 ◆◆
Glaseado de chocolate *132* ◆◆
Glaseado real 130 ◆◆◆
Glaseado real
    aromatizado 130 ◆◆◆
Gofres con azúcar (BÉLGICA) 258 ◆
Gofres con azúcar
    mascabado 258 ◆
Gofres con saúco
    y melocotón 260 ◆◆
Gofres de Siena
    con almendras 260 ◆
Granizado de café 148 ◆◆
Granizado de hierbas
    aromáticas 148 ◆◆
Granizado de limón 148 ◆◆
Granizado de menta fresca 148 ◆◆
Granizado de té 148 ◆◆
Granizado de whisky
    y fresas 359 ◆◆
Gratén de manzanas
    con frutos secos 332 ◆
Grosellas «disfrazadas» 398 ◆◆
Grosellas «disfrazadas»
    con naranja 398 ◆◆
Grosellas negras con canela
    y cortezas de naranja 393 ◆◆
Guirlache de frutos
    secos 398 ◆◆
Gulab jamun (INDIA) 283 ◆◆

H

Helado de aguacate y plátano
    (MÉXICO) 138 ◆
Helado de almendra 138 ◆◆
Helado de azafrán y agua de rosas
    (IRÁN) 139 ◆◆
Helado de café 139 ◆◆
Helado de canela
    caramelizada 139 ◆◆
Helado de caramelo 139 ◆◆
Helado de chocolate 139 ◆◆
Helado de coco 140 ◆◆
Helado de frambuesa 140 ◆◆
Helado de fresa 140 ◆◆
Helado de hierbas
    aromáticas 140 ◆◆
Helado de menta 140 ◆◆
Helado de nuez
    de macadamia 141 ◆◆
Helado de pan
    de especias 141 ◆◆
Helado de pimienta
    de Jamaica 141 ◆◆
Helado de pistacho 141 ◆◆
Helado de requesón 142 ◆◆
Helado de requesón
    y guindas 359 ◆◆
Helado de té 142 ◆◆
Helado de trufa 142 ◆◆
Helado de tutti-frutti 142 ◆◆

Helado de vainilla 142 ◆◆
Hojaldre de frambuesas al anís
    206 y 409 (receta) ◆◆◆
Huevos de nieve **310** ◆◆

I-J-K

Isla flotante 310 ◆◆
Jalea de fresa **376** ◆◆
Jalea de guayaba (LAS ANTILLAS,
    REUNIÓN, MAURICIO) 376 ◆◆
Jalea de membrillo 377 ◆◆
Jarabe de almendras 385 ◆
Jarabe de cerezas 386 ◆
Jarabe de fresa
    con menta fresca 386 ◆
Jarabe de granadina 386 ◆
Jarabe de grosellas negras 387 ◆
Jarabe de mandarina con especias
    de Navidad 387 ◆
Jarabe de moras 387 ◆
Jarabe de naranja 388 ◆
Jarabe exótico 386 ◆
Jaula de caramelo *131* ◆◆
Jengibre confitado
    con chocolate 405 ◆◆
Jeu de pommes 218 ◆◆
Kirschkuchen → tarta de cerezas
    a la alemana
Kouglof 266 ◆◆◆
Kouign-amann 293 ◆◆
Kuchen de nueces Puerto Montt
    (CHILE) 158 ◆◆

L-M

Leche de almendras 113 ◆
Lenguas de gato 274 ◆
Limones escarchados 360 ◆◆
Linzertorte (AUSTRIA) 159 ◆◆
Maamoul → galletas de Pascua
    de Oriente Medio
Macarrones **276** ◆◆◆
Macarrones helados, sorbete de
    chocolate y flores de espliego
    356 y 409 (receta) ◆◆◆
Macedonia de frutas 332 ◆
Madera de chocolate 132 ◆◆◆
Magdalenas 219 ◆
Mandarinas escarchadas **360** ◆
Manjar blanco 306 ◆
Manjar blanco con piña
    y fresas 306 ◆◆
Mantecados de coco 276 ◆
Mantecados florentinos 276 ◆◆◆
Mantecados Linzer 278 ◆◆
Manzanas «a la buena
    mujer» 333 ◆
Manzanas con miel y mantequilla
    salada 333 ◆
Manzanas crudas con marc
    de champán 333 ◆
Manzanas de amor 399 ◆◆
Manzanas flambeadas
    con calvados 331 ◆
Mármol → chocolate jaspeado
Mármol (pastel) 296
Masa *à progrès* 97 ◆◆

Masa *à succès*
   con almendras 97 ◆◆
Masa *à succès* con avellanas 97 ◆◆
Masa *briochée* 77 ◆◆
Masa de bizcocho
   a la italiana 91 ◆◆
Masa de bizcocho
   a la japonesa 91 ◆◆
Masa de bizcocho *capucine* 89 ◆◆
Masa de bizcocho con aceite
   de oliva 88 ◆◆
Masa de bizcocho con almendras
   y avellanas 89 ◆◆
Masa de bizcocho con almendras
   y chocolate sin harina 89 ◆◆
Masa de bizcocho con chocolate
   para enrollar y rellenar 90 ◆◆
Masa de bizcocho con chocolate
   para tronco de Navidad 93 ◆◆
Masa de bizcocho con chocolate
   sin harina 90 ◆◆
Masa de bizcocho con chocolate
   y mantequilla sin harina 90 ◆◆
Masa de bizcocho
   con nueces 91 ◆◆
Masa de bizcocho
   de tipo *brownie* 89 ◆◆
Masa de bizcocho Gioconda *92* ◆◆
Masa de bizcocho Gioconda
   con pistachos 91 ◆◆
Masa de bizcocho para enrollar
   y rellenar (brazo de gitano,
   pionono, etc.) 90 ◆◆
Masa de bizcocho para tronco
   de Navidad 93 ◆◆
Masa de bizcochos
   de cuchara 93 ◆◆
Masa de dacquoise al praliné 95 ◆◆
Masa de dacquoise
   con almendras *94* ◆◆
Masa de dacquoise
   con avellanas 93 ◆◆
Masa de dacquoise con coco 95 ◆◆
Masa de dacquoise
   con pistachos 95 ◆◆
Masa de genovesa *96* ◆◆
Masa de genovesa
   con almendras 95 ◆◆
Masa de genovesa con café 95 ◆◆
Masa de genovesa
   con chocolate 97 ◆◆
Masa de hojaldre *80* ◆◆◆
Masa de hojaldre con café 81 ◆◆◆
Masa de hojaldre
   con chocolate 81 ◆◆◆
Masa de hojaldre invertida 83 ◆◆◆
Masa de hojaldre invertida
   caramelizada 83 ◆◆◆
Masa de hojaldre invertida
   con pistachos 84 ◆◆◆
Masa de hojaldre
   para brioches *82* ◆◆◆
Masa de hojaldre vienesa 84 ◆◆◆
Masa de pastel 99 ◆◆
Masa dulce 74 ◆◆
Masa dulce con avellanas 74 ◆◆
Masa dulce
   (con edulcorante) 86 ◆◆
Masa para «bizcocho fallado» 91 ◆◆
Masa para brioches 77 ◆◆

Masa para buñuelos 77 ◆
Masa para buñuelos
   (para freír) 78 ◆
Masa para crêpes *78* ◆
Masa para crêpes de harina
   de castañas 78 ◆
Masa para croissants *79* ◆
Masa para gofres 80 ◆
Masa para mantecados 84 ◆◆
Masa para pan de especias 84 ◆
Masa para pasta choux *85* ◆
Masa para savarin 86 ◆◆
Masa para streusel o crumble 86 ◆
Masa quebrada *75* ◆
Masa quebrada
   (con edulcorante) 87 ◆
Masa quebrada
   (masa para bases) 74 ◆
Masa *sablée* 76 ◆◆
Masa *sablée* a la canela 76 ◆◆
Masa *sablée*
   (con edulcorante) 87 ◆◆
Masa semihojaldrada 84 ◆◆◆
Matafans de Besançon 251 ◆
Mazapanes 380 ◆◆
Megève 190 ◆◆◆
Melocotones a la bordelesa **333** ◆◆
Melocotones
   «a la emperatriz» 318 ◆◆◆
Melocotones «dama blanca» 360 ◆
Melocotones Melba 360 ◆◆
Melocotones Pénélope 362 ◆◆◆
Melocotones salteados
   con espliego 334 ◆
Melón *frappé* 362 ◆
Membrillos al horno 335 ◆
Mendigos provenzales 406 ◆◆
Merengue con frutas
   exóticas **334** ◆◆
Merengue francés 98 ◆◆
Merengue italiano *99* ◆◆◆
Merengue suizo 99 ◆◆
Merengues helados 362 ◆◆
Mermelada de albaricoque 377 ◆◆
Mermelada de ciruelas
   pasas 377 ◆◆
Mermelada de fresa
   con menta **378** ◆◆
Mermelada de manzana 378 ◆◆
Mermelada de naranja 378 ◆◆
Mermelada de pera
   y arándanos 378 ◆◆
Moka 192 ◆◆◆
Mont-blanc 306 ◆◆
Montmorency 192 ◆◆
Montpensier 192 ◆
Mousse de albaricoque 114 ◆◆
Mousse de caramelo 114 ◆◆
Mousse de castañas 114 ◆◆
Mousse de chocolate *115* ◆◆
Mousse de chocolate
   blanco 114 ◆◆
Mousse de chocolate
   con caramelo 116 ◆◆
Mousse de chocolate
   con mantequilla 116 ◆◆
Mousse de chocolate
   con moras 116 ◆◆
Mousse de chocolate
   con naranja 116 ◆◆

Mousse de chocolate
   y limón 120 ◆◆
Mousse de coco 116 ◆◆
Mousse de frambuesa *117* ◆◆
Mousse de fresa 117 ◆◆
Mousse de lima 118 ◆◆
Mousse de limón 118 ◆◆
Mousse de mango 118 ◆◆
Mousse de maracuyá 118 ◆◆
Mousse de menta 119 ◆◆
Mousse de plátano 119 ◆◆
Mousse de requesón 119 ◆◆
Mousse de té earl grey 119 ◆◆
Mousse de turrón de Jijona 120 ◆◆
Muffins (GRAN BRETAÑA) 268 ◆◆

N-O

Naranjas confitadas
   con chocolate 405 ◆◆
Naranjas escarchadas 360 ◆◆
Naranjas *soufflées* 334 ◆◆
Nata montada 113 ◆◆
**Nata montada
   dulce** → crema chantilly
Natillas (ESPAÑA) 113 ◆
Nougat helado con miel 363 ◆◆
Orangine 194 ◆◆
Orejas de Amán (ISRAEL) 284 ◆◆

P

Palmeras 268 ◆◆
Pamplemusas escarchadas 360 ◆◆
Pan de elote (MÉXICO) 242 ◆◆
Pan de Génova 296 ◆
Pan *di Spagna* (ITALIA) 296 ◆
Pan perdido *brioché* **243** ◆
Panes de pasas 268 ◆◆
Pannequets con confitura 251 ◆
Panqueque de manzana flambeado
   al ron (ARGENTINA) **251** ◆
Parfait de chocolate 363 ◆
Parfait helado
   con pistachos **363** ◆◆
Parfait helado de café 363 ◆
Paris-brest **194** ◆◆◆
Parisien 196 ◆◆
Pasta de frutas
   (recetas básicas) **380** ◆◆◆
Pasta de frutas
   de almendras 384 ◆◆◆
Pasta de frutas de fresas 384 ◆◆◆
Pasta de frutas
   de membrillo 384 ◆◆◆
Pasta de frutas de plátano y
   avellanas **382** y **410** (receta) ◆◆◆
Pasta frola (ARGENTINA) **159** ◆◆
Pastas de almendras con chocolate
   y coñac 406 ◆◆◆
Pastas de almendras con guindas
   y chocolate 406 ◆◆◆
Pastel Alexandra 196 ◆◆
Pastel Champigny 177 ◆◆
Pastel corso *al broccio* 198 ◆◆
Pastel criollo de taro 321 ◆◆
Pastel de arroz
   con caramelo 320 ◆◆

Pastel de arroz
con chocolate 320 ◆◆
Pastel de arroz con ruibarbo
y zumo de fresa 320 ◆◆
Pastel de brownies
de chocolate 196 ◆◆
Pastel de calabaza
(ESPAÑA) 197 ◆◆
Pastel de chocolate 197 ◆◆
Pastel de coco 198 ◆◆
Pastel de Dundee (SUIZA) 198 ◆
Pastel de mandarina **199** ◆
Pastel de requesón (RUSIA) 199 ◆◆
Pastel de reyes de Burdeos 269 ◆◆
Pastel de sémola
con frambuesa 321 ◆◆
Pastel de zanahorias
(ALEMANIA) **200** ◆◆
Pastel «el prelado» 239 ◆◆◆
Pastel «fallado» 297 ◆◆
Pastel «fallado» de limón 297 ◆◆
Pastel flamenco 199 ◆◆
Pastel jaspeado 314 ◆
Pastel landés 177 ◆◆
Pastel ruso **200** ◆◆◆
Pastelillos de dulce de membrillo
(ARGENTINA) **219** ◆◆
Pastelillos de pacana
(ESTADOS UNIDOS) 278 ◆
Pequeños choux almendrados
en buñuelo 254 ◆◆
Peras al vino 336 ◆
Peras asadas con sauternes 336 ◆◆
Peras Charpini 336 ◆◆
Peras Helena 363 ◆◆
Peras williams con jarabe
de vainilla 390 ◆◆
Petits-fours Suvarov 284 ◆◆
Pie de ruibarbo (GRAN BRETAÑA,
ESTADOS UNIDOS) 189 ◆◆
Piña asada con vainilla
caramelizada 338 ◆◆
Piña Condé 321 ◆◆
Piña helada a la criolla 364 ◆◆
Piña helada con bavaroise 364 ◆◆
Piña «sorpresa» **338** ◆◆
Pionono 197 ◆◆
Pithiviers 177 ◆◆
Plaisirs de café 286 ◆◆◆
Plátanos antillanos 338 ◆
Plátanos Beauharnais 340 ◆
Plátanos flambeados 338 ◆
Plátanos *soufflés* 342 ◆◆◆
Plum-cake (GRAN BRETAÑA) 297 ◆
Pognes de Romans 269 ◆◆
Ponts-neufs 219 ◆◆◆
Pozos de amor 220 ◆◆
Profiteroles con chocolate **220** ◆◆
Profiteroles o petits choux
con café 220 ◆◆◆
Profiteroles o petits choux
con crema chantilly 222 ◆◆
Progrès de café 202 ◆◆
Pudín de arroz
(GRAN BRETAÑA) 256 ◆
Pudín de calabaza (ESPAÑA) **244** ◆◆
Pudín de manzana
(GRAN BRETAÑA) 244 ◆◆
Pudín de pan a la francesa
(GRAN BRETAÑA) 246 ◆◆

Pudín de sémola
(GRAN BRETAÑA) 246 ◆
Pudín Nesselrode
(GRAN BRETAÑA) 364 ◆

Q-R

Quesada 298 ◆◆
Relámpagos de café 222 ◆◆
Relámpagos de chocolate 222 ◆◆
Religiosas de café 225 ◆◆◆
Religiosas de chocolate 222 ◆◆◆
Rêtès a la manzana
(HUNGRÍA) 202 ◆◆
Rêtès rellenos con crema de
adormidera (HUNGRÍA) 202 ◆◆
Rocas congoleñas 225 ◆
Rocas de almendras
y chococolate 406 ◆◆
Rodajas de manzana
y pera desecadas 395 ◆
Rodajas de piña desecadas 395 ◆
Roedgroed (DINAMARCA) 340 ◆◆
Rollos de chocolate 132 ◆◆
Ruibarbo con fresas **340** ◆◆
Ruibarbo con helado
de whisky 364 ◆◆

S

Sabayón (postre de huevo) 312 ◆◆
Sabayón con dos chocolates 120 ◆◆
Sabayón de chocolate *120* ◆◆
Sabayón de manzana
y a los 1001 sabores 312 ◆◆
Sachertorte (AUSTRIA) 202 ◆◆◆
Saint-Honoré 204 ◆◆◆
Salesas 296 ◆◆
Salsa de cacao 152 ◆◆
Salsa de caramelo 152 ◆◆
Salsa de chocolate negro
(o blanco) 153 ◆◆
Salsa inglesa de café 153 ◆◆
Salsa inglesa de naranja 153 ◆◆
Salsa inglesa de pistachos 153 ◆◆
Salsa inglesa de turrón 153 ◆◆
Savarin de crema pastelera 204 ◆◆
Scones (GRAN BRETAÑA) 269 ◆◆
Scotch pudding
(GRAN BRETAÑA) 246 ◆
Selva Negra (ALEMANIA) 208 ◆◆◆
Semifreddo (ITALIA) 208 ◆◆
Sémola con leche 321 ◆
Singapur 208 ◆◆
Sorbete al perfume de lichis 145 ◆◆
Sorbete de aguacate 143 ◆◆
Sorbete de albaricoque 143 ◆◆
Sorbete de champán 143 ◆◆
Sorbete de chocolate 143 ◆◆
Sorbete de frambuesa 143 ◆◆
Sorbete de fresa 144 ◆◆
Sorbete de frutas exóticas 144 ◆◆
Sorbete de grosellas negras 144 ◆◆
Sorbete de guayaba 144 ◆◆
Sorbete de guindas con los huesos
triturados 144 ◆◆
Sorbete de lima y albahaca 145 ◆◆
Sorbete de limón 145 ◆◆

Sorbete de mandarina 145 ◆◆
Sorbete de mango 145 ◆◆
Sorbete de manzana verde 146 ◆◆
Sorbete de maracuyá 146 ◆◆
Sorbete de melocotón 146 ◆◆
Sorbete de melón 146 ◆◆
Sorbete de membrillo 146 ◆◆
Sorbete de naranja 145 ◆◆
Sorbete de pamplemusa 146 ◆◆
Sorbete de pera 147 ◆◆
Sorbete de piña 147 ◆◆
Sorbete de plátano 147 ◆◆
Sorbete de té 147 ◆◆
Sorbete de vodka 147 ◆
Subrics de arroz 322 ◆◆
Subrics de sémola 322 ◆◆
Suflé de canela, manzanas, pasas
y curry **344** y 410 (receta) ◆◆◆
Suflé de Chartreuse 343 ◆◆◆
Suflé de chocolate 343 ◆◆◆
Suflé de coco (ANTILLAS) 343 ◆◆◆
Suflé de dulce de leche
(ARGENTINA) **346** ◆◆
Suflé de fresas
o frambuesas 346 ◆◆◆
Suflé de frutas 346 ◆◆◆
Suflé de limón **348** ◆◆◆
Suflé de marrons glacés 348 ◆◆◆
Suflé de plátanos 348 ◆◆◆
Suflé de violetas 350 ◆◆◆
Suflé «embajadora» 346 ◆◆◆
Suflé Lapérouse 348 ◆◆◆
Suflé Rothschild 350 ◆◆◆
Syllabub (GRAN BRETAÑA) 312 ◆

T

Tarta caribe *crema de coco* 162 ◆◆
Tarta con praliné 172 ◆
Tarta de acianos (CANADÁ) 160 ◆
Tarta de albaricoque 159 ◆◆◆
Tarta de arándanos **159** ◆
Tarta de arroz 160 ◆◆
Tarta de azúcar (BÉLGICA) **160** ◆
Tarta de azúcar terciado 160 ◆
Tarta de brevas
y frambuesas 162 ◆◆
Tarta de castañas y peras
170 y 411 (receta) ◆◆
Tarta de cerezas a la alemana
o *Kirschkuchen* 162 ◆◆
Tarta de cerezas
a la alsaciana 164 ◆◆
Tarta de chocolate **164** ◆◆◆
Tarta de ciruelas 164 ◆
Tarta de frambuesas 166 ◆◆
Tarta de frambuesas
(AUSTRIA) ➤ Linzertorte
Tarta de fresas 166 ◆◆
Tarta de limón 166 ◆◆
Tarta de mandarina 168 ◆◆
Tarta de manzana de Lieja
(BÉLGICA) 168 ◆
Tarta de menta y frutas rojas 169 ◆◆
Tarta de naranja 168 ◆◆
Tarta de pera Bourdaloue 169 ◆◆
Tarta de piña 169 ◆◆
Tarta de requesón 172 ◆◆
Tarta de requesón de Metz 172 ◆◆

Tarta de ruibarbo 172 ◆◆
Tarta de ruibarbo
    a la alsaciana 174 ◆◆
Tarta de Santiago (ESPAÑA) **174** ◆◆
Tarta de vino (Suiza) 176 ◆◆
Tarta hojaldrada de fresas 166 ◆◆◆
Tarta hojaldrada
    de manzana 168 ◆◆
Tarta merengada
    de limón 168 ◆◆◆
Tarta Tatin **174** ◆◆
Tartaletas caribes 286 ◆
Tartaletas de alquequenje 286 ◆◆
Tartaletas de maracuyá 287 ◆◆
Tartaletas de maracuyá
    con chocolate 287 ◆◆
Tartaletas de naranja
    y menta fresca 288 ◆◆
Tartaletas tibias de
    chocolate y frambuesa 287 ◆◆
Tejas 279 ◆◆◆
Tejas de almendras **279** ◆◆◆
Tiramisú (ITALIA) **209** ◆◆
Tocinillos de cielo (ESPAÑA) 313 ◆◆
Torta de jarabe de arce 177 ◆◆

Torta de naranjas 178 ◆◆
Torta de reyes
    con frangipane 178 ◆◆
Torta de reyes
    de hojaldre 178 ◆◆
Tortada (ESPAÑA) 313 ◆◆
Tortilla noruega 366 ◆◆◆
Tronco de Navidad
    con castañas 209 ◆◆◆
Trufas a la pimienta 404 ◆◆
Trufas al pistacho 405 ◆◆
Trufas de chocolate
    y caramelo **402** ◆◆
Trufas de chocolate y orejones
    de albaricoque 404 ◆◆
Trufas de frambuesa 404 ◆◆
Turrón de almendras (ESPAÑA) 399 ◆◆

V-Y

Vacherin de castañas 366 ◆◆
Vacherin helado **368** ◆◆◆
Vatrouchka (RUSIA) 211 ◆◆◆
Vattalappam (SRI LANKA) 313 ◆

Virutas de chocolate 132 ◆◆
Visitandines 279 ◆◆
Volteado de piña
    (MÉXICO) 178 ◆◆
Yemas de Santa Teresa (ESPAÑA) **315** ◆

Z

Zabaglione (ITALIA) 315 ◆
Zumo de albahaca con aceite
    de oliva 154 ◆◆
Zumo de albaricoque
    y albahaca 154 ◆◆
Zumo de cardamomo 154 ◆◆
Zumo de cilantro 154 ◆◆
Zumo de frambuesa 155 ◆◆
Zumo de fresa 155 ◆◆
Zumo de fresa
    caramelizado 155 ◆◆
Zumo de menta fresca 155 ◆◆
Zumo de plantas aromáticas 154 ◆◆
Zumo de vainilla 156 ◆◆
Zumo especiado 155 ◆◆
Zumo Suzette 156 ◆◆

ÍNDICE TEMÁTICO

*Las páginas marcadas en negrita
remiten a las recetas ilustradas en la obra.*

Acacia
Buñuelos de flor de acacia 253

Aceite de oliva
Masa de bizcocho con aceite
de oliva 88
Zumo de albahaca con aceite
de oliva 154

Aciano
Tarta de acianos 161

Adormidera
Orejas de Amán 284
Rêtès rellenos con crema
de adormidera 202

Aguacate
Coulis de aguacate y plátano 149
Helado de aguacate y plátano 138
Sorbete de aguacate 143

Albahaca
Sorbete de lima y albahaca 145
Zumo de albahaca con aceite
de oliva 154
Zumo de albaricoque
y albahaca 154

Albaricoque
Abricotines 281
Albaricoques Bourdaloue 333
Albaricoques con badián
o *anís estrellado* 391
Albaricoques en almíbar 388
Bocaditos de albaricoque 215
Buñuelos vieneses 255
Charlota de albaricoques 230
Compota de albaricoques 324
Compota de albaricoques
asados 324
Confitura de albaricoque 371
Corona de arroz con
albaricoques 314
Coulis de albaricoque 151
Crumble de albaricoques
y frambuesas 179
Flan de coco y albaricoque 308
Mermelada de albaricoque 377
Mousse de albaricoque 114
Pannequets con confitura 251
Pastel Champigny 177
Petits-fours Suvarov 284
Sorbete de albaricoque 143
Tarta de albaricoque 159
Trufas de chocolate y orejones
de albaricoque 404
Zumo de albaricoque
y albahaca 154

Almendra
Almendrado 289

Almendrados duquesa 212
Almendras garrapiñadas 399
Arroz con leche de almendras
y jalea de cítricos 317
Bizcocho de almendras 184
Cake de frutos secos 292
Caramelos a la vainilla
y almendras 401
Conversaciones 216
Crema almendrada 100
Crema bavaroise con leche
de almendras 102
Crema muselina
con almendras 110
Crêpes de almendras 247
Duquesas 283
Frangipane 113
Gofres de Siena
con almendras 260
Guirlache de frutos secos 398
Helado de almendra 138
Leche de almendras 113
Manjar blanco 306
Masa *à succès* con almendras 97
Masa de bizcocho con
almendras y avellanas 89
Masa de bizcocho con
almendras y chocolate
sin harina 89
Masa de dacquoise
con almendras 94
Masa de genovesa
con almendras 95
Mazapanes 380
Pastas de almendras
con chocolate y coñac 406
Pastas de almendras
con guindas y chocolate 406
Pithiviers 177
Rocas de almendras
y chocolate 406
Suflé «embajadora» 346
Tejas de almendras 279
Torta de reyes
con frangipane 178
Turrón de almendras 399

Alquequenje
Frutos «disfrazados»
con azúcar cocido 396
Tartaletas
de alquequenje 286

Anís
Hojaldre de frambuesas
al anís **206** y 409 (receta)

Arándano
Compota de arándanos 326
Mermelada de pera
y arándanos 378
Tarta de arándanos **159**

Arroz
Arroz «a la emperatriz» **317**
Arroz con leche 317
Arroz con leche de almendras
y jalea de cítricos 317
Corona de arroz
con albaricoques 314
Crema bavaroise de arroz
a la naranja 101
Crema quemada con pistachos
y arroz caramelizado
322 y 408 (receta)
Crêpes Condé 249
Frutas merengadas
con arroz 318
Pastel de arroz
con caramelo 320
Pastel de arroz
con chocolate 320
Pastel de arroz con ruibarbo
y zumo de fresa 320
Pudín de arroz 256
Subrics de arroz 322
Tarta de arroz 160

Avellana
Cake de frutos secos 292
Catalf 186
Charlota de avellanas
y chocolate 231
Guirlache de frutos secos 398
Masa *à progrès* 97
Masa *à succès* con avellanas 97
Masa de bizcocho
a la japonesa 91
Masa de bizcocho
con almendras y avellanas 89
Masa de dacquoise
con avellanas 93
Masa dulce con avellanas 74
Moka 192
Pasta de frutas de plátano y
avellanas **382** y 410 (receta)

Azafrán
Crema bavaroise
con miel y azafrán 103
Helado de azafrán
y agua de rosas 139

Azúcar
**Azúcar en cabello
de ángel** → azúcar hilado
Azúcar en roca 125
Azúcar estirado 126
Azúcar hilado (o en cabello
de ángel) 127
Azúcar moldeable 127
Azúcar *soufflé* 126
Cocción del azúcar 124
Fondant (preparación) 128
Glaseado con fondant 130

Glaseado con fondant
aromatizado 130
Glaseado real 130
Glaseado real aromatizado 129
Tarta de azúcar **160**

Azúcar terciado
Tarta de azúcar terciado 160

Badián o *anís estrellado*
Albaricoques con badián
o *anís estrellado* 391

Boniato o *batata*
Dulce de batata 229

Bizcocho de cuchara
Buñuelos a *l'imbrucciata* 253
Crema de bizcochos
de cuchara 300
Masa de bizcochos de cuchara 93
Pastel corso *al broccio* 198

Cacao
Salsa de cacao 152

Calabaza
Dulce de zapallo 329
Pastel de calabaza 197
Pudín de calabaza 244

Café
Café de Lieja 354
Charlota de café 234
Crema de café 103
Dacquoise de café 188
Granizado de café 148
Helado de café 139
Masa de hojaldre con café 81
Parfait helado de café 363
Plaisirs de café 286
Progrès de café 202
Profiteroles o petits choux
con café 220
Relámpagos de café **222**
Religiosas de café 225
Salsa inglesa de café 153

Canela
Crema bavaroise de canela
caramelizada 102
Ganache con tres especias 134
Suflé de canela, manzanas, pasas
y curry **344** y 410 (receta)

Caramelo
Caramelo (preparación) 129
Caramelo para cubrir 128
Caramelo para mousse 128
Caramelo para salsa 128
Caramelos a la vainilla
y almendras 401
Caramelos blandos
al chocolate 399
Caramelos blandos al limón 401
Decoraciones sencillas
con caramelo 129
Flan de caramelo **302**
Ganache con caramelo 133
Helado de caramelo 139

Jaula de caramelo 131
Mousse de caramelo 114
Mousse de chocolate
con caramelo 116
Pastel de arroz con caramelo 320
Salsa de caramelo 152
Trufas de chocolate
y caramelo **402**

Cardamomo
Zumo de cardamomo 154

Castaña
Barquitas de castañas 213
Bavarois *à la cévenole* **226**
Castañas «disfrazadas» 395
Charlota de castañas 234
Ciruelas pasas y castañas
en armañac 392
Compota de castañas 326
Crema de castañas 104
Masa para crêpes de harina
de castañas 78
Mont-blanc 306
Mousse de castañas 114
Suflé de marrons glacés 348
Tarta de castañas y peras
170 y 411 (receta)
Tronco de Navidad
con castañas 209
Vacherin de castañas 366

Cereza
Buñuelos de cereza 253
Cake de miel y cerezas
confitadas 292
Cerezas con azúcar cocido
a la canela 390
Cerezas en aguardiente 391
Cerezas flambeadas
a la borgoñona 323
Clafoutis 307
Compota de cerezas 326
Copas heladas con cerezas
en aguardiente 354
Jarabe de cerezas 386
Kirschkuchen ➤ tarta
de cerezas a la alemana
Montmorency 192
Tarta de cerezas a la alemana
o *Kirschkuchen* 162
Tarta de cerezas a la alsaciana 164

Cerveza
Compota de peras con cerveza 328

Champán
Crema muselina con marc
de champán 111
Manzanas crudas con marc
de champán 333
Sorbete de champán 143

Chartreuse
Crêpes cartujas 248
Suflé de Chartreuse 343

Chocolate
Arrollado helado de chocolate
y vainilla **183**

Bavarois de chocolate
y vainilla 226
Brochetas de chocolate
y plátano 281
Cake de chocolate y naranja
294 y 407 (receta)
Caramelos blandos
al chocolate 399
Charlota de avellanas
y chocolate 231
Charlota de chocolate 235
Charlota de chocolate blanco,
ruibarbo y frutas rojas
232 y 408 (receta)
Charlota de chocolate
y plátano **235**
Chocolate jaspeado
o *mármol* 131
Chocolate pulverizado 132
Choco-plátano crujiente 324
Cortezas de pamplemusa
confitadas y envueltas
en chocolate 391
Crema chantilly con chocolate
con leche 104
Crema chantilly con chocolate
negro 104
Crema de chocolate 301
Crema de chocolate
con espliego 105
Crema pastelera
de chocolate 112
Cuadrados de chocolate
y nueces 282
Decoraciones de chocolate 132
Delicia de chocolate **188**
Frambuesas con aguardiente
y chocolate 405
Ganache de chocolate 133
Ganache de chocolate
blanco 134
Ganache de chocolate
con leche 134
Glaseado de chocolate 132
Helado de chocolate 139
Jengibre confitado con
chocolate **405**
Macarrones helados, sorbete de
chocolate y flores de espliego
356 y 409 (receta)
Mantecados florentinos **276**
Mármol ➤ chocolate jaspeado
Masa de bizcocho con
almendras y chocolate
sin harina 89
Masa de bizcocho con chocolate
para enrollar y rellenar 90
Masa de bizcocho con chocolate
para tronco de Navidad 93
Masa de bizcocho con chocolate
sin harina 90
Masa de bizcocho con chocolate
y mantequilla sin harina 90
Masa de genovesa
con chocolate 97
Masa de hojaldre
con chocolate 81
Megève 190
Mendigos provenzales 406
Mousse de chocolate 115

Mousse de chocolate blanco 114
Mousse de chocolate
 con caramelo 116
Mousse de chocolate
 con mantequilla 116
Mousse de chocolate
 con naranja 116
Mousse de chocolate
 y limón 120
Parfait de chocolate 363
Pastas de almendras con
 chocolate y coñac 406
Pastas de almendras
 con guindas y chocolate 406
Pastel Alexandra 196
Pastel de arroz
 con chocolate 320
Pastel de brownies
 de chocolate 196
Pastel de chocolate 197
Pastel «el prelado» 239
Profiteroles con chocolate **220**
Relámpagos de chocolate 222
Religiosas de chocolate 222
Rocas de almendras
 y chocolate 406
Sabayón con dos chocolates 120
Sachertorte 202
Sabayón de chocolate 120
Salsa de chocolate negro
 (o blanco) 153
Selva Negra 208
Sorbete de chocolate 143
Suflé de chocolate 343
Tarta de chocolate **164**
Tartaletas de maracuyá
 con chocolate 287
Tartaletas tibias de
 chocolate y frambuesa 287
Trufas de chocolate
 y caramelo **402**
Trufas de chocolate y orejones
 de albaricoque 404

Cidra
Pastel de reyes
 de Burdeos 269

Cilantro
Cake de coco y cilantro 290
Zumo de cilantro 154

Ciruela
Ciruelas en almíbar 388
Tarta de ciruelas 164

Ciruela mirabel
Ciruelas mirabel en moscatel
 de Frontignan o de Rivesaltes
 y cortezas de naranja 392
Ciruelas mirabel en sauternes
 y miel 392
Ciruelas mirabel en té 388
Compota de ciruelas mirabel 326
Flan de ciruelas mirabel 307

Ciruela quetsche
Confitura de ciruelas
 quetsches 372
Pannequets con confitura 251

Ciruelas pasas
Ciruelas pasas con rasteau
 y nata 324
Ciruelas pasas y castañas
 en armañac 392
Compota de ciruelas pasas 326
Diplomático de ciruelas
 pasas 240
Empanadillas de manzana
 y ciruelas pasas 266
Far bretón 307
Flaugnarde 310
Frutos «disfrazados»
 con azúcar cande 396
Mermelada de ciruelas pasas 377

Coco
Cake de coco y cilantro 290
Flan de coco y albaricoque 308
Helado de coco 140
Mantecados de coco 276
Masa de dacquoise con coco 95
Mousse de coco 116
Pastel de coco 198
Suflé de coco 343
Tarta caribe
 crema de coco 162

Comino
Bastoncitos de comino 271

Edulcorante
Masa dulce con edulcorante 86
Masa quebrada
 con edulcorante 87
Masa *sablée* con edulcorante 87

Espliego
Ganache con espliego 134
Macarrones helados, sorbete
 de chocolate y flores de
 espliego **356** y 409 (receta)
Melocotones salteados
 con espliego 334

Fondant
Fondant (preparación) 128
Glaseado con fondant 130
Glaseado con fondant
 aromatizado 130

Frambuesa
Barquitas de frambuesas 215
Brochetas de melón
 y frambuesa 281
Compota de frambuesas 327
Confitura de frambuesas **372**
Coulis de frambuesa 150
Coulis de frambuesa
 con banyuls 150
Coulis de pimiento rojo
 y frambuesa 152
Crema muselina
 con frambuesa 110
Crumble de albaricoques
 y frambuesas 179
Framboisier 190
Framboisines 283
Frambuesas con aguardiente
 y chocolate 405

Fresas y frambuesas
 en aguardiente 392
Ganache con frambuesa 136
Helado de frambuesa 140
Hojaldre de frambuesas al anís
 206 y 409 (receta)
Linzertorte 159
Mantecados Linzer 278
Mousse de frambuesa 117
Roedgroed 340
Sorbete de frambuesa 143
Suflé de fresas o frambuesas 346
Suflé de frutas 346
Tarta de brevas y frambuesas 162
Tarta de frambuesas 166
Tarta de frambuesas
 (AUSTRIA) → Linzertorte
Tartaletas tibias de chocolate
 y frambuesa 287
Trufas de frambuesa 404
Zumo de frambuesa 155

Fresa
Bomba Alhambra 352
Bomba Archiduque 352
Bomba tutti-frutti 353
Cassata de fresa 354
Charlota de fresas 235
Chips de fresa 394
Compota de fresas 327
Confitura de fresa 372
Copas de sorbetes y frutas 359
Coulis de ruibarbo y fresa 152
Delicias de fresas **216**
Fraisier **190**
Fresas a la maltesa 329
Fresas «disfrazadas» 396
Fresas gariguette con cítricos
 y jugo de remolacha
 330 y 409 (receta)
Fresas Ginette 329
Fresas Sarah Bernhardt 359
Fresas y frambuesas
 en aguardiente 392
Granizado de whisky y fresas 359
Helado de fresa 140
Jalea de fresa **376**
Jarabe de fresa
 con menta fresca 386
Manjar blanco
 con piña y fresas 306
Mermelada de fresa
 con menta **378**
Mousse de fresa 117
Pasta de frutas de fresas 384
Pastel de arroz con ruibarbo
 y zumo de fresa 320
Roedgroed 340
Ruibarbo con fresas **340**
Sorbete de fresa 144
Suflé de fresas o frambuesas 346
Tarta de fresas 166
Tarta hojaldrada de fresas 166
Zumo de fresa 155
Zumo de fresa caramelizado 155

Frutas exóticas
Jarabe exótico 386
Merengue con frutas exóticas **334**
Sorbete de frutas exóticas 144

Frutas confitadas
Bomba diplomático 352
Brioches polacos 215
Buñuelos Nanette 255
Cake de frutas confitadas **290**
Cakes de Yorkshire 293
Cassata 354
Cassata de fresa 354
Diplomático de bavarois 240
Diplomático de frutas
confitadas **240**
Helado de tutti-frutti 142
Montpensier 192
Pastel de Dundee 198
Pudín Nesselrode 364
Scotch pudding 246
Suflé Lapérouse 348
Suflé Rothschild 350
Vatrouchka 211

Frutas rojas
Charlota de frutas rojas 236
Confitura de frutas rojas 372
Copas de piñas
y frutas rojas 358
Coulis de frutas rojas 150
Crema de limón y frutas rojas 301
Tarta de menta y frutas rojas 169

Ghee
Gulab jamun 283

Granada
Jarabe de granadina 386

Grand Marnier
Crema «embajador»
al Grand Marnier 107

Grosella
Almendrados duquesa 212
Coulis de grosellas 151
Grosellas «disfrazadas» 398

Grosella negra o *cassis*
Bavarois de grosellas negras 228
Compota de
grosellas negras 326
Coulis de grosellas negras 151
Grosellas negras con canela
y cortezas de naranja 393
Jarabe de grosellas negras 387
Sorbete de grosellas negras 144

Guayaba
Jalea de guayaba 376
Sorbete de guayaba 144

Guinda
Copas heladas con guindas 358
Coulis de guindas 150
Crumble de guindas
y helado de requesón **179**
Helado de requesón
y guindas 359
Sorbete de guindas
con los huesos triturados 144

Guirlache
Guirlache de frutos secos 398

Higo
Charlota de peras e higos 238
Tarta de brevas
y frambuesas 162

Higos secos
Compota de higos secos 327
Gratén de manzanas
con frutos secos 332

Jaggery
Vattalappam 313

Jarabe de arce
Crêpes de azúcar 248
Torta de jarabe de arce 177

Jengibre
Jengibre confitado
con chocolate **405**

Leche de coco
Vattalappam 313

Legumbres secas
Açûre 182

Lichi
Sorbete al perfume de lichis 145

Lima
Mousse de lima 118
Sorbete de lima y albahaca 145
Tartaletas caribes 286

Limón
Buñuelos con limón y miel 253
Buñuelos de limón 282
Caramelos blandos al limón 401
Charlota riviera 238
Confitura de limón, sandía
y naranja 374
Copas de sorbetes y frutas 359
Crema de limón 107
Crema de limón
y frutas rojas 301
Flan merengado de limón 308
Ganache con limón 135
Granizado de limón 148
Limones escarchados 360
Mousse de chocolate
y limón 120
Mousse de limón 118
Pastel «fallado» de limón 297
Sorbete de limón 145
Suflé de limón **348**
Tarta de limón 166
Tarta merengada de limón 168

Mandarina
Crêpes de mandarina 248
Jarabe de mandarina
con especias de Navidad 387
Mandarinas escarchadas **360**
Pastel de mandarina **199**
Sorbete de mandarina 145
Tarta de mandarina 168

Mango
Compota de mangos 327
Coulis de mango 151
Mousse de mango 118
Sorbete de frutas exóticas 144
Sorbete de mango 145

Manzana
Apple crumble 179
Apple pie 176
Bavarois a la normada 229
Buñuelos de manzana 254
Celosías de manzana 186
Chips de manzana 395
Compota de manzanas
o de peras 327
Compota «del viejo
viñador» 328
Confitura de
manzana Tatin **374**
Crêpes normandas 249
Delicias de manzanas 342
Empanadillas de manzana 266
Empanadillas de manzana
y ciruelas pasas 266
Flamusse de manzanas 307
Fritura de manzanas
con pan de especias 332
Gratén de manzanas
con frutos secos 332
Jeu de pommes 218
Manzanas «a la buena mujer» 333
Manzanas con miel
y mantequilla salada 333
Manzanas crudas con marc
de champán 333
Manzanas de amor 399
Manzanas flambeadas
con calvados 331
Mermelada de manzana 378
Panqueque de manzana
flambeado al ron **251**
Pudín de manzana 244
Rêtès a la manzana 202
Rodajas de manzana
y pera desecadas 395
Sabayón de manzana
y a los 1001 sabores 312
Semifreddo 208
Sorbete de manzana verde 146
Suflé de canela, manzanas, pasas
y curry **344** y 410 (receta)
Tarta de manzana de Lieja 168
Tarta hojaldrada
de manzana 168
Tarta Tatin **174**

Maracuyá
Crema de maracuyá 107
Ganache con maracuyá 135
Merengue con frutas
exóticas **334**
Mousse de maracuyá 118
Sorbete de maracuyá 146
Tartaletas de maracuyá 287
Tartaletas de maracuyá
con chocolate 287
Vatrouchka 211

Marialuisa
Ensalada de naranja
con marialuisa 329

Marrons glacés
Copas heladas con
marrons glacés 358
Crumble de peras
y marrons glacés 180

Mascarpone
Crema de mascarpone 107
Tiramisú **209**

Melocotón
Charlota riviera 238
Chaud-froid de melocotones
con miel y nougat 323
Compota de melocotones 326
Compota «del viejo viñador» 326
Copas de macarrones
y melocotones 358
Coulis de melocotón 151
Gofres con saúco
y melocotón 260
Melocotones a la bordelesa **333**
Melocotones
«a la emperatriz» 318
Melocotones «dama blanca» 360
Melocotones Melba 360
Melocotones Penélope 362
Melocotones salteados
con espliego 334
Sorbete de melocotón 146

Melón
Brochetas de melón
y frambuesa 281
Melón *frappé* 362
Sorbete de melón 146

Membrillo
Jalea de membrillo 377
Membrillos al horno 335
Pasta de frutas de membrillo 384
Pasta frola **159**
Pastelillos de dulce
de membrillo **219**
Sorbete de membrillo 146

Menta fresca
Buñuelos de pera, hojas
de menta y hojas de limonero
256 y 407 (receta)
Charlota riviera 238
Compota de rambutanes
con menta 328
Granizado de menta fresca 148
Helado de menta 140
Jarabe de fresa
con menta fresca 386
Mermelada de fresa
con menta **378**
Mousse de menta 119
Tarta de menta
y frutas rojas 169
Tartaletas de naranja
y menta fresca 288
Zumo de menta fresca 155

Miel
Buñuelos con limón y miel 253
Cake de miel y cerezas
confitadas 292

Chaud-froid de melocotones
con miel y nougat 323
Ciruelas mirabel
en sauternes y miel 392
Crema bavaroise
con miel y azafrán 103
Ganache con miel 135
Manzanas con miel
y mantequilla salada 333
Nougat helado con miel 363

Mora
Jarabe de moras 387
Mousse de chocolate
con moras 116

Moscatel
Ciruelas mirabel en moscatel
de Frontignan o de Rivesaltes
y cortezas de naranja 392

Naranja
Arroz con leche de almendras
y jalea de cítricos 317
Bizcocho muselina
de naranja **184**
Cake de chocolate y naranja
294 y 407 (receta)
Confitura de limón, sandía
y naranja 374
Confitura de naranja amarga 374
Cortezas de naranja confitadas 390
Coulis de naranja amarga 151
Crema bavaroise de arroz
a la naranja 101
Crema de naranja 111
Crumble de ruibarbo
y naranja 180
Ensalada de naranja
con marialuisa 329
Grosellas negras con canela
y cortezas de naranja 393
Jarabe de naranja 388
Mermelada de naranja 378
Naranjas confitadas
con chocolate 405
Naranjas escarchadas 360
Salsa inglesa de naranja 153
Sorbete de naranja 145
Tarta de naranja 168
Tartaletas de naranja
y menta fresca 288
Torta de naranjas 178

Nougat
Chaud-froid de melocotones
con miel y nougat 323
Nougat helado con miel 363

Nuez
Cuadrados de chocolate
y nueces 282
Delicias de nueces 218
Futos «disfrazados»
con azúcar cocido 396
Guirlache de frutos secos 398
Kuchen de nueces
de Puerto Montt 158
Masa de bizcocho
con nueces 91

Nuez de macadamia
Helado de nuez
de macadamia 141

Pacana
Cake Jack Robinson 292
Guirlache de frutos secos 398
Pastelillos de pacana 278

Pan de especias
Crema bavaroise de pan
de especias 102
Fritura de manzanas
con pan de especias 332
Helado de pan de especias 141
Masa para pan de especias 84

Pamplemusa
Arroz con leche de almendras
y jalea de cítricos 317
Brochetas de pamplemusa
y uva 282
Cortezas de pamplemusa
confitadas y envueltas
en chocolate 391
Pamplemusas escarchadas 360
Sorbete de pamplemusa 146

Pasas
Barm brack 183
Brioche enrollado con pasas 262
Christmas pudding 242
Cramique **264**
Flaugnarde 310
Gratén de manzanas
con frutos secos 332
Montpensier 192
Panes de pasas 268
Pastel de Dundee 198
Plum-cake 297
Pudín Nesselrode 364
Scones 269
Scotch pudding 246
Suflé de canela, manzanas, pasas
y curry **344** y 410 (receta)

Pera
Buñuelos de pera, hojas
de menta y hojas de limonero
256 y 407 (receta)
Charlota de peras 237
Charlota de peras e higos 236
Compota de manzanas
o de peras 327
Compota de peras
con cerveza 328
Compota «del viejo viñador» 328
Crumble de peras y marrons
glacés 180
Mermelada de peras
y arándanos 378
Peras al vino 336
Peras asadas con sauternes 336
Peras Charpini 336
Peras Helena 360
Peras williams con jarabe
de vainilla **390**
Rodajas de manzana
y pera desecadas 395
Sorbete de pera 147

Sufé de frutas 346
Tarta de castañas y peras
170 y 411 (receta)
Tarta de pera Bourdaloue 169

Pimienta de Jamaica
Ganache con tres especias 134
Helado de pimienta
de Jamaica 141

Pimiento rojo
Coulis de pimiento
rojo y frambuesa 152

Piña
Bomba Duquesa **353**
Copas de piña y frutas rojas 382
Manjar blanco con piña
y fresas 306
Merengue con frutas
exóticas **335**
Piña asada con vainilla
caramelizada 338
Piña Condé 321
Piña helada a la criolla 364
Piña helada con bavaroise 364
Piña «sorpresa» **338**
Rodajas de piña desecadas 395
Singapur 208
Sorbete de frutas exóticas 144
Sorbete de piña 147
Tarta caribe *crema de coco* 162
Tarta de piña 169
Tartaletas caribes 286
Volteado de piña 178

Pistacho
Bomba Doria 352
Crema quemada
con pistachos 302
Crema quemada con pistachos
y arroz caramelizado
304 y 408 (receta)
Ganache con pistachos 135
Helado de pistacho 141
Masa de bizcocho Gioconda
con pistachos 91
Masa de dacquoise
con pistachos 95
Masa de hojaldre invertida
con pistachos 84
Parfait helado con pistachos **363**
Pastel ruso **200**
Salsa inglesa de pistachos 153
Trufas al pistacho 405

Plátano
Banana split 351
Bavarois a la criolla 228
Brochetas de chocolate
y plátano 281
Buñuelos de plátano 253
Charlota de chocolate
y plátano **235**
Choco-plátano crujiente 324
Coulis de aguacate y plátano 149
Helado de aguacate y plátano 138
Mousse de plátano 119
Pasta de frutas de plátano
y avellanas **382** y 410 (receta)

Plátanos antillanos 338
Plátanos Beauharnais 340
Plátanos flambeados 338
Plátanos *soufflés* 342
Sorbete de frutas exóticas 144
Sorbete de plátano 147
Suflé de plátanos 348

Praliné
Masa de dacquoise al praliné 95
Suflé Lapérouse 348
Tarta con praliné 172

Rambután
Compota de rambutanes
con menta 328

Requesón
Crema de requesón 111
Crumble de guindas
y helado de requesón **179**
Helado de requesón 142
Helado de requesón
y guindas 359
Mousse de requesón 119
Pastel de requesón 199
Tarta de requesón 172
Tarta de requesón
de Metz 172

Ron
Baba al ron **213**

Rosa
Crema bavaroise
con pétalos de rosa 103
Helado de azafrán
y agua de rosas 139

Ruibarbo
Charlota de chocolate blanco,
ruibarbo y frutas rojas
232 y 408 (receta)
Confitura de ruibarbo 376
Coulis de ruibarbo y fresa 152
Crumble de ruibarbo
y naranja 180
Pastel de arroz con ruibarbo
y zumo de fresa 320
Pie de ruibarbo 189
Ruibarbo con fresas **340**
Ruibarbo con helado
de whisky 364
Tarta de ruibarbo 172
Tarta de ruibarbo
a la alsaciana 174

Sandía
Confitura de limón,
sandía y naranja 374

Saúco
Gofres con saúco
y melocotón 260

Sémola
Pastel de sémola
con frambuesa 321
Pudín de sémola 246
Sémola con leche 321

Taro
Pastel criollo de taro 321

Té
Ciruelas mirabel en té 388
Ganache con té 136
Granizado de té 148
Helado de té 142
Mousse de té earl grey 119
Sorbete de té 147

Trufa
Helado de trufa 142

Turrón
Mousse de turrón
de Jijona 120
Salsa inglesa de turrón 153

Uva
Brochetas de pamplemusa
y uva 282
Crema de uva 302
Frutos «disfrazados»
con azúcar cocido 396

Vainilla
Arrollado helado
de chocolate y vainilla **183**
Bastoncitos glaseados
con vainilla 271
Bavarois de chocolate
y vainilla 226
Bomba tutti-frutti 353
Caramelos a la vainilla
y almendras 401
Cassata 354
Cassata de fresa 354
Crema bavaroise
a la vainilla 103
Crema inglesa a la vainilla 108
Crema muselina con vainilla 111
Crema pastelera de vainilla 112
Helado de vainilla 142
Piña asada con vainilla
caramelizada 338
Vacherin de castañas 366
Vacherin helado **368**
Zumo de vainilla 156

Vino
Ciruelas pasas con rasteau
y nata 324
Compota «del viejo viñador» 328
Peras al vino 336
Peras asadas con sauternes 336
Tarta de vino 176

Vodka
Sorbete de vodka 147

Whisky
Ganache al whisky 136
Granizado de whisky
y fresas 359
Ruibarbo con helado
de whisky 364

Zanahoria
Pastel de zanahorias **200**

AGRADECIMIENTOS

La redacción agradece la contribución de:
Monsieur Philippe Bourguignon
Monsieur Rochat, Restaurant Girardet, 1023, Suiza
CEDUS (Centre d'études et de documentation du sucre),
Lübeck 30, 75006 París

CRÉDITOS FOTOGRÁFICOS

Ingredientes y recetas filmadas

PhotoDisk, © SPES EDITORIAL, S.L.: pp. 80 (arriba), 87, 97, 104, 124, 138, 148
PhotoAlto, © SPES EDITORIAL, S.L.: pp. 111, 150, 151, 380
Studiaphot, © Col. Larousse: pp. 15, 16, 17, 18, 20, 21, 22, 24, 25, 26, 27, 28, 29, 30,
31, 32, 33, 34, 35, 36, 37, 38, 39, 40, 41, 42, 43, 44, 45, 46, 47, 48, 49, 50, 51, 52,
53, 54, 57, 58, 59, 60, 61, 64, 65, 74 (arriba), 75, 76, 78, 79, 82, 85, 88, 92, 94, 96,
98, 99, 100, 101, 105, 106, 108, 109, 110, 112, 115, 117, 120, 121, 122 (derecha),
125, 126, 127, 129, 130, 132, 133, 136, 137, 149, 150, 182, 212, 226, 230, 247,
261 (ar. izqda.), 261 (centro), 270, 289, 300, 316, 323, 342, 351 (ar. izqda.),
351 (ab. dcha.), 370, 385, 394, 402
Studio Vezelay, © Col. Larousse: pp. 74 (abajo), 80, 81, 122 (izquierda), 124, 127,
129, 131, 138, 158, 261 (abajo), 351 (ar. dcha.)

Fotografías a toda página

J. C. Biling y P. Asset, © Col. Larousse: pp. 224, 241, 313
Ryman C. y Cabannes P., © Col. Larousse: pp. 163, 167, 214, 217, 243, 250, 263,
303, 311, 339, 341, 349
Ginet P., © Col. Larousse: pp. 165, 167, 181, 193, 203, 227, 265, 277, 285, 291, 319,
355, 361, 365, 367, 379, 381, 389, 397, 400, 403
Bertherat, N., © Col. Larousse: pp. 185, 191, 205, 210, 223, 237,
252, 273, 325, 347, 367
Magis J. J., © Col. Larousse: pp. 175, 267
Miller, G., © Col. Larousse: pp. 259, 275
Sudres J. D., © Col. Larousse: pp. 195, 201, 335, 337
Miralles, A. © SPES EDITORIAL, S. L.: pp. 161, 173, 189, 221, 245, 309, 314

Fotografías a doble página

J.-L. Bloch-Lainé © Bloch-Lainé: pp. 170-171, 206-207, 232-233, 256-257, 294-295,
304-305, 330-331, 344-345, 356-357, 382-383

LOS ESTILISTAS AGRADECEN SU PARTICIPACIÓN

Catherine Memmi 32, rue Saint-Sulpice 75006 París
Coup de Torchon 32, rue de Turenne 75004 París
Cristalleries Royales de Champagne 25, rue Royale 75008 París
Dampoux 20, rue Mouton-Duvernet 75014 París
Dehillerin 18, rue Coquillière 75001 París - **Ercuis** 11, rue Royale 75008 París
Étamine 63, rue du Bac 75007 París B **Geneviève Lethu** 95, rue de Rennes 75006 París
Jean-Louis Coquet 11, rue Royale 75008 París
La Châtelaine 170, avenue Victor Hugo 75016 París
La Parese en douce 97, rue du Bac 75007 París
Mafter 9-11, rue du Tapis-vert 93260 Les Lilas
Monsieur Raillon 26300 Saint-Vincent-de-la-Commanderie
Mora 13, rue de Montmartre 75001 París
Robert Haviland et Parlon 15, rue Royale 75008 París
Scandi Boutique 3, rue de Tivoli 75004 París-**Série Rare** 14, rue des Ecouffes 75004 París
Taïer Mercier 7, boulevard Saint-Germain 75005 París
Wedgwood Grand Magazín Printemp París, boulevard Haussmann, París